Sammlung Metzler
Band 320

Heike Gfrereis (Hrsg.)

Grundbegriffe
der Literaturwissenschaft

Verlag J.B. Metzler Stuttgart · Weimar

Die Herausgeberin

Heike Gfrereis, geb. 1968; Studium der Germanistik und Kunstgeschichte; 1994 Promotion; seit 1994 wissenschaftliche Mitarbeiterin am Institut für Literaturwissenschaft der Universität Stuttgart.

Die Deutsche Bibliothek – CIP-Einheitsaufnahme

Grundbegriffe der Literaturwissenschaft /
Hrsg. von Heike Gfrereis.
– Stuttgart ; Weimar : Metzler, 1999
   (Sammlung Metzler ; Bd. 320)
   ISBN 3–476–10320–X

Gedruckt auf chlorfrei gebleichtem, säurefreiem und alterungsbeständigem Papier

ISBN 3-476-10320–X
ISSN 0558 3667

SM 320

© 1999 J.B. Metzlersche Verlagsbuchhandlung
und Carl Ernst Poeschel Verlag GmbH in Stuttgart
www.metzlerverlag.de
info@metzlerverlag.de
Einbandgestaltung: Willy Löffelhardt
Satz: Johanna Boy, Brennberg
Druck und Bindung: Franz Spiegel Buch GmbH, Ulm
Printed in Germany

Verlag J.B. Metzler Stuttgart · Weimar

Vorwort

Die *Grundbegriffe der Literaturwissenschaft* richten sich vor allem an Studierende im Grundstudium: Wer heute anfängt, sich mit Literaturwissenschaft zu beschäftigen, wird mit einer Fülle an Fachwörtern konfrontiert, die entweder unverständlich sind oder – weitaus problematischer – so allgemein bekannt, daß sie Formeln sind für fast alles und nichts, in ihrer Bedeutung vage und des Nachdenkens nicht weiter wert. Erste Hausarbeiten scheitern manchmal allein schon daran, daß den Studierenden die Wörter fehlen, um ihren Gegenstand, den literarischen Text, zu beschreiben. Die ersten Lektüren der Sekundärliteratur werden meist mit der Begründung, man verstehe ohnehin nicht, was man lese, vorzeitig beendet. Nur allzu schnell kann die Unkenntnis elementarer Wörter die Freude am Gegenstand verleiden und dem Anfänger sein Selbstvertrauen rauben.

Die Auswahl dieses Bandes konzentriert sich daher auf den lernbaren Grundwortschatz der Literaturwissenschaft, der im Studium verlangt, oft aber als selbstverständlich vorausgesetzt wird: Der Band erläutert Begriffe, deren Kenntnis notwendig ist, weil sie bei der Beschreibung und Analyse von Texten helfen, weil sie mit bestimmten Fragestellungen verbunden sind, methodische Ansätze eröffnen und ein literaturwissenschaftliches Handwerkszeug bereitstellen, auch die spezifisch literarischen Muster und kulturgeschichtlichen Konstellationen benennen, vor deren Hintergrund ein einzelner literarischer Text besser erfaßt verstanden werden kann.

Zu diesem Zweck ist das von Irmgard und Günther Schweikle herausgegebene *Metzler Literatur Lexikon* bearbeitet, gekürzt und aktualisiert worden. Die Einträge geben eine erste Orientierung durch einfache Worterklärungen und anschauliche Beispiele. Den in der Geschichte des Fachs oder der zeitgenössischen Diskussion besonders wichtigen Termini folgen weiterführende Literaturhinweise, die nach Möglichkeit die neueste wie auch die klassisch gewordene Sekundärliteratur zum Thema anführen.

Früher war es üblich, eine fremde Sprache durch die langsam fortschreitende Lektüre eines Wörterbuchs zu lernen – kombiniert mit einer Lektüre der ausgewählten Werke der Literatur des jeweiligen Landes im Original. Heute soll es Leute geben, die mit Leidenschaft das Telefonbuch lesen, um sich vom Klang fremder Namen verzaubern zu lassen oder neugierig die Welt einer Stadt in den Namen ihrer Straßen und Einwohner zu entdecken. Diese Grundbegriffe der Literaturwissenschaft sind in erster Linie als Nachschlagewerk angelegt, sie wollen aber auch zum ausgedehnteren – abschweifenden, zurück- oder vorblätternden – Lesen anregen: durch die zahlreichen Querverweise, die mit einer nachdrücklichen Lektüreempfehlung verbundenen Beispiele aus der Primärliteratur und durch eine systematische Übersicht am Ende, die es erlaubt, das Lexikon als Einführung in die wichtigen Bereiche der literaturwissenschaftlichen Analyse und Diskussion (Vers, Stil, Gattungen: Drama, Epik, Lyrik, Textkritik, Literaturgeschichte, Richtungen der Literatur- und Kulturwissenschaften) zu lesen und darüber hinaus auf die Begriffe zu stoßen, die in deren Geschichte und Theorie eine zentrale Rolle spielen.

Vorworte sind auch ein Ort, wo Danksagungen das letzte Wort haben: Die Mühe des Zuhörens, Ratgebens, Beistehens, Kritisierens, Korrekturlesens und so weiter haben – jeder auf seine ganz besondere Weise – Irmgard und Günther Schweikle, Dirk Mende, Hannelore und Heinz Schlaffer, Ute Hechtfischer und Alexander Reck auf sich genommen.

H.G.

Inhalt

Grundbegriffe A–Z

Abenteuerroman, seit der Antike wichtiger Typus des ↗ Romans: eine lockere Folge relativ selbständiger, um einen Helden gruppierter, oft in einen zyklischen Handlungsrahmen (Finden/Trennen/Wiederfinden eines Liebespaars o.ä.) eingebundener Geschichten, meist in volkstüml.-realist. Stil. Charakteristisch: das Motiv der freiwilligen oder erzwungenen Reise, die den Helden in die unbekannte Fremde (über den Ozean, in den Wilden Westen, auf eine einsame Insel) führt und seine zahlreichen Abenteuer begründet. ›Zeit‹ und ›Raum‹ (↗ chronotopos) sind nur als Erfüllung einer Funktion da, als Schauplatz der Handlung und Mittel der Handlungsverknüpfung (↗ Motivation von hinten), von der Antike bis ins 18. Jh. liegen sie außerhalb historisch, biographisch oder geographisch bestimmbarer Raum-Zeit-Vorstellungen: Wenn sich z.B. in Longos' *Daphnis und Chloe* (Ende 2./Anfang 3. Jh. n.Chr.) oder Heliodors *Aithiopika* (3. Jh. n.Chr.) die Liebenden nach einer oft jahrzehntelangen Trennungszeit, einer Kette von Entführungen, Kämpfen, Schiffbrüchen, Prüfungen usw. am Ende wiederfinden, sind sie so jung und schön wie zu Beginn; die Zeit ist spurlos an ihnen vorübergegangen, der Moment, in dem sie sich wiederfinden, deckt sich mit dem Moment, in dem sie sich auf den ersten Blick ineinander verliebten; im Unterschied zum im 19. Jh. entwickelten ↗ Detektivroman, der mit fortlaufender Handlung ein Geschehen der Vergangenheit, den Tathergang, enthüllt, in dem die Zeit das Thema ist (der Mord ist ein Einschnitt in die Zeit, nichts ist nach ihm so, wie es vorher war) und der Raum Voraussetzung und Zeuge der Tat (der geographisch-biographisch genau bestimmte Ort kann gegen keinen anderen ausgetauscht werden). Variationen des Abenteuerroman-Schemas sind u.a. die Homer zugeschriebene *Odyssee* (↗ Epos), die ↗ Artusdichtungen des MA, die ↗ Spielmannsdichtungen, ↗ Amadisromane und ↗ Volksbücher (z.B. *Fortunatus*, *Til Eulenspiegel*) der frühen Neuzeit, die ↗ Schelmenromane und ↗ heroisch-galanten Romane des Barock, im 18. Jh. D. Defoes *Robinson Crusoe*, Chr.A. Vulpius' *Rinaldo Rinaldini*, im 19. Jh. die Indianer- und Zukunftsromane (K. May, L. Stevenson, J.F. Cooper, J. Verne), im 20. Jh. die Liebes-, Ärzte-, Wildwestromane der Triviallit.; kunstvolle Weiterentwicklungen: Apuleius' *Der Goldene Esel* (3. Jh. n.Chr.), Cervantes' *Don Quijote* (1606), Grimmelshausens *Simplicissimus* (1669), Fieldings *Tom Jones* (1749), Goethes *Wilhelm Meisters Lehrjahre* (1795/96), Eichendorffs *Taugenichts* (1826) usw.
Lit.: M. Bachtin: Formen der Zeit im Roman, 1989. – V. Klotz: Abenteuerromane, ²1988.

Abgesang ↗ Aufgesang, ↗ Epode

Abhandlung, im 17. Jh. für den ↗ Akt im Drama.

Absolute Dichtung [von lat. absolutus = losgelöst], auch ↗ autonome, reine oder abstrakte [von lat. abstractus = abgezogen] Dichtung: Bez. für eine Richtung der lit. ↗ Moderne, die eine reine Wortkunst (l'art pour l'art, ↗ poésie pure) zu schaffen versucht, die eigengesetzl. ablaufende sprachliche Prozesse auslöst und so von direkten Wirklichkeitsbezügen unabhängig ist; im ›absoluten Roman‹ (z.B. C. Einsteins *Bebuquin*, 1906, G. Benns *Roman des Phänotyp*, 1949) u.a. durch ein Minimum an Handlung, eine auf das Einzelwort hin verknappte Sprache, assoziativ-lyrische Monologe zu erreichen versucht, in der Lyrik (z.B. von E.A. Poe, Ch. Baudelaire, St. Mallarmé, A. Rimbaud, St. George, A. Stramm) v.a. durch alogische, Grammatik und Syntax scheinbar ignorierende Zusammenstellung von Sprach- und Lautmaterial (*akustische, visuelle* Dichtung usw.), im Theater u.a. durch das ↗ Puppenspiel. Richtet sich gegen die traditionelle Auffassung, Lit. entspringe dem Gefühlserlebnis, wäre kritisches Abbild der Wirklichkeit (↗ Mimesis) und wolle den Leser einen ›Sinn‹, eine Moral vermitteln (↗ engagierte Lit., ↗ prodesse et delectare). Höhepunkte in ↗ Symbolismus, ↗ Expressionismus (↗ Sturmkreis), ↗ Dadaismus, ↗ konkrete Dichtung, ↗ Computerlit.

Absurdes Theater [von lat. absurdus = unrein klingend], Theaterform v.a. der 50er Jahre des 20. Jh.s, die sich gegen das traditionelle ↗ Drama wendet: Statt einer überschaubaren, psychologisch motivierten, auf einen Höhepunkt ausgerichteten Handlung und spannungsreichen ↗ Dialogen bestimmen Rituale, sich immer weiter reduzierende Abläufe und das Wiederholen sinnentleerter Floskeln das Geschehen; statt Personen agieren Demonstrationsfiguren, die sich nicht verstehen und oft ganz verstummen. Wird als Versuch gedeutet, die ›existentielle Verlorenheit‹ des Menschen in einer Welt ohne Gott darzustellen. Bsp. schon von A. Jarry (*König Ubu*, 1896) und G. Apollinaire, nach dem Zweiten Weltkrieg von E. Ionesco, S. Beckett, H. Pinter, Fr. Dürrenmatt, P. Handke u.a. ↗ Theater der Grausamkeit
Lit.: M. Esslin: Das Theater des Absurden, ²1966.

Abvers, 2. Teil einer ↗ Langzeile oder eines ↗ Reimpaars, auch Schlußvers eines ↗ Stollens, im Unterschied zum *Anvers*, dem 1. Teil.

Accumulatio [lat.], Häufung von Wörtern, nicht durch Wiederholung verschiedener Wörter für dieselbe Sache (Synonyme), sondern durch Detaillierung eines übergeordneten, vor- oder nachgestellten oder auch fehlenden Kollektivbegriffs: »Dem Schnee, dem Regen, dem Wind [der winterl. Natur] entgegen« (Goethe); oft durch den Wortinhalt oder längere, vollklingendere Wörter gesteigert (↗ Klimax): »Ein *Wort* – ein Glanz, ein Flug, ein Feuer, ein Flammenwurf, ein Sternenstrich« (Benn). ↗ adiunctio, ↗ amplificatio

Adaption [von lat. (ad-)aptus = angepaßt], Umarbeitung eines lit. Werks, um es – ohne den Gehalt wesentlich zu verändern – den strukturellen Bedingungen einer anderen ↗ Gattung oder eines anderen Medium anzupassen, z.B. P. Tschaikowskijs Adaption von Fr. Schillers *Jungfrau von Orleans* für die Oper, H. v. Hofmannsthals Adaption von E.T.A. Hoffmanns Novelle *Die Bergwerke zu Falun* für die Bühne, J. Osbornes Adaption von H. Fieldings *Tom Jones* für den Film; kann auch (anders als die *Bearbeitung*) durch den Autor selbst erfolgen (↗ Fassung), z.B. M. Frischs Adaptionen seines Hörspiels *Herr Biedermann und die Brandstifter* für Bühne und Fernsehen.

Adiunctio [lat. Anschluß, Zusatz], Reihung bedeutungsverschiedener Wortgruppen, die vom selben Satzglied abhängen: »*Er* ... wird Euch aus diesem Neste ziehen, Eure Treu in einem höhern Posten glänzen lassen« (Schiller). ↗ accumulatio, ↗ Zeugma

Adoneus [nach dem Klageruf *O ton Adonin* in gr. Totenklagen um den schönen Jüngling Adonis], fünfgliedriger antiker Versfuß, im Dt. mit ↗ Daktylus und ↗ Trochäus nachgebildet: —◡◡—◡ (x́ x x x́ x: »Líebe der Góttheit«, Klopstock). Metrisch identisch mit den beiden letzten Versfüßen des ↗ Hexameters, wo der Adoneus als wiederkehrende rhythmische Formel jeweils das Ende einer Zeile deutlich markiert (die obligatorische Einkürzung des letzten Daktylus um eine Silbe vertritt beim mündlichen Vortrag den Punkt); häufig in ↗ Odenmaßen (Schlußzeile der sapphischen Strophe) und als rhythmische Formel in der ↗ Kunstprosa (↗ Klausel).

Ad spectatores [lat. an die Zuschauer], im Theater: 1. Vorrede, ↗ Prolog; 2. direkte Hinwendung einer Bühnenfigur zum Publikum mit kritischen Kommentaren usw.; von den übrigen Bühnenfiguren scheinbar unbemerkt; durchbricht die Illusion, die Welt der Bühne wäre geschlossen und quasi wirklich; häufig in ↗ Komödie (↗ Parabase) und modernem Drama (z.B. in Brechts ↗ epischem Theater).

Agitprop-Lyrik, Agitprop-Theater [Kurzwort aus *Agit*ation und *Prop*aganda], Form polit. Dichtung, die der Verbreitung der marxistisch-leninistischen Lehre dienen will und zu konkreten politischen Aktionen aufruft; besonders in sozialistischen Staaten verbreitet, in Dtl. in den 20er Jahren des 20. Jh.s von kommunistischen (Jugend)verbänden v.a. als Straßentheater praktiziert (gesammelt z.B. in *Das rote Sprachrohr*, 1929), in den westlichen Staaten in den 60er Jahren populär (z.B. P. Weiss, *Viet Nam Diskurs*, 1968).

Agon [gr.], 1. in der gr. Antike: sportlicher Wettkampf oder musischer Wettstreit, besonders bei Festspielen (Olympiade) und kultischen Festen (an den ↗ Dionysien in Athen z.B. wurden seit Ende des 6. Jh.s an drei aufeinanderfolgenden Tagen die ↗ Tetralogien dreier konkurrierender Dichter aufgeführt, seit 486 v.Chr. zusätzlich fünf Komödien, und anschließend prämiert); 2. Streitgespräch, als selbständige Gattung oder Einlage in einem größeren Werk (Hauptbestandteil der klassischen gr. ↗ Komödie).

Akatalektisch [gr. nicht (vorher) aufhörend], Bez. für Verse, deren letzter Versfuß vollständig ausgefüllt ist; dagegen ↗ katalektisch, ↗ hyperkatalektisch.

Akrostichon [gr. Spitze eines Verses], ein aus den ersten Buchstaben (Silben, Wörtern) aufeinanderfolgender Verse oder Strophen gebildetes Wort (oft ein Name, auch ganze Sätze); ursprünglich wohl mit magischer Funktion, später v.a. als Hinweis auf Autor oder Empfänger und als Schutz gegen Verfälschungen (↗ Interpolationen) und Auslassungen.

Akt [lat. Vorgang, Handlung], im Dt. auch *Aufzug, Abhandlung*: größerer, in sich geschlossener Handlungsabschnitt eines Dramas, ursprünglich durch den ↗ Chor (↗ reyen), seit dem 17. Jh. v.a. durch den Vorhang markiert; besteht meist aus mehreren Szenen, Bildern o.ä. Bestimmt den Aufbau eines Dramas entscheidend mit, beeinflußt als vorgeprägtes Schema dessen Produktion wie Rezeption: Besonders das an der Antike (v.a. den ↗ Poetiken von Aristoteles und Horaz) orientierte Drama folgt einer strengen, gattungsabhängigen Akteinteilung (für die ↗ Komödie sind 3, für die ↗ Tragödie 5 Akte üblich), die den Gang der Handlung schematisch gliedert in: 1. ↗ *protasis* (Exposition, Einführung der Figuren, Vorbereitung des Konflikts), 2. ↗ *epitasis* (Entfaltung des Konflikts), 3. ↗ *krisis* (Höhepunkt des Konflikts), 4. ↗ *katastasis* (Ausgangspunkt der ↗ Peripetie, des plötzlichen Umschlagens der Handlung), 5. ↗ Katastrophe (abschließender Wendepunkt); im Dreiakter konzentriert: 1. Exposition, 2. *epitasis*, 3. Katastrophe.

Akzent [lat. Lehnübers. von gr. prosodia = Tongebung], Hervorhebung einer Silbe im Wort oder eines Worts im Satz durch größere Schallfülle (*dynamischer* oder *expiratorischer* Akzent) oder höhere Tonlage (*musikalischer* Akzent).

Akzentuierendes Versprinzip, rhythm. Gliederung der Sprache durch den (freien oder geregelten) Wechsel betonter und unbetonter Silben; liegt v.a. den Dichtungen der german. Völker zugrunde (↗ Stabreimvers, ↗ Volksliedstrophe). Anders als im ↗ quantitierenden (Wechsel langer und kurzer Silben) und ↗ silbenzählenden Versprinzip (Anzahl der Silben) fallen im akzentuierenden Versprinzip Wort- und Versakzent zusammen; der gleichmäßige Wechsel betonter und unbetonter Silben (*Alternation*) oder eine Reihung stark betonter Silben kann jedoch zur Unterdrückung des Wortakzents und zur Hervorhebung auch unbetonter Silben führen, z.B. »Dies íst die Zéit der Kóniǵe nicht méhr« (Hölderlin), »Gott scháfft, erzéucht, trägt, spéist, tränkt, lábt, stärkt, nährt, erquíckt« (Logau).

Alba, Gattung der provenzal. ↗ Trobadorlyrik, vergleichbar mit dem mhd. ↗ Tagelied.

Aleatorische Dichtung [von lat. alea = Würfel(spiel)], Sammelbez. für Lit., deren Kompositionsprinzip vom ›Gesetz des Zufalls‹ bestimmt wird. Ansätze in der dt. ↗ Romantik, Höhepunkte im ↗ Dadaismus und ↗ Surrealismus (↗ écriture automatique).

Alexandriner [nach dem afrz. *Alexanderroman*, 1180], wichtigster frz. Sprechvers: aus 12 bzw. 13 Silben, mit männl. oder weibl. ↗ Reim und fester ↗ Zäsur nach der 6. Silbe. Nach Art der obligatorischen Reimbindung unterschieden in *heroischen* Alexandriner (aabb) und *elegischen* Alexandriner (abab). Im 12. Jh. in Frkr. ausgebildet, im ↗ Barock auch in Dtl. vorherrschend (besonders in ↗ Tragödie, ↗ Epos, ↗ Lehrgedicht, ↗ Sonett): nachgebildet durch sechshebige Jamben mit Zäsur nach der 3. Hebung (»Was díeser héute báut, / reißt jéner mórgen éin«, Gryphius); seit dem 18. Jh. durch die reimlosen Versmaße ↗ Hexameter und ↗ Blankvers zurückgedrängt.

Alkäische Strophe ↗ Odenmaße

Allegorese, ein v.a. im MA ausgeprägtes Verfahren der Textauslegung, das darauf zielt, eine hinter dem Wortsinn (*sensus litteralis*) verborgene, nicht unmittelbar zugängliche tiefere Bedeutung (*sensus spiritualis*) zu entschlüsseln (mehrfacher ↗ Schriftsinn); auch auf Gegenstände, Situationen usw. der außerlit. Wirklichkeit angewandt, die als Zeichen, als ›Schrift Gottes‹ verstanden werden (›Buch der Natur‹, ›Lesbarkeit der Welt‹). In der Antike zur Erhellung dunkler Textstellen, auch zur Verteidigung von Texten gegen philosophische, moralische oder religiöse Einwände (↗ Zensur) entwickelt. ↗ Exegese, ↗ Hermeneutik, ↗ Typologie
Lit.: F. Ohly: Schriften zur ma. Bedeutungserforschung, ²1983. ↗ Allegorie

Allegorie [gr. allo agoreuein = etwas anderes sagen], in ↗ Rhetorik, ↗ Poetik, Lit.- und Kunsttheorie: Veranschaulichung a) eines Begriffes durch ein rational faßbares Bild (*Begriffsallegorie*): Justitia als Frauengestalt mit Waage, Schwert und Augenbinde (↗ Personifikation), der Staat als Schiff, b) eines abstrakten Vorstellungskomplexes durch eine Bild- und Handlungsfolge: z.B. Kampf zwischen den Tugenden und Lastern als episch ausgeführter Kampf menschl. Gestalten. Kann Bestandteil eines längeren Texts oder selbständige lit. bzw. bildkünstler. Gattung sein (z.B. Martianus Capellas Allegorie der ↗ artes liberales: *De nuptiis Mercurii et Philologiae*, 5. Jh.). Im Ggs. zur ↗ Metapher ist die Bedeutung der Allegorie nicht unmittelbar im Bild anschaulich, da die Beziehung zwischen Bild und Bedeutung willkürlich gewählt ist; rationale Erklärungen (entweder im Bildprogramm der Allegorie selbst enthalten, *allegoria permixta*, oder nur aus dem lit., religiösen, sozial- und kulturgeschichtlichen Kontext zu entwickeln, *allegoria tota*) müssen nachgereicht werden (↗ Allegorese, ↗ Exegese), wobei Gleichsetzungen oft bis ins Detail möglich sind (wie in der Minnegrotte-Allegorie in Gottfrieds *Tristan*); deswegen von P. de Man (↗ Poststrukturalismus, ↗ Wirkungsästhetik) als Modell für die Uneinholbarkeit der Bedeutung eines Textes, die Unabschließbarkeit der Lektüre verstanden. ↗ Emblem
Lit.: P. de Man: Allegorien des Lesens, 1988. – G. Kurz: Metapher, Allegorie, Symbol, 1982. – H. Blumenberg: Die Lesbarkeit der Welt, 1981. –

W. Haug (Hg.): Formen und Funktionen der Allegorie, 1979. – W. Benjamin: Ursprung des dt. Trauerspiels, 1972.

Alliteration [von lat. ad + littera = zu + Buchstabe], gleicher Anlaut aufeinanderfolgender Wörter: »Das Lernen ohne Lust ist eine läre Last / Dann Lehre wird durch Geist und Lieb ein lieber Gast« (G.Ph. Harsdörffer). Ursprünglich Mittel magisch-religiöser Beschwörungs- und Gebetsformeln (z.B. im 2. Merseburger Zauberspruch: »ben zi bena, bluot zi bluoda, lid zi geliden«); verbindet Wörter über die Satzstruktur hinaus, hebt z.B. koordinierte Begriffe hervor (»das Lernen ohne Lust«) oder ordnet einem Substantiv das zugehörige Adjektiv fest zu (»eine läre Last«, ↗ Epitheton), dient der Einprägsamkeit und besitzt eine sprachmusikalische Bedeutung: »Komm Kühle, komm küsse den Kummer,/ süß säuselnd von sinnender Stirn« (C. Brentano); in der altgerm., altnord. Dichtung verskonstituierendes Prinzip (↗ Stabreimvers).

Allusion [lat.], Anspielung auf bestimmte Personen, Sachverhalte, lit. Texte, ↗ Zitate usw.; soll vom Wissen, auch vom ↗ Witz des Autors zeugen, kann eine zusätzliche Bedeutungsebene in einem Text errichten (↗ Camouflage), macht den Leser, falls er die Allusion versteht, zum Eingeweihten.

Almanach [mlat.], ursprünglich im Orient verwendete astronomische Tafeln, dann Kalender, im 18. und 19. Jh. Jahrbuch, das sich v.a. mit Mode, schöngeistiger Lit. und Theater befaßt (*Musenalmanach*, *Gothaischer Theateralmanach*): wichtiger Ort lit. Erstpublikationen, Rezensionen und Kunstdiskussionen, häufig zentrales Organ von Dichterkreisen (z.B. ↗ Göttinger Hain), Zeugnis kulturgeschichtlicher Strömungen und Veränderungen; im 20. Jh. als Verlags-Almanach auch Werbemittel.

Alternierende Versmaße [lat. alternare = wechseln], beruhen bei ↗ akzentuierendem Versprinzip auf dem regelmäßigen Wechsel betonter und unbetonter, bei ↗ quantitierendem Versprinzip auf dem regelmäßigen Wechsel langer und kurzer Silben (z.B. ↗ Jambus, ↗ Trochäus im Ggs. zu ↗ Daktylus, ↗ Anapäst).

Amadisroman, im 16. Jh. weit verbreiteter Typus des (Prosa)-Ritterromans um die Figur des Amadis de Gaula (›von Wales‹), verbindet Strukturen des antiken ↗ Abenteuerromans (vielsträngige Liebes-, Intrigen und Abenteuerhandlung nach dem Schema Finden/Trennen/Wiederfinden des Liebespaars) mit Sagengut des MA: Der nach seiner Geburt ausgesetzte Held besteht zahllose Abenteuer an exotischen Schauplätzen, bis er endlich mit seiner Geliebten Oriana wieder vereint wird. Erste erhaltene Fassung von G.R. de Montalvo (1508), Einfluß auf Tasso, Ariost, Cervantes (*Don Quijote*, 1605/1615, als ↗ Parodie des Amadisromans): im ↗ Barock neben Heliodors *Aithiopika* und H. d'Urfés Schäferroman *L'Astrée* (1607-27) wichtigste Grundlage des ↗ heroisch-galanten Romans; auch noch im 18. Jh. aufgegriffen (z.B. in Händels Oper *Amadigi* und Wielands Verserzählung *Der neue Amadis*).

Ambiguität [lat. Zweideutigkeit, Doppelsinn], 1. allg.: Mehrdeutigkeit von Wörtern, Werten, Motiven, Charakteren und Sachverhalten (↗ Polysemie), im Unterschied zur Unbestimmtheit; 2. in der ↗ Rhetorik: lexikalische oder syntaktische Mehrdeutigkeit (z.B. durch *Homonyme*: Bank = Sitzgelegenheit/Geldinstitut, oder ungeschickte Anordnung: »Er gab ihm sein Buch«); konstitutiv für viele Kleinformen (↗ Witz, ↗ Rätsel, Orakel, Scherzgedicht, ↗ Wortspiel).

Amphibrachys [gr. beidseitig kurz], dreisilbiger antiker Versfuß, im Dt. als Folge von Senkung/Hebung/Senkung nachgebildet: ◡—◡ (»Die Sónne mit Wónne den Tágeswachs míndert«, J. Klaj).

Amphitheater [gr. rings, ringsum + Theater], Form des antiken röm. Theaterbaus: stufenweise ansteigende Sitzreihen um eine runde Arena (lat. arena = Sandplatz, gr. ↗ orchestra) unter freiem Himmel; meist in natürliches Gelände eingefügt, auch freistehende Holz-, später Steinbauten. Die heute bekannten ringsum geschlossenen Amphitheater wurden ursprünglich nur für sportliche Wettkämpfe, Gladiatorenkämpfe, Tierhetzen usw. genutzt (z.B. das Kolosseum in Rom mit 50 000 Plätzen); berühmt: die Amphitheater von Taormina, Arles, Verona.

Amplificatio [lat.], in der ↗ Rhetorik: kunstvolle Erweiterung einer Aussage über das zur unmittelbaren Verständigung Nötige hinaus; v.a. erreicht durch Variation der Gedanken und verschiedene rhetorische Figuren der Häufung (wie ↗ accumulatio, ↗ enumeratio, ↗ Synonymie, ↗ Periphrase, ↗ Exkurs, ↗ Litotes, ↗ oppositio); Gegenteil der *abbreviatio*, der Verknappung einer Aussage durch Auslassung oder Abkürzung. Beliebt besonders in antiker ↗ Kunstprosa, ma. Versdichtung und kom.-humorist. ↗ Romanen (z.B. Fr. Rabelais, Jean Paul); dient u.a. der Wirkungs- und Spannungssteigerung, der Befreiung der Lit. von der Darstellungspflicht (Verlust von Bedeutungen durch Wiederholung, vgl. auch ↗ absolute Dichtung) und der systematischen Vergrößerung des Textumfangs.

Anachronie [gr.], von G. Genette (*Discours du récit. Figures III*, 1972) geprägter Begriff der Erzähltextanalyse: Abweichung der Erzählung von der faktischen, chronologischen Abfolge der zu erzählenden Ereignisse, durch *Analepse* (Rückgriff auf frühere Ereignisse) oder *Prolepse* (Vorwegnahme eines künftigen Ereignisses) auf der Ebene der ›Ordnung‹, durch Unstimmigkeiten zwischen der ›Dauer‹ der Erzählung und der ›Dauer‹ der Ereignisse (mittels *Pause*, ↗ *Ellipse*, ↗ *Szene*, *summary*: Zeitraffung), durch Wiederholungen von Aussagen oder Ereignissen auf der Ebene der ›Frequenz‹, z.B. x-mal erzählen, was einmal passiert ist (*repetitive* Erzählung), einmal erzählen, was x-mal passiert ist (*iterative* Erzählung), x-mal erzählen, was x-mal passiert ist (*anaphorische* Erzählung) im Ggs. zur *singulativen* Erzählung, die einmal erzählt, was einmal passiert ist. Verweist auf die Differenz von ↗ Fabel und ↗ Sujet.

Anachronismus [gr.], zeitl. falsche Einordnung von Vorstellungen, Sachen, Personen; absichtlich (z.B. Aktualisierungen im Theater: Hamlet im Frack) oder versehentlich (so schlagen in Shakespeares *Julius Caesar* die erst im 14. Jh. erfundenen Uhren).

Anadiplose [gr., lat. reduplicatio], Wiederholung des letzten Worts/der letzten Wortgruppe eines Verses/Satzes am Anfang des folgenden Verses/Satzes, z.B.: »(Euphorion:) Laß mich in düsterm Reich, / Mutter, mich *nicht allein!* (Chor:) *Nicht allein!* – wo du auch weilest« (Goethe, *Faust II*); Sonderform der ↗ Gemination.

Anagnorisis [gr. Erkennen, Wiedererkennen], in der antiken ↗ Tragödie: Umschlag von Unwissenheit in Erkenntnis, z.B. durch das Erkennen von Verwandten und Freunden (z.B. in Sophokles' *König Ödipus*); in Aristoteles' *Poetik* neben ↗ Peripetie und ↗ Katastrophe wichtigster Bestandteil einer dramatischen Handlung (↗ Akt).

Anagramm [gr. Umstellung, Vertauschung], Umstellung der Buchstaben eines Worts/Namens/Wortgruppe zu einer neuen, sinnvollen Lautfolge, z.B. *Amor – Roma* (Goethe), *Ave – Eva*. Oft zur Aufdeckung bzw. Herstellung verborgener Beziehungen, als Mittel der Verschlüsselung und Geheimhaltung, der Texterzeugung (vgl. J. Starobinski, *Les mots sous les mots*, 1971), häufig auch als Pseudonym verwendet, z.B. Christoffel v. Grimmelshausen – German Schleifheim v. Sulsfort, Melchior Sternfels v. Fuchshaim; Arouet l(e) j(eune) – Voltaire. ↗ Palindrom

Anakoluth, n. [zu gr. an-akolouthon: nicht folgerichtig], Satzbruch, falsche oder veränderte Fortführung eines begonnenen Satzes, z.B. »deine Mutter glaubt nie, daß du vielleicht erwachsen bist und kannst allein für dich aufkommen« (U. Johnson, *Mutmaßungen über Jakob*); als Stilmittel meist zur Charakterisierung einer sozial oder emotional bestimmten Redeweise verwendet.

Anakreontik, Richtung der europ. Lyrik des 18. Jh.s (↗ Empfindsamkeit, ↗ Rokoko), die sich am Vorbild des gr. Dichters Anakreon (6. Jh. v.Chr.) orientiert, dem die sog. *Anakreonteen* zugeschrieben werden: im 3. Jh. v.Chr. in Griechenland entstandene reimlose, unstrophische ↗ Oden, die v.a. der erot. Liebe, dem Wein und dem Dichten, der Natur, Freundschaft und Geselligkeit gelten. Charakterist. für die Anakreontik: die Variation dieser Themen, die Vorliebe für ein mythologisches Personal (Nymphen, Musen, Satyren, den Liebesgott Amor, den Weingott Bacchus; ↗ Schäferdichtung) und für Verkleinerungen (Diminutiva, spielerisch gehandhabte Kleinstformen wie ↗ Epigramm, ↗ Triolett, ↗ Lied, Veröffentlichung in Gedichtbändchen mit Titeln wie ›Kleinigkeiten‹ und ›Tändeleyen‹). Zuerst in Frkr. im 16. Jh. im Umkreis der ↗ Pléiade gepflegt, in Dtl. seit 1740 im ↗ Halleschen Dichterkreis (J.W.L. Gleim, *Versuch in scherzhaften Liedern*, 1740; J.P. Uz, *Lyr. Gedichte*, 1749) und im Freundeskreis um Fr. Hagedorn;

weitere Bsp. von Fr.G. Klopstock (↗ Göttinger Hain), S. Geßner (↗ Idyllen), G.E. Lessing, M. Claudius, Fr. Schiller, J.W. v. Goethe u.a., wobei v.a. Klopstock und Goethe Verfahren ausbilden (z.B. Verzicht auf mytholog. Rahmen, ↗ freie Rhythmen), die das vorgegebene Thema als real erlebtes Gefühl ausgeben (↗ Erlebnislyrik); Nachwirkungen bei Fr. Rückert, W. Müller, A. v. Platen, H. Heine, E. Mörike, D. v. Liliencron, R. Dehmel, M. Dauthendey u.a.
Lit.: H. Zeman: Die dt. anakreontische Dichtung, 1972.

Analogie [gr.], Entsprechung, Verhältnisgleichheit, als Gleichheit von Zahlenverhältnissen oder Entsprechung von Verschiedenem bestimmt (Mikro-/Makrokosmos, die Welt als *analogia entis*, als Kosmos, in dem alles auf alles verweist). ↗ binäre Opposition, ↗ Metapher, ↗ Typologie, ↗ Vers, ↗ Witz

Anapäst [gr. rückwärts geschlagener, d.h. umgekehrter ↗ Daktylus], dreigliedr. antiker Versfuß, im Dt. als Folge von Senkung/Senkung/Hebung nachgebildet: ∪∪–. Oft verwendet im Schlußchor des gr. Dramas (↗ Exodos), in Spott-, Marsch- und Schlachtliedern; in der dt. Dichtung zuerst bei A.W. Schlegel (*Ion*, 1803) und Goethe (*Pandora*, 1808/10).

Anapher [gr. Rückbeziehung, Wiederaufnahme], Wiederholung eines Worts/Wortgruppe am Anfang aufeinanderfolgender Sätze/Satzteile/Verse/Strophen: «*Wer nie* sein Brot mit Tränen aß, / *Wer nie* die kummervollen Nächte / Auf seinem Bette weinend saß« (Goethe); Mittel der syntaktischen Gliederung und des rhetorischen Nachdrucks; Ggs. ↗ Epipher, Weiterentwicklung ↗ Symploke.

Anekdote [gr. anekdotos = nicht herausgegeben, Terminus technicus der antiken ↗ Textkritik für unveröffentl. Schriften, dann übertragen: die von der Geschichtsschreibung nicht berücksichtigten kleinen, nicht bezeugten ›Geschichtchen‹], ursprünglich mündlich überlieferte kurze, pointierte Geschichte, die einer historischen Persönlichkeit nachgesagt wird; versucht, einen merkwürdigen, in Erinnerung gebliebenen Vorfall in gedrängter, stilistisch meist unbekümmerter sprachlicher Form (häufig in Rede und Gegenrede) zu erfassen, mündet oft in den scharfsinnigen Ausspruch der Hauptfigur; unterscheidet sich von der ↗ Kalendergeschichte, die den Vorfall einer typisierten Figur zuordnet (z.B. Brechts Herr Keuner), durch den Anspruch auf Faktizität. Verwandt mit ↗ Apophthegma, ↗ Faszetie, ↗ Novelle, ↗ Witz u.a., oft als ↗ exemplum in ↗ Chronik, ↗ Predigt, ↗ Traktat usw. verwendet. Erster Höhepunkt in der ↗ Renaissance (G. Boccaccio, H. Steinhöwel, S. Brant), künstler. Ausgestaltung bei Kleist (*Berliner Abendblätter*, 1810/11), J.P. Hebel (*Schatzkästlein des rhein. Hausfreundes*, 1811), J. Gotthelf, P. Ernst, W. v. Molo u.a. Als ›nicht herausgegebene Stimme der Vergangenheit‹ im ↗ New Historicism wichtige Quelle lit.wiss. Erkenntnis.
Lit.: V. Weber: Anekdote, 1993. – F. Hindermann: Anekdoten der Weltlit., 1980. – J. Hein (Hg.): Dt. Anekdoten, 1977.

Annalen, Pl. [lat. Jahrbücher], nach Jahren geordnete Geschichtsdarstellung; verzichtet auf übergeordnete Erklärungsmuster (Entwicklung, ↗ Epoche u.ä.). ↗ Chronik, ↗ Historie

Antagonist [gr.], Gegenspieler des ↗ Protagonisten.

Anthologie [zu gr. anthos + legein = Blüten + lesen; lat. Florilegium], Sammlung, Auswahl von Gedichten, kürzeren Prosastücken, Auszügen aus größeren epischen Werken, Briefen usw. eines Dichters, einer Epoche, einer Gattung u.a. Berühmt: die um 980 in Konstantinopel angelegte *Anthologia Graeca* (mit rund 3700 ↗ Epigrammen von der Spätantike bis ins byzant. MA, gr. und dt. hg. v. H. Beckby, 4 Bde [2]1965ff.), die *Lyrische Anthologie* von Fr. Mathisson (20 Bde, 1803ff.), die Volksliedsammlung *Des Knaben Wunderhorn* von A. v. Arnim/C. Brentano (1806ff.), die von St. George und K. Wolfskehl getroffene Auswahl *Deutsche Dichtung* (1902), K. Pinthus' *Menschheitsdämmerung* (1920), W. Höllerers *Transit* (1956) u.a. In der Lit.wiss. v.a. Gegenstand sozialwiss. Untersuchungen (Funktion der Auswahl, Adressat, Rezeption, Einfluß der Verleger, Einfluß auf Geschmacks- und ↗ Kanonbildung usw.).

Antiheld, der dem aktiv-handelnden, positiven Helden entgegengesetzte handlungsunfähige, problematische ›Gegenheld‹, z.B. Gontscharows Oblomov, Büchners Woyzeck. Im ↗ Schelmenroman, humoristischen Roman, ↗ absurden Theater, ↗ nouveau roman u.a. die Hauptfigur.

Antike [zu lat. antiquus, frz. antique = alt], seit dem 18. Jh. Bez. für das gr.-röm. Altertum (von etwa 1100 v.Chr. bis zur Völkerwanderungszeit im 4./6. Jh. n.Chr.). Die Kenntnis der antiken Lit., Kunst und Philosophie ist für das Verständnis auch der neuesten europ. Lit. und Kultur unerläßlich, da dort Gattungen wie ↗ Tragödie, ↗ Komödie, ↗ Epos, ↗ Epigramm, ↗ Ode, ↗ Satire, ↗ Dialog, Vers- und Strophenformen wie ↗ Hexameter und ↗ Distichon, die Regelsysteme der ↗ Rhetorik, Grammatik und ↗ Poetik und ein Großteil der zum Fundus der Lit. gehörenden Mythologien, Stoffe und Motive (Stoffe wie Antigone, Elektra, Iphigenie, Orpheus, Amphitryon usw.) ausgebildet werden; legt die Grundlagen der abendländ. Schriftkultur (Entwicklung der ersten reinen Lautschrift: Vokale und Konsonanten werden einzeln bezeichnet, um 900 v.Chr., ↗ Schrift), des modernen Prosa- ↗ Romans (↗ Abenteuerroman), der modernen ↗ Lyrik (↗ freie Rhythmen), Geschichtsschreibung (Herodot, Thukydides) und Philosophie. Die antike Lit. ist – durch mehr oder weniger bewußte Nachahmung, krit. Weiterbildung oder auch Ablehnung – die wichtigste Konstante der europ. Lit.geschichte; folgenreich waren v.a. die Homer zugeschriebenen Epen *Ilias* und *Odyssee* (vermutl. 2. H. 8. Jh. v.Chr.), Vergils *Aeneis* (um 31-19 v.Chr.), die *Poetik* des Aristoteles (um 355 v.Chr.), die frühgr. Lyrik (Tyrtaios, Pindar, Sappho, Alkman, Anakreon usw.), die Liebeslyrik Catulls (84-54 v.Chr.), die Poetik und Satiren des Horaz (65-8 v.Chr.), die *Metamorphosen* Ovids (um 1 v.Chr.-10 n.Chr.), der hellenist. Prosaroman (z.B.

Heliodors *Aithiopika*; Apuleius', *Der goldene Esel*; ↗ Hellenismus), Petronius' humoristischer Roman *Satyricon* (Mitte 1. Jh. n.Chr., ↗ Prosimetrum),
die Dramen der sog. gr. Klassik (frühes 5. Jh.-4. Jh. v.Chr., z.B. Sophokles'
Tragödie *König Ödipus*, ca. 425 v.Chr., Aristophanes Komödie *Die Frösche*,
405 v.Chr.), die röm. Komödien von Plautus (um 250-184 v.Chr.) und Terenz (um 185-159 v.Chr.). Epochen und Stilrichtungen wie ↗ Humanismus, ↗ Renaissance, ↗ Klassik, ↗ Klassizismus werden durch ihr Verhältnis
zur Antike definiert; auch der Begriff der ↗ Moderne ist programmat. in
Auseinandersetzung mit der Antike entstanden.
Lit.: H. Cancik/H. Schneider (Hrsg.): Der neue Pauly. Enzyklopädie der
Antike in 15 Bde, 1996ff., besonders Bd. 13-15. – E. Fantham: Lit. Leben
im antiken Rom, 1998. – E.R. Curtius: Europ. Lit. und lat. MA, [10]1984. –
A. Buck (Hg.): Die Rezeption der Antike, 1981. – C. Trilse: Antike und
Theater heute, [2]1979.

Antiker Vers, beruht auf der geregelten Abfolge kurzer und langer Silben
(↗ quantitierendes Versprinzip; graphisch notiert als – = Länge und ∪ =
Kürze); wird im Dt. durch Hebungen und Senkungen (x́ x) nachgebildet,
ohne daß diese jenen entsprechen. Unterschieden werden: a) Verse aus sich
wiederholenden festen Versfüßen (z.B. ↗ Jambus, ↗ Trochäus, ↗ Daktylus), meist zu ↗ Dipodien, zu Zweifüßlern, zusammengefaßt: Je nach Zahl
der Wdh. pro Vers ergeben sich ↗ Dimeter, ↗ Trimeter (2, 3 Dipodien),
↗ Tetrameter, ↗ Pentameter, ↗ Hexameter (4, 5, 6 Versfüße); b) nicht nach
bestimmten Metren gebaute Verse, d.ie ↗ Odenmaße (↗ äolische Versmaße). Singverse werden i.d. Regel zu ↗ Strophen zusammengefaßt
(↗ Epode), Sprechverse in Reihen (↗ stichisch) geordnet und fortlaufend
wiederholt (wie der Hexameter im Epos).
Lit.: B. Snell: Gr. Metrik, [3]1962. – F. Crusius/H. Rubenbauer: Röm. Metrik,
[8]1967. ↗ Vers

Antilabe [gr. Griff; metaphor.: Einwendung], Aufteilung eines Verses auf
zwei oder mehrere Sprecher, häufig mit ↗ Ellipse, Sonderform der ↗ Stichomythie, z.B.:

Gräfin: O halt ihn! halt ihn!
Wallenstein: Laßt mich!
Max: Tu es nicht,
        Jetzt nicht. [...] (Schiller, *Wallensteins Tod*)

Antithese [gr. Gegensatz, lat. oppositio], Gegenüberstellung gegensätzl. Begriffe, z.B. *Krieg und Frieden, Leben und Tod*; oft durch andere Stilmittel
unterstützt wie ↗ Alliteration (*Freund und Feind*), ↗ Parallelismus (»Der
Wahn ist kurz, die Reu ist lang«, Schiller) oder ↗ Chiasmus (»Die Kunst ist
lang, und kurz ist unser Leben«, Goethe). Viele lit. Formen, Gattungen
und ästhetische Konstellationen (wie ↗ Aphorismus, ↗ Epigramm, ↗ Sonett, ↗ Alexandriner, ↗ Vers allg., ↗ Parodie, ↗ Tragödie: ↗ Antagonist
und ↗ Protagonist, ↗ Erzählung: Vorher und Nachher, ↗ Märchen, ↗ das
Komische, ↗ das Erhabene usw.) tendieren zu antithetischer Strukturie-

rung; daher in der ↗ Ästhetik und ↗ Lit.theorie oft als Modell einer ästhet. Erfahrung des ›Entweder-Oder‹ (S. Kierkegaard) verstanden, jenes Augenblicks, da man glaubt, zwei gegensätzliche Dinge zugleich zu besitzen, zu tun, zu denken: In der Antithese sind die Gegensätze in ihrer Fülle gegeneinander gesetzt, sie halten sich das Gleichgewicht, die Entscheidung (›entweder-oder‹) ist für einen Moment außer Kraft gesetzt. ↗ Dialektik, ↗ Dichontomie, ↗ Oxymoron

Antizipation [lat. Vorwegnahme, gr. ↗ Prolepsis], 1. rhetorische Figur: a) Vorwegnahme eines Ereignisses im Adjektiv oder Partizip, oft ein log. Fehler: »Blindwütend schleudert der Gott der Freude / Den Pechkranz in das *brennende* Gebäude« (d.h. er zündet es erst an; Schiller); b) Vorwegnahme möglicher Einwände, nach der Art »Ein spitzfindiger Leser wird es vielleicht unwahrscheinlich finden, daß ...«; 2. erzähltechnisches Verfahren: Vorgriff auf chronologisch spätere Handlungteile (durch Prophezeiungen, Visionen, Träume der Figuren oder Vorausdeutungen des Erzählers), in G. Genettes ↗ Erzähltheorie als *Prolepse* bez. (↗ Anachronie). ↗ Präfiguration

Antonomasie [gr.], Umbenennung: a) Ersetzung eines Eigennamens durch den Namen des Vaters (der *Atride* = Agamemnon, Sohn des Atreus), durch Volksnamen (der *Korse* = Napoleon), durch ein besonderes Charakteristikum (*Lit.papst* = Reich-Ranicki, *Erlöser* = Jesus) oder durch eine mehrgliedrige Umschreibung (↗ Periphrase: *Vater der Götter und Menschen* = Zeus); b) Ersetzung einer Gattungsbez. durch den Eigennamen eines ihrer typischen Vertreter (z.B. *Eva* für Frau, *Casanova* oder *Don Juan* für Frauenheld). ↗ Synekdoche

Anvers ↗ Abvers

Äolische Versmaße, die überlieferten Versformen der in der gr. Region Äolien um 600 v.Chr. wirkenden Dichter Sappho und Alkaios; im Ggs. zu den meisten anderen ↗ antiken Versen silbenzählend, zeichnen sich durch die sog. *äolische Basis* (die ersten beiden Silben sind meist zwei lange Silben) und einen deutl. ↗ Chorjambus in der Versmitte aus. Wichtig für die europ. Lit. v.a. durch die Rezeption der ↗ Odenmaße.

Appellfunktion, -struktur, v.a. von W. Iser (*Die Appellfunktion lit. Texte*, 1976) beschriebene Eigenschaft lit. Texte, die sie von nichtlit. Texten unterscheidet und über deren Ausdrucks- und Darstellungsfunktion (*expressive* und *referentielle* Funktion) hinausreicht: Lit. Texte bieten dem Leser gezielt einen »Spielraum von Aktualisierungsmöglichkeiten« und Bedeutungen an, die sich erst im Prozeß des Lesens realisieren. ↗ Wirkungsästhetik

Aphärese [gr. Wegnahme] ↗ Apokope, ↗ Synkope

Aphorismus, Pl. Aphorismen [gr. aphorizein = abgrenzen, definieren], knappe und geistreiche, oft überspitzte Formulierung eines Gedankens in

Prosa; zeichnet sich durch Denk- und Stilfiguren (↗ Antithese, ↗ Chiasmus, ↗ Ellipse, ↗ Paradoxon, ↗ Parallelismus, ↗ Zeugma, ↗ Wortspiel u.a.) aus, die verblüffende Verbindungen (↗ Analogie) herstellen und dazu führen, daß der Aphorismus nur schwer widerlegt werden kann: Ein Aphorismus leuchtet ein oder nicht, er ist nicht richtig oder falsch. Anders als *Aperçu* und *Bonmot* primär schriftlich, nicht mündlich entstanden, anders als die ↗ Sentenz kontextunabhängig, anders als ↗ Apophthegma und ↗ Anekdote nicht an eine Geschichte gebunden und anders als das im Volksmund überlieferte anonyme ↗ Sprichwort immer auch Beweis für den geistreichen Kopf des Urhebers. Berühmte Aphoristiker: La Rochefoucauld, B. Pascal, G.Chr. Lichtenberg, Fr. Schlegel, Novalis, Fr. Nietzsche, K. Kraus u.a.
Lit.: G. Fieguth (Hg.): Dt. Aphorismen, 1985. – H. Fricke: Aphorismus, 1984.

Apokoinou, n. [gr. vom Gemeinsamen], ein Wort/Satzteil gehört syntakt. und semant. auch zum folgenden Satz(-teil): »Leer steht von Trauben und Blumen und von Werken der Hand ruht *der Markt*« (Hölderlin). ↗ Ellipse, ↗ Zeugma

Apokope [gr. Abschlagen], Wegfallen eines Lauts/einer Silbe am Ende eines Worts, aus sprachgeschichtlichen (z.B. mhd. *frouwe* – nhd. *Frau*), metrischen (»manch' bunte Blumen«, Goethe) oder artikulatorischen Gründen (v.a. mundartlich oder umgangssprachlich: *bitt' schön, hatt' ich*); meist durch Apostroph angezeigt. Ggs. zur *Aphärese*, der Wegnahme eines Lauts/einer Silbe am Anfang eines Worts (»'s Röslein auf der Heiden«, Goethe; heraus – 'raus, eine – 'ne). ↗ Elision, ↗ Synkope

Apokryphen, Pl. [gr. Verborgenes], ursprünglich Bez. für geheimzuhaltende Kultlit., dann: die jüd. und altchristl. Schriften, die nicht zum Kanon des AT und NT gehören, aber inhaltl. und formal eng mit der Bibel verbunden sind (z.B. Weisheit Salomos als Apokryphen zum AT, Apostelgeschichten als Apokryphen zum NT).

Apolog [gr.], kurze märchenhaft-moral. Erzählung, ursprünglich mündlich überliefert. ↗ Anekdote, ↗ bîspel, ↗ exemplum, ↗ Fabel, ↗ Predigtmärlein

Apologie [gr.], Verteidigungsrede, -schrift, z.B. die Apologie des Sokrates bei Platon.

Apophthegma, Pl. Apophthegmata [gr. prägnante Aussage], gewandt formulierter, meist einer historischen Persönlichkeit zugeschriebener Ausspruch; wie die ↗ Anekdote und anders als die ↗ Gnome mit Angaben über die Situation und die beteiligte(n) Person(en) eingeleitet, beansprucht jedoch im Ggs. zur Anekdote überzeitliche Geltung. V.a. in der Antike, dann im 16. und 17. Jh. beliebt (Plutarch, Erasmus v. Rotterdam, G.Ph. Harsdörffer u.a.).

Aporie [gr. Unwegsamkeit, Ratlosigkeit, Zweifel], 1. philosoph. Bez. für ein unlösbares Problem, 2. ↗ dubitatio.

Aposiopese [gr.], Verstummen, bewußtes Abbrechen der Rede vor der entscheidenden Aussage; oft als Ausdruck der Drohung (*Euch werd' ich!*) oder emotionaler Erregung: »Was! Ich? Ich hätt' ihn -? Unter meinen Hunden -? / Mit diesen kleinen Händen hätt' ich ihn -?« (Kleist, *Penthesilea*). ↗ Ellipse

Apostrophe [gr. Abwendung], in der antiken Gerichtsrede: Wegwendung des Redners von den Richtern zum Kläger hin; dann in der Lit.: direktes Ansprechen von Dingen, Göttern (↗ invocatio), Abstrakta (Tod, Liebe, Welt), abwesenden (auch toten) Personen, auch des Publikums durch den Dichter, das lyrische Ich, den Erzähler, eine Figur usw., z.B. der Musenanruf im ↗ Epos. Oft schon im Titel sichtbar, z.B. *An den Mond* (Goethe), *Ode an den Westwind* (Keats), *An eine Äolsharfe* (Mörike). ↗ Personifikation, ↗ Prosopopoie, ↗ sermocinatio

Äquivalenz [lat.], 1. Gleichwertigkeit aller aufeinanderfolgenden Elemente, z.B. aller Versfüße eines Gedichts, aller Szenen eines Dramas, aller Kapitel eines Romans, aller Teile einer ↗ Trilogie usw.; für R. Jakobson (↗ Strukturalismus, ↗ Vers) *das* entscheidende Kennzeichen der poetischen Rede im Unterschied zur praktischen, durch Differenz, Sukzession und Hierarchie geprägten Rede; 2. in der Übersetzungswiss.: die Gleichwertigkeit von Übersetzung und Original allg., besonders hinsichtl. der Form (Beibehaltung z.B. metrischer und klanglicher Besonderheiten), des Inhalts, der Intention oder der Wirkung. ↗ Analogie

Arabeske, stilisiertes Blatt- und Rankenornament in der hellenist., röm., islam. Kunst; in der Goethezeit Synonym für ↗ Groteske (ein Ornament mit vielfach ineinander verschlungenen Pflanzen-, Tier- und Menschengestalten), seit etwa 1800 Gattungsbez. für mannigfach verschlungene, spielerisch-leichte, geistreiche Stoff- und Formkompositionen (z.B. N. Gogol, *Arabesken*; K.L. Immermann, *Münchhausen. Eine Geschichte in Arabesken*; E.A. Poe, *Tales of the Grotesque and Arabesque*); in der Lit.theorie der ↗ Romantik zentrale Metapher für eine ↗ absolute, in sich unendliche Dichtung: Die Arabeske gestalte »die unendliche Fülle in der unendlichen Einheit« (Fr. Schlegel).

Arbitrarität [von lat. arbitrarius = willkürlich], seit F. de Saussure (*Cours de linguistique générale*, 1916) zentraler Begriff der Linguistik: die an sich willkürliche, nur durch Konventionen geregelte Zuordnung einer Bezeichnung zu einem Gegenstand.

Archaismus [zu gr. archaios = alt], bewußter Rückgriff auf ein veraltetes Wort, eine altertümliche Wendung, syntaktische Eigenheit oder Schreibung; soll dem Text ein archaisches Kolorit verleihen (so z.B. Goethes Anleihen bei Hans Sachs und der Lutherbibel in *Faust I*) oder ihn als alt ausgeben (so die Archaismen in Macphersons *Ossian*, 1760); oft auch in satirisch-parodistischer, ironischer Absicht verwendet (so z.B. in Th. Manns *Der Erwählte*).

Archetypus [gr. Anfang + das Geprägte, Urform], in der Psychologie C.G. Jungs (1875-1961) die ur- und überzeitlichen Symbole und Bilder des kollektiven Unbewußten, die sich v.a. in Träumen, Mythen, Märchen, in der Kunst und Lit. zeigen, z.b. der ›Schatten‹ (als Projektion der dunklen Seite der eigenen Persönlichkeit auf andere), das ›göttliche Kind‹ oder der ›alte Weise‹; in der Lit.wiss. v.a. im ↗ New Criticism (N. Frye, *Anatomy of Criticism*, 1957) aufgegriffen. ↗ einfache Formen, ↗ Formel, ↗ Erzählgrammatik, ↗ Mythos

Architext [zu gr. archein = der erste sein, Führer sein], von G. Genette (*Einführung in den Architext*, 1979, dt. 1990) geprägter Begriff: Gesamtheit aller ↗ Diskurs-Typen (↗ Gattungen, Mythen usw.), aus denen ein einzelner Text hervorgeht. ↗ Dialogizität, ↗ Intertextualität

Argument(um) [zu lat. arguere = erhellen, beweisen], knappe, einem lit. Werk (auch einzelnen Büchern, Kapiteln, Akten) vorangestellte Inhaltsangabe; ursprünglich Orientierungshilfe für den Leser, Erleichterung der Geschichtenauswahl beim Vorlesen (z.B. in Boccaccios *Decamerone*, ↗ Novelle), dann gezielt eingesetztes Kunstmittel, das den Leser auf das ›Wie‹, nicht das ›Was‹ der Handlung lenkt (z.B. in Grimmelshausens *Simplicissimus*, Döblins *Berlin Alexanderplatz*). ↗ Prolog

Arkadien ↗ Bukolik

Arlecchino [it. von frz. harlequin = Teufel], komische Figur der ↗ Commedia dell'arte: naiv-schelmischer, gefräßiger, auch gerissener Diener mit geschorenem Kopf, buntem Flickenwams und schwarzer Halbmaske, spricht den ital. Dialekt der Gegend um Bergamo: übersteht durch seine List oder sein ›Narren-Glück‹ unbeschadet alle Liebeshändel und Katastrophen, als Hauptspaßmacher (Witze, Akrobatenstücke, Zauberkunststücke usw.) und aufgrund seiner kleinen menschlichen Schwächen der Publikumsliebling: hat im Ggs. zu den anderen Typen der Commedia dell'arte die Lacher auf seiner Seite. ↗ Hanswurst

Artes, Pl. [lat. Fertigkeiten, Künste], im MA Bez. für die profanen, nicht theologischen Wissenschaften; am bedeutendsten: die aus einem für das ganze MA verbindlichen Kanon von 7 Fächern bestehenden *artes liberales*, die 7 *freien Künste* (in der röm. Antike so bez., weil sie von freien Bürgern gepflegt wurden und nicht dem Broterwerb dienten): *Grammatik, Rhetorik, Didaktik* (zusammengefaßt im *trivium*, lat. Drei-Weg) und *Geometrie, Arithmetik, Astronomie, Musik* (zusammengefaßt im *quadrivium*, lat. Vier-Weg); wurden zur Vorbereitung für die höheren Fakultäten (Theologie, Recht, Medizin) an der Artistenfakultät, der Vorläuferin der philosophischen Fakultät, gelehrt, seit dem ↗ Humanismus mit diesen gleichwertig.

Artusdichtung, Dichtung, deren Helden dem Kreis um den sagenhaften breton. König Artus angehören. Im MA wichtigste Gattung des ↗ höfischen Romans, übertrifft andere Erzählgattungen (z.B. nationale Heldendichtung, Nachformung antiker Stoffe) an Wirkung und Umfang; schöpft aus Sagentraditionen (z.B. der kelt.-breton. *matière de Bretagne*), lit. Überlieferungen und Geschichtswerken (z.B. G. v. Monmouth, *Historia regum Britanniae*, 1130/35). Zeichnet sich besonders durch phantastische Episoden, Offenheit für stoffliche Erweiterungen und Darstellung einer idealen, heroischen Ritterwelt aus; vorbildhaft: die nordfrz. Versromane *Erec*, *Yvain*, *Lancelot*, *Perceval* und *Cligès* von Chrestien de Troyes (um 1140-1190), in denen der Artushof jedes Mal Ausgangspunkt und Ziel der Aventiuren (↗ âventiure, ↗ Abenteuerroman) ist, auf die die Romanfiguren ausziehen, um ihre Tugenden unter Beweis zu stellen, eine Frau oder (im *Perceval*) den ›Heiligen Gral‹ – einen metaphysisch-religiösen, nicht materiellen Besitz – zu finden. In Dtl. u.a. aufgegriffen in Hartmanns v. Aue *Erec* (spätes 12. Jh.) und *Iwein* (um 1205), Wolframs v. Eschenbach *Parzival* (nach 1200), Gottfrieds v. Straßburg *Tristan* (um 1210) und zahlreichen sog. *niederen* Artusdichtungen; wirkt durch ↗ Prosaauflösungen bis in die ↗ Volksbücher und Prosaromane der frühen Neuzeit; zahlreiche Wiederbelebungsversuche im 19. und 20. Jh., u.a. in der Oper (R. Wagner), im Comic (*Prinz Eisenherz*, 1974f.), Film (*Excalibur*, 1981) und Drama (Chr. Hein, *Die Ritter der Tafelrunde*, 1989). ↗ lai

Lit.: V. Mertens: Der dt. Artusroman, 1998. – C.L. Gottzmann: Artusdichtung, 1989. ↗ höfischer Roman

Asklepiadeische Strophen ↗ Odenmaße

Assonanz [zu lat. *assonare* = übereinstimmen], Form des ↗ Reims, bei der die Vokale, nicht aber die Konsonanten gleich klingen: *Büschen – verblühen*, *Atem – entschlafen*; konstitutiv für bestimmte, v.a. span. und afrz. Gattungen der Versdichtung (↗ Romanze, ↗ laisse). ↗ unreiner Reim

Asterisk, Asteriskus [gr. Sternchen], sternchenförmiges Zeichen in einem Text: 1. als Verweis auf eine Fußnote, Anmerkung usw., 2. zur Kennzeichnung einer textkritischen Besonderheit (↗ Konjektur, ↗ Crux), 3. zur Markierung eines größeren Abschnitts, 4. in der Sprachwiss.: zur Kennzeichnung. erschlossener Wortformen (z.B. nhd. fahl, ahd. falo aus german. *falwo), 5. anstelle eines Tabuworts, eines Verfasser- (Asteronym) oder eines Personennamens (z.B. Kleist, *Die Marquise von O*****).

Ästhetik [gr. *aisthesis* = sinnl. Wahrnehmung], in A.G. Baumgartens *Aesthetica* (1750-58) geprägter Terminus: die Theorie von den sinnlichen Wahrnehmungen und ihrer Reflexion, besonders die philosophische Disziplin, die sich mit Problemen der Kunst (ihren Formen, Stoffen, Funktionen, Wirkungen usw.) und insbesondere des Schönen allg. befaßt. Versucht v.a., die Gesetze des Schönen (Harmonie, Variation, Innovation usw.) zu erfassen, definiert seine Entsprechungen, Abwandlungen und Gegensätze (das

Gute und Wahre, das ↗ Erhabene, das ↗ Imaginäre, das ↗ Tragische, das ↗ Komische, das Häßliche, das Anmutige, das Wunderbare, das Spielerische, das ↗ Dionysische, das Naive und Sentimentalische usw.) und erörtert das Verhältnis des Schönen zu Kunst und Natur (die Differenz von Kunstschönem und Naturschönem, Kunst als Nachahmung, Idealisierung, Verschönerung der Natur, als Konstruktion neuer Wirklichkeiten usw.). Tritt im 18. Jh. an die Stelle der älteren ↗ Poetik, von der sie sich durch ihren weniger normativen, mehr beschreibenden Charakter und, wie von der im 20. Jh. ausgebildeten Kunst- und ↗ Lit.theorie, durch ihre auch nicht-künstler. Bereiche (Lebenskunst, Spiel usw.) einschließenden Fragestellungen unterscheidet (wobei die Grenzen oft fließend sind: die sog. Produktions- und ↗ Rezeptionsästhetik etwa beschäftigt sich ausschließlich mit der Entstehung und Wahrnehmung von Kunstwerken). Von nachhaltigem Einfluß auf Lit.wiss., Kunstwiss. und Kunstproduktion waren u.a. Platon (*Phaidros, Symposion*, 1. H. 4. Jh. v.Chr., ↗ Enthusiasmus, ↗ das Erhabene), Aristoteles (↗ Poetik), Pseudo-Longinus (*Über das Erhabene*, vermutl. 1. Jh. n.Chr.), Plotin, G.E. Lessing (*Laokoon*, 1766, ↗ ut pictura poesis), D. Diderot, J.J. Rousseau, I. Kant (*Kritik der Urteilskraft*, 1790), Fr.W. Schelling, J.W. v. Goethe, Fr. Schiller (*Über die ästhet. Erziehung des Menschen*, 1793/95), Fr. Schlegel, G.W. Hegel (*Vorlesungen über die Ästhetik*, postum 1835), A. Schopenhauer, K. Rosenkranz (*Ästhetik des Häßlichen*, 1853), Fr. Nietzsche, K. Marx, B. Croce, E. Cassirer, W. Benjamin, G. Lukács, M. Heidegger, J.P. Sartre, M. Bense, Th.W. Adorno (*Ästhetische Theorie*, 1970), der ↗ Formalismus, ↗ Strukturalismus und ↗ New Criticism.
Lit.: N. Schneider: Geschichte der Ästhetik von der Aufklärung bis zur Postmoderne, 1996. – A. Gethmann-Seifert: Einführung in die Ästhetik, 1995. – P.V. Zima: Lit. Ästhetik, ²1995. – W. Welsch (Hg.): Die Aktualität des Ästhetischen, 1993. – D. Henrich/W. Iser (Hg.): Theorien der Kunst, ⁴1992. – H. Paetzold: Ästhetik der neueren Moderne, 1990. – G. Pochat: Geschichte der Ästhetik und Kunsttheorie von der Antike bis zum 19. Jh., 1986.

Ästhetizismus, künstler. Strömung in der 2. H. des 19. Jh.s, Gegenbewegung zum ↗ Naturalismus, Oberbegriff für verschiedenartige europ. Ausprägungen wie ↗ décadence, ↗ fin de siècle, ↗ Impressionismus, ↗ Symbolismus, ↗ Jugendstil usw.; zeichnet sich aus durch Hochschätzung des Artifiziellen, gewollte Künstlichkeit, hermetisch-dunkle Sprache, deutliche ↗ Selbstreferentialität, Verweigerung der Wirklichkeitsnachahmung. Hauptvertreter: E.A. Poe, Ch. Baudelaire, die engl. Präraffaeliten (D.G. Rosetti, E. Burne-Jones u.a.), R.M. Rilke, ↗ George-Kreis, H. v. Hofmannsthal, O. Wilde, W. Pater, G. d'Annunzio, J.-K. Huysmans, M. Maeterlinck, P. Valéry.
Lit.: H. Gnüg: Kult der Kälte, 1988. – R.R. Wuthenow: Muse, Maske, Meduse, 1978. – P. Szondi (Hg.): Das lyr. Drama des Fin de siècle, 1975.

Asyndeton [gr. Unverbundenheit], Reihung von Sätzen/Satzgliedern ohne Bindewörter: »alles rennet, rettet, flüchtet« (Schiller). Dient, wo nicht einfach Ausdruck einer unkomplizierten Sprechweise, der pathetischen Stilerhöhung, unterstützt Stilmittel wie ↗ Klimax (»Veni, vidi, vici«) oder ↗ Antithese. Ggs. ↗ Polysyndeton.

Aufgesang, erster Teil der ↗ Stollenstrophe des MA (↗ Minnesang, ↗ Meistersang); besteht gewöhnl. aus zwei metrisch und musikalisch gleichgebauten ↗ Stollen. Im Ggs. zum *Abgesang*, dem musikalisch, metrisch, in der Reimordnung und meist auch syntaktisch abgesetzten, in sich nicht unterteilten zweiten Strophenteil.

Aufklärung, der Pädagogik des ausgehenden 18. Jh.s entlehnte Bezeichnung (*Auf-Klärung* im Sinn von ›Er-Hellung, Er-Leuchtung‹ des Geistes) für die gesamteurop. ↗ Epoche von etwa 1720-1785, die I. Kant, der als Vollender der philosophischen Aufklärung gilt, definiert als »Ausgang des Menschen aus seiner selbstverschuldeten Unmündigkeit. Unmündigkeit ist das Unvermögen, sich seines Verstandes ohne Leitung eines anderen zu bedienen«. Zeichnet sich allg. durch die kritische Haltung gegenüber traditionellen Normen und Weltanschauungen (v.a. des absolutistisch geprägten ↗ Barock) aus. Charakterist. für die Lit. der Aufklärung: lehrhafte Kleinformen wie ↗ Epigramm, ↗ Epyllion, ↗ Fabel, ↗ Verserzählung, exemplarische Sujets (z.B. Wielands *Geschichte des Agathon*, 1776/77, Lessings *Nathan der Weise*, 1779), das Interesse für fremde Welten und Denkweisen (Reiseromane, Robinsonaden, ↗ Utopien), der poetische Entwurf einer affektenreichen, doch rational kontrollierbaren Gefühlskultur (↗ Pietismus, ↗ Empfindsamkeit), in der der Einzelne durch Bildung und ästhetische Erfahrung, nicht aufgrund sozialer, ständischer Merkmale ›mündig‹ ist; die Zunahme der lit. Produktion und Verbreitung (↗ moral. Wochenschriften, Taschenbuch, ↗ Almanach, ↗ Kalender, ↗ Wanderbühne). Hauptvertreter: B.H. Brockes, Chr.F. Gellert, S. Geßner, A. v. Haller, Fr. G. Klopstock, G.E. Lessing, Chr. Fr. Nicolai, J.P. Uz, J.C.Wezel, J.E.W. Zachariä, Abbé A.-Fr. Prévost, S. Richardson, H. Fielding, L. Sterne, D. Defoe. Philosophische Voraussetzungen u.a. im frz. Rationalismus (R. Descartes, Voltaire, D. Diderot), im engl. Empirismus (Fr. Bacon, J. Locke) und Sensualismus (D. Hume), in den Schriften von G.W. Leibniz und Chr. Wolff.
Lit.: P.-A. Alt: Aufklärung, 1996. – Ders.: Tragödie der Aufklärung, 1994. – W. Schneiders (Hg.): Lexikon der Aufklärung, 1995. – P. Kondylis: Die Aufklärung im Rahmen des neuzeitlichen Rationalismus, 1986. – R. Grimminger (Hg.): Hansers Sozialgeschichte der dt. Lit., Bd. 3 (Dt. Aufklärung bis zur frz. Revolution 1680-1789), 1980. – M. Horkheimer/Th.W. Adorno: Dialektik der Aufklärung, 1948.

Auftakt, unbetonte Silbe(n) am Versanfang. ↗ Takt

Aufzug [urspr. Aufmarsch zu festl. Prozessionen und Umzügen], dt. Bez. für ↗ Akt, auch Szene eines Dramas.

Augenreim, Reim zwischen orthographisch identischen, aber verschieden ausgesprochenen Wörtern: z.B. engl. *love – prove*, dt. *Loge – Woge*.

Auktoriales Erzählen [lat. auctor = Autor] ↗ Erzählsituation

Autobiographie [gr. selbst + Leben + schreiben], lit. Darstellung des eigenen Lebens oder größerer Abschnitte daraus; anders als das ↗ Tagebuch mit
erklärtem Öffentlichkeitsbezug, relativ homogener Schreibweise, Darstellung, Komposition und ↗ Perspektive: Das Leben kann im Rückblick als
Ganzes überschaut, gedeutet und dargestellt werden. Im Unterschied zu
den ↗ Memoiren Konzentration auf Erfahrungen oder Entwicklungen der
eigenen Person. Meist in Ich-Form und in ↗ Prosa geschrieben, seltener in
der 3. Person, als ↗ Brief, ↗ Dialog, ↗ Prosimetrum (Dante, *Vita nova*,
1292-95) oder in Versen (W. Wordsworth, *The Prelude*, 1805). Die Grenzen zwischen *autobiographischem Roman*, der die Darstellung des eigenen
Lebens in ein fiktionales Geschehen übersetzt (z.B. K.Ph. Moritz, *Anton
Reiser*, 1785/90, ↗ confessio, ↗ Pietismus), und *romanhafter Autobiographie*, die das eigene Leben (durch Beschönigung, Übertreibung, Herausstel-
len schicksalshafter Zusammenhänge usw.) zum Kunstwerk ordnet, sind
fließend. Bsp. von Augustinus (*Confessiones*, 397), B. Cellini (1558/66), der
Hl. Theresa v. Avila (*Vida*, 1561/62), J.J. Rousseau (*Les confessions*, 1782/
89), J.W. v. Goethe (*Dichtung und Wahrheit*, 1811/32), W. v. Kügelgen,
M. v. Meysenbug, E. Canetti u.a.
Lit.: P. Lejeune: Der autobiographische Pakt, 1994. – G. Niggl (Hg.): Autobiographie, 1989. – P. Sloterdijk: Autobiographien der 20er Jahre, 1978.
– G. Misch: Geschichte der Autobiographie, 4 Bde, 1962ff.

Autonome Kunst [gr. autonomos = Eigengesetzlichkeit, Unabhängigkeit],
besonders in ↗ Sturm und Drang, ↗ Romantik, ↗ Ästhetizismus, ↗ Formalismus, ↗ werkimmanenter Interpretation zentraler Begriff: eine Kunst,
die frei ist von jedem Zweck, die nach ihren ganz eigenen Gesetzen gebaut
ist und aus sich selbst heraus wahrgenommen bzw. verstanden werden
kann, auch als *poésie pure*, ↗ absolute Dichtung u.ä. bezeichnet.

Autopoiesis [gr. selbst + erzeugen], zentraler Begriff der Systemtheorie N. Luhmanns (↗ Lit.soziologie), von den Neurophysiologen H. Maturana und
F. Varela Anfang der 70er Jahre des 20. Jh.s geprägt, bezeichnet das zentrale
Merkmal lebender Systeme: Die Fähigkeit zur fortwährenden (Re-)Produk-
tion ihrer selbst, zur Erzeugung und Erneuerung der systemkonstituierenden Elemente, die die Bewahrung einer relativ geschlossenen ↗ Struktur
auch unter veränderten Bedingungen erlaubt (Anpassung durch ↗ Selbstreferenz). In der Lit.wiss. zur Beschreibung lit. Entwicklungen usw. genutzt
(auch eine lit. Gattung wie das ↗ Epigramm z.B. erneuert sich ständig,
etwa im Graffiti, in dem anstelle der systemkonstituierenden Versform die
Farbigkeit des Aufschrift und die nur Eingeweihten verständlichen Na-
menskürzel die Funktion ›Abweichung von der Alltagssprache‹ übernehmen). Im Unterschied zur ›Selbstorganisation‹ (individ. Entwicklung eines
Systems durch das Zusammenspiel von Organisation und Umwelt und die
Umsetzung von Umweltreizen in systemimmanente Strukturen).

Autor, in der Lit.wiss. unterschieden in a) den *historischen*, den realen Verfasser eines Textes, nicht mit dem ↗ Erzähler, dem ↗ lyrischen Ich und anderen fiktiven Sprecherinstanzen zu verwechseln; ist in Bezug auf den fiktionalen Text, seine Bedeutungen und Funktionen nur vorsichtig zu bedenken, im ↗ Poststruktualismus als für die Textintention unwichtige Größe erkannt (R. Barthes, *The Death of the Author*, in: Image – Music – Text, 1977); b) den *impliziten* Autor: die Vorstellung, die sich der Leser während der Lektüre eines Textes von dessen Autor macht; eine aus dem Text erschließbare Instanz zwischen dem historischen Autor und dem ↗ Erzähler/dem ↗ lyrischen Ich; wird für die lit. Gestaltung der verschiedenen narrativen Instanzen verantwortlich gemacht und als ›Stimme‹ des Textes begriffen (vgl. W. Booth, *Die Rhetorik der Erzählkunst*, 2 Bde, 1974).

Autoreferentialität ↗ Selbstreferenz

Avantgarde [frz. Vorhut], ursprünglich militärischer Begriff, seit Mitte des 19. Jh.s programmatisch auf die jeweils neuesten künstler. und lit. Entwicklungen angewandt, die formal und inhaltlich bewußt in Opposition zu den bestehenden lit. und gesellschaftlichen Konventionen treten (z.B. ↗ Dadaismus, ↗ Surrealismus, ↗ nouveau roman, ↗ konkrete Dichtung).
Lit.: W. Fähnders: Avantgarde und Moderne, 1998. – W. Asholt/W. Fähnders (Hg.): Die ganze Welt ist eine Manifestation, 1997. – M. Hardt (Hg.): Lit. Avantgarden, 1989. – P. Bürger: Theorie der Avantgarde, ²1980.

Âventiure, f. [mhd., von mlat. adventura = Ereignis], in der Lit. des MA (besonders in der ↗ Artusdichtung) Bez. für eine ritterliche Bewährungsprobe (häufig personifiziert als ›Frau Âventiure‹): ein Kampf mit Riesen und Drachen, eine gefährliche Begegnung mit Feen an verwunschenen Orten (Wald, Zaubergarten) u.ä. sollen den Ruhm und den moralisch-sozialen Wert des auf Âventiure ausgerittenen Helden erhöhen, sie sind Prüfung und Beweis seiner Tugend. Als ›âventiure‹ wird auch die Erzählung von einer âventiure als Ganzes bezeichnet.

Ballade [it.-provenzal. Tanzlied], ursprünglich zum Reihen- und Kettentanz gesungenes Tanzlied mit Refrain, dann (sangbares) Erzähllied, das zwischen lyrischen Kurz- und epischen Langformen der Versdichtung steht: Die liedhafte, sangbare, ›lyrische‹ Form (i.d. Regel gereimte, kurze, einfach gebaute Verse mit strophischer, meist vierzeiliger Gliederung, mit auffälliger Wiederholung metrisch-musikalischer und syntaktischer Schemata, ↗ Refrain) und die epische Erzählweise verbinden sich mit dramatischer Gestaltung (Konzentration auf die Höhepunkte des Geschehens, ↗ Dialog) und dramatisch-novellistischen Themen (typisch: das ungewöhnliche, geheimnisvolle, meist tragische Geschehen); galt für Goethe deswegen als ›lebendiges Ur-Ei‹ der Dichtung, das alle drei ↗ Gattungen (Epos, Lyrik und Drama) in sich vereint. Von der ↗ Verserzählung, mit der die Ballade die Gattungsmischung teilt, durch die Sangbarkeit der Strophen, den ↗ Refrain, die stilistische Einfachheit, die Konzentration auf ein einziges Ereignis und die Zurückhaltung des Erzählers unterschieden, von der ↗ Romanze, mit der sie Gattungsmischung, Sangbarkeit und Volkstümlichkeit teilt, u.a. durch ihren Stoffreichtum; insges. sind die Grenzen fließend. Wichtige Sammlungen von (Volks-)Balladen entstehen im 18. und 19. Jh.: Th. Percy, *Reliques of Ancient English Poetry, Old heroic Ballads* (1765), J.G. Herder, *Volkslieder* (1778/79), A. v. Arnim/C. Brentano, *Des Knaben Wunderhorn* (1806-08); berühmte Kunstballaden von L.Chr.H. Hölty, G.A. Bürger (*Lenore*), J.W. v. Goethe (*Der Erlkönig*), Fr. Schiller (*Die Bürgschaft*), L. Tieck, C. Brentano, J. v. Eichendorff, W. Scott, S.T. Coleridge, J. Keats, E. Mörike (*Der Feuerreiter*), A. v. Droste-Hülshoff (*Der Knabe im Moor*), L. Uhland, Th. Fontane (*Archibald Douglas*), C.F. Meyer (*Die Füße im Feuer*), H. Heine (*Die schlesischen Weber*), B. Brecht, W. Biermann u.a. ↗ Bänkelsang, ↗ Romanze, ↗ Volkslied
Lit.: G. Grimm (Hg.): Gedichte und Interpretationen: Dt. Balladen, 1994. – G. Weißert: Ballade, [2]1993.

Bänkelsang [nach der Bank, die die Vortragenden als Podium benutzten], Sammelbez. für Geschichten und Lieder, die als Zeitungsersatz seit dem 17. Jh. von umherziehenden Sängern auf Jahrmärkten zu Drehorgelmusik vorgetragen und mit Bildtafeln illustriert worden sind; charakterist.: die Konzentration auf sensationelle, rührselige oder schauerliche Begebenheiten (Naturkatastrophen, Unglücksfälle, Verbrechen, Liebes-, Familientragödien, seltener historisch-politische Ereignisse), die typisierten Figuren und Situationen, die formelhaft vereinfachte Sprache. Einfluß v.a. auf die ↗ Balladen- und ↗ Romanzendichtung seit dem 18. Jh. (auch auf Brechts ↗ episches Theater).
Lit.: W. Braungart (Hg.): Bänkelsang, 1985.

Bar, m., auch n. [mhd., in der Fechtersprache: ein kunstvoller Schlag, vgl. parat = erfolgreiche Abwehr], im ↗ Meistersang Bez. für ein mehrstrophiges Lied, stets mit ungerader Strophenanzahl (↗ Stollenstrophe); am häufigsten: der sog. *gedritte Bar* aus drei Strophen (*Gesätzen*).

Barock, m. oder n. [portug. barocco = unregelmäßig, schiefrund (bei Perlen); danach frz. baroque, metaphor. für ›exzentrisch, bizarr‹], im 18. Jh. von J.J. Winckelmann abwertend für bizarre, effektvolle, vom Standpunkt der ↗ klassizistischen Kunst aus regelwidrige Formen gebraucht, seit H. Wölfflins *Kunstgeschichtlichen Grundbegriffen* (1915) neutrale Bez. für die Kunst des 17. und 18. Jh.s., heute in der Kunstgeschichte allg.: die ↗ Epoche zwischen 1600 und 1770 (↗ Rokoko), in der Germanistik: die Epoche zwischen 1620 und 1680. Häufig mit Stichworten wie den folgenden charakterisiert: Dominanz eines christlichen, absolutistischen Weltbilds; Glaube an eine strenge, von einem Zentrum ausgehende Ordnung der Welt; Zeitalter der ↗ Emblematik und ↗ Allegorie; Gegensatz von Lebensfreude und Weltangst; Erfahrung des Dreißigjährigen Kriegs (1618-48); Einsicht in die Vergänglichkeit aller Erscheinungen (vanitas), stoische Lebenshaltung und mystische Jenseitsvisionen. Die Lit. des Barock ist v.a. Gelehrtendichtung (↗ Sprachgesellschaften), geprägt von einem metaphorisch-allegorischen Denken und dem kunstvollen, z.T. sehr modern anmutenden Spiel mit den von zahlreichen ↗ Poetiken (z.B. Opitz' *Buch von der dt. Poeterey,* 1624) festgelegten Regeln der einzelnen Gattungen und ↗ genera dicendi. Beliebte Gattungen und Strophenformen der barocken Lyrik: ↗ Echogedicht, ↗ Epigramm, ↗ Figurengedicht, ↗ Madrigal, ↗ Ode, ↗ Panegyrik, ↗ Rondeau, ↗ Sestine, ↗ Sonett, das gesellige und religiöse ↗ Lied (Bsp. von G.R. Weckherlin, M. Opitz, P. Gerhard, A. Gryphius, Chr. Hofmann v. Hofmannswaldau, Fr. v. Logau, Angelus Silesius, B.H. Brockes, P. Fleming u.a.). Für das Theater wichtig: die Entwicklung der ↗ Guckkastenbühne mit maschinell austauschbaren Kulissen und Bühnenbildern, die Weiterentwicklung von ↗ Jesuitendrama (J. Bidermann, *Cenodoxus,* 1602), ↗ Festspiel (J.G. Schottel, *Neu erfundenes Freuden Spiel genandt Friedens Sieg,* 1648), Schäferspiel (↗ Schäferdichtung) und Oper (*Daphne,* 1627, Text von M. Opitz, Musik von H. Schütz). Höhepunkte in allen drei genera dicendi: das Trauerspiel (↗ schlesisches Kunstdrama, ↗ Schuldrama, in Frkr. ↗ haute tragédie), die ↗ Haupt- und Staatsaktion (↗ Wanderbühne) und das Prosalustspiel (A. Gryphius, *Herr Peter Squentz,* 1658). In der Epik (v.a. Prosaroman) ebenfalls Einteilung nach den drei genera dicendi: ↗ heroisch-galanter Roman (genus grande), Schäferroman (genus medium, parodiert das Schema, des heroisch-galanten Romans, ersetzt Adelige durch Bürgermädchen und Studenten und führt das mehr durch erotische Anziehung als durch hohe Liebe verbundene Paar am Ende gewöhnlich nicht zusammen, z.B. M. Opitz, *Schaefferey von der Nimpfen Hercinie,* 1630, Ph. v. Zesen, *Adriatische Rosemund,* 1645) und ↗ Schelmenroman (genus humile, ent-täuscht die ideale Welt des heroischen Romans: Der Held zieht sich nach einem wechselvollen Leben von der Welt zurück; z.B. Chr. v. Grimmelshausen, *Simplicissimus,* 1668).

Lit.: H.G. Kemper: Dt. Lyrik der frühen Neuzeit, Bd. 1ff., 1987ff. – G. Hoffmeister: Dt. und europ. Barock-Lit., 1987. – V. Meid: Barocklyrik, 1986. – R. Alewyn/K. Sälzle; Das große Welttheater, ²1985. – R.J. Alexander: Das dt. Barockdrama, 1984. ↗ Allegorie, ↗ Emblem, ↗ Tragödie

Beat generation [engl./amerikan. beat = Schlag, speziell: im Jazz der Grundschlag der Rhythmusgruppe; auch als Abkürzung von beatific = glückselig verstanden], Bez. für eine Gruppe junger amerikan. Schriftsteller, die um 1950/60 durch ihre betont anarchische Lebens- und Schreibweise (Kommunenbildung, Verherrlichung von Alkohol, Drogen, Sex, Kriminalität, Versenkung in Jazz, Leben im Untergrund bzw. auf der Straße, Entdeckung des Zen-Buddhismus, Entwicklung einer *spontaneous prose*, einer nicht von der Vernunft kontrollierten, assoziativ-ekstatischen Schreibweise) berüchtigt geworden ist. Hauptvertreter: A. Ginsberg (*Howl and other poems*, 1956), J. Kerouac (*On the Road*, 1957), L. Ferlinghetti; nach dem Vorbild von W. Whitman, H.D. Thoreau, D.H. Lawrence, E.E. Cummings u.a. Von großem Einfluß auf die europ. Lit. seit den 60er Jahren.

Bibliographie [gr. Buchbeschreibung], a) Hilfswiss. zur Ermittlung und Beschreibung (Verfasser, Titel, Ort, Jahr, Band- und Seitenzahlen) und Ordnung (alphabetisch, chronologisch, systematisch) von Schrifttexten, b) das Produkt dieser Tätigkeit, das Bücherverzeichnis selbst. Die heute wichtigsten führen auf: C. Zelle: Kurze Bücherkunde für Germanisten, 1998. – H. Blinn: Informationshandbuch Dt. Lit.wiss., ^{3}1994. – J.L. Harner: Literary Research Guide, ^{2}1993. – P. Raabe: Einführung in die Bücherkunde zur dt. Lit.wiss., ^{10}1985.

Biedermeier [nach L. Eichrodt und A. Kußmaul, die die ›biederen‹ Reimereien des schwäb. Dichters Samuel Friedrich Sauter mit eigenen Parodien als *Gedichte des schwäbischen Schulmeisters Gottlieb Biedermaier ...* veröffentlichten, 1850/65], Bez. für Epoche zwischen 1815 und 1830 (oder 1848): die Zeit nach dem Wiener Kongreß (Versuch der Wiederherstellung der monarchischen Ordnung durch strenge Regressionen, nach der Frz. Revolution und den Napoleonischen Befreiungskriegen, Unterdrückung demokratischer Bewegungen), auch als ↗ Vormärz oder Restauration bezeichnet. Mit einer Reihe von Klischees verbunden (Biedermann, bieder), als typisch gelten der resignierende Rückzug in beschränkte, unpolitische, private Bereiche (Häuslichkeit, Geselligkeit in Familie und Freundeskreis), der kauzige Sonderling, die Pflege des kulturellen Erbes (Gründung von Gesang- und Musikvereinigungen, historischen und lit. Vereinen), die genaue ›Beobachtung des Nächstliegenden‹. Zum Biedermeier werden Maler wie F.G. Waldmüller, C. Spitzweg, M. v. Schwind, Schriftsteller wie J. Gotthelf, Fr. Grillparzer, J. Nestroy, N. Lenau, E. Mörike, W. Müller, A. v. Droste-Hülshoff, W. Raabe, A. Stifter, Fr.Th. Vischer gezählt, auch die Vertreter des ↗ Jungen Deutschland.
Lit.: F. Sengle: Biedermeierzeit, 3 Bde, 1971 ff.

Bild, 1. unscharfe Sammelbez. der Stilanalyse für die verschiedensten Formen bildlicher Ausdrucksweise, die Natur- und Genreszenen beschreiben, optische Eindrücke in der Sprache widerspiegeln oder einen abstrakten Sachverhalt, einen Gedankengang, seelische Regungen veranschaulichen (↗ Allegorie, ↗ Emblem, ↗ Katachrese, ↗ Metapher, ↗ Personifikation,

↗ Symbol, ↗ Vergleich); 2. ↗ Akt, ↗ Szene; 3. Kompositionselement der erzählenden Lit.: eine durch Beschreibung wiedergegebene Konstellation von Dingen oder Personen in einem bestimmten Moment (↗ Szene, ↗ Tableau); 4. Begriff der Filmwiss.: der auf der Leinwand gezeigte Ausschnitt (zu differenzieren durch die Entfernung der Kamera zum gezeigten Bild: *close-up*, *medium* und *long shot*).

Bildungsroman, von W. Dilthey (*Das Leben Schleiermachers*, 1870) eingeführte Bez. für einen durch Goethes *Wilhelm Meisters Lehrjahre* (1795/96) ausgebildeten spezifisch dt. Romantypus, der die innere Entwicklung einer Figur in den Mittelpunkt stellt, die durch Lehrmeister und Konfrontationen mit der Realität (enttäuschte erste Liebe, verlorene Träume usw.) allmählich ins Leben eingeweiht und anscheinend zu einem ›charaktervollen, harmonischen Ganzen‹ ausgebildet wird, das mit Gott und der Welt in Einklang lebt. Oft verbirgt sich dahinter eine meist nicht bemerkte gegenläufige, negative Entwicklung: Der Held bezahlt die ›Bildung‹ mit dem Verlust der Individualität, der Unschuld, mit Unfruchtbarkeit, gar mit dem Tod; häufig ist das Scheitern als Künstler Gegenstand. Charakterist.: der mehrstufige Aufbau (Jugend/Wanderjahre/Anerkennung und Einordnung in die Welt), die Polarisierung von Kindheit und Erwachsensein, Poesie und Wirklichkeit, Vers und Prosa, Nähe und Ferne usw. und die stark ausgeprägte symbolische Ebene. Vorbereitet u.a. durch J.J. Rousseaus *Émile* (1762) und die autobiographischen Seelenschilderungen des ↗ Pietismus. Weitere Bsp.: Jean Paul, *Hesperus* (1795), *Titan* (1800/1803), L. Tieck, *Franz Sternbalds Wanderungen* (1798), Novalis, *Heinrich von Ofterdingen* (1802), Fr. Hölderlin, *Hyperion* (1797/99), A. Stifter, *Der Nachsommer* (1857), G. Keller, D*er grüne Heinrich* (2. Fass. 1879/80), H. Hesse, *Das Glasperlenspiel* (1943), u.a.
Lit.: J. Jacobs/M. Krause: Der dt. Bildungsroman, 1989. – R. Selbmann: Der dt. Bildungsroman, 1984.

Binäre Opposition [zu lat. binarus = zwei enthaltend], zentrales Klassifizierungs- und Beschreibungsverfahren der an der Linguistik orientierten Lit.wiss. (↗ Formalismus, ↗ Strukturalismus), geht davon aus, daß v.a. Beziehungen der ↗ Analogie (↗ Äquivalenz) und des Gegensatzes (↗ Antithese) das Bedeutungsgefüge eines Textes organisieren, und reduziert so komplexe Sachverhalte auf den Gegensatz von zwei Faktoren: Zwei Zeichen stehen genau dann in binärer Opposition zueinander, wenn sie einander aufgrund mindestens eines ihrer Merkmale ausschließen (z.B. *Gipfel* und *Wipfel*: Obwohl beide ›oben‹ bezeichnen, schließen sie einander aufgrund der binären Opposition von starrem Stein und beweglichem Baum, Grau und Grün usw. aus; die semantischen Unterschiede sind reduzierbar auf die binäre Opposition von |g| und |w|). ↗ Paradigma

Binnenerzählung, die in eine (↗ Rahmen-)Erzählung eingelagerte Erzählung.

Binnenreim, ein Reim innerhalb eines Verses: »Sie *blüht und glüht und* leuchtet« (Heine, *Die Lotosblume*); auch für andere Reimstellungen im Versinnern (↗ Zäsurreim, ↗ Schlagreim, ↗ Mittelreim) und für Reime, bei denen nur ein Reimwort im Versinnern steht (↗ Inreim, ↗ Mittenreim).

Biographie [gr. Lebensbeschreibung], Darstellung der Lebensgeschichte eines Menschen mit dem Anspruch, die Fakten genau wiederzugeben; nutzt aber oft auch Techniken der fiktionalen Lit. und orientiert sich an Strukturen der ↗ Hagiographie und ↗ Legende; die Grenzen zu ↗ Vita, ↗ Nekrolog, ↗ Memoiren, biographischem Roman u.a. sind fließend. Bsp.: Tacitus' *Agricola*, G. Boccaccios (historisch anfechtbare) *Vita di Dante* (um 1360), G. Vasaris *Vite de' più eccellenti architetti, pittori et sculptori italiani* ...(1550/ 58), Voltaires *Histoire de Charles XII* (1731), J. Boswells *The Life of Samuel Johnson* (1791), C.G. Droysens *Leben des Feldmarschalls Yorck von Wartenburg* (1851/52), C. Justis *Winckelmann* (1866/72), Fr. Gundolfs *Goethe* (1916), St. Zweigs *Fouché* (1929), G. Manns *Wallenstein* (1971) u.a.

Bîspel [mhd. Bei-Erzählung, ↗ Beispiel], kleinere Erzählgattung des MA, in ↗ Reimpaaren, mit knapper Darstellung eines Einzelfalls und meist umfangreicherer, moralisierend-didaktischer Auslegung; eng verwandt mit ↗ exemplum, ↗ Fabel, ↗ Märe, ↗ Parabel, ↗ Rätsel; Teil der ↗ Lehrdichtung; als selbständiger Typus erstmals vom Stricker (um 1220/50) gestaltet.

Blankvers [engl.], wichtigster engl. Dramenvers (Marlowe, Shakespeare, Milton), seit Lessings *Kleonnis* (1755) auch in Dtl. nachgebildet: reimlos (›blank‹), mit fünfhebigen Jamben, männl. oder weibl. Versschluß, z.B. »Die schönen Táge vón Aránjuéz« (Schiller, *Don Carlos*), »Heráus in éure Schátten, rége Wípfel« (Goethe, *Iphigenie*).

Bloomsbury group [nach dem Londoner Stadtteil Bloomsbury], von 1906 bis etwa 1930 bestehender exklusiver Kreis von Schriftstellern, Verlegern, Malern, Wissenschaftlern, Kritikern um Leonard und Virginia Woolf, dem z.B. auch E.M. Forster, Clive und Vanessa Bell angehörten.

Bohème [frz., zu mlat. bohemas = Böhme, seit dem 15. Jh. auch: Zigeuner (offenbar, weil die Zigeuner über Böhmen eingewandert sind)], Bez. für Künstlerkreise, die sich bewußt außerhalb der bürgerlichen Gesellschaft etablieren; so zum ersten Mal faßbar um 1830 in Paris (Quartier Latin, Montmartre) im Umkreis der frz. Romantiker (Th. Gautier, Nerval), dann auch in London, München (Schwabing), Berlin, Mailand u.a.

Botenbericht, bühnentechnischer Kunstgriff: Ein für die dramatische Handlung wichtiges Ereignis wird durch einen Augenzeugen oder Boten berichtet, da es sich außerhalb der auf der Bühne dargestellten Welt abspielt oder technisch schwer darzustellen wäre (Schlacht, Naturkatastrophe u.ä.). ↗ Teichoskopie

Boulevardkomödie [frz.], publikumswirksame, ursprünglich zum Repertoire der Pariser Boulevardtheater gehörende ↗ Komödie, für die das Milieu (meist neureiches Großbürgertum mit Affinität zur Halbwelt), die immer wiederkehrende Thematik (Liebesaffären aller Art), eine raffinierte Handlungsführung, der geistreiche Dialog und die jeweils der Zeitsituation angepaßte Ausstattung (Moden, Möbel, Accessoires) charakteristisch sind. Bsp. von G. Feydeau, E. Labiche, E. Rostand, N. Coward, A. Schnitzler, Fr. Molnar u.a.

Brechung, Bez. der mhd. Metrik für die Durchbrechung einer metr. Einheit (Vers-, Reimpaargrenze) durch die Syntax bzw. die Aufteilung eines Verses auf zwei oder mehrere Sprecher. ↗ Enjambement, ↗ Hakenstil, ↗ Antilabe

Brief [von lat. breve (scriptum) = kurzes Schriftstück], schriftliche Mitteilung an einen bestimmten Adressaten als Ersatz für eine mündliche Aussprache, »Hälfte eines Dialogs« (Aristoteles). Gewinnt v.a. im 18. Jh. durch den ↗ Briefroman, das rhetorische Ideal des natürlichen Sprechens und Schreibens (Chr. F. Gellert, ↗ Briefsteller), den Freundschaftskult der ↗ Empfindsamkeit an Bedeutung; bekannte Briefwechsel dieser Zeit zwischen Klopstock und Meta Noller, Schiller und Goethe u.a. Ist primär Mittel der Kommunikation mit einem anderen, soziale Handlung, in die Zukunft gerichteter Entwurf des Schreibers (im MA besitzt der Brief als Fixierung rechtsgeschäftlicher Vorgänge urkundliche Wirkung, vgl. den Ausdruck *verbrieftes Recht*); zeugt wie das ↗ Tagebuch von den jeweiligen Umständen des Schreibens (Unterbrechung, Wechsel des Schreibmittels, des Papiers, des Stils, der Form, Wandel der Tageszeiten) und steht, wie auch die ↗ Autobiographie, zwischen Kunst- und Lebensform. Kann sich unabhängig vom historisch realen Adressaten verselbständigen: als unveröffentlichter Brief, als ↗ Essay, Einkleidung von ↗ Satire, Polemik, Lit.kritik usw., so z.B. Luthers *Sendbrieff vom Dolmetzschen* (1530), Lessings *Briefe die Neueste Literatur betreffend* (1759-65), Herders *Briefe zur Beförderung der Humanität* (1793-97), Schillers *Briefe über die ästhet. Erziehung des Menschen* (1795), Börnes *Briefe aus Paris* (1832), Hofmannsthals *Ein Brief* (1902, Chandos-Brief). Eine Poetisierung ist der nach dem Vorbild von Ovids *Heroides* in Versen verfaßte Brief, den hochgestellte Personen aus Sage, Bibel oder Geschichte geschrieben haben könnten (die sog. *Heroide*, z.B. von Chr. Hofmann v. Hofmannswaldau, 1679); Ovid selbst fingiert die Liebesbriefe berühmter Paare der Mythologie. Eine Mischform ist die ↗ Epistel, die anders als die Heroide nicht notwendig an einen fiktiven Schreiber, an eine Rolle gebunden ist, aber allein schon durch die Versform einen weniger persönlich-intimen Charakter besitzt.
Lit.: R. Nickisch, Der Brief, 1991. – G. Mattenklott u.a. (Hg.): Dt. Briefe 1750-1950, 1988. – A. Schöne: Über Goethes Brief an Behrisch, in: B. v. Wiese/H. Singer (Hg.): Festschrift für R. Alewyn, 1967.

Briefroman, Form des ↗ Romans, besteht aus einer Folge von Briefen eines oder mehrerer fingierter Verfasser. Zeichnet sich durch Verfahren aus, die

die Anteilnahme (Identifikation) des Lesers gestatten und erheischen: die Ich-Form, die Wahl einer außerlit., vermeintlich natürlichen, nicht künstlichen Gattung, die der Leser selber schreiben kann, die suggerierte geringe Distanz zwischen Erlebnis und Aufzeichnung, der anscheinend offene Zukunftshorizont (Spannung) usw. Nach dem Muster von S. Richardsons *Pamela* (1740) und *Charles Grandison* (1753) bis 1820 massenhaft verbreitet: J.J. Rousseau, *Julie ou la Nouvelle Héloïse* (1761), J.C.A. Musäus, *Grandison der Zweite* (1760/62), Ch. de Laclos, *Les liaisons dangereuses* (1782), S. v. La Roche, *Das Fräulein von Sternheim* (1771), J.W. v. Goethe, *Die Leiden des jungen Werthers* (1774), L. Tieck, *William Lovell* (1795/96), Fr. Hölderlin, *Hyperion* (1797), u.a. Später seltener, z.B. W. Raabes *Nach dem großen Kriege* (1861) oder A. Gides *École des femmes* (1929).

Briefsteller, ursprünglich professioneller Schreiber, der für andere Briefe schrieb, ›erstellte‹, dann übertragen: schriftliche Anleitung zum Briefeschreiben, meist mit Formeln und Musterbriefen für unterschiedliche Anlässe und Adressaten. Bsp.: G.Ph. Harsdörffer, *Der Teutsche Secretarius* (1656), K. Stieler, *Der allzeit fertige Secretarius* (1673), Chr.F. Gellert, *Sammlung vorbildlicher Briefe nebst einer praktischen Abhandlung von dem guten Geschmack in Briefen* (1751), u.a.

Buchdruck, bereits im frühen China üblich (4. Jh.: mit Inschriftensteinen, 8.-10. Jh.: mit Holzplatten, 11. Jh.: mit beweglichen Lettern); ebenso im ägypt.-röm. Altertum (eingefärbte Stein- bzw. Metallstempel mit figürl. Darstellungen, Buchstaben oder ganzen Wörtern, Namen) und wohl auch im MA (eine Tontafel in Prüfening von 1199 zeigt eine 17zeil. Weihinschrift, die mit einem Holzstempel hergestellt wurde). Handabzüge von Holz- und Metalltafeln auf Papier (Holztafel- oder Plattendrucke) werden seit der 1. H. des 15. Jh.s mit den jeweils leeren Seiten zusammengeklebt und zu Büchern gebunden (Blockbuch); seit 1450 (Gutenberg) Druck mit beweglichen Lettern (↗ Inkunabel).
Lit.: M. Janzin/J. Güntner: Das Buch vom Buchdruck, 1995. – H. Blanck: Das Buch in der Antike, 1992. ↗ Schrift

Bukolische Dichtung ↗ Schäferdichtung

Bürgerliches Trauerspiel, dramatische Gattung der dt. ↗ Aufklärung, definiert durch ihre Unterschiede zur traditionellen, an antikem Muster orientierten ↗ Tragödie: gestaltet das tragische Schicksal von Menschen bürgerlichen Stands, nicht das Unglück der Großen (Bruch der ↗ Ständeklausel), verwendet die ↗ Prosa, nicht die der Alltagssprache vermeintlich fernere Verssprache, verbindet ↗ Tragik mit dem Verlust ethischer Werte (Tugend, Sittlichkeit, Würde, Ehre usw.), nicht mit der sozial-ständischen ↗ Fallhöhe, und spielt in mehrfacher Hinsicht im Haus (vgl. die Bezeichnung der Vorläufer: die engl. *bourgeois* oder *domestic tragedy* wie z.B. G. Lillos *The London Merchant*, 1731, die frz. *tragédie domestique* wie z.B. D. Diderots *Le père de famille*, 1758): Hauptschauplatz ist der private Raum des Bürgers

(↗ Guckkastenbühne), nicht der große Platz vor einem Palast (wie in der klassischen Tragödie), auch das Personal (Vater/Tochter/Ehefrau), die Motive und Stoffe sind an das private Haus gebunden. Greift darin auf die ↗ Komödie (↗ weinerliches Lustspiel, ↗ Tragikomödie), auch den engl. Roman (z.B. S. Richardsons *Clarissa*, 1747/48) zurück. Zielt durch den Bruch mit den Konventionen gerade auf eine Erneuerung der Tragödie und deren Wirkung (↗ Katharsis, ↗ Wirkungsästhetik): »Das Unglück derjenigen, deren Umstände den unsrigen am nächsten kommen, muß natürlicherweise am tiefsten in unsere Seelen dringen« (Lessing); dieses Mitleiden soll den Zuschauer ›sittlich-moralisch‹ belehren und sensibilisieren. Theoret. fundiert in Philosophie und Poetik der Aufklärung (G.E. Lessing, *Briefe die neueste Literatur betreffend*, 1759-65, *Hamburgische Dramaturgie*, 1767-69). Bsp.: Lessing, *Miß Sara Sampson* (1755), *Emilia Galotti* (1772), Fr. Schiller, *Kabale und Liebe* (1783), H.L. Wagner, *Die Kindermörderin* (1776), J.M.R. Lenz, *Der Hofmeister* (1774), *Die Soldaten* (1776), Fr. Hebbel, *Maria Magdalena* (1844), u.a.
Lit.: K.S. Guthke: Das dt. bürgerliche Trauerspiel, 1994. – C. Mönch: Abschrecken oder Mitleiden, 1993.

Burleske [nach ital. burlesco = spaßhaft, spöttisch], 1. derbkom. Improvisationsstück, das in der Tradition der ↗ Commedia dell'arte bestimmte Sachverhalte und menschliche Charakterzüge der Lächerlichkeit preisgibt (↗ Posse, ↗ Farce). Bsp.: J.W. Goethe, *Götter, Helden und Wieland* (1773), Fr.Th.Vischer, *Einfacherer Schluß der Tragödie Faust* (1862); 2. Form der Epenparodie, die im Unterschied zur ↗ Travestie das Stilniveau beibehält und dafür den erhabenen Inhalt gegen das Alltäglichste eintauscht (Mäuse anstelle von Heroen, ein gestohlener Eimer als Kriegsauslöser anstelle der gestohlenen Helena); oft auch synonym verwendet (z.B. P. Scarron, *Le Virgile travesti en vers burlesques*, 1648-53). Bsp.: *Batrachomyomachia* (5./4. Jh. v.Chr.), S. Butler, *Hudibras* (1663-73), J. Gay, *Beggar's Opera* (1728), u.a.

Bylinen, f. Pl. [russ. bylina = Ereignisse (der Vergangenheit)], episches ↗ Heldenlied der russ. Volksdichtung (↗ Epos, ↗ oral poetry); umfaßt etwa 500-600 rhythmische, freie, reimlose Verse mit deutlicher Mittelzäsur; von einem Saiteninstrument begleitet, im Sprechgesang rezitiert; heute noch gepflegt.

Byronismus, nach dem engl. Dichter George Gordon Lord Byron (1788-1824) benannte, von Weltschmerz und Pessimismus bestimmte Lebens- und Stilhaltung zu Beginn des 19. Jh.s; dem Byronismus zugeordnet: P.B. Shelley, J. Keats, Th. Gautier, A. Puschkin, W. Waiblinger, A. v. Platen, Chr.D. Grabbe, N. Lenau u.a., die v.a. heroisch-unglückliche Außenseiter wie Prometheus, Ahasver, Kain, Faust, Don Juan in den Mittelpunkt ihrer Dramen, Versepen und lyrischen Gedichte stellen.

Camouflage [frz. Tarnung, Maskierung], sprachliche Verhüllung einer Aussage, die, wird sie dennoch verstanden, den Leser oder Hörer zum Gesinnungsverwandten des Autors macht; allg. für jede lit. Strategie, die in einem Text eine zweite, verborgene Bedeutungsebene errichtet (Differenz zwischen Oberflächentext und Subtext, exoterischer und esoterischer, offensichtlicher und versteckter Ebene); oft zur Umgehung von Tabus und Zensurvorschriften genutzt; bevorzugter Kunstgriff in ↗ absoluter, geselliger und gelehrter Dichtung.

Canto, m. [it. Gesang], Bez. für den längeren Abschnitt einer epischen Versdichtung, v.a. im ↗ Epos, z.B. in Dantes *Divina Comedia*, Ariosts *Orlando furioso*, dann auch bei Voltaire, Byron (*Don Juan*), als ›Gesang‹ übersetzt von Klopstock (*Messias*), Mörike (*Idylle vom Bodensee*) u.a.

Canzoniere [it.], Sammlung von Liedern oder anderen lyrischen Gedichten; am berühmtesten: der *Canzoniere* von Petrarca (um 1350, gedruckt 1470). ↗ Kanzone, ↗ Petrarkismus

Captatio benevolentiae [lat. Haschen nach Wohlwollen], Redewendung, mit der man sich, meist zu Beginn eines Werks oder einer Rede (↗ Prolog), die Gunst des Publikums erwerben will, indem man sich oder seine Fähigkeiten herabsetzt (›fishing for compliments‹). ↗ Devotionsformel

Carmen, n., Pl. carmina [lat. Rezitation, Gesang], 1. altlat. Kultlied, rituelles Gebet, Zauber- und Beschwörungsformel, Prophezeiung, Schwurformel, Gesetzes- und Vertragstext; arbeitet, wie die in fast allen Sprachen nachweisbaren Kultlieder, auffällig mit Figuren der Symmetrie (↗ Alliteration, ↗ Zwillingsformel, ↗ Reim, ↗ Parallelismus, ↗ Anapher, ↗ Epipher); enthält so im Keim Formen, die in ästhetisierter, entmagisierter Funktion v.a. in der lyrischen Poesie wichtig werden (↗ Lyrik, ↗ Vers); 2. in der röm. Lit. allg. Bez. für ein (lyrisches) Gedicht; 3. im MA Bez. für Gedichte weltlichen oder geistlichen Inhalts (↗ Vagantenlied).

Carmen figuratum [lat.] ↗ Figurengedicht

Chanson [frz. Lied], 1. in frz. Lit. des MA: jedes volkssprachliche, gesungene epische (↗ chanson de geste) oder lyrische Lied; 2. heute: alle Arten des ein- und mehrstimmigen, meist nur von einem Instrument begleiteten, häufig auf Kleinkunstbühnen vorgetragenen Lieds (↗ couplet, ↗ Song), z.B. Fr. Hollaenders *Ich bin von Kopf bis Fuß auf Liebe eingestellt.*

Chanson de geste, f. [frz. Tatenlied, zu lat. ↗ Gesta], das anonyme frz. ↗ Heldenepos des MA mit einem Stoff aus der nationalen Geschichte, v.a. aus der Karolingerzeit, z.B. das *Chanson de Roland* (zwischen 1060 und 1130) oder *Huon de Bordeaux* (um 1200); in ↗ Laissen-Strophen, häufig im ↗ vers commun oder ↗ Alexandriner, von Spielleuten meist zur Geige oder Leier vorgetragen. Oft in andere Gattungen (wie ↗ komisches Epos,

↗ Verserzählung, ↗ Roman) eingegangen, z.B. in Ariosts *Orlando furioso* (Rolandslied) oder Wielands *Oberon* (Huon).

Charakter ↗ Typus

Charge, f. [frz. Bürde (eines Amtes)], im Theater: Nebenrolle mit meist einseitig gezeichnetem Charakter, z.B. der Derwisch in Lessings *Nathan* oder der Kammerdiener Wurm in Schillers *Kabale und Liebe.*

Chevy-chase-Strophe [nach der Eingangsballade von Percys *Reliques of Ancient English Poetry* (1765): »Die Jagd auf den Hügeln von Cheviot«], Strophenform zahlreicher engl. Volks- und Kunst- ↗ Balladen, im 15. Jh. entstanden, seit dem 18. Jh. auch in Dtl. beliebt: mit 4 Zeilen, abwechselnd 4 (1./3. Z.) und 3 (2./4. Z.) Hebungen, freier Füllung und durchweg betontem Versausgang (männl. ↗ Kadenz), wobei zunächst nur die 2. und 4. Zeile reimen. Häufig Abweichungen vom Grundschema, z.B. sechszeilig, Reimschema abxbxb, ausschließlich vierhebige Verse usw. Bsp.: S.T. Coleridge, *The Ancient Mariner*, Fr.G. Klopstock, *Heinrich der Vogler*, J.W. v. Goethe, *Der Fischer* (Verdoppelung des Schemas), Th. Fontane, *Archibald Douglas.*

Chiasmus [lat. in der Form des gr. Buchstabens chi (χ): in Überkreuzstellung], überkreuzte syntaktische Stellung von Wörtern zweier aufeinander bezogener Wortgruppen oder Sätze: »Eng ist die Welt und das Gehirn ist weit« (Schiller). Dient oft der sprachlichen Veranschaulichung einer ↗ Antithese oder der Verschleierung eines semant. ↗ Parallelismus.

Chiffre [frz. Ziffer, Zahlzeichen, aus arab. sifr = Null], 1. Namenszeichen, Monogramm; 2. Geheimschrift, bei der jeder Buchstabe (Zeichen) nach einem bestimmten System (↗ Code) durch einen anderen ersetzt wird (Chiffrierung); 3. besonders in moderner Lyrik und Prosa: Einfaches, meist bildhaft-sinnfälliges, seiner eigentl. Bedeutung entleertes Wort, dessen neue Bedeutung sich aus dem Zusammenhang erschließt, z.B. ›blaues Klavier‹ für das poetische Lied bei E. Lasker-Schüler.

Choljambus [lat.-gr. Hinkjambus, zu gr. cholos = lahm], antikes, v.a. in komischen und satirischen Gedichten gebrauchtes Versmaß: Ein jambischer ↗ Trimeter, dessen letzter Jambus durch einen ↗ Trochäus ersetzt ist: ◡–◡– | ◡–◡– | ◡–◡ . Im Dt. nachgebildet von A.W. Schlegel (»Der Chóliámbe schéint ein Vérs für Kúnstríchter/Die immerfort voll Naseweisheit mitsprechen, / Und eins nur wissen sollten, / Daß sie nichts wissen.«), Fr. Rückert u.a.

Chor [gr. choros = die für kult. Tänze abgegrenzte Fläche, dann: die Tänzer und die von ihnen vorgetragenen Gesänge selbst], wichtiges Merkmal der ↗ Tragödie nach antikem Vorbild: Sprecher- bzw. Sängerkollektiv, oft als Repräsentant des Volks, Gegengewicht zum Helden, idealer Zuschauer, moral. Kontrollinstanz u.ä. eingesetzt, z.B. in Gryphius' *Leo Armenius*, Lohensteins

Agrippina (↗ schlesisches Kunstdrama), Schillers *Braut von Messina*, Goethes *Faust II*, Tiecks *Prinz Zerbino*, P. Weiss' *Gesang vom lusianischen Popanz*. Bei Shakespeare und in der ↗ tragédie classique funktional durch Einzelpersonen ersetzt (der Narr, der Vertraute). Chorische Aufführungen sind die Vorformen des gr. und europ. Dramas (↗ Komödie, ↗ Tragödie, ↗ Dithyrambos, ↗ geistliches Spiel, ↗ reyen).

Chorjambus [gr.-lat.], antiker Versfuß: –◡◡–. Als Zusammensetzung von Choreus (= Trochäus) und ↗ Jambus gedeutet; wichtiger Baustein der *äolischen*, in Gedichten der frühgr. Dichter Sappho und Alkaios (um 600 v.Chr.) überlieferten ↗ Odenmaße; im Dt. durch Hebung/Senkung/Senkung/Hebung nachgebildet: »Mühend versénkt/ängstlich der Sínn/ Sích in die Nácht« (Goethe).

Chorlied, lyrische Dichtung für den Gesangsvortrag durch einen Chor (Ggs. ↗ Monodie, ↗ Rhesis); ursprünglich mit rituellen Tänzen, Märschen, Prozessionen oder Zusammenkünften verbundenen, z.B. ↗ Hymne, ↗ Dithyrambos, ↗ Päan, Threnos (Totenklage), Choral usw. ↗ Strophe

Chronik [gr.-lat. Zeitbuch], Auf- bzw. Nachzeichnung historischer Ereignisse in ihrer zeitlichen Folge; erfaßt im Ggs. zu den ↗ Annalen oft größere Zeitabschnitte, reiht Ereignisse nicht nur unverbunden aneinander, sondern sucht auch sachlich-ursächliche Zusammenhänge herzustellen. Besonders häufig im MA als Welt-, Stadt-, Kaiser-, Kloster-, Familienchronik u.ä., z.B. die *Sächs. Welt-Chronik* (um 1237, vermutl. von Eike v. Repgow), die *Gandersheimer Reimchronik* (1216/18, von Priester Eberhard) die reich illustrierte *Schedelsche Welt-Chronik* (1493). Als Kunstgriff Sonderform der ↗ historischen Erzählung (›chronikale Erzählung‹), z.B. W. Rabeners *Auszug aus der Chronike des Dörfleins Querlequitsch, an der Elbe gelegen* (1742) oder Th. Fontanes *Grete Minde* (1880): Der Autor gibt sich als Hrsg. einer oft in archaisierendem Stil verfaßten (fiktiven) Chronik oder eines chronikähnl. Manuskripts (Tagebuch, Briefe u.ä.) aus.

Chronotopos [gr. Zeit + Ort], von M. Bachtin (*Formen der Zeit im Roman*, postum 1975, dt. 1989) geprägter Begriff für die unauflösbare Verbindung lit. Raum- und Zeitgestaltung im Roman: »Die Merkmale der Zeit offenbaren sich im Raum, und der Raum wird von der Zeit mit Sinn erfüllt und dimensioniert«. Je nach Romantypus und Epoche besitzen Zeit und Raum besondere, näher bestimmbare Funktionen für den Gang der Erzählung, werden auf eine spezifische Weise gestaltet und mit bestimmten Motiven (dem Narr, dem Schurken, der Idylle usw.) verbunden. ↗ Abenteuerroman, ↗ Dialogizität, ↗ mythisches Analogon.

Code [frz.-engl., von lat. codex = Schreibtafel, Buch, Verzeichnis], 1. (als Fachausdruck in der Fernmeldetechnik und im militärischen Nachrichtenwesen): Buch mit Anweisungen für die Ver- und Entschlüsselung einer Nachricht in eine oder aus einer Geheimsprache; 2. in der ↗ Semiotik,

Informations- und Kommunikationstheorie Grundlage für das Verstehen von Zeichen: Vorschrift für die eindeutige Zuordnung der Zeichen eines Zeichenvorrats zu denjenigen eines anderen Zeichenvorrats, die Gesamtheit des Wissens (Wortschatz, Lebenserfahrung, grammatische Regeln usw.), über das Sender und Empfänger einer Nachricht zumindest zum Teil verfügen müssen, damit sie die Nachricht übermitteln und verstehen können. Lit. Texte sind in diesem Sinn *kodierte*, verschlüsselte Informationen, die der Leser aufgrund verschiedener Codes (von R. Barthes, *S/Z*, 1987, unterteilt z.b. in *symbolischen, kulturellen, proairetischen, hermeneutischen* Code) *dekodieren*, d.h. entschlüsseln kann; 3. in der Linguistik: ›Sprachsystem‹.

Collage [frz. Aufkleben], ursprünglich Begriff der bild. Kunst, als lit. Verfahren: die Kombination von meist unterschiedlichem, vorgefertigtem sprachlichen Material, auch die so entstandenen Produkte (von Lautréamont einmal als Resultate der zufälligen Begegnung einer Nähmaschine und eines Regenschirms auf einem Operationstisch bez.), z.B. K. Kraus' *Die letzten Tage der Menschheit* (1919), A. Döblins *Berlin Alexanderplatz* (1929). Oft synonym mit ↗ Montage verwendet. Häufig im ↗ Dadaismus und ↗ Surrealismus.

Comédie larmoyante, frz. Variante des ↗ weinerlichen Lustspiels, Bsp. von P.C. de Marivaux, P.C. Nivelle de La Chaussée (*L'école des mères*, 1744).

Comedy of humours [nach der seit dem MA gebräuchl. Einteilung der menschlichen Charaktere (humours) in die für sie vermeintl. spezifische Körpersäfte (engl. ebenfalls humours)], engl. Komödientyp des 16. und frühen 17. Jh.s mit satirisch überzeichneten, extremen Charakteren; ausgebildet von Ben Jonson (*Every Man in His Humour*, 1598).

Comedy of manners, im 17./18. Jh. beliebter engl. Komödientyp, in der Tradition des europ. Sittenstücks (Karikatur zeitgenössischer Moden, Gebräuche usw.), v.a. nach dem Vorbild Molières. Bsp.: J. Dryden, *Marriage à la Mode* (1672); W. Congreve, *Love for Love* (1695); R.B. Sheridan, *School for Scandal* (1777). ↗ Salonstück, ↗ Boulevardkomödie

Comics [engl./amerik., von comic strips = kom. (Bild)streifen], Ende des 19. Jh.s in den USA entstandene spezielle Form der Bildergeschichte: durch das vom Film übernommene Prinzip der Reihung zur Handlungssequenz zusammengefügte Bilder, meist mit integrierten Textformen (Erzählerbericht, Sprechblasen, Soundwörter) und spezif. Gestaltungsweise (z.B. sog. *speed lines*, Geschwindigkeitsstreifen). Gelten meist als Triviallit., sind jedoch im Gefolge der amerik. Pop-Art (R. Lichtenstein), des avantgardistischen Films (J.L. Godard, F. Fellini u.a.), der sog. *Pop-Lit.* (H.C. Artmann, E. Jandl u.a.), der ↗ Semiotik sowie durch gezielt gesellschaftskritische Verwendung (in der sog. *Underground-Lit.*) Gegenstand lit.wiss. Analysen geworden. Vorläufer: der ma. Bilderbogen, die Moritat (↗ Bänkelsang), die

Karikatur, Serienbilder und Bildergeschichten (z.B. W. Hogarth, *A Harlot's Progress*, 1732, W. Busch, *Max und Moritz*, 1865).
Lit.: S. McCloud: Comic richtig lesen, 1994. – B. Dolle-Weinkauff: Comic, 1990.

Commedia [it.], in der ital. Lit. des MA ursprünglich jedes volkssprachliche Gedicht (im Ggs. zum lat.) mit glücklichem Ausgang, z.B. Dantes *La (Divina) Comedia* (um 1292-1321, Erstdruck 1472 ↗ Epos); später eingeengt auf das Drama allg., v.a. die Komödie.

Commedia dell'arte [it. aus Lustspiel + Kunst, Gewerbe], um die Mitte des 16. Jh.s in Italien entstandener Typus der ↗ Komödie, von nachhaltigem Einfluß auf die europ. Theatergeschichte: Handlungsverlauf und Szenenfolge sind vorgeschrieben; Dialogpartien, Scherze (*lazzi*), ausdrucksstarke Gebärden, Tanz- und Musikeinlagen, akrobatische Kunststücke, Zaubertricks u.ä. werden aus dem ↗ Stegreif improvisiert – erleichtert durch vorgefertigte, mit bestimmten mimischen Effekten und Scherzen verbundene, oft in Büchern gesammelte Musterreden, v.a. aber durch feststehende Figurentypen mit jeweils ganz eigenem Charakter, typischem Kostüm, Maske und Dialekt. Die wichtigsten dieser Figurentypen: der Diener ↗ *Arlecchino* und sein weibl. Pendant, häufig seine Geliebte: die kokette Dienerin *Colombina*; der pedantisch-gelehrte, mit lat. Zitaten prahlende schwarzgekleidete, vom Wein gerötete *Dottore*; der alte, geizige, doch liebesblinde venezian. Geschäftsmann *Pantalone*, mit Brille, Hakennase, langen roten Hosen und gelben Schnabelschuhen; der *Capitano*, der span., mit seinem Heldentum prahlende, doch feige Liebhaber; der faule Diener *Pulcinella*, mager und bucklig, mit heiserer Stimme, Vogelnase, Schnurr- und Backenbart, im weiten weißen Kittel und weißen Hosen (in England als Punch, in Rußland als Petruschka bez.); die nichtmaskierten Verliebten *Florindo* und *Isabella*. Von Berufsschauspielern (↗ Wanderbühne) bis ins 19. Jh. aufgeführt, seit der 2. H. des 20. Jh.s zunehmend wiederbelebt (z.B. vom G. Strehlers Piccolo Teatro in Mailand). Beeinflußte u.a. Shakespeare (*Der Widerspenstigen Zähmung*, 1594, Gremio als Pantalone), Gryphius (der Capitano in *Horribilicribrifax Teutsch*, 1663), Goethe (*Jahrmarktsfest zu Plundersweilern, Hanswursts Hochzeit*, beide 1773), das Wiener ↗ Volkstheater (z.B. Schikaneder/ Mozart, *Die Zauberflöte*, 1791: Pamino und Pamina als Arlecchino und Colombina; Nestroy, *Einen Jux will er sich machen*, 1842), Hofmannsthal (*Der Rosenkavalier*, 1911) und das ↗ Puppenspiel; von Molière und Goldoni zur Charakter- und Typenkömödie (ohne Masken) weiterentwickelt.
Lit.: W. Krömer: Die ital. Commedia dell'arte, [2]1987.

Computerphilologie, Sammelbez. für die Einsatzmöglichkeiten des Computers in der Lit.wiss. (v.a. bei der Archivierung, Edition, Stilanalyse, Suche nach Textstellen, Stichwörtern, Sek.lit. u.a.).
Lit.: N. Gabriel: Kulturwiss. und neue Medien, 1997. – H.-W. Ludwig: EDV für Lit.wissenschaftler, 1991.

Computertexte, Sammelbez. für Texte, die ein Computer hergestellt hat: mit Hilfe eingegebener Wörter und syntaktischer Regeln. In der Tradition der meist individuell erzeugten Zufalls- oder Würfeltexte der »poésie impersonelle« (Lautréamont), »künstlichen Poesie« (M. Bense). ⁊ Hypertext Lit.: S.J. Schmidt: Computerlyrik, in: Elemente einer Textpoetik, 1974. – H.W. Franke: Computergraphik, Computerkunst, 1971 (mit umfangreichem Lit.verzeichnis).

Concetto, Pl. concetti [it. aus lat. conceptus = Begriff], geistreich zugespitztes Gedanken- oder Wortspiel, weithergeholte Metapher, artifizielles Paradoxon (›Licht ist Dunkel‹); beliebt z.B. im ⁊ Manierismus (E. Tesauro, B. Gracián) und in der dt. ⁊ Romantik (Fr. Schlegel, Novalis).

Conclusio [lat. (Ab)Schluß], in der ⁊ Rhetorik: 1. Schlußteil einer Rede (⁊ Disposition); 2. abgerundete (geschlossene) Formulierung eines Gedankens; 3. logische Schlußfolgerung, z.B. »Alle Menschen sind sterblich. Sokrates ist ein Mensch. *Sokrates ist sterblich*« (sog. *Syllogismus*).

Confessio [lat. Bekenntnis], bekenntnishafte, oft als intime Beichte verfaßte ⁊ Autobiographie. Berühmt: die *Confessiones* von Augustinus und J.J. Rousseau.

Conte, m. [frz. Erzählung, Märchen], in der frz. Lit.: 1. zwischen Roman und Novelle stehende Erzählung, ausdrückl. als ›conte‹ bez., z.B. Balzacs *Contes drôlatiques*; 2. ⁊ fabliau.

Correctio [lat. Verbesserung], unmittelbare Berichtigung einer eigenen Äußerung (in der Gerichtsrede auch einer Äußerung des Gegners): »Ich trinke nicht, nein, ich saufe«; oft mit Wiederholung (⁊ Anadiplose) des zu verbessernden Ausdrucks: »Ich trinke; trinke? nein, ich saufe!«

Couplet [frz. Strophe, Lied, Diminutiv zu couple = Paar], in der frz. Lit.wiss.: 1. Strophe, 2. das seit dem 16. Jh. in Epos, Epigramm, Epistel, Elegie, Lehrgedicht, z.T. auch im Drama verwendete ⁊ Reimpaar (⁊ heroic couplet), 3. die durch ungereimte Refrainzeilen markierten Abschnitte im ⁊ Rondeau, 4. das meist kurze witzige Lied (mit Refrain) in ⁊ Singspiel, Operette, Kabarett usw., häufig auf aktuelle politische oder gesellschaftliche Skandale anspielend (z.B. Knieriems Kometenlied in J. Nestroys *Lumpazivagabundus*, ⁊ Volkstheater).

Crux [lat. Kreuz], in der ⁊ Textkritik: unerklärte Textstelle, in kritischen Ausgaben durch ein Kreuz (†) markiert; kann auf Textverderbnis (⁊ Korruptel) oder einem ⁊ hapax legomenon beruhen. Im übertragenen Sinne: unlösbare Frage.

Cultural Materialism, Anfang der 80er Jahre in Großbritannien entwickelte marxistisch orientierte Variante des ⁊ New Historicism, die v.a. die

Funktionen der Lit. in staatlichen Machtsystemen untersucht, die unterschiedlichen gesellschaftlichen Mechanismen und Manifestationen der Macht, ihrer Legitimierung und Ausübung. Vetreter: C. Belsey (*The Subject of Tragedy*, 1985), J. Dollimore (*Sexual Dissidence*, 1991), u.a. ↗ gender studies

Cultural poetics ↗ New Historicism

Cultural studies, Sammelbez. für ›Kulturstudien‹ jeder Art, für interdisziplinär angelegte Erforschungen kultureller Fragestellungen (dabei besonders im Mittelpunkt: Fragen nach der Vielfalt der verschiedenen Kulturen in einer bestimmten Gesellschaft, besonders in multikulturellen Staaten wie den USA oder Großbritannien, nach ihrer Beschaffenheit und Funktion: als Ausdruck unterschiedlicher Lebensweisen, sozialer Klassen, ethnischer Rassen, als Resultat der Differenz zwischen den beiden Geschlechtern, als bedeutungsschaffende, für die Organisation einer Gesellschaft zentrale Systeme usw.). Ggs. zur klassischen Kulturwiss., die von der Idee einer einzigen ›hohen‹ Kultur ausgeht. Zuerst als Bez. verwendet für die in der Tradition der brit. Lit.kritik (↗ New Criticism) stehenden kulturkritischen Schriften von R. Hoggart (*The Uses of Literacy*, 1957) und R. Williams (*Culture and Society 1780-1850*, 1958); heute besonders von G. Turner (*British Cultural Studies*, 1996) und S. Bassnett (*Studying British Cultures*, 1997) vertreten. ↗ gender studies, ↗ Kulturwissenschaft, ↗ New Historicism
Lit.: P. Childs/P. Williams: An Introduction to Post-Colonial Theory, 1997. – F. Inglis: Cultural Studies, 1993.

Cursus, Pl. Cursūs [lat. Lauf], v.a. in der lat. ↗ Kunstprosa der Spätantike und des MA gebräuchl. rhythmische Formel, die den Schluß eines Prosasatzes oder -satzteils regelt; im Ggs. zu den ↗ Klauseln nach dem Wortakzent, nicht der Silbenlänge geregelt: 1. *cursus planus* (gleichmäßiger Cursus): ....x́x; 2. *cursus tardus* (langsamer Cursus): ....x́x / xx́xx; 3. *cursus velox* (rascher Cursus): ....x́xx / xxx́x; 4. *cursus trispondiacus* (Cursus aus drei ↗ Spondeen): ....xx́x / xxx́x.

Dadaismus, v.a. durch theoretische und praktische Beiträge zur ↗ abstrakten Dichtung wichtige Lit.- und Kunstrichtung der ↗ Moderne: 1916 von H. Arp, H. Ball, T. Tzara, K. Schwitters u.a. im Züricher *Cabaret Voltaire* als Widerstand gegen den v.a. dem Bildungsbürgertum zugeschriebenen Ersten Weltkrieg entwickelt, definiert sich durch Negation (»Dada bedeutet nichts«, Tzara) und den radikalen Bruch mit den geltenden, tradit. ästhet. Maßstäben: Das Absurde, Primitive, Abstrakte, die experimentellen Formen (reduzierter Text, ↗ Lautgedicht, Geräuschkonzert, ↗ Collage, ↗ aleatorische Dichtung) u.ä. sollen protestieren und provozieren. Nach Kriegsende in Berlin (R. Huelsenbeck, G. Grosz, R. Hausmann, W. Mehring u.a.), Köln (M. Ernst, J. Baargeld, Arp), Paris (Tzara, Arp, L. Aragon, A. Breton, P. Eluard u.a., ↗ Surrealismus) bis 1920, von Schwitters unter dem Namen ›Merz‹ bis 1937 weiterverfochten. Weiterentwicklung von ↗ Expressionismus, ↗ Futurismus, Einfluß auf ↗ konkrete Dichtung, Pop-Art usw. Lit.: H. Korte: Die Dadaisten, 1994. – H. Bergius: Das Lachen Dadas, 1989. – R. Huelsenbeck (Hg.): Dada: Eine lit. Dokumentation, 1964.

Daktylus [lat. nach gr. daktylos = Finger, Zehe, übertragen: Zoll, Maß(einheit)], antiker Versfuß aus einer langen und zwei kurzen Silben: –◡◡; im Dt. mit einer betonten und zwei unbetonten Silben nachgebildet: x́xx (»Nímmer, das gláubt mir, erschéinen die Gőtter, / Nímmer alléin...«, Schiller). Die wichtigen Versmaße mit Daktylen: ↗ Hexameter und ↗ Pentameter. Findet sich im ↗ Minnesang und im 17. Jh. (Ph. v. Zesen) auch unabhängig von einer Rezeption antiker Versmaße.

Décadence [frz. Verfall], Sammelbez. für eine Tendenz in der europ. Lit. gegen Ende des 19. Jh.s, der Merkmale zugeordnet werden wie: Pessimismus und Kulturverdrossenheit, die Gegenüberstellung von Lebenslust und Lebensüberdruß, bürgerl. Moral und künstler. Autonomie, die Suche nach verfeinertem Sinnesgenuß, die Verabsolutierung des Künstlich-Schönen, des traumhaft Unbestimmten, morbid Rauschhaften, z.B. bei J.-K. Huysmans, O.J. Bierbaum, P. Altenberg, A. Schnitzler, R. Beer-Hofmann, R. Schaukal, dem frühen Hofmannsthal, dem frühen Rilke, St. Mallarmé, A. Rimbaud, P. Verlaine, A.P. Tschechow, O. Wilde, A. Beardsley, G. D'Annunzio, Th. Mann (*Buddenbrooks*, 1901, *Der Tod in Venedig*, 1913) und H. Mann (*Im Schlaraffenland*, 1900). Philosophisch beeinflußt von Fr. Nietzsche, lit. vorbereitet durch die ›Weltschmerzdichtung‹ des ↗ Byronismus, durch Th. de Quincey, E.A. Poe, Ch. Baudelaire u.a.

Decorum [lat. das sich Ziemende], auch aptum, frz. bienséance: insbes. in der Tradition von Horaz *Ars Poetica* (↗ Poetik) zentrales Stilprinzip: die Angemessenheit der einzelnen formalen Elemente (Versformen, Gattung usw.) gegenüber dem Werkganzen und dem gewählten Stoff (↗ genera dicendi, ↗ Rhetorik).

Deixis [gr.], in der Linguistik: Hinweis auf Elemente der Rahmensituation eines Kommunikationsprozesses, durch sog. *deiktische* Mittel markiert:

verbale (*hier, dieser da, heute* u.ä.) oder nonverbale (z.B. Fingerzeig) Mittel, deren Bedeutung je nach Kontext unterschiedlich sein kann.

Dekonstruktion ↗ Poststrukturalismus

Dennotation ↗ Konnotation

Detektivroman [engl. to detect = aufdecken], im 19. Jh. besonders von E.A. Poe, Ch. Dickens und W. Collins ausgebildete Sonderform des ↗ Kriminalromans, von nachhaltigem Einfluß auf die Entwicklung und Theorie des ↗ Romans: erzählt von der Aufhellung eines Verbrechens, nicht vom Schicksal eines Verbrechers oder der Geschichte eines Verbrechens. Gattungskonstitutiv: Das fest umrissene, auf Spannung zielende Erzählschema, an dessen Anfang ein geheimnisvolles, scheinbar unerklärliches Verbrechen steht, das ein Detektiv, meist ein exzentrischer Einzelgänger, am Ende – trotz vieler falscher Spuren und falsch interpretierter Indizien – rekonstruiert. Im Unterschied zum ↗ Abenteuerroman nimmt das Ende den Anfang zwar auf, doch zielt es auf die exakte Umkehr, nicht die Wiederherstellung der Ausgangssituation. Läßt sich lit.historisch als Trivialisierung des detektivischen, für die ↗ Novellen von Kleist, E.T.A. Hoffmann u.a. charakterist. Erzählmodells verstehen. Berühmt: die Kriminalromane von A.C. Doyle, A. Christie, R. Chandler, I. Fleming, G. Simenon, E. Wallace.
Lit.: P.G. Buchloh/J.P. Becker: Der Detektivroman, [3]1989. – S. Kracauer: Der Detektivroman, 1979.

Deus ex machina [lat. der Gott aus der Maschine], im Drama: künstliche, nicht aus der inneren Entwicklung des Geschehens heraus notwendige Lösung eines scheinbar unlösbaren Problems durch das unerwartete Eingreifen meist einer Gottheit. Bezeichnet nach der *mechane* (gr., lat. machina), einer kranähnlichen Maschine, die im antiken Theater das Herabschweben der Gottheit von oben technisch ermöglicht hat.

Dezime [span. Zehntel], span. Strophenform aus 10 sog. span. ↗ Trochäen: x́xx́xx́xx́(x); meist mit dem Reimschema abbaa ccddc; dt. Nachbildungen v.a. in der Romantik (L.Tieck, L. Uhland). ↗ Glosse

Dialektik [gr. dialektike techne = Kunst des Gesprächs], in der Philosopie (bes. bei Platon, I. Kant, J.G. Herder) eine Technik, bestimmte Meinungen auf ihre Stichhaltigkeit zu prüfen und Argumentationsfehler aufzudecken: das Gesetzte (*These*) wird durch sein Gegenteil (↗ *Antithese*) verneint, dann durch die Verneinung der Verneinung erneut behauptet, auf ein höheres Niveau angehoben und in der Synthese zusammen mit der Antithese aufgehoben und zugleich gewahrt.

Diachrone Analyse, Darstellung [gr. dia + chronos = durch + Zeit], Untersuchung, Darstellung von Ereignissen, Zuständen usw. eines Systems in ihrer zeitlichen Abfolge, z.B. die diachrone Lit.geschichtsschreibung, im Unterschied zur *synchronen*, der es um die Zusammenschau [gr. syn = zusammen] von i.d. Regel sehr unterschiedlichen, aber innerhalb eines bestimmten Zeitraums gleichzeitig anzutreffenden Phänomenen geht.

Dialog [gr. Zwiegespräch], Wechselrede zwischen zwei oder mehr Personen. In der Lit.: 1. neben ↗ Monolog, Gebärde und ↗ Chorlied Grundelement des ↗ Dramas, dient v.a. der Personencharakterisierung, Konfliktentwicklung und -austragung; 2. wichtige Form des Erzählens, da hier die Person, von der sonst nur die Rede ist, sich selbst äußern kann (dominant z.B. im homerischen ↗ Epos, bei Th. Fontane, J. Austen, Th. Mann, in der ↗ Ballade und ↗ Novelle); 3. eigenständige Gattung mit philosophischem, oft auch satirischem Charakter, z.B. Lukians *Göttergespräche*, Johann v. Tepls *Der Ackermann aus Böhmen* (auch bez. als *Der Ackermann und der Tod*, um 1400), Lessings *Ernst und Falk* (1778), Hofmannsthals *Gespräch über Gedichte* (1902). Geht auf die philosophischen Dialoge Platons (↗ Ästhetik, ↗ Poetik) zurück, wo der Dialog der dialektischen Denkform (dem Denken in These und Antithese, ↗ Dialektik) entspricht und v.a. der polyperspektivischen Betrachtung einer Sache, der Wahrheitsfindung und Wissensvermittlung dient. ↗ Dialogizität, ↗ Gesprächsspiel

Dialogizität, von M. Bachtin (*Probleme der Poetik Dostojevskijs*, 1929, dt. 1971) geprägter Begriff: Bezeichnet die Mehrstimmigkeit (*Polyphonie*) der Wörter, die Anwesenheit unterschiedlicher, unvereinbarer Redeweisen und also auch Standpunkte, Weltsichten, ↗ Gattungen in einem Wort; damit erklärt, daß in der lebendigen Rede Menschen stets auch die ›fremden Worte‹ der anderen, die Normen der Hochsprache ebenso wie die besonderen Sprachen der verschiedensten sozialen Gruppen (Jugendsprache, Beamtensprache, Sprache des Adels usw.), berücksichtigen und die Rede eines Einzelnen daher immer dialogisch, nicht monologisch zu verstehen sei. Prägt für Bachtin besonders die Struktur des ↗ Romans. ↗ Allusion, ↗ Intertextualität, ↗ skaz
Lit.: M. Bachtin: Die Ästhetik des Wortes, 1979. – R. Lachmann (Hg.): Dialogizität, 1982.

Diärese [gr. Auseinanderziehung, Trennung], 1. in der antiken Metrik: Verseinschnitt, der anders als die ↗ Zäsur mit dem Ende eines ↗ Versfußes, einer ↗ Dipodie oder einer anderen metrischen Einheit zusammenfällt; 2. getrennte Aussprache zweier aufeinanderfolgender Vokale, z.B. *Re-inkarnation, na-iv*.

Dichotomie [gr. Zweiteilung], in der Logik: Gliederung eines Oberbegriffs in einen seiner Unterbegriffe und dessen Negation, meist mit einer Hierarchisierung verbunden, z.B. Stoff-Form, Mündlichkeit-Schriftlichkeit, Leib-Seele.

Diegese [gr. Erzählung, Erörterung], in der ↗ Erzähltheorie: 1. Inbegriff der Sachverhalte, deren Existenz von einer Erzählung behauptet bzw. impliziert wird: die erzählte Welt; kann homogen oder heterogen, stabil oder instabil, möglich oder unmöglich sein; 2. (gr. diegesis, ↗ Disposition) von

Platon unterschieden in: a) *einfache Diegese*: der Dichter spricht ausschließl.
als sich selbst, b) ↗ *Mimesis*: der Dichter läßt ausschließl. andere Sprecher
als sich selbst in direkter Rede zu Wort kommen, c) eine Mischung aus
beidem: eine in eine übergeordnete Erzählerrede eingebettete, direkt zitierte
Figurenrede. ↗ diegetisch, ↗ Disposition

Diegetisch, in der ↗ Erzähltheorie verwendet, um die Ebene des Erzählers
und der Erzählung genauer zu best.; unterschieden in: a) *extradiegetisch*
(Standpunkt außerhalb der Welt des erzählten Geschehens), b) *intradiege-
tisch* (Standpunkt innerhalb des erzählten Geschehens); davon abgeleitet:
c) *extradiegetische Erzählung* (Erzählung von etwas), d) *intradiegetische
Erzählung* (die in eine Erzählung eingelagerte Erzählung: die Binnenerzählung in einer ↗ Rahmenerzählung), e) *metadiegetische Erzählung* (Erzählung
einer Figur, die der erzählten Welt einer intradiegetischen Erzählung ange-
hört), f) *homodiegetische Erzählung* (Erzählung, deren Erzähler als Figur in
seiner eigenen Geschichte vorkommt), e) *heterodiegetische Erzählung* (Erzählung, deren Erzähler nicht zu den Figuren der eigenen Geschichte gehört).

Différance [nach frz. *différer* = sich unterscheiden, aufschieben], von
J. Derrida (*Die Schrift und die Differenz*, 1967, dt. 1972) geprägter Begriff,
der den Unterschied zwischen Zeichen und Bezeichnetem erfaßt: Da die
Bedeutung eines Zeichens nur durch Relationen zu anderen Zeichen, zum
situativen Kontext, Bewußtsein des Adressaten usw. entsteht, ist es nie
identisch mit dem Bedeuteten, das Bedeutete nie in ihm präsent, der Sinn
beständig aufgeschoben. ↗ Poststrukturalismus

Digression [lat. Abschweifung], ↗ Exkurs

Dinggedicht, Mitte des 19. Jh.s auftauchender Typus des lyrischen Gedichts: die poetisch-symbolische Darstellung eines Objekts (Kunstwerk, alltägl. Gegenstand, Tier, Pflanze u.ä.), nicht eines Gefühls, Gedankens oder
einer Situation, z.B. E. Mörikes *Auf eine Lampe*, C.F. Meyers *Der röm.
Brunnen*, R.M. Rilkes *Archaischer Torso Apolls*. In der Tradition des ↗ Epigramms.

Dionysien, Pl. [gr.], altgr. kultisches Fest zu Ehren des Dionysos (lat. Bacchus,
ein wohl aus Kleinasien stammender Gott der Fruchtbarkeit, des Weins
und der Verwandlung, von einer lärmenden Schar efeubekränzter Nymphen,
Mänaden und bocksbeiniger Satyrn begleitet, dem ↗ Mythos nach von
rasenden Mänaden in Stücke zerrissen und wieder auferstanden); wichtige
Vorform der europ. ↗ Komödie und Tragödie (↗ Mimesis, ↗ Dithyrambus). Das abgeleitete Adjektiv ›dionysisch‹ (ekstatisch, orgiastisch, rausch-
haft, irrational, sinnlich) bildet besonders seit G.W. Hegel und Fr. Nietzsche
(*Die Geburt der Tragödie aus dem Geiste der Musik*, 1872) zusammen mit
›apollinisch‹ (formenstreng, ausgeglichen, rational, klar, nach dem gr. Gott
der Kunst, der Ordnung und Harmonie: Apollon) ein festes, v.a. in der frühen
Germanistik häufig anzutreffendes Begriffspaar.

Dipodie [gr. Doppel-(Vers)fuß], in der gr. Metrik übl. Maßeinheit einer Verszeile: zwei zu einer metrischen Einheit zusammengefaßte ↗ Versfüße (ein jambischer ↗ Trimeter besteht dann aus 3 jambischen Dipodien = 6 jambische Versfüßen). In der dt. Metrik: a) Verse mit regelmäßig abgestuften Hebungen, z.B.: »Das Wàsser ráuscht, das Wàsser schwóll« (Goethe), b) einen Vierertakt (Langtakt: x́xx̀x̀) als Zusammenfassung von zwei Zweiertakten (Kurztakten), z.B.: »Bácke, bàcke Kúchèn.«

Diskurs [frz. discours, von lat. discursus = das Umherlaufen, übertragen: das Sich-Ergehen über einen Gegenstand], 1. v.a. in Renaissance und Aufklärung übl. Bez. für einen erörternden Vortrag oder Aufsatz, besonders ein wahrheitssuchendes philosophisches Gespräch (↗ Essay); 2. in den modernen Geistes- und Sozialwissenschaften: ein »System des Denkens und Argumentierens«, eine institutionalisierte Aussageform, die durch einen gemeinsamen Redegegenstand, durch bestimmte Gesetzmäßigkeiten und Relationen zu anderen Diskursen geprägt ist; an einen bestimmten historischen Zeitraum gebunden, setzt sich aus den Aussagen, Bedingungen und Regeln ihrer Produktion und Rezeption in diesem Zeitraum zusammen (z.B. der Diskurs der Theologie im 14. Jh., des Rechts im 18. Jh., der Medizin im 17. Jh.); Gegenstand der ↗ Diskursanalyse; 3. in der (frz.) ↗ Erzähltheorie: das Erzählen, der Erzählprozeß, die spezifische Anordnung, Verbindung und Gliederung der zugrundeliegenden, zu einer Geschichte verwobenen Handlungsfolge (der *histoire*); im russ. ↗ Formalismus meist als ↗ sujet, in der angloamerikan. Lit.wiss. meist als ↗ story bezeichnet.

Diskursanalyse, Methode der Geistes- und Sozialwiss., seit den 60er Jahren des 20. Jh.s in Frkr. (bes. von M. Foucault, z.B. in *Wahnsinn und Gesellschaft*, 1961, dt. 1973) entwickelt, untersucht schriftliche wie mündliche Texte im Netzwerk verschiedener ↗ Diskurse (↗ Dialogizität, ↗ Intertextualität). In der Lit.wiss. gegen die traditionellen Formen der Interpretation (Rekonstruktion eines höheren Sinns, der Absicht des Autors oder der sozialhistor. Kontexte) gerichtet; untersucht z.B., welche Diskurse lit. Texte verwenden, wie sie diese verwenden, ob sie einen Diskurs nur wiedergeben oder ihn unterlaufen, nach welchen Regeln sie als Lit. aufgefaßt worden sind, welche spezifische Funktion bestimmte Diskurse in ihnen besitzen, welche Verbote, Kollektivsymbole und ↗ Mythen ihnen zugrunde liegen, welche Beziehungen zwischen ihnen und anderen (jurist., medizin., pädagog. usw.) Dokumenten bestehen, welche Diskurse sich in ihrer Epoche oder ihrer Zeit überschneiden, ergänzen bzw. widersprechen. Wichtige Vertreter: Foucault, R. Barthes, J. Kristeva, in Dtl. H. Turk, F. Kittler, J. Link. ↗ New Historicism, ↗ Poststrukturalismus, ↗ Lit.soziologie
Lit.: J. Link: Versuch über den Normalismus, 1996. – K. Ehlich (Hg.): Diskursanalyse in Europa, 1994. – J. Fohrmann/H. Müller (Hg.): Diskurstheorien und Lit.wiss., 1988. – F. Kittler/H. Turk (Hg.): Urszenen. Lit.wiss. als Diskursanalyse und Diskurskritik, 1977. – M. Foucault: Die Ordnung des Diskurses, 1977. – Ders.: Die Ordnung der Dinge, 1971.

Disposition [lat.], in der ↗ Rhetorik: Auswahl, planmäßige Gliederung und Ordnung des stoffl. Materials, der Gesichtspunkte und Gedankenabläufe für eine ↗ Rede, Abhandlung usw.; besteht aus 1. dem *exodium*: Anfangsteil, der das Publikum für eine Sache gewinnen muß, 2. dem zweiteiligen Kernstück aus *propositio* (Darlegung des zu beweisenden Sachverhalts, oft mit einer narratio, gr. diegesis, ↗ Diegese, einer beispielgebenden oder unterhaltenden Erzählung) und *argumentatio* (Durchführung des Beweises, entweder mehr durch Tatsachen, argumenta, oder Vernunftgründe, rationes, geführt), 3. der *conclusio* (oder peroratio): dem Schlußteil, der das Ergebnis rekapituliert und an das Publikum appelliert.

Distichon [gr. Zweizeiler], Gedicht oder Strophe aus zwei Zeilen. Am bekanntesten: das sog. *elegische* Distichon, zusammengesetzt aus einem ↗ Hexameter in der 1. und einem ↗ Pentameter in der 2. Zeile: »Ím Hexámeter stéigt des Spríngquells flüssige Säule, / Ím Pentámeter dráuf fállt sie melódisch heráb« (Schiller); seit der Antike übl. Strophenform von ↗ Elegie und ↗ Epigramm (↗ Xenien), das die antithetische Struktur der Form oft semantisch unterstützt, z.B. durch witzige Kontrastierung, inhaltl. Pointierung: die 1. Zeile als Erwartung, die 2. als Aufschluß, die 1. im erhabenen Ton, die 2. im prosaischen o.ä. Im Dt. bis ins 18. Jh. meist mit gereimten, abwechselnd männl. und weibl. endenden ↗ Alexandrinern nachgebildet.

Dithyrambos [gr., Etym. ungeklärt], 1. Form der altgr. Chorlyrik, Vorform der ↗ Tragödie: kultisch-magisches Lied in unregelmäßigen Versen und Strophen, von einem vermutl. vermummten Chor zu Ehren des Dionysos gesungen und getanzt. Wie die klassische Tragödie (Aischylos, Euripides, Sophokles, Seneca) schon mit ↗ parodos, ↗ stasimon und ↗ exodos dreigeteilt; 2. allg.: hymnisch-ekstatisches, astrophisches und polyrhythmisches Lied, z.B. Goethe *Wandrers Sturmlied*, Nietzsches *Dionysos-Dithyramben*; schwer von der ↗ Ode abzugrenzen. ↗ freie Rhythmen

Dokumentarliteratur, Anfang der 60er Jahre des 20. Jh.s in Opposition zu den damals erfolgreichen, deutlich fiktiven lit. Gattungen und Formen (↗ absurdes Theaters, Parabelstück, ↗ Hörspiel u.a.) entstandene Sammelbez.: Theaterstücke, Hör- und Fernsehspiele, Filme, Romane, Gedichte, die in gesellschaftskritischer und politischer Absicht auf historische Dokumente zurückgreifen und auf Ausdeutungen, Weiterdichtungen usw. verzichten, jedoch allein schon durch Auswahl, Anordnung (↗ Montage) und Aufbereitung des dokumentarischen Materials ein künstlerisches Arrangement sind. Bevorzugte Formen: ↗ Reportage, ↗ Bericht, Drama (meist Nachspielen von Verhör und Verhandlung), Bsp.: H. Kipphardt, *In der Sache J. Robert Oppenheimer* (1964), P. Weiss, *Die Ermittlung* (1965), F.C. Delius, *Wir Unternehmer* (1966), G. Wallraff, *Ganz unten* (1985), usw.; zahlreiche Vorläufer, z.B. G. Büchners *Dantons Tod* (1835), E. Piscators Theater (↗ Neue Sachlichkeit), A. Seghers' *Der Prozeß der Jeanne d'Arc zu Rouen 1471* (1936).

Dolce stil nuovo [it. süßer neuer Stil], Richtung der ital. Liebeslyrik in der 2. H. des 13. Jh.s (Dante, G. Cavalcanti u.a.), in der Tradition der ↗ Trobadorlyrik (hermetische Sprache, Minnekonventionen: Idealisierung der Geliebten mit engelsgleichen Zügen, Läuterung durch Entsagung usw.), löst die Liebesdichtung aus ständisch-feudalen Bezügen und stellt dagegen den »Geistes-, Seelen- und Gesittungsadel« (H. Friedrich). Von großem Einfluß auf Petrarca (↗ Petrarkismus), Michelangelo, Tasso u.a.

Dörperliche Dichtung [zu niederdt. Bauer, Tölpel], Bez. für die meist lyrischen, aber auch epischen Werke des MA, in denen sog. *dörper* – als Ritter ausstaffierte, aber unhöfisch sich gebärdende Kunstfiguren – in meist grotesk verzerrt dargestellten Liebes-, Zank- und Prügelszenen ihr (Un)wesen treiben. Von Neidhart v. Reuenthal begründet als satirische und sozialkritische Lit.gattung (↗ Travestie des ↗ Minnesangs, ↗ Persiflage einer als brüchig empfundenen, idealhöfische Werte verratenden Adelswelt); weitere Bsp. von Steinmar, Hadloub, Wittenwiler (*Ring*, um 1400) u.a.

Drama [gr. Handlung], neben ↗ Epik und ↗ Lyrik eine der drei Hauptgattungen der Dichtung: stellt ein Geschehen durch die daran beteiligten Personen dar, als ob es unmittelbar gegenwärtig wäre (↗ Mimesis); umfaßt sowohl den für eine szenische Aufführung geschriebenen Text als auch die nach einer Spielvorlage inszenierte Aufführung auf einer Bühne; in der ↗ Theaterwiss. auch erweitert auf nicht-narrative, nur im Augenblick der Aufführung erfaßbare Formen des Musik- und Tanztheaters, wenn deren Spielvorlage eine festgeschriebene Choreographie oder eine eng mit einem Text verbundene Partitur ist. Wichtige, bei einer Dramenanalyse zu beachtende Mittel szenischer Vergegenwärtigung: ↗ Dialog, ↗ Monolog, ↗ ad spectatores, Schweigen, ↗ Teichoskopie, ↗ Stichomythie, ↗ Stil, ↗ Vers, ↗ Chor, ↗ Maske, Kostüm, Gestik, Mimik, Sprechweise, Bewegung, Regieanweisung, verdeckte, hinter der Bühne stattfindende Handlung, Requisiten, Beleuchtung, Bühnenbild, -technik, -form (z.B. ↗ Guckkasten-, ↗ Illusions-, ↗ Shakespeare-, ↗ Simultan-, Stil-, ↗ Terenz-, ↗ Wagenbühne), Nebentexte allg. (die nicht zu sprechenden Texte eines Dramas), Bezug auf die Dramentradition. Viele Merkmale, die in der ↗ Poetik, ↗ Ästhetik und Lit.wiss. als spezifische Eigenschaften dramatischer Texte genannt werden, sind Tribut an eine (zumindest gedachte, wenn auch nicht realisierte) Aufführung: Die aus der ↗ *Poetik* des Aristoteles abgeleitete Einheit von Ort, Zeit und Handlung (↗ drei Einheiten) und der geschlossene Aufbau (↗ Akt, ↗ geschl. Form) des klassischen Dramas z.B. konzentrieren das Geschehen auf einen Zeit- und Handlungsraum, der auf der Bühne des antiken ↗ Theaters dargestellt werden konnte, im Ablauf der Tageszeiten (von Sonnenaufgang bis Sonnenuntergang) und der wechselnden Witterung einen natürlichen Rahmen besaß (↗ Tetralogie); im Mittelpunkt stehen weniger die äußeren, einen raschen Wechsel von Ort und Zeit verlangenden Verhältnisse der Personen als ihre v.a. durch den kunstvollen Einsatz sprachlicher Mittel darstellbaren inneren Zustände, Gedanken, Regungen, Leidenschaften, auch Träume. Zum Großteil aus kultisch-rituellen Vorformen (z.B. ↗ Mimus, ↗ Dithyrambus, ↗ Satyrspiel, ↗ Tropus) abzuleiten: die Maske des Schauspielers und das Versmaß seiner Rede, seine Verwandlung in eine andere Person, seine ↗ Ekstase, das ↗ Pathos seiner Rede, das Ziel der vollkommenen szenischen Vergegenwärtigung, die ↗ Katharsis des Zuschauers, sein Weinen oder Lachen, bestimmte Gattungen (z.B. ↗ Tragödie, ↗ Komödie, ↗ geistliches Spiel, ↗ Passionsspiel, ↗ Mysterienspiel, ↗ Oper, ↗ Posse) und moderne Erscheinungsformen (z.B. das v.a. von S. Beckett und E. Ionesco vertretene ↗ absurde Theater, das von A. Artaud geforderte ↗ Theater der Grausamkeit, B. Brechts ↗ episches Theater, das von P. Brook und A. Mnouchkine inszenierte multikulturelle Theater).

Lit.: M. Brauneck: Die Welt als Bühne, 2 Bde, 1995. – H.-D. Gelfert: Wie interpretiert man ein Drama?, 1992. – P. Szondi: Theorie des modernen Dramas, ²1992. – A. Höfele: Drama und Theater, 1991. – B. Asmuth: Einführung in die Dramenanalyse, ⁵1997. – E. Fischer-Lichte: Geschichte des Dramas, 2 Bde, 1990. – Dies.: Semiotik des Theaters, 3 Bde, 1983. – M. Pfisterer: Das Drama, ⁵1988. – N. Greiner u.a.: Einführung ins Drama, 2 Bde, 1982. – R. Grimm (Hg.): Dt. Dramentheorien, 2 Bde, ³1981. – V. Klotz: Geschlossene und offene Form im Drama, 1969. ↗ Theater

Dramatisch, Adj. zu ↗ Drama; für Goethe eine der drei ↗ Naturformen der Dichtung (↗ episch, ↗ lyrisch, dramatisch), die unabhängig von den drei Haupt- ↗ Gattungen in jeder lit. Gattung anzutreffen sind, von E. Staiger zum *Grundbegriff der Poetik* erklärt, dessen Wesen v.a. in der (sprachlichen, inhaltlichen, strukturellen) ›Spannung‹ liege; heute meist definiert als die Eigenschaften, die die implizite Absicht der Aufführung, der Aufführbarkeit verraten.

Dramatis personae, f. Pl. [lat.], die Personen eines Dramas.

Dramaturgie [zu gr. dramaturgos = Verfasser, Aufführungsleiter eines Dramas], 1. die Tätigkeit des Dramaturgen oder Regisseurs, 2. die Kompositionsprinzipien des Dramatischen, 3. die Theorie der Wirkungsgesetze und Techniken des Dramas, häufig in der Form von Theaterkritiken (z.B. G.E. Lessing, *Hamburgische Dramaturgie*, 1769 als Buch hg.).

Drei Einheiten, Merkmal des klassischen ↗ Dramas, in der ital. ↗ Renaissance und im frz. ↗ Klassizismus von der ↗ Poetik des Aristoteles abgeleitet: Einheit von Ort, Zeit und Handlung – spielt nur an einem Ort, ist nicht länger als 12, höchstens 24 Stunden und zeigt nicht mehr als einen Handlungsstrang: Alle Teile (Figuren, Episoden usw.) sind streng kausal mit der Haupthandlung verbunden (↗ geschlossene Form).

Dubitatio [lat. Zweifel, gr. aporia], vorgetäuschte Unsicherheit eines Redners (oder Erzählers), der sich hilfesuchend an das Publikum wendet und ihm z.T. Entscheidungen überläßt (die Wahl zwischen mehreren Benennungen einer Sache u.ä.); in der Lit. v.a. Stilmittel des ↗ auktorialen Erzählens.

Echogedicht, gewöhnl. aus Fragen bestehende Verse, die meist witzig-verblüffend mit einem ↗ Schlagreim, dem sog. Echoreim, beantwortet werden: »Ach, was bleibt mir nun noch offen? – Hoffen!« (Tieck).

Écriture automatique [frz.], im ↗ Surrealismus und ↗ Dadaismus programmatisch definiertes Schreibverfahren, sucht durch ›spontanes‹ Schreiben unbewußte psychische Prozesse festzuhalten: das oft alogische, assoziative, von der Vernunft nicht kontrollierte, unaufhörliche »Dikat des Denkens« (A. Breton, *Manifest des Surrealismus*, 1924, mit ausdrücklichem Bezug auf S. Freud). Bsp. bei Breton, Ph. Soupault (*Champs magnétiques*, 1919), H. Arp u.a.; Vorläufer in der ↗ Romantik (E. Young, Novalis) und in L.M. Solomons/G. Steins Versuchen eines *spontaneous automatic writing*.

Écriture féminine [frz.], in der ↗ feministischen Lit.wiss. beschriebene weibl. Schreibweise, die meist als Subversion des männl. Schreibens definiert wird: durch die Auflösung von Gattungsgrenzen, durch nicht lineares Erzählen, ↗ Dialogizität, grammatikalische Brüche, die Betonung der Materialität der Sprache (z.B. durch den Rhythmus, durch Reime) u.ä. Kann auch von Männern praktiziert werden.

Editionstechnik, Verfahren zu einer wiss. Form der Veröffentlichung besonders älterer Texte; umfaßt die wiss. überprüfbare Texterschließung und Textherstellung (↗ Textkritik, ↗ Handschrift, ↗ Fassung, ↗ Konjektur, ↗ Emendatio, ↗ Überlieferung), die Druckeinrichtung, bestimmt Umfang, Anordnung, Präsentation des Materials, Beigaben (Register, ↗ Apparat, ↗ Kommentar) und Zweck der Ausgabe (Darstellung der Überlieferungs-*zeugen*, der Entstehungsgeschichte usw.).
Lit.: H. Kraft: Editionsphilologie, 1990. – B. Plachta: Editionswissenschaft, 1997.

Editio princeps [lat.], Erstausgabe.

Einblattdruck, einseitig bedruckte Einzelblätter (bzw. nur auf den Innenseiten bedruckte Doppelblätter) der Frühdruckzeit (15., 16. Jh.), z.B. Heiligenbild, Kalender, ↗ Flugblatt.

Einfache Formen, von A. Jolles (*Einfache Formen*, 1930) geprägte Bez. für vor- bzw. außerlit. Grundtypen sprachlichen Gestaltens: ↗ Kasus, ↗ Legende, ↗ Memorabile, ↗ Mythe, ↗ Märchen, ↗ Rätsel, ↗ Sage, ↗ Spruch, ↗ Witz. Charakterist.: einfache Verknüpfungstechniken und Erzählhaltungen, wenige Grundmotive, schlichter Sprachduktus. Wichtige Vorformen bestimmter lit. Gattungen (so steht z.B. die ↗ Novelle in der Tradition von Kasus und Memorabile).

Eklektizismus [zu gr. eklegein = auswählen, auslesen], Verfahren, das aus verschiedenartigen Vorlagen Gedanken, Theorien, Anschauungen oder Stilelementen auswählt und sie, meist ohne Rücksicht auf den ursprünglichen

Kontext, verbindet; zumeist abwertend verwendet, bei Brecht u.a. als bewußtes Kunstmittel (↗ Collage).

Ekloge [von gr. eklegein = auswählen], in der röm. Lit.: kürzeres »erlesenes« Gedicht beliebigen Inhalts, meist in ↗ Hexametern, später eingeengt: bukolische Dichtung in der Art Theokrits (↗ Schäferdichtung), z.B. Vergils *Bucolica* (42-39 v.Chr.), G.R. Weckherlins *Eclogen oder Hürtengedichte* (1641); Mitte des 18. Jh.s von der Bez. ↗ Idylle verdrängt.

Ekphrasis [gr., lat. descriptio] in der antiken ↗ Rhetorik: detaillierte Beschreibung einer Person oder Sache, mit best. ↗ Topoi verfertigt (Aussparung des Negativen, Typisierung u.a.); Teil der antiken Prunkrede (↗ epideixis), in der Lit. zum *Bildgedicht* verselbständigt (z.B. D. v. Liliencrons *Böcklins Hirtenknabe*, vgl. ↗ Dinggedicht).

Elegie [gr.], lyrische Gattung mit zwei verschiedenen, historisch sich abwechselnden, manchmal auch überlagernden Definitionen: a) einer formal bestimmten, v.a. in der Antike üblichen Definition: aneinandergereihte ↗ Distichen beliebigen, v.a. politischen, erotischen oder philosophischen Inhalts (nicht immer zu trennen vom ↗ Epigramm), ursprünglich zur Flötenbegleitung vorgetragen; Bsp. bei Tyrtaios, Archilochos, Kallimachos, Catull, Tibull, Properz, Ovid (Heroide, ↗ Brief), Goethe (*Röm. Elegien*), Brecht (*Buckower-Elegien*) u.a., b) einer inhaltlichen, v.a. später gängigen Definition: Gedicht mit klagendem Charakter. Bsp. bei K. Celtis, P. de Ronsard, Chr. Hofmann v. Hofmannswaldau, J.W.L. Gleim, L. Chr. H. Hölty (*Elegie auf einen Dorfkirchhof*, nach Th. Gray), Fr.G. Klopstock, J.W. v. Goethe (*Marienbader Elegien*), Fr. Schiller (*Der Spaziergang*), Fr. Hölderlin (*Der Wanderer, Brod und Wein*), R.M. Rilke u.a. Von Schiller (↗ naive und sentimentalische Dichtung) zum Begriff des ›Elegischen‹ erweitert: Sehnsucht nach einem unerreichbaren Ideal, im Ggs. zum ›Idyllischen‹ (dem verwirklichten Ideal) und ›Satirischen‹ (dem von der Realität eingeholten Ideal).

Eleos [gr.] ↗ Katharsis

Elision [lat. Ausstoßung], Wegfall eines unbetonten Vokals am Wortende vor einem vokalisch anlautenden Wort, v.a. zur Vermeidung des ↗ Hiats, z.B. »Da steh’ ich nun.« (Goethe). ↗ Apokope

Elisabethanische Literatur, Sammelbez. für die Lit. der Regierungszeit Elizabeths v. England (1558-1603) bis zum Ende der Stuarts (1642); in der Lit.geschichte eine der bedeutendsten Epochen der frühen Neuzeit, besonders durch die Weiterentwicklung des ↗ Dramas: Vermischung antiker Tradit. mit personenreicher, locker gereihter Szenenfolge, Mischung von Vers und Prosa, hohem und niederem Stil, Nichtbeachtung der ↗ drei Einheiten und der ↗ Ständeklausel, publikumsbezogene, massenwirksame Theaterpraxis, z.B. in Chr. Marlowes *Dr. Faustus* (1588/89), W. Shakespeares *Hamlet* (1601), *King Lear* (1605), Ben Jonsons *Volpone* (1605, ↗ comedy of humours);

Entstehung eines berufsmäßigen Schauspielerstands, fester Theaterbauten
(↗ Shakespearebühne) neben den ↗ Wanderbühnen.
Lit.: S. Greenblatt: Verhandlungen mit Shakespeare, 1993. – U. Suerbaum:
Das elisabeth. Zeitalter, 1989.

Ellipse [gr., lat. Auslassung], 1. Weglassen eines zum Verständnis nicht un-
bedingt notwendigen Satzglieds: *Wann wirst* (*du*) *mein Bruder?*; oft durch
Kommentar oder Interpunktion ausdrückl. hervorgehoben (*deiktische* Ellipse), häufig durch Abbrechen eines Satzes (↗ Aposiopese) bedingt; in der
Alltagssprache häufig in Kommandos, Sprichwörtern, Grußformeln, in der
Lit. u.a. zur Sprachverzerrung oder Suggestion unmittelbaren Sprechens genutzt; 2. in der ↗ Erzählforschung: Auslassung von Ereignissen, Vorenthalten
von Information (im ↗ Detektivroman gattungskonstitutiv).

Eloge [frz.], kunstreiche Lobrede, Lobschrift; v.a. in der frz. Lit. des
17. und 18. Jh.s beliebt. ↗ panegyricus

Emblem, Pl. Emblemata [gr. das Eingesetzte, Mosaik- oder Intarsienarbeit],
dreigeteilte, Bild und Text verbindende Kunstform, besonders vom 16.-18. Jh.
beliebt, von nachhaltigem Einfluß auf Lit. und Kunst, prägt die Bilderwelt
der poetischen Sprache, die lit. Komposition usw. (↗ Barock): Das *Bild*
(icon, pictura, imago, symbolon) zeigt meist ein allegorisches, oft merkwür-
diges Motiv aus Natur, Kunst, Historie, Bibel oder Mythologie, häufig auch
nur Einzelheiten daraus, z.B. einzelne Körperteile, und wird durch das
lemma (gr. Titel, Überschrift, auch ↗ Motto, inscriptio), einem knappen
Diktum in lat. oder gr. Sprache, gern ein Klassikerzitat, über oder im Bild
zum Denkbild, dessen Sinn die *subscriptio*, die Bildunterschrift, häufig ein
↗ Epigramm, erläutert.
Lit.: A. Henkel/A. Schöne (Hg.): Emblemata. Handbuch zur Sinnbildkunst
des 16. und 17. Jh.s, [3]1996. – A. Schöne: Emblematik und Drama im
Zeitalter des Barock, [3]1993.

Emendatio [lat.], in der ↗ Textkritik: Verbesserung einer offensichtlich
falsch überlieferten Textstelle (orthographischer Fehler, Wortauslassung,
Druckfehler u.a.). ↗ Konjektur

Empfindsamkeit [nach der dt. Übers. von L. Sternes *Sentimental Journey*,
1768, mit ›Empfindsame Reise‹], Tendenz der europ. ↗ Aufklärung, in Engl.
seit etwa 1700 (als ›sensibility‹), auf dem Kontinent v.a. zwischen 1740 und
1785 verbreitet; in der Forschung als gefühlsbetonte »nach innen gewendete
Aufklärung« und säkularisierter ↗ Pietismus gedeutet, wichtig für die Herausbildung der »privaten Autonomie des bürgerl. Subjekts« (G. Sauder); zeigt
sich in allen Lebensbereichen: Pädagogik, Freundschaftszirkel (↗ Göttinger
Hain), gemeinsame, schwärmerische Lektüre, Anfänge der Psychologie (der
›Erfahrungsseelenkunde‹) durch Selbstbeobachtungen und -analysen, neu ent-
decktes Naturgefühl, starkes Interesse an Physiognomik und Pathognomik,
an nonverbalen Äußerungen (Mimik, Gestik, Körperbewegung), Ausbildung

eines nuancierten, ›privaten‹ Wortschatzes, allg. soziale Sensibilisierung. In erster Linie Folge der in den ↗ moralischen Wochenschriften entworfenen ›empfindsamen Lebensgestaltung‹. Höhepunkt schwärmerischer Naturlyrik (Th. Gray, E. Young, L.Chr.H. Hölty, J.W.L. Gleim, Fr.G. Klopstock, J.W. v. Goethe), des ↗ Briefromans (S. Richardson, Chr. F. Gellert, S. v. La Roche; J.J. Rousseau, *La Nouvelle Héloïse*, 1761), des humoristisch-idyllischen Romans (O. Goldsmith, L. Sterne, Jean Paul), des ↗ Rührstücks (A.W. Iffland, A. v. Kotzebue), ↗ weinerlichen Lustspiels und ↗ bürgerlichen Tauerspiels. Schon im 18. Jh. oft parodiert (so z.b. in Goethes *Werther*, 1774, der die bedingungslose Hingabe ans Gefühl als Egozentrismus kritisiert). Bezeichnet im 18. Jh. zunächst die »moralischen Zärtlichkeiten« (Sympathie, Freundschaft, Menschenliebe, Mitleid) so wie die physische Fähigkeit, sinnliche Empfindungen wahrzunehmen, später dann auch die Empfindelei, die Fähigkeit, an »teilnehmenden Gemütsbewegungen Vergnügen zu empfinden« (J.H. Campe, *Wörterbuch der dt. Sprache*, 1807).
Lit.: N. Wegmann: Diskurse der Empfindsamkeit, 1988. – G. Sauder: Empfindsamkeit, 3 Bde, 1974ff. ↗ Pietismus

Empirische Literaturwissenschaft [gr. empeiria = Erfahrung], v.a. von S.J. Schmidt (*Grundriß der empir. Lit.wiss.*, 1980ff.) theoretisch fundierte Richtung der ↗ Lit.soziologie, die lit. ↗ Handlungen (Lit.produktion, -vermittlung, -rezeption, -verarbeitung), nicht Texte in den Mittelpunkt stellt und lit. Texte als Ergebnis eines bestimmten, koventionell geregelten Umgangs versteht: Zur Lit. gehört der Text, von dem z.B. Vieldeutigkeit und nicht Eindeutigkeit, Fiktionen und nicht Tatsachen erwartet werden.
Lit.: A. Barsch u.a. (Hg.): Empirische Lit.wiss. in der Diskussion, 1994.

Enallage [gr. Vertauschung], Verschiebung der logischen Wortbeziehungen, besonders Abweichung von der erwarteten Zuordnung eines Adjektivs zu einem Substantiv, z.B. »Dennoch umgab ihn *die gutsitzende Ruhe* seines Anzugs« (Musil), »der *schuldige Scheitel*« (Goethe, statt: »Scheitel des Schuldigen«) oder – in umgangssprachlich fehlerhaften Sätzen – »in *baldiger* Erwartung Ihrer Antwort« (statt: »in Erwartung Ihrer baldigen Antwort«).

Endecasillabo [it., nach lat.-gr. hendekasyllabus = Elfsilbler], wichtige ital. Versform: elfsilbig, mit weibl. Reim; im Dt. mit fünfhebigen Jamben nachgebildet: »Ihr näht Euch wíeder, schwánkendè Gestálten«, Goethe, *Faust*); häufig in ↗ Sonett, ↗ Terzine, ↗ Stanze, ↗ Sestine u.a., freie Adaption des frz. ↗ vers commun.

Endsilbenreim, Reimbindung zwischen nebentonigen oder unbetonten Endsilben, z.B. *denn : Furien*; im Unterschied zum v.a. von der Stammsilbe getragenen Stammsilbenreim: *singen : klingen*.

Engagierte Literatur, im weitesten Sinn: alle Lit., die ein religiöses, gesellschaftliches, ideologisches, politisches Engagement erkennen läßt, bzw. aus einem solchen resultiert. ↗ littérature engagée

Enjambement [frz. das Überschreiten], Zeilensprung, Übergreifen des Satzgefüges über das Versende hinaus in den nächsten Vers (auch über Strophengrenzen hinaus), z.B. »Dann hör ich recht die leisen Atemzüge / Des Engels...« (Mörike); kann die Zeilengrenzen verwischen, aber auch herausheben. In bezug auf altgerman. Dichtung auch als *Haken-* oder *Bogenstil* bezeichnet, im Ggs. zum *Zeilenstil.*

Enthusiasmus [gr. ›von einem Gott erfüllt sein‹, Besessenheit, Begeisterung], für Platon (*Phaidros, Ion*) wichtige Voraussetzung der Dichtung und ein Grund für deren Gefährlichkeit: Der Dichter schafft in einem Aufruhr der Affekte, nicht ganz bei Sinnen, als ein von den Göttern Besessener, ein Inspirierter, dem die Musen ›Geist eingeben‹, ein Aus-sich-Herausgetretener (Ekstase), ein Seher, ein ↗ poeta vates, eine Genie, das weiß, was sonst keiner weiß. Für ↗ Poetik und ↗ Ästhetik folgenreich, v.a. als Ggs. zur ↗ Mimesis bestimmt und als Erklärung spezifisch poetischer, von der Alltagssprache deutlich abweichender Formen und Ausdrucksweisen genutzt (z.B. von ↗ Dithyrambus, ↗ Ode, ↗ Epos, erhabenem Stil oder ↗ Vers: in ihnen redet der Dichter die Sprache der Götter).

Epanalepse [gr. Wiederholung], Wiederaufnahme eines Wortes/Satzteiles innerhalb eines Verses/Satzes, jedoch nicht unmittelbar wie bei der ↗ Gemination: »*Und atmete* lang *und atmete* tief« (Schiller). ↗ Anadiplose

Epideixis [gr. Schaustellung, Prunkrede], in der antiken ↗ Rhetorik Vorform der poetischen, sprachlich reich geschmückten Darstellung: die Fest- und Preisrede (neben Gerichts- und Staatsrede), die ↗ Kunstprosa.

Epigonal [zu gr. epigon= Nachkomme], geistig und formal abhängig von ›klassischen‹ Mustern, ihnen nacheifernd, sie nachahmend, unoriginell; besonders den im Bann der Weimarer ↗ Klassik und dt. ↗ Romantik stehenden Werken des 19. Jh.s (von A. v. Platen, Fr. Rückert, E. Geibel, P. Heyse u.a.) nachgesagt (vgl. K. Immermanns Roman *Die Epigonen*, 1836). ↗ Eklektizismus

Epigramm [gr. Aufschrift, Inschrift], (v.a. in der Antike) kurze Inschrift auf Grabmal, Kunstwerk, Gebäude u.ä.; meist im elegischen ↗ Distichon, oft nur mit 2 Zeilen; daraus hervorgegangen: lit. Gattung, in der ein Gegenstand oder Sachverhalt mit einer pointierten, geistreichen oder verblüffenden, meist antithetischen Formulierung kommentiert wird (auch als ›Sinngedicht‹ bez.); anders als die ebenfalls pointierend-kurzen Gattungen ↗ Aphorismus, Aperçu, ↗ Sentenz in Versform gefaßt und häufig nur zusammen mit dem Titel verständlich, der den gemeinten Gegenstand nennt, z.B. *Auf Wahls Nase:* »Wer Deine Nase mißt, / Stirbt, eh' er fertig ist.« (J.Chr.Fr. Haug). Bsp. in der *Anthologia Graeca* (↗ Anthologie), von Fr. v. Logau, A. Silesius (*Der Cherubinische Wandersmann*, 1695), Fr.G. Klopstock, J.G. Herder, G.E. Lessing, J.W. v. Goethe (*Venetianische Epigramme*, 1790, ↗ Xenien), E. Mörike, B. Brecht u.a.; moderne Varianten: das Graf-

fiti, der Toilettenspruch, die mit Magnetbuchstaben anzubringende ›Kühlschrankpoesie‹ usw.
Lit.: Peter Heß: Epigramm, 1989.

Epik [nach dem gr. Adj. epikos = zum Epos gehörig], Sammelbez. für jede Art fiktionaler Erzählung in Versen oder Prosa; umfaßt mündliche ↗ einfache Formen wie sehr lange, schriftliche (z.b. den ↗ Roman) und heute fast vergessene Gattungen (z.B. ↗ Idylle, ↗ Verserzählung, ↗ Romanze). ↗ Erzähler, ↗ Erzählforschung, ↗ oral poetry

Epilog [gr. Schlußrede], Schlußteil einer Rede (auch ↗ conclusio); im ↗ Drama Schlußwort, von einer Figur nach dem Ende der Handlung in moralisierender, entschuldigender, ironisierender u.ä. Absicht direkt ans Publikum gerichtet; Gegenstück zum ↗ Prolog; formelhafter Bestandteil u.a. im ↗ geistlichen Spiel, ↗ Fastnachtsspiel, elisabethanischen Drama (Shakespeare), bewußt eingesetzt im ↗ ep. Theater.

Epimythion [gr. Nachüberlegung], Lehre, moral. Nutzanwendung am Ende einer Erzählung, v.a. bei ↗ Fabel, ↗ exemplum, ↗ Gleichnis u.ä.

Epipher [gr. Zugabe], nachdrückliche Wiederholung eines Wortes/Wortgruppe jeweils am Ende aufeinanderfolgender Satzteile, Sätze, Abschnitte oder Verse: »Ihr überrascht *mich nicht*, erschreckt *mich nicht*« (Schiller). ↗ Anapher

Epiphrase [gr.], verdeutlichender oder steigernder Nachtrag zu einem an sich abgeschlossenen Satz: »Dreist muß ich tun, und keck und zuversichtlich« (Kleist). Mittel der ↗ amplificatio.

Episch, 1. Adj. zu ↗ Epos, auch zu ↗ Epik im allg.; 2. eine der drei (v.a. durch Goethe, Schiller, Staiger erläuterten) Grundhaltungen lit. Aussage und Gestaltungsweise, für die u.a. die Gelassenheit der Anschauung (im Ggs. zum ↗ Dramatischen) und die große Ausführlichkeit (*ep. Breite*) der Darstellung (im Ggs. zum ↗ Lyrischen) charakteristisch sind.

Epische Integration, Verfahren der Erzählung: Einschaltung von Parallel- und Kontrasterzählungen (Märchen, Träume, Bekenntnisse, Rückblicke usw.), Lied- und Verseinlagen, um Handlungsstränge zu verknüpfen, Sinnbezüge und Sachzusammenhänge zu verdeutlichen, zusätzliche Bedeutungshintergründe zu eröffnen; z.B. die Liedeinlagen in Goethes *Lehrjahren*, Klingsohrs Märchen in Novalis' *Heinrich von Ofterdingen*, der Schwanentraum des Grafen F. in Kleists *Marquise von O*****.

Episches Präteritum, von K. Hamburger (*Das epische Präteritum*, Deutsche Vierteljahrsschrift 27, 1953) eingeführte Bez. für die vorherrschende Tempusform der erzählenden Gattungen (dt. u. engl.: Imperfekt, frz.: imparfait und passée simple); oft zusammen mit einem Gegenwarts- oder. Zukunftsadverb verwendet (»Jetzt war Weihnachten«, »Morgen war Weihnachten«). Im Unterschied zum historischen Präteritum, das einen Rückblick auf Ereignisse der Vergangenheit signalisiert (z.B. in der Geschichtsschreibung), Signal der Fiktionalität eines Textes.

Episches Theater, von Brecht geprägter Begriff für eine v.a. von ihm seit Mitte der 20er Jahre des 20. Jh.s entwickelte (*Die Dreigroschenoper, Mutter Courage und ihre Kinder, Der kaukasische Kreidekreis* usw.) und theoret. (marxistisch, vgl. *Kleines Organon für das Theater*, 1948) fundierte Form des modernen Dramas: will durch best. Kunstgriffe (↗ Verfremdung, von Brecht als ›V-Effekt‹ bez.), verhindern, daß sich der Zuschauer (wie in der ↗ Poetik des Aristoteles gefordert) emotional in das Bühnengeschehen einfühlt – durch Auflösung der traditionellen, streng gebauten, auf Spannung zielenden Dramenstruktur in lose verbundene Einzelszenen, v.a. aber durch erzählende (epische) Elemente (wie z.B. Kommentare einer Erzählerfigur oder kurze Einführungen, die den Zuschauer über den Ablauf des Geschehens, das Was, im voraus informieren und seine Aufmerksamkeit darauf lenken sollen, *wie* etwas passiert). Weitere Mittel der Verfremdung: der unvermittelte Wechsel von einer scheinbar alltäglichen Rede in Prosa zu rhythmisierten Versen, zu Songs und ↗ Chören, die Vermeidung realist. Mimik, Gestik, Sprechweise und Bühnendekoration usw. Der Schock des Nicht-Verstehens soll den Zuschauer zu einer aktiven Mitarbeit, einer krit. Stellungnahme zwingen und ihn eine (im Sinne Brechts politische) Entscheidung treffen lassen. Greift u.a. Traditionen des chines., japan. (↗ No-Theater), ↗ elisabethanischen und antiken Theaters (↗ Drama), des ↗ Volkstheaters (K. Valentin), des ↗ Bänkelsangs und ↗ Kabaretts (v.a. der politischen Revue E. Piscators, ↗ Neue Sachlichkeit) auf. Vergleichbare Erscheinungen auch im frz. und amerikan. Theater (P. Claudel, Th. Wilder), in Dtl. besonders von P. Weiss weitergeführt (*Die Verfolgung und Ermordung Jean Paul Marats*, 1964).

Episode [gr. Dazukommendes], 1. in der antiken ↗ Tragödie der zwischen zwei Chorliedern eingeschobene Dialogteil (*epeisodion*); 2. in dramatischen oder epischen Werken: Nebenhandlung (z.B. Max- und Thekla-Episode in Schillers *Wallenstein*) oder in sich abgeschlossener Einschub (z.B. Helfenstein-Szene in Goethes *Götz*); meist als Gegenbild zum Hauptgeschehen gedacht (↗ epische Integration).

Epistel [gr.], 1. allg.: ↗ Brief, besonders: einer der im NT gesammelten Apostelbriefe; 2. satirisches Briefgedicht mit moralisch, philosophisch oder ästhetisch belehrendem Charakter, meist in Versen und im Plauderton. Bsp. von Horaz (*Epistula ad Pisones* = *Ars poetica*, ↗ Poetik), J.W.L. Gleim, J.W. v. Goethe, E. Mörike, E. Kästner, B. Brecht u.a.

Epitaph [gr. zum Grab, Begräbnis gehörig], Grabinschrift in poetischer Form, meist als ↗ Epigramm; auch: das Grab- oder Denkmal an sich bzw.

der vom ursprünglich Bestimmungsort losgelöste poetische Nachruf auf einen Verstorbenen.

Epitasis [gr. (An)spannung], im Drama: Höhepunkt der Verwicklungen, mittlerer Teil einer dramatischen Handlung (im ↗ Dreiakter zwischen ↗ Protasis und ↗ Katastrophe, im ↗ Fünfakter meist der 2. und 3. Akt vor ↗ Katastasis und Katastrophe).

Epitheton [gr. Zusatz, Beiwort], das einem Substantiv oder Namen beigefügte Adjektiv oder Partizip (Attribut): a) das sachl. unterscheidende Epitheton: »rote Rosen« (im Unterschied zu gelben); b) das schmückende oder typisierende Epitheton (*Epitheton ornans*), v.a. im Formelschatz von Epos und Volkslied häufig zu finden: »*rosenfingrige* Eos«, »*listenreicher* Odysseus«, »*kühles* Grab«, »Mägdlein *traut*«; c) das individualisierende Epitheton: »das *heilig-nüchterne* Wasser« (Hölderlin); d) das (oft zum ↗ Oxymoron tendierende) unerwartete Epitheton: »*marmorglatte* Freude« (Musil).

Epoche [gr. Haltepunkt, Beginn einer neuen Zeitrechnung], Bez. für einen Zeitabschnitt der Lit.- oder Kulturgeschichte, der sich durch für ihn ganz spezifische (formale, philosophische, politische, soziale usw.) Eigenheiten auszeichnet und durch ein ›epochemachendes Ereignis‹ geprägt wird, z.B. ↗ Aufklärung, ↗ Barock, ↗ Realismus usw. Die Zuordnung bestimmter Phänomene zu einer Epoche, deren Abgrenzung gegenüber vorangegangenen und späteren Epochen, die Unterscheidung zwischen *Epoche* und Untereinheiten wie *Periode, Strömung, Tendenz* ist wegen zahlreichen Überschneidungen, Verflechtungen, Phasenverschiebungen, Sonderfällen und der oft ungenauen Verwendung dieser Begriffe problematisch (so wird z.B. in der Lit.geschichte der Barock-Begriff auf Texte des 17. Jh.s bezogen, die Architektur- und Musikgeschichte findet Bsp. auch noch bis in die 2. H. des 18. Jh.s; das Rokoko wird oft als die das Barockzeitalter abschließende Periode, aber auch als eigenständige Epoche bezeichnet, usw.). Bei der Beschäftigung mit Lit. sind Epochenbegriffe vorsichtig zu verwenden: Sie helfen u.a. dabei, lit. Texte in eine sozial-, kultur-, medien- und lit.historische Umgebung einzuordnen, an ihnen Merkmale historischer Entwicklungen zu erkennen, sie in ihrer zeitlichen und auch nationalen Bedingtheit zu verstehen; sie verführen jedoch dazu, über Abweichungen, ahistorische Traditionen, spezifisch ästhetische Eigenheiten, möglicherweise auch über die gerade nur historisch zu verstehenden Details hinwegzulesen, von unangemessenen, anachronistischen Voraussetzungen auszugehen und einen lit. Text auf den oft erst später geprägten, mit bestimmten Klischees angefüllten Begriff seiner Epoche zu reduzieren. ↗ Diskursanalyse, ↗ kulturelles Gedächtnis, ↗ Lit.geschichte, ↗ Lit.soziologie, ↗ Lit.wiss., ↗ New Historicism

Lit.: W. Klein (Hg.): Epoche, 1995. – G. Plumpe (Hg.): Epochen moderner Lit., 1995. – R. Herzog/R. Koselleck (Hg.): Epochenschwellen und Epochenbewußtsein, 1987. – H.U. Gumbrecht/U. Link-Heer (Hg.): Epochenschwellen und Epochenstrukturen, 1985. ↗ Lit.geschichte

Epode [gr. das Dazugesungene, Zauberspruch], 3. Strophe im gr. ↗ Chorlied, folgt auf ↗ Strophe und ↗ Antistrophe, weicht im rhythmischen Bau
von diesen ab und wurde stets vom ganzen Chor gesungen (vergleichbar
dem ↗ Abgesang in der ↗ Stollenstrophe des MA).

Epopöe [gr. ep. Dichtung], veraltete, im 18. Jh. häufige Bez. für ↗ Epos,
besonders für Helden- oder Götter-Epos.

Epos, Pl. Epen [gr. Wort, Redensart, Erzählung, Lied, Gedicht, Vers], Gattung der erzählenden Versdichtung: von gößerem Umfang, meist mehrere
Teile (Gesänge, Bücher, Aventiuren, Cantos u.a.) umfassend, mit gehobenem Anspruch (↗ genus grande), ursprünglich von einem Sänger (↗ Rhap-
sode, Barde) vorgetragen; von Aristoteles definiert als die »Nachahmung
guter Menschen in Versform«, am angemessensten in ↗ Hexametern, dem
»erhabensten und feierlichsten aller Maße«. Die charakteristischen Gattungs-
merkmale des Epos stammen zum Großteil aus einer archaisch-mündlichen
Kultur (↗ oral poetry): typisierende Gestaltungsmittel und Formeln (↗ epitheton ornans, ↗ Topoi, ↗ Katalog), der Musenanruf, die Distanz des Erzählers zum Erzählten, die gleichartig gebauten Langzeilen bzw. Strophen (Hexameter, ↗ Terzine, ↗ Alexandriner, ↗ Nibelungenstrophe, ↗ Hildebrandston),
ein Stoff der Mythologie, meist aus der Urzeit eines Volks (z.B. Erschaffung
der Welt durch die Götter, Jenseitsreise eines gottgleichen Helden, Kampf
und Untergang eines Volkes). Unterschieden in ↗ Heldenepos (wie das mhd.
Nibelungenlied, um 1200), ↗ Lehrdichtung (sog. *Lehrgedicht*, wie Hesiods
Theogonie, um 700 v.Chr.) und komisch-satirische Formen wie das Tier-Epos
(z.B. Goethes *Reineke Fuchs*, 1793) und das ↗ komische Epos (↗ Burleske,
↗ Travestie); nicht immer genau zu trennen von kleineren Formen wie
↗ Epyllion, ↗ Idylle, ↗ Verserzählung, Versroman, ↗ Romanze, ↗ Ballade.
Die europ. Lit. nachhaltig geprägt haben die um 1500 v.Chr. in Griechen-
land entstandenen, um 750 v.Chr. aufgeschriebenen, Homer zugeordneten
Epen *Ilias* und *Odyssee*; außerdem folgenreich: Vergils *Aeneis* (29-19 v.Chr.),
Dantes *Divina Comedia* (um 1292-1321), Ariosts *Orlando furioso* (1516-32),
Tassos *Gerusalemme liberata* (1570-75), Spensers *Faerie Queene* (1590-96),
Miltons *Paradise Lost* (1667), Klopstocks *Messias* (1748-73). Im 20. Jh. selten
(z.B. C. Spitteler, *Olympischer Frühling*, 1900-1910; G. Hauptmann, *Der große
Traum*, 1942/43) und endgültig vom Prosa- ↗ Roman ersetzt, der als moder-
nes, privates, bürgerliches Gegenstück des Epos gilt. ↗ Bylinen, ↗ chanson
de geste, ↗ Prosaauflösung, ↗ Spielmannsdichtung
Lit.: D. Martin: Das dt. Versepos im 18. Jh., 1993. – W.J. Ong: Oralität und
Literalität, 1987. – V. Mertens/U. Müller (Hg.): Epische Stoffe des MA, 1984.

Epyllion [gr., im 19. Jh. geschaffenes Kunstwort: Diminutiv zu ↗ Epos;
Pl. Epyllien, Epyllia], kürzeres Epos in ↗ Hexametern, auch elegischen
↗ Distichen; meist dem großen Epos bewußt gegenübergestellt, z.B. Theokrits ↗ Idyllen, Vergils *Bucolica* (42-39 v.Chr.), Ovids *Metamorphosen* (um
10 n.Chr.), Musaios *Hero und Leander* (5./6. Jh), J.H. Voß' *Luise* (1782-
84), Goethes *Alexis und Dora* (1796).

Erhabene, das, auch das Sublime [lat. unterhalb + Grenze]: Grundbegriff der ↗ Poetik und ↗ Ästhetik, besonders in der Spätantike (Pseudo-Longinos, *Vom Erhabenen*, vermutl. 1. Jh. n.Chr.) und im 18. Jh. (N. Boileau, E. Burke, I. Kant) erörtert; kann den Stil, das Thema, das Motiv, die Form usw. eines Kunstwerks bezeichnen und ist an deren Wirkung beim Rezipienten gebunden: an dessen Gefühl der Erhebung, Überhebung über sich selbst (↗ Ekstase, ↗ Enthusiasmus, ↗ Sublimierung), an eine Grenzerfahrung, an das Erleben nicht mehr rational erfaßbarer Dimensionen und eigentlich lebensbedrohender Gefahren. Setzt die ästhetische Distanz des Betrachters zum Gegenstand voraus und verlangt zugleich Stilmittel, Kunstgriffe und Gattungen, die diese Distanz für Augenblicke aufzuheben vermögen; dem Erhabenen oft zugeordnet: der hohe Stil (↗ genera dicendi), die ↗ Antithese, das ↗ Paradoxon, das ↗ Fragment, das ↗ Epos, die Darstellung von Naturgewalten (wie z.B. dem reißenden Wasserfall, der tiefen Schlucht, der Weite des Meeres, dem Schneesturm) u.ä.
Lit.: C. Priess (Hg.): Das Erhabene, 1989.

Erlebnisdichtung, 1. von W. Dilthey (*Das Erlebnis und die Dichtung*, 1905) geprägter Begriff: Dichtung, die vorgibt, persönlich-subjektive (reale oder irreale, traumhafte) Erlebnisse eines Autors darzustellen; v.a. für die Lyrik und Epik seit dem jungen Goethe (Sesenheimer Gedichte, *Werther*) verwendet; hat oft zu einer Gleichsetzung von Kunst und Leben und zu einer Verwechslung der fiktiven Rolle des Erzählers und des lyrischen Ichs mit dem Autor geführt. Historisch jedoch ist die Erlebnisdichtung des späten 18. Jh.s nicht als Selbstausdruck und Selbstdarstellung des Autors zu begreifen, sondern u.a. durch die Auflösung der ↗ Gattungen und ↗ genera dicendi entstanden: Best. ↗ Topoi und ↗ rhetorische Figuren werden genauso wie die Verssprache ›naturalisiert‹, indem sie qua Ich-Erzähler bzw. lyrischem Ich in sinnliche Wahrnehmungen, vergangene Erfahrungen und psychologisch glaubhafte Sprachgebärden verwandelt werden; 2. eingeengt auf *Erlebnislyrik* oft synonym mit ↗ Lyrik schlechthin: das im Gegensatz zur erzählenden Versdichtung (z.B. ↗ Epos, ↗ Ballade, ↗ Romanze) relativ kurze Gedicht, daß das Hauptaugenmerk auf ein Erlebnis, einen Eindruck oder einen Gedanken legt

Erlebte Rede, Stilmittel der Erzählung, zwischen direkter und indirekter Rede, Selbstgespräch und Bericht: Die Gedanken einer bestimmten Person werden in der 3. Pers. Indikativ ausgedrückt, nicht, wie eigentlich zu erwarten, im Konjunktiv der indirekten Rede oder als direkte Rede. Meist auf kürzere Passagen beschränkt, mit nahtlosem Übergang zum Erzählbericht: »Der Konsul ging ... umher ... . Er hatte keine Zeit. Er war bei Gott überhäuft. Sie sollte sich gedulden« (Th. Mann, *Buddenbrooks*). Besitzt meist eine mimische, z.T. auch ironisierende Funktion, da sie die genaue Wiedergabe einer best. Denkweise oder eines bestimmten Tonfalles suggeriert (↗ skaz). ↗ innerer Monolog, ↗ stream of consciousness

Errata, Pl. [lat. Irrtümer],1. Druckfehler; 2. Verzeichnis der Druckfehler, die während des Ausdruckens entdeckt worden sind; im letzten Bogen oder auf einem Beiblatt berichtigt, auch *Corrigenda*.

Erregendes Moment, dramaturgischer Begriff, geprägt von G. Freytag (*Die Technik des Dramas*, 1863): die in der ↗ Exposition aufgedeckten inneren oder äußeren Bedingungen, die den dramatischen Konflikt auslösen.

Erwartungshorizont, von H.R. Jauß (*Literaturgeschichte als Provokation der Literaturwissenschaft*, 1967) geprägter Begriff, bezeichnet den Hintergrund, vor dem ein Leser oder Hörer ein lit. Werk im Augenblick seines Erscheinens wahrnimmt: ein »objektivierbares Bezugssystem der Erwartungen«, das sich »aus dem Vorverständnis der Gattung, aus der Form und Thematik zuvor bekannter Werke und aus dem Gegensatz von poetischer und praktischer Sprache« zusammensetzt; heute oft auch erweitert auf die von außerlit. Einflüssen geprägten Erwartungen realer Leser. ↗ Rezeptionsästhetik

Erzähler, implizit die Voraussetzung jeder Erzählung, nicht mit dem Autor zu verwechseln, vermittelt einem (meist fiktiven) Zuhörer ein vergangenes Geschehen, (mit)verantwortlich dafür, was und wie etwas erzählt wird: Er kann identisch sein mit der Stimme, die die Wörter der Erzählung spricht, kann sich im Stil der Erzählung selbst darstellen, in ihr agieren, als sei er eine Person, oder hinter den Geschehnissen und deren Berichterstattung gänzlich verschwinden; er sieht die Figuren und Ereignisse einer Geschichte (↗ plot, ↗ Fabel) von einem bestimmten Erzählerstandpunkt (point of view, ↗ Perspektive, ↗ Erzählsituation) aus, bringt sie mit verschiedenen Kunstgriffen (↗ episches Präteritum, ↗ historisches Präsens, ↗ auktoriales, ↗ personales Erzählen, ↗ Erzählfunktion, ↗ Fokalisierung, ↗ erlebte Rede, ↗ innerer Monolog, ↗ Dialog, ↗ Erzählzeit, ↗ epische Integration, ↗ Bericht, ↗ Beschreibung, ↗ Szene) in bestimmte zeitliche und räumliche Verhältnisse zueinander (↗ chronotopos, ↗ Sujet, ↗ story).

Erzählfunktion, von K. Hamburger (*Die Logik der Dichtung*, [4]1987) vorgeschlagene Bez. für die vermittelnde Instanz in Er-/Sie-Erzählungen, greifbar in Kommentaren, Berichten, direkten Leseranreden, Vorausdeutungen, Zusammenfassungen, ↗ episches Präteritum usw.; die Erzählfunktion identifiziert sich nicht mit dem Er/Sie ihrer Erzählung, anders als der Erzähler einer Ich-Erzählung, der im Ich-Erzähler meist vollkommen verschwindet und personale Gestalt annimmt.

Erzählgrammatik, v.a. in der Erzähltheorie des ↗ Strukturalismus, nach Vorbild der ↗ Generativen Transformationsgrammatik unternommener Versuch, alle oder zumindest ein best. Korpus von Erzählungen auf ein ihnen zugrundeliegendes Strukturmodell zurückzuführen und dieses, ähnlich wie das fundamentale Modell einer Sprache, zu rekonstruieren: »Die Erzählung ist ein großer Satz, genauso wie jeder konstitutive Satz gewissermaßen der Entwurf einer kleinen Erzählung ist. In der Erzählung stößt man ... auf die wesentlichen Kategorien des Verbs (Zeiten, Aspekte, Modi, Personen).« (R. Barthes, *Das semiologische Abenteuer*, 1988). V.a. von Barthes, V. Propp (*Morphologie des Märchens*, [2]1975), C. Bremond (*Logique du récit*, 1973), A. Greimas und T. Todorov (*Poetik der Prosa*, 1972) beschrieben, meist von grundlegenden Oppositionen (z.b. gut/böse, ↗ binäre Opposition, ↗ Paradigma) in der Tiefenstruktur beherrscht, die auf der Textoberfläche überführt werden in Handlungsträger (*Aktanten*, z.B. Held/Bösewicht, Prinzessin/Stiefmutter), in Geschehnisse (als Ausbildung einer *Funktion*, so kann z.b. das Retten der Prinzessin dieselbe Funktion erfüllen wie das Lösen des Rätsels, das Töten des Drachens funktional gleich sein mit dem Besiegen des Bösewichts im Kartenspiel) usw. ↗ einfache Formen, ↗ mythisches Analogon, ↗ Phrase

Erzählsituation, oft nicht klar von der Erzähl- ↗ Perspektive unterschiedener Begriff, sucht den Ort des (fiktiven) Erzählers zu bestimmen; von Fr. K. Stanzel (*Theorie des Erzählens*, [4]1989) unterschieden in: a) einen *auktorialen*, allwissenden Erzähler (als *external view point* von P. Lubbock, als *Sicht von oben* von T. Todorov bezeichnet), der entweder selbst als Person erscheint (z.B. durch Einmischung in das Erzählte, Anrede des Lesers usw., charakterist. für humoristische Romane wie L. Sternes *Tristram Shandy*, 1756, Jean Pauls *Siebenkäs*, 1796, T. Manns *Zauberberg*, 1924) oder unpersönlich, gottgleich, ›objektiv‹ hinter der Erzählung zurücktritt (so z.B. im homerischen ↗ Epos), b) einen aus dem Blickwinkel einer Figur erzählenden *personalen* Erzähler (*internal view point*, *einsinniges Erzählen*), der den Leser mit einer relativen, innerhalb der Erzählung wahren, da subjektiv erlebten Sicht der Welt konfrontiert. Eine Sonderform ist der sog. mehrpersonige Perspektivismus (auch polyvalentes Erzählen): Ein fiktives Geschehen gewinnt durch die personalen Erzählungen mehrerer Personen seine Konturen, so z.B. in M. Prousts *À la recherche du temps perdu*; c) einen mit einer Figur (entweder der Hauptperson oder dem die Haupthandlung beobachtenden Chronisten) identischen ↗ *Ich*-Erzähler – im Unterschied zum Ich in ↗ Autobiographie, ↗ Brief und ↗ Tagebuch eine gänzlich fiktive Figur und keinesfalls mit dem Autor identisch; begrenzt die Erlebens- und Darstellungsperspektive der Erzählung und ermöglicht so z.B. die glaubhafte Darstellung von eigentlich unglaublichen Ereignissen (Träume, Visionen, phantastische Begegnungen usw. sind vom erzählenden Ich erlebt und damit wahr, die Erzählung kann deren Faktizität durch keine andere Perspektive relativieren). Von G. Genette (*Die Erzählung*, 1994) allg. unterschieden in *heterodiegetische Narration* (der Erzähler kommt in der Geschichte nicht vor) und *homodiegetische Narration* (der Erzähler ist eine Figur der Geschichte; vgl. auch ↗ narration). Nach J.H. Petersen (*Erzählsysteme*, 1993) aus folgenden Faktoren zusammengesetzt: a) Erzählform (1./2. oder 3. Pers.), b) ›Formatierung‹ des fiktiven Erzählers, z.T. auch des fiktiven Lesers, c) ↗ Perspektive/ ↗ Fokalisierung, d) (An-)Sicht des Erzählten (Innen-/ Außensicht), e) Modus (*telling*: berichtendes Erzählen/*showing*: szenische Darstellung, oft auch als *diegesis* und *mimesis* unterschieden, ↗ Mimesis).

Erzähltheorie, auch Narratologie, Erzählforschung, ↗ Narrativik: Richtung der Lit.- und Kulurwiss., die das in allen Kulturen und Medien anzutreffende vielgestaltige Phänomen des Erzählens wissenschaftlich genau zu beschreiben, zu erfassen, zu analysieren, zu systematisieren und zu deuten versucht. In Vokabular, Zielsetzung und Gegenstandsdefinition oft kontrovers, einig darin, daß jeder Erzählung ein *Ereignis* zugrunde liegt, etwas, das J. Lotman (*Die Struktur lit. Texte*, [4]1993) als *Sujethaftigkeit* bezeichnet und definiert als den Moment, in dem die Hauptfigur die Grenze zwischen zwei semantisch unterschiedlichen, meist gegensätzlichen Feldern überschreitet (z.b. durch die Türe gehen = die Grenze zwischen Innen und Außen überschreiten) und dabei das ihr zugeordnete umfassendere semantische Feld verläßt (z.b. durch die Türe gehen = vom Diesseits ins Jenseits, von der Zivilisation in die Natur, von der Heimat in die Fremde gehen); von A.C. Danto (*Analytische Philosophie der Geschichte*, 1974) auf eine Formel gebracht: 1) x ist F zum Zeitpunkt t-1, 2) H ereignet sich mit x zum Zeitpunkt t-2, 3) x ist G zum Zeitpunkt t-3. Bei der Analyse einzelner Erzähltexte v.a. im Mittelpunkt: Fragen nach dem Charakter der Erzählung (berichtet von *fiktionalen*, erfundenen oder *faktualen*, historischen Ereignissen) und dem ›Was‹ und ›Wie‹ der Darstellung, nach: a) den ereignishaften Momenten und semantischen Feldern (was geschieht, in welcher Reihenfolge, wann, wie oft und mit wem?), ↗ Stoff und ↗ Motiv, b) dem Verhältnis von Erzählung und zugrunde liegender Geschichte, von ↗ Fabel und ↗ Sujet (auch unterschieden in ↗ plot und ↗ story, ↗ histoire, ↗ Diegese und ↗ narration): Wie gibt die Erzählung die Ereignisfolge wieder? In chronologischer oder achronologischer Anordnung (↗ Anachronie), in welcher Geschwindigkeit, durch *Raffung* (die Erzählung ist kürzer als das Geschehen), *Dehnung* (länger als das Geschehen), ↗ Ellipse (die Erzählung steht still, während das Geschehen weiter geht), *Pause* (die Erzählung geht weiter, während das Geschehen still steht) oder als ↗ Szene (Erzählung und Geschehen sind zeitlich deckungsgleich)? In welcher *Frequenz*: Wie oft wird von wievielen Ereignissen erzählt (↗ Anachronie)? In welchem ↗ Modus: Mit Distanz oder ohne (↗ Diegese/ ↗ Mimesis), von Ereignissen oder von Worten (Wiedergabe der Geschichte durch die Präsentation der Figuren ↗ Rede, z.B. als direkte oder indirekte, ↗ erlebte oder innere Rede, erzählter oder zitierter innerer Monolog)? Aus welcher Sicht (↗ Fokalisierung) und zu welchem Zeitpunkt? Auf welcher Ebene? In welchem Maß ist der Erzähler am Geschehen beteiligt (↗ diegetisch, ↗ Erzählsituation)? Wie werden die Ereignisse motiviert (↗ mythisches Analogon)? c) dem Verhältnis zwischen Erzählung und Adressat (wer erzählt wem?), d) dem Verhältnis von Tiefen- und Oberflächenstruktur (↗ Erzählgrammatik), e) dem Verhältnis von Wort- und Handlungsebene (↗ skaz, ↗ Dialogizität, ↗ Stil), f) der Beziehung zwischen der einzelnen Erzählung und ihrer ↗ Gattung, g) den Beziehungen zwischen Raum und Zeit (↗ chronotopos) innerhalb der erzählten Welt oder zwischen ›Wahrheit‹ und ›Lüge‹, ›gut‹ und ›böse‹ usw., h) den Verfahren, mit denen eine lit. Erzählung sich als ›wahr‹ ausgibt und ›Bedeutungen‹ erzeugt (impliziter ↗ Leser, ↗ Rezeptionsästhetik, ↗ Intertextualität).

Lit.: M. Martinez, M. Scheffel: Einführung in die Erzähltheorie, 1999. –
A. Gibson: Towards a Postmodern Theory of Narrative, 1996. – M. Fluder-
nik: Towards an ›Natural‹ Narratology, 1996. – G. Genette: Die Erzählung,
1994. – R. Barthes: Einführung in die strukturale Analyse von Erzählungen, in: Das semiologische Abenteuer, 1988. – Ders.: S/Z, ²1987. –
D. Cohn: Transparent Minds, 1987. – M. Bal: Narratology, 1985. –
G. Prince: Narratology, 1982. – E. Lämmert (Hg.): Erzähltheorie, 1982. –
W. Haubrichs (Hg.): Erzähltheorie, 3 Bde, 1976ff. – E. Lämmert: Bauformen des Erzählens, ⁵1972.

Erzählung, 1. allg. Oberbegriff (↗ Epik): mündliche oder schriftliche Darstellung von realen oder fiktiven Ereignisfolgen, meist, aber nicht nur in
Prosa; schwer zu definierende selbständige Einzelgattung innerhalb der
Grundgattung Epik, oft nur negativ umschrieben: weniger welthaltig, weniger figurenreich, weniger komplex in Handlung und Ideengehalt als der
↗ Roman; nicht so knapp und andeutend wie ↗ Skizze und ↗ Anekdote,
weniger um ein Ereignis zentriert und pointiert als die ↗ Novelle, weniger
konsequent auf den Schluß hin komponiert als die ↗ Kurzgeschichte, nicht
wie ↗ Märchen und ↗ Legende auf Bereiche des Unwirklichen und Wunderbaren bezogen; 2. in verschiedenen Bedeutungen gebrauchter Begriff der
Erzählforschung: a) die vorgeprägte, einer Erzählung zugrundeliegende Geschichte: die ↗ Fabel, die ↗ histoire, der ↗ plot als auch b) die material gegebene Erzählung selbst, das ↗ Sujet, die ↗ story, der ↗ Diskurs, und
c) der aktuelle Vorgang des Erzählens, die ↗ narration, selbst.

Erzählzeit, die zum Erzählen oder Lesen realer oder fiktiver Vorgänge benö-
tigte Zeit; im Unterschied zur *erzählten Zeit*: der Zeit, von der erzählt wird.
Kann die erzählte Zeit raffen, strecken oder sich (durch Verfahren wie
↗ Dialog, ↗ indirekte Rede, ↗ erlebte Rede, ↗ innerer Monolog) mit ihr
decken.

Essay, m. oder n. [engl., frz. (Kost-)Probe, Versuch, aus vulgärlat. exagium
= das Wägen], wiss.-lit. Mischgattung: kürzere, stilistisch anspruchsvolle
Abhandlung in Prosa, in der ein Autor seine reflektierten Erfahrungen mit-
teilt, oft über ein künstlerisches, wissenschaftliches oder kulturgeschichtli-
ches Problem. Von der wissenschaftlichen Arbeit u.ä. durch die skeptisch-
souveräne Denkhaltung des Schreibers unterschieden, der sein Thema
v.a. durch kritisches Hinterfragen vorhandener Erkenntnisse, Sprichwörter,
Gemeinplätze u.ä. entwickelt; charakterist.: die Verständlichkeit der Formulierungen und die Offenheit des Aufbaus; wendet sich primär an den allge-
meingebildeten Leser, nicht an den Fachmann, bildet einen Gedankengang
ab als Prozeß, als ›Kostprobe‹ eines Geistes und kreist ein Problem assozia-
tiv ein – wägt Möglichkeiten ab, läßt Zweifel zu, paradoxe Behauptungen,
↗ Aphorismen, unüberprüfte Gedanken, experimentelle Versuchsan-
ordnungen, Abschweifungen, verzichtet auf objektive Referenzen (durch
Sekundärlit., empirische Untersuchungen oder Laborversuche) und eine
systematische Gliederung. M. de Montaigne (*Essais*, 1580) begründet die

Gattung, die später besonders von Fr. Bacon, J.G. Herder, A.W. Schlegel, G. Forster, Fr. Nietzsche, J. Ruskin, W. Pater, Ch. A. Sainte-Beuve, O. Gildemeister, R. Kassner, H. v. Hofmannsthal, P. Valéry, W. Benjamin, E. Bloch, Ortega y Gasset, Th.W. Adorno u.a. genutzt wird. ↗ Diskurs Lit.: W. Müller-Funk: Erfahrung und Experiment, 1995. – Th.W. Adorno: Der Essay als Form, in: Noten zur Lit. I, 1958. – G. Lukács: Über Form und Wesen des Essays, in: Die Seele und die Formen, 1911.

Euphemismus [gr. Sprechen guter Worte], beschönigende Umschreibung (↗ Periphrase) von Unangenehmem, Unheildrohendem, moralisch oder gesellschaftlich Anstößigem, von Tabus, z.B. ›heimgehen‹ für sterben, ›Minuswachstum‹ für Rezession.

Exegese [gr. Auseinanderlegung, Erklärung], Auslegung, deutende Erklärung von Schriftwerken, insbesondere solchen mit Verkündigungs- oder Gesetzescharakter (bibl., jurist., seltener lit.). ↗ Allegorese, ↗ Glosse, ↗ Hermeneutik, ↗ Interpretation, ↗ Schriftsinn, ↗ Typologie

Exemplum, auch Exempel [lat. Probe, Muster, Beispiel, gr. Paradigma], 1. in der ↗ Rhetorik: kleine, in eine Rede u.ä. eingeschobene Erzählung, soll eine aufgestellte Behauptung positiv oder negativ belegen; 2. im MA allg. für kurze Erzählformen mit prakt. Nutzanwendung, z.B. ↗ Anekdote, ↗ bîspel, ↗ Fabel, ↗ Gleichnis, ↗ Legende, ↗ Parabel, ↗ Schwank; oft in Predigten zur moralischen Belehrung und Veranschaulichung eingefügt (sog. *Predigtmärlein*); oft in speziellen Ausgaben gesammelt (z.B. noch in M. v. Cochems *Lehrreichem History- und Exempelbuch*, 4 Bde, 1696-99).

Exilliteratur, auch Emigrantenlit.: Sammelbez. für Lit. von Autoren, die aus politischen und religiösen Gründen ihre Heimat verlassen mußten (wie Ovid, Dante, G. Büchner, G. Herwegh, H. Heine, L. Börne, Mme de Staël u.a.), besonders aber für die Werke, die während Hitlers Machtergreifung (1933-45) im Exil entstanden sind (v.a. in Paris, Amsterdam, Stockholm, Zürich, Moskau und den USA). Bekannte Emigranten dieser Zeit sind C. Zuckmayer, C. Sternheim, E. Lasker-Schüler, Fr. Werfel, R. Musil, O.M. Graf, A. Seghers, B. Brecht, L. Feuchtwanger, Th., H. und K. Mann. Lit.: W. Koepke/M. Winkler (Hg.): Exilliteratur 1933-1945, 1989.

Exklamation [lat.], zum Ausruf gesteigerte Aussage, entweder gestisch, durch Tonstärke und Satzmelodie, oder mit Hilfe des Satzbaus (häufig: Imperativ, ↗ Interjektion, ↗ Inversion, ↗ Apostrophe): »Hoch soll er leben!«.

Exkurs [lat.], auch digressio, parekbasis: bewußte Abschweifung vom eigentl. Thema, sei es als ↗ dubitatio (Hinwendung ans Publikum und Besprechung der Schwierigkeiten der Darstellung), sei es in Form illustrierender ↗ Exempla oder als in sich geschlossene Behandlung eines Nebenthemas.

Exodium [lat.], ursprünglich der Schluß des antiken Dramas, im röm. Theater dann das heitere, meist parodistische ↗ Nachspiel (↗ Satire, ↗ Mimus) zu einer ↗ Tragödie.

Exodus, m. [gr. exodos, f.], allg. der Schlußteil der gr. ↗ Tragödie (nach dem ↗ stasimon, dem letzten Standlied des ↗ Chors), besonders das Auszugslied des Chors.

Exordium [lat.], in der ↗ Rhetorik: kunstgerechter Anfang (einer Rede); heute auf die Anrede »Meine Damen und Herren« u.ä. zusammengeschmolzen. ↗ Disposition, ↗ Exposition, ↗ Proömium, ↗ Prolog

Exposition [lat. Darlegung], erster Teil einer dramatischen (oder epischen) Handlung: Darlegung der Verhältnisse und Zustände, denen der dramatische Konflikt entspringt (↗ erregendes Moment), einschließl. ihrer Vorgeschichte; im antiken Drama oft im ↗ Prolog, in den Fünfaktern der Neuzeit meist im 1. Akt.

Expressionismus [von lat. expressio = Ausdruck], zunächst in der bild. Kunst (vgl. Künstlerbünde wie den *Blauen Reiter, Die Brücke*) geprägte, dann in Musik und Lit. übernommene Sammelbez. für verschiedene Kunstströmungen zwischen etwa 1910 und 1920, die programmatisch mit gängigen Traditionen (v.a. ↗ Naturalismus, ↗ Ästhetizismus) brechen. Als Kennzeichen des lit. Expressionismus (vertreten von G. Benn, G. Heym, J. v. Hoddis, E. Stadler, G. Trakl, E. Lasker-Schüler, A. Stramm, A. Döblin, C. Einstein, Fr. Werfel, E. Toller, aber auch O. Kokoschka, W. Kandinsky u.a.) gelten die Vorliebe für visionäre Stoffe (Weltende, Jüngster Tag, Menschheitsdämmerung), Motive wie die Großstadt, die Menschenmenge, das Leben und Sterben in der Gosse, eine sowohl ekstatisch gesteigerte als auch sezierend-nüchterne, symbolisch-mystische als auch aggressiv traditionelle Metaphern zerstörende Sprache, der Versuch, eine neue, ausdrucksintensive Formensprache zu schaffen (↗ absolute Dichtung), durch einen aufs Nötigste verdichteten Stil, hämmernde Rhythmen, nominale Wortballungen, Wortneubildungen, Satzumstellungen, lose verknüpfte Bildfolgen; im Drama v.a. chorisch-oratorische Stimmenspiele, ausgedehnte Monologe, lyrisch-hymnische Sequenzen, die Aufnahme von Tanz und Pantomime. Wichtige Zeitschriften: *Der Sturm* (↗ Sturm), *Die Aktion.*
Lit.: H. Koopmann: Lit.theorien zwischen 1880 und 1920, 1997. – P. Raabe: Die Autoren und Bücher des lit. Expressionismus, 1985. – T. Anz/M. Stark (Hg.): Expressionismus, 1982. – H. Meixner/S. Vietta (Hg.): Expressionismus – sozialer Wandel und ästhetische Erfahrung, 1982.

Fabel [lat. Rede, Erzählung; dt. seit dem 13. Jh., zunächst in abschätziger
Bed. als ›lügenhafte Geschichte‹], 1. nach Aristoteles' *Poetik*: das einem erzählerischen oder dramatischen Werk zugrunde liegende Stoff- und Handlungsgerüst, der ↗ plot, die ↗ histoire, im russ. ↗ Formalismus auch als *fabula* bezeichnet; 2. kurze lehrhafte Erzählung in Vers oder Prosa, läßt Tiere
in einer bestimmten Situation so handeln, daß sofort eine Ähnlichkeit mit
menschlichen Verhaltensweisen deutlich wird und der dargestellte Einzelfall
als anschauliches Beispiel für eine daraus ableitbare, meist angefügte oder
vorangestellte moralische Regel oder Lebensklugheit zu verstehen ist (↗ epimythion); charakterist.: der relativ kleine Kanon bestimmter, auf konstante
Eigenschaften beschränkter Tiere (der schlaue Fuchs, der gierige Wolf, das
vertrauensselige Lamm), eine meist dialektische Erzählstruktur (Vorführung
zweier Tiere, zweier polarer Verhaltensweisen, oft im ↗ Dialog), die iro-
nisch-verfremdende Spannung zwischen einer irreal-paradoxen Handlung
und einer gleichwohl darin abgebildeten allgemeingültigen Wahrheit. Nähe
zu ↗ Allegorie, ↗ bîspel, ↗ Gleichnis, ↗ Märchen, ↗ Schwank, ↗ Parabel,
↗ Satire, ↗ Verserzählung u.a.. Bekannte Fabelsammlungen von Äsop, Marie
de France, H. Steinhöwel, B. Waldis, H. Sachs, La Fontaine, Fr. v. Hagedorn,
Chr.F. Gellert, J.W.L. Gleim, G.E. Lessing, J.H. Pestalozzi, W.D. Schnurre
u.a.
Lit.: R. Dithmar (Hg.): Fabeln, Parabeln, Gleichnisse, 1995. – A. Elschen-
broich: Die dt. und lat. Fabeln in der frühen Neuzeit, 2 Bde 1990. –
H. Lindner (Hg.): Fabeln der Neuzeit, 1978.

Fabliau, m., Pl. fabliaux [afrz. ›Fabelchen‹], allg.: epische Kleinform des
MA wie ↗ lai, ↗ Fabel, ↗ exemplum, ↗ Schwank; besonders: afrz. kurze
Schwankerzählung in achtsilbigen Reimpaaren; stoffliche Fundgrube für
G. Boccaccio, G. Chaucer, Fr. Rabelais, Molière u.a.

Faksimile [lat. mache ähnlich; Neubildung des 19. Jh.s], originalgetreue
Wiedergabe, z.B. von Handschriften, älteren Druckwerken, Zeichnungen
u.ä.

Falkentheorie, von P. Heyse (Einleitung zum *Dt. Novellenschatz*, 1871) aus
der Falkengeschichte in Boccaccios *Decamerone* (5. Tag, 9. Geschichte) abgeleitete Novellentheorie, nach der jede ↗ Novelle einen ›Falken‹, d.h. ein
klar abgegrenztes Motiv von besonderer Prägnanz besitzen sollte; heute als
zu einseitig in Frage gestellt.

Fallhöhe, Begriff, mit dem in der ↗ Poetik des ↗ Dramas die sog. ↗ Ständeklausel gerechtfertigt wurde: Das Personal einer ↗ Tragödie z.B. müsse
einem sozial hohen Stand angehören, da der Fall eines Helden desto tiefer
und also desto tragischer empfunden werde, je höher dessen sozialer Rang sei.
Seit Lessing in ihrer wirkungsästhetischen Bedeutung oft zurückgewiesen
(↗ bürgerliches Trauerspiel).

Fantastische Literatur ↗ phantastische Literatur

Fantasy [engl. Phantasie, Hirngespinst], in Amerika zu Beginn des 20. Jh.s (v.a. mit R.E. Howards' *Conan*-Romanen) ausgebildeter Typus der ↗ phantastischen Lit., beschäftigt »sich mit der Erfindung imaginärer Welten, in der die Menschen ohne Naturwiss. und Technik leben« (M. Görden: *Was ist Fantasy?*, in: *Das große Buch der Fantasy*, 1982); kann so Elemente aus ↗ Heldenepos, ↗ Âventiure, ↗ Ritter- und ↗ Räuberroman, ↗ Gothic Novel, ↗ Märchen, ↗ Sage u.a. wieder aufgreifen: Zentrales Thema ist der Kampf zwischen Gut und Böse; das Personal benutzt archaische Waffen, Geräte und Fortbewegungsmittel (Schwert, Lanze, Kochkessel, Weinschlauch, Pferd, Segelschiff), lebt in überholten Gesellschaftsformen (Monarchien, Militärdiktaturen, Theokratien), geht mit Elfen, Kobolden, Riesen, Zwergen, Faunen, Feen, Dämonen und Gespenstern um und besitzt zumeist selbst übersinnl. Fähigkeiten. Bsp.: J.R.R. Tolkiens *Hobbit*-Geschichten (1937ff.) oder M. Endes *Die unendliche Geschichte* (1979). ↗ Science Fiction

Farce [frz. Füllsel], derb-kom. Lustspiel; in Frkr. ursprünglich volkstüml. Einlagen in geistlichen ↗ Mysterien- und ↗ Mirakelspielen, dann selbständig aufgeführte, burlesk typisierende Szenen und kurze Stücke, meist in Versen (↗ Fastnachtsspiel). In Dtl. seit dem 18. Jh. zumeist in der Bedeutung ›Lit.satire‹ und ›Lit.parodie‹ gebräuchlich (so bezeichnen Goethe und M. Frisch ihre Lit.satiren *Götter, Helden und Wieland* bzw. *Die chinesische Mauer* ausdrücklich als Fabeln). ↗ absurdes Theater, ↗ Groteske, ↗ Satire

Fastnachtsspiel, Typus des dt.-sprachigen weltlichen ↗ Dramas, im Unterschied zum ↗ geistlichen Spiel; im 14. Jh. zunächst derb-witzige Vorträge zur Faschingszeit, dann selbständiges Handlungsspiel, dt. Gegenstück zur frz. ↗ Farce. Lit. greifbar etwa zwischen 1430 und 1600 (bei H. Rosenplüt, H. Folz, H. Sachs, J. Ayrer u.a.); Ende des 18. Jh.s formal wieder aufgenommen (z.B. J.W. v. Goethe, *Satyros oder der vergötterte Waldteufel*; A.W. Schlegel, *Ein schön kurzweilig Fastnachtsspiel vom alten und neuen Jahrhundert*)
Lit.: D. Wuttke (Hg.): Fastnachtsspiele des 15 und 16. Jh.s., 1973.

Fazetie, f. [lat. Witz, Scherz], kurze witzige Erzählung, oft ironisch-spöttisch oder erotisch gefärbt (↗ Anekdote, ↗ Schwank), ursprünglich in lat. Prosa. V.a. im 15. Jh. in Italien beliebt (Poggio, *Liber facetiarum*), in Dtl. von H. Steinhöwel, S. Brant, H. Bebel, N. Frischlin u.a. in der Volkssprache nachgebildet.

Feministische Literaturwissenschaft, kontrovers definierte Sammelbez. für lit.wiss. Arbeiten, die eine kulturelle Verdrängung des Weiblichen voraussetzen (durch politische, ideologische, soziale, wirtschaftliche Unterdrückung der Frau) und lit. Phänomene (Schreibweisen, ↗ écriture féminine, Gattungen, Lit.theorien, lit. Weiblichkeitsentwürfe usw.) systematisch und historisch nach Geschlechterdifferenzen untersuchen bzw. eine Geschlechteremanzipation versuchen (durch Veröffentlichung z.B. bislang unveröf-

fentlichter Lit. von Frauen, durch eine neue Lit.geschichtsschreibung usw.).
Lit.: J. Osinski: Einführung in die feministische Lit.wiss., 1998. – L. Lind-
hoff: Einführung in die feministische Lit.theorie, 1995. – B. Vinken (Hg.):
Dekonstruktiver Feminismus, 1992. – K. Nölle-Fischer (Hg.): Mit ver-
schärftem Blick, 1987. – S. Weigel: Topographie der Geschlechter, 1980. –
S. Bovenschen: Die imaginierte Weiblichkeit, 1979.

Fernsehspiel, Sammelbez. für formal verschiedenartige, eigens für das Fernsehen – für den kleinen Bildschirm, nicht die große Kinoleinwand – konzi-
pierte dramatische Formen, oft mit dokumentarischem Charakter, z.B. von
S. Beckett, T. Dorst, R.W. Fassbinder, E. Ionesco, H. Kipphardt, H. Pinter,
O. Storz u.a.

Feuilleton [frz. Beiblättchen (einer Zeitung)], 1. der Kulturteil einer Zeitung; 2. der einzelne, kulturelle Fragen behandelnde Beitrag im Feuilleton
einer Zeitung; oft synonym mit ↗ Essay verwendet, mit dem es grundsätzlich die thematische Freiheit und gewisse Strukturen (z.B. die subjektive,
locker komponierte, unsystematisch-assoziative Darstellung) verbindet,
wenn meist wesentlich kürzer, skizzenhafter, weniger exklusiv in Thema
und logisch-dialektischer Durchführung, suggestiver, pointierter in der
Sprachgebung. Als Meister des Feuilletons gelten u.a. L. Börne, A. Polgar,
E. Friedell, A. Kerr, K. Tucholsky, E.E. Kisch, D. Sternberger.

Fiction [engl. Erdichtetes], in der engl./angloamerikan. Lit.wiss. Sammelbez. für fiktive Erzähllit.; nicht zu verwechseln mit ↗ Fiktion.

Figur [lat. Gestalt], 1. sprachliches Kunstmittel: ↗ rhetorische Figuren;
2. menschliche oder menschenähnliche Gestalt in lit. Texten; in der Dra-
mentheorie auch als *Figurant*, in der Erzähltheorie (↗ Erzählgrammatik) als
Aktant bezeichnet; oft in Charakter und ↗ Typus unterschieden. ↗ Protagonist

Figura etymologica [lat.], Verbindung zweier oder mehrerer Wörter des
gleichen Stamms: »einen schweren *Gang gehen*«, »*betrogene Betrüger*«. Sonderfall der ↗ Paronomasie.

Figurengedicht [nach lat. carmen figuratum], auch technopaignion (gr.
künstliche Spielerei): Gedicht, das durch seine typographische Form einen
Gegenstand (Kreuz, Kelch, Baum, Ei usw.) im Umriß nachzeichnet, auf
den es sich meist ausdrücklich oder symbolisch versteckt bezieht; beliebt
v.a. in der Antike, im MA und Barock, bekannte Bsp. von Hrabanus Mau-
rus, J.G. Schottel, G.Ph. Harsdörffer, D.G. Morhof, Chr. Morgenstern,
A. Holz, St. Mallarmé, G. Apollinaire, in ↗ konkreter Dichtung.

Fiktion [von lat. fingere = bilden, erdichten], 1. allg.: eine Annahme, für
die (im Gegensatz zur Hypothese) kein Wahrheits- oder Wahrscheinlich-
keitsbeweis im Sinne eines logischen Realitätsbezuges angetreten wird; 2. in

der Lit.wiss. zentrales Wort der ↗ Poetik, ↗ Ästhetik und Lit.theorie, gilt als spezifisches Merkmal der Lit.: die erdichtete, ›fiktive‹ Wirklichkeit, die aufgrund bestimmter Verfahren (wie ↗ Dialog, fließender Übergang von Bericht in ↗ erlebte Rede, psycholog. Motivation u.a.) als wirklich erscheint (↗ Mimesis), ohne das die lit. Texte vorgeben, daß sie Wirklichkeit sei. Oft gezielt von den Texten selbst reflektiert, um die naive Verwechslung der Fiktion mit der Wirklichkeit zu verhindern und dem Rezipienten die besondere Art und Weise zu vermitteln, in der er mit der Fiktion umgehen soll. Wichtig: der Unterschied zwischen ›fiktiv‹ und ›fingiert‹ – die Figuren eines Romans oder Dramas sind fiktiv, d.h. sie sind Teile einer als wirklich erscheinenden nichtwirklichen Welt, aber sie sind nicht fingiert, d.h. es wird nicht der Eindruck vorgetäuscht, als ob sie wirklich existierten.
Lit.: J.H. Petersen: Fiktionalität und Ästhetik, 1996. – W. Iser: Das Fiktive und das Imaginäre, 1991. – D. Henrich/W. Iser (Hg.): Funktionen des Fiktiven, 1983.

Fin de siècle [frz. Ende des Jh.s], Bez. für die Kunst und Lit. zwischen etwa 1890 und 1906 (↗ décadence); nach einem Lustspieltitel von F. de Jouvenot und H. Micard (1888).

Floskel [lat. Blümchen], in der antiken Rhetorik (Cicero, Seneca) zunächst Redezier (›Redeblume‹), Denkspruch, Sentenz; heute abwertend gebraucht für eine formelhafte Redewendung ohne Aussagequalität, z.B. ›wie ich bereits schon mehrfach ausgeführt habe‹.

Flugblatt, ein- oder zweiseit. bedrucktes, meist illustriertes Blatt, aus aktuellem Anlaß hergestellt und vertrieben; enthält meist Sensationsmeldungen, Wallfahrtsgebete, Kalender, zeitgeschichtliche Volkslieder (Zeitungslieder), politische Aufrufe, satirische Betrachtungen usw.; zentral bei der Erforschung der frühen Neuzeit (wie die ↗ Flugschrift).

Flugschrift, kürzere, ungebundene, nur geheftete, unter Umgehung von Verlag, Buchhandlung und Zensur vertriebene Schrift (z.B. Gedicht, fiktives Interview, Manifest, Artikel usw.), v.a. aus Zeiten politisch-militärischer Auseinandersetzungen (Reformation, Bauernkrieg, Dreißigjähriger und Siebenjähriger Krieg, Amerikan. und Frz. Revolution, Befreiungskriege, Revolution von 1848, Pariser Mairevolte 1968), z.B. von M. Luther, U. v. Hutten, Th. Müntzer, G. Büchner (*Der Hessische Landbote*, 1834), den Geschwistern Scholl u.a.

Fokalisierung, von G. Genette (*Discours du récit. Figures III, 1972*) geprägter Begriff der ↗ Erzähltheorie, um den vielfältigen Wechsel der ↗ Perspektiven und deren verschieden ausgeprägte Anbindung an die einer Erzählung immanente Erzählerstimme genauer bestimmen zu können; geht vom jeweiligen Wahrnehmungszentrum eines Geschehens aus, wird unterschieden in a) *Nullfokalisierung* (der Erzähler weiß mehr, als die Figur wissen kann, allwissender Erzähler), b) *interne Fokalisierung* (der Leser erhält eine Information aus der Sicht einer Person), c) *variable Fokalisierung* (das Geschehen wird abwechselnd aus verschiedenen Blickwinkeln wahrgenommen), d) *multiple Fokalisierung* (ein einzelnes Ereignis wird aus dem Blickwinkel verschiedener Personen gesehen), e) *externe Fokalisierung* (der Erzähler weiß weniger als die Figuren). ↗ Erzählsituation

Formalismus, um 1915 entstandene Richtung der russ. Lit.wiss., grundlegend für die Ausbildung der modernen Lit.wiss. (↗ Strukturalismus, ↗ Poststrukturalismus); entwickelt Methoden der exakten Beschreibung und Analyse, indem sie das lit. Kunstwerk als autonome ästhetische Einheit begreift und jedes seiner Elemente in der Relation zu den anderen bestimmt; analysiert vor allem die spezifische Formgebung der Kunstwerke (z.B. Realisation der ↗ Verse, der Erzählweise, Funktion des ↗ Stils, Herstellen von ↗ Äquivalenz und ↗ Ambiguität u.a.), in der sie das genuine Merkmal poetischer Texte, deren Literarizität, sieht. Prägt das lit.wiss. Vokabular nachhaltig (z.B. ↗ Sujet, ↗ skaz, ›priem‹ oder ›prijom‹ = das *lit. Verfahren*, ›lit. Faktum‹ = außerlit. Textsorten wie ↗ Brief, Reportage oder ↗ Tagebuch, die literarisiert werden können); lehnt in seiner radikalen Ausprägung biographische, psychologische, soziologische usw. Erklärungen ab und definiert lit. Phänomene allein durch ihre Funktion für das einzelne Werk, die die praktischen Funktionen der Sprache (Informationsübermittlung, Gefühlsausdruck usw.) außer Kraft setzt (pointiert: Der Tod des Helden ist in einer Tragödie notwendig, damit es eine Tragödie ist, und in Goethes Gedicht ist über allen Gipfeln *Ruh*, damit sie sich auf das *du* der 4. Zeile reimt; ↗ mythisches Analogon). Bedeutende Vertreter: V. Šklovskij, J. Tynjanov, V. Propp, B. Ėjchenbaum. Wechselwirkung mit dem lit. ↗ Futurismus.
Lit.: A. Hansen-Löve: Der russische Formalismus, 1996. – V. Erlich: Russischer Formalismus, 1987. – W. Stempel/J. Striedter (Hg.): Texte der russischen Formalisten, 2 Bde, 1969.

Formel [lat. kleine Form, Gestalt, Norm, Maßstab], 1. Sprachformel: im Wortlaut mehr oder weniger fixierte, vorgeprägte, allgemeinverständliche Redewendung für einen best. Begriff oder Gedanken, z.B. »Tag und Nacht« für ›immer‹; anders als das ↗ Sprichwort meist keine selbständige, in sich geschlossene Aussage; besonders verbreitet in archaischen Sprachstufen, im Rechts- und Kultbereich (Segens-, Zauber-, Eidf.), in der Volksdichtung (*Es war einmal*), in Modesprachen (*echt geil*); häufig als Zwillings- und Reimformel (*Gold und Silber, Mann und Maus, Haus und Hof, Sack und Pack*); ↗ epitheton ornans, ↗ Floskel, ↗ Topos; 2. Bildformel, auch *Pathosformel* (A. Warburg, *Mnemosyne-Atlas*, postum 1993; ↗ Ikonologie): bildlich fixierte, vorgeprägte Bewegungsmotive, die – durch traditionelle Verwendung, vielleicht auch durch unbewußte, anthropologisch konstante Zuweisungen – eine best. Bedeutung haben, z.B. das bewegte Gewand weiblicher Figuren als Ausdruck für deren – ins Bild gebannte – erotische Raserei, das Reichen der Hände als Symbol für das Schließen eines ewigen Bundes; auch allg. alle im ↗ kulturellen Gedächtnis verankerten Wiedergebrauchs-Bilder, -Texte und -Rituale.

Fragment [lat. Bruchstück], 1. unvollständig überliefertes Werk, z.B. die *Poetik* des Aristoteles, das *Hildebrandslied*; 2. unvollendet gebliebenes Werk (durch Tod des Autors, Scheitern an der formalen oder gedanklichen Problematik o.ä.; z.B. Wolframs v. Eschenbach *Willehalm*, Goethes *Natürliche Tochter*, Kafkas sämtliche Romane); 3. bewußt gewählte lit. Form, die ihre Wirkung aus der vorgeblichen Unabgeschlossenheit oder Unfertigkeit gewinnt, z.B. Herders *Fragmente über die neuere dt. Lit.*, Lavaters *Physiognomische Fragmente*, Coleridges *Kubla Khan*, Fr. Schlegels *Lucinde*, Novalis' *Heinrich von Ofterdingen* u.a.

Freie Bühne, von M. Harden, Th. Wolff, den Brüdern Hart u.a. 1889 in Berlin gegründeter Theaterverein, der in geschlossenen Vorstellungen v.a. (meist durch Zensur verbotene) naturalistische Dramen aufführte (Ibsen, Hauptmann, Holz/Schlaf, Strindberg u.a.; ↗ Naturalismus); von großem Einfluß auf die Theaterlandschaft (neuer Bühnenstil: natürliche Schlichtheit, Betonung von Mimik und Gestik als Darstellungsmittel seelischer Zustände; Gründung weiterer Theatervereine u.a. in Berlin, München, London, Wien, Kopenhagen, Moskau).

Freie Rhythmen, metrisch ungebundene, reimlose ↗ Verse von beliebiger Zeilenlänge; häufig sinngemäß in verschieden lange Versgruppen gegliedert und von der ↗ Prosa auf den ersten Blick nur durch den typographischen Einzug (Gliederung in Verszeilen) unterschieden. Lassen einem Dichter deswegen allerdings nicht mehr Freiheiten, nur andere, sind sogar schwieriger als strenge Vers- und Strophenformen, weil ihnen durch andere Mittel als Metrum und Reim ein gehobener (Sprech-)Ton, eine Bedeutsamkeit verliehen werden muß, die sie von der alltäglichen Sprache und dem alltäglichen Sprechen unterscheidet, z.B. durch eine bewußte, sparsame Wortwahl, durch den Einsatz betonungsstarker Wörter, erlesener ↗ Neologismen und ↗ Archaismen, durch die Wiederkehr best. rhythmischer und syntaktischer Formeln (relativ gleichmäßige Wiederkehr der Hebungen, Zeilenwiederholung, ↗ Parallelismus, ↗ Chiasmus, ↗ Antithese, ↗ Inversion usw.), durch Klangwiederholungen (bes. Alliterationen), durch das gezielte Verwischen und dadurch Betonen der Zeilengrenze (↗ Enjambement), durch eine oft unklare Syntax und Semantik, durch Pathos einfordernde Sprechsituationen und Motive (Anrede an einen Gott z.B. oder, als Negation der Erwartung, die Benennung des vollkommen Banalen, das allein durch die typographische Auszeichnung an Wichtigkeit gewinnt). Als Nachahmung antiker und hebräischer Dichtung (bes. von Psalm und ↗ Dithyrambus) erstmals bei Fr.G. Klopstock (*Frühlingsfeier*, 1759) verwendet, weitere Bsp.: J.W. v. Goethe, *Wanderers Sturmlied*, *Ganymed*, *Prometheus*, Novalis, *Hymnen an die Nacht*, H. Heine, *Nordseebilder*, u.a.

Freie Verse, frz. ↗ vers libres: gereimte, metrisch gebaute (meist jambische und trochäische) Verse verschiedener Länge, gereiht in beliebiger Mischung, freier Reimordnung, mit oder ohne strophische Gliederung. Häufig im ↗ Madrigal, in Oper, ↗ Singspiel, Kantate, ↗ Komödie, ↗ Fabeldichtung

(La Fontaine, Chr.F. Gellert), ↗ Lehrgedicht (B.H. Brockes, A. v. Haller), ↗ Verserzählung (Chr. M. Wieland); in der Moderne (A. Rimbaud, E. Stadler, Fr. Werfel) nur noch durch den Reim von den ↗ freien Rhythmen unterschieden.

Frequenz ↗ Anachronie

Fürstenspiegel, Darstellung des historischen oder fiktiven Idealbildes eines Herrschers, seiner Pflichten und Aufgaben, von ethisch-moralischen Prinzipien der Staatslenkung bis hin zu politisch-sozialen, oft sogar privaten Verhaltensregeln, z.T. in utopisch-kritischer, z.T. in praktisch-didaktischer Absicht (als Erziehungslehre für Prinzen); meist in Form eines Traktats, aber auch in Versform. Bsp.: Th. v. Aquin, *De regimine principum*, N. Machiavelli, *Il principe*.

Futurismus, Strömung der modernen Kunst und Lit. zu Beginn des 20. Jh.s; 1908 in Italien von F.T. Marinetti programmatisch begründet (Futuristisches Manifest), proklamiert die Zerstörung des Alten, will eine Kunst des modernen Lebens sein und die Welt der Technik spiegeln als eine »allgegenwärtige Geschwindigkeit, die die Kategorien Zeit und Raum aufhebt«, indem sie neue Darstellungsformen zu schaffen und die Sprache von ihren traditionellen Funktion zu befreien versucht. In Italien v.a. von Marinetti vertreten, in Rußland von W. Chlebnikow und W. Majakowski (↗ Formalismus).
Lit.: U. Apollonio (Hg.): Der Futurismus, 1972. – H. Schmidt-Bergmann (Hg.): Futurismus. Geschichte, Ästhetik, Dokumente, 1993.

Galante Dichtung [im 17. Jh. zu frz. galant = modisch fein gekleidet, höfisch],1. Sammelbez. für lit. Werke mit erotisch-spielerischer Thematik; 2. pointiert-geistreiche Gesellschaftsdichtung der Übergangszeit vom Spätbarock zu ⁊ Aufklärung und ⁊ Rokoko (ca. 1680-1720), charakterist.: die erotische Thematik, der heiter-ironische Ton, der mittlere Stil (⁊ genera dicendi) und die Vorliebe für poet. Kleinformen (⁊ Sonett, ⁊ Ode, ⁊ Lied, ⁊ Madrigal, ⁊ Brief, ⁊ Versepistel u.ä., daneben: Rückgriff auf den ⁊ heroisch-galanten Roman, Umwandlung zum Gesellschaftsroman). Bsp. von Chr. Hofmann v. Hofmannswaldau, B. Neukirch, C.F. Hunold (gen. Menantes, *Die allerneueste Art, höflich und galant zu schreiben*, 1702), A. Bohse (gen. Talander), J.C. Günther, J.G. Schnabel u.a. In der Lyrik Vorbereitung von ⁊ Anakreontik und Erlebnislyrik (⁊ Erlebnisdichtung).

Gattungen, sowohl eine der drei großen Grundhaltungen lit. Darstellung (⁊ Lyrik, ⁊ Epik, ⁊ Dramatik, als *Gattungstrias* erst seit dem 18. Jh. ausgebildet) als auch eine ihrer Unterklassen, z.B. ⁊ Novelle, ⁊ Märchen, ⁊ Fabel, ⁊ Epos, ⁊ Roman usw. als Gattungen der Epik, ⁊ Tragödie und ⁊ Komödie als Gattungen der Dramatik oder ⁊ Brief, ⁊ Predigt, ⁊ Tagebuch, Reportage, ⁊ Essay usw. als ursprünglich außerlit., erst spät literarisierte Gattungen. Wichtiger Ordnungsfaktor, der dabei hilft, lit. Texte zu klassifizieren, zu beschreiben, in ihrer historischen wie individuellen Besonderheit zu begreifen und ihre Vorläufer zu erkennen; spielt in der ⁊ Poetik, ⁊ Ästhetik, ⁊ Lit.theorie und Lit.geschichte eine große Rolle, da er die Produktion wie Rezeption von Lit. entscheidend mitbestimmt, im Grunde das Erscheinen und die Wahrnehmung eines lit. Textes erst ermöglicht: Eine Gattung ist das jedem Text ›vorschwebende Gestaltschema‹ (E.R. Curtius), sein lit. Modell, das Muster, in dessen Angesicht der Autor schreibt und vor dessen Hintergrund der Leser liest (⁊ Erwartungshorizont); das, was da ist, bevor das einzelne Werk entsteht: ein durch vor-, außer- und innerlit. Traditionen geprägter Fundus mit best., immer schon mit Bedeutung versehenen *Formen* (z.B. Vers- und Strophenformen, Umfang: Länge oder Kürze, rhetorische ⁊ Figuren, ⁊ genera dicendi, epische und dramatische Verfahren wie dem für den ⁊ Detektivroman typischen, rückwärtsgewendeten Aufbau oder der für die klassische Tragödie verbindlichen Gliederung in 5 ⁊ Akte), *Sprechgebärden* (der jeweilige *Habitus*, der suggerierte Verhaltensstil eines ⁊ Erzählers oder ⁊ lyrischen Ichs, einer dramatischen Person: Befehl, Bitte, Frage, Aussage, Selbstgespräch usw.), *Typen, Motiven, Stoffen, Darbietungsformen* (Gesang, Vortrag, Bühne, Film usw.), aus dem jeder Text mehr oder weniger schöpfen, den er anreichern, umprägen, nach einer hist. Veränderung auch wiederbeleben kann; ein System für sich, das einen für die Gattung typischen Weltausschnitt zeigt, auf eine ganz distinkte, bedeutsame Weise formale und inhaltl. Elemente verbindet: Jedem möglichen Element ist von vornherein ein bestimmter Platz in der spezifischen Struktur einer Gattung zugeordnet, sie verleiht ihm ›Sinn‹, färbt es ein mit ihrer Welt; manche Elemente sind ihr fremd, manche fügen sich ihr unauffällig ein; was fehlt bzw. unerwartet anwesend ist, gewinnt vor ihrem Hintergrund eine besonders Bedeutung – im Detektivroman z.B. ist das Motiv des

Mords notwendig, im Kinderlied hingegen ein makabrer Verstoß gegen die Regeln der Gattung. Philosophisch-anthropologische Erklärungen der Gattung, v.a. von G.W. Hegel und E. Staiger versuchen, sind problematisch, Grenzfälle und Mischungen häufig (z.B. in der ↗ Ballade, der ↗ Verserzählung oder der Prosa der Moderne; diese Mischformen werden auch als *hybrid genres* bez.), Trennungen zwischen *Formen, Typen* und *Gattungen* sind oft unsauber gehandhabt (das ↗ Sonett z.B. ist eine best. Vers- und Strophenform der ↗ Lyrik und der petrarkistischen Liebesdichtung, das ↗ bürgerliche Trauerspiel ein Typus der Tragödie, der Bildungsroman ein Typus des Romans – und doch ist jede dieser Formen wiederum mit einem ganz eigenen Ton, eigenen Sprechgebärden, rhetor. Mitteln, Weltausschnitten usw. verbunden, ist so gesehen eine Gattung für sich). ↗ Textsorten, ↗ Genre, ↗ einfache Formen

Lit.: K. Müller-Dyes: Gattungsfragen, in H.L. Arnold/H. Detering (Hg.): Grundzüge der Lit.wiss., 1996. – U. Suerbaum: Text, Gattung, Intertextualität, in B. Fabian (Hg.): Ein anglistischer Grundkurs, 1993. – G. Genette: Einführung in den Architext, 1990. – Ders./T. Todorov (Hg.): Théorie des genres, 1986. – M. Zimmermann: Einf. in die lit. Gattungen, [2]1989. – M. Bachtin: Speech Genres and Other Late Essays, 1986.

Geblümter Stil [zu mhd. blüemen = mit Blumen schmücken, unter Einfluß von lat. flosculus = Blümchen, übertragen: Floskel], absichtl. den Sinn verrätselnde, auf Mehrdeutigkeiten zielende Stilart in mhd. Texten des 13. und 14. Jh.s, besonders bei Wolfram v. Eschenbach und in der religiösen Marienlyrik, fällt durch gehäufte Wort- und Klangspiele, gesuchte Wortwahl, schwierige Syntax (Wortumstellung, ↗ Katachrese) u.ä. auf. Dem *ornatus difficilis* der lat. ↗ Rhetorik und dem *trobar clus* der ↗ Trobadorlyrik vergleichbar.

Gebrauchsliteratur, ungenaue Sammelbez. für Lit., die an einen best. Zweck gebunden ist, z.B. Andachtsbücher, Kirchenlieder, ↗ Kalendergeschichten, Reklametexte, Albumverse, ↗ Gelegenheitsdichtung, ↗ littérature engagée.

Gebrochener Reim, Reim, bei dem der erste Teil eines Kompositums das Reimwort ist: »Hans Sachs ist ein *Schuh-/* macher und Poet da*zu*«. ↗ Enjambement

Gebundene Rede, die im Unterschied zur ungebundenen ↗ Prosa bewußt metrisch, rhythmisch oder auch typographisch gestaltete Sprache, z.B. jeder Verstext, ↗ freie Rhythmen, auch die ↗ rhythmische Prosa (↗ Kunstprosa, ↗ cursus).

Gedicht, heute v.a. Bez. für Werke der ↗ Lyrik; ursprünglich jedoch alles schriftlich Abgefaßte (vgl. ahd. dihton, tihton = schreiben), im 18. Jh. noch jedes poet. Werk allg. (so nennt Lessing seinen *Nathan* z.B. ein ›dramatisches Gedicht‹).

Geflügelte Worte [wörtl. Übers. der 104mal in den homerischen Epen wiederkehrenden Formel *epea pteroenta* = »vom Mund des Redners zum Ohr
des Angeredeten fliegende Worte«], prägnante, vielseitig verwendbare ↗ Zitate berühmter Dichter, Philosophen, Politiker u.a., die, aus ihrem Zusammenhang gelöst, als Bildungsnachweis, Anrufung einer historischen Autori-
tät oder wegen ihrer rhetorischen Wirksamkeit in Reden und Gespräche
eingebracht werden; vgl. G.W. Büchmanns Sammlung. *Der Citatenschatz
des deutschen Volkes* (1. Aufl. 1864).

Geistliches Spiel, geistliches Drama des MA, z.B. Oster-, Weihnachts-,
↗ Passions-, Weltgerichts-, Mysterienspiel, das span. *Auto sacramental*
(Fronleichnamsspiel), die engl. *Moralität* (in deren Mittelpunkt das Rin-
gen der guten und bösen Mächte – Tugenden und Laster, Engel und Teufel – um die Seele des Menschen steht, ↗ Nachspiel). Als Teil der christl.
Messe (↗ Tropus) aus der zunächst dialogischen, dann auch szenischen
Darstellung der Heilsgeschichte entstanden, im 14. Jh. aus der Kirche auf
öffentliche Plätze verlegt (↗ Simultanbühne), nun meist in der Volkssprache, nicht mehr in Latein, vom städtischen Bürgertum, nicht mehr dem
Klerus getragen. Zeichnet sich durch realistische, oft drastische Spielweise
aus; erstreckt sich im 15./16. Jh. z.T. über mehrere Tage, Massenszenen
wechseln mit Soloszenen, die Gemeinde der Gläubigen ist durch Chorgesang und Gebet, miteinbezogen. Als Kunstform im 20. Jh. erneuert (H. v.
Hofmannsthal, *Jedermann*, 1911, C. Orff, *Comoedia de Fine Tempore*,
1973, u.a.).
Lit.: R. Schmid: Raum, Zeit und Publikum des geistlichen Spiels, 1975. –
R. Warning: Funktion und Struktur des geistlichen Spiels, 1974.

Geistesgeschichtliche Literaturwissenschaft, Untersuchung und Darstel-
lung geschichtlicher, besonders kulturgeschichtlicher Phänomene, legt den
Schwerpunkt auf die ›geistigen Kräfte‹ (Ideen) einer Zeitströmung, ↗ Epoche oder Nation, versteht lit. Werke als Manifestationen einer einheitlichen
Grundhaltung, als Dokumentationen des ›Zeitgeists‹. Dominant in der dt.
↗ Germanistik zwischen den beiden Weltkriegen (neben dem ↗ Positivismus), vertreten von H. Unger (*Hamann und die dt. Aufklärung*, 1911), Fr.
Gundolf (*Shakespeare und der dt. Geist*, 1911), M. Kommerell (*Der Dichter
als Führer in der dt. Klassik*, 1928), H.A. Korff (*Geist der Goethezeit*, 1923-
53), P. Kluckhohn, W. Rehm, Fr. Strich u.a; systematisch schon bei W. Dilthey (*Einleitung in die Geisteswissenschaften*, 1883, *Das Erlebnis und die
Dichtung*, 1905); abgelöst von der ↗ werkimmanenten Interpretation.

Gelegenheitsdichtung, Sammelbez. für lit. Werke, die zu bestimmten öf-
fentlichen oder privaten Anlässen (Beerdigung, Feier, Unterhaltung, Huldi-
gung usw.) verfaßt werden, oft als Auftragsarbeit; heute Teil der ↗ Ge-
brauchslit, in ↗ Renaissance und ↗ Barock Teil der ›hohen‹ Dichtung und
Ort kunstvoll rhetorischer Ausschmückung (↗ epideixis), z.B. durch R.G.
Weckherlin, P. Fleming, J.C. Günther.

Gemination [lat.], unmittelbare Wiederholung von Wort (*iteratio*, *duplicatio*) oder Wortgruppe (*repetitio*), z.B. »*Rückwärts, rückwärts*, Don Rodrigo« (Herder), »*Mein Vater, mein Vater*, jetzt faßt er mich an« (Goethe). ↗ Epanalepse

Gender Studies [engl.], v.a. in den 80er Jahren des 20. Jh.s etablierte Richtung der Kultur- und Lit.wiss., untersucht das sich in den verschiedenen Bereichen einer Kultur manifestierende hierarchische Verhältnis der Geschlechter, ihrer Differenz, Funktion und Identität (↗ feministische Lit.wiss.), versteht ›Geschlecht‹ als historisch wandelbares, gesellschaftlich-kulturelles Phänomen: eine best. Repräsentation und Interpretation des Körpers, im Unterschied zum biologischen *sexus*, ein Entwurf von Weiblichkeit und Männlichkeit, wie er z.B. in der Lit. und ihrer Lektüre errichtet, stabilisiert und revidiert wird. Beziehungen zu ↗ Poststrukturalismus, ↗ Diskursanalyse, ↗ New Historicism u.a.
Lit.: C. Kaplan/D. Glover (Hg.): Gender Studies, 1998.

Genera dicendi, n. Pl. [lat.], die vorgeprägten Arten des schriftlichen und mündlichen Ausdrucks, des ↗ Stils, besonders die in der antiken ↗ Rhetorik unterschiedenen 3 Stilhöhen, denen – historisch unterschiedlich – best. Zwecke, Inhalte, ↗ Gattungen und Stilmittel (↗ ornatus, ↗ rhetor. Figuren, ↗ Tropen) zugeordnet werden: So dient etwa bei Cicero das schmucklose *genus humile* (niederer Stil) v.a. der sachlichen Belehrung (docere), das *genus mediocre* (mittlerer Stil) der Unterhaltung (delectare), das *genus grande* (genus difficilis, hoher Stil) der emotionellen Rührung (movere). Im MA ordnet die *Rota Vergiliana* (Rad des Vergil) die 3 genera dicendi den 3 Hauptwerken Vergils zu: Jeder Stilhöhe entspricht ein best. sozialer Stand der Personen, best. Tätigkeiten, Requisiten, Lokalitäten, Tiere, Bäume usw. (genus grande: *Aeneis* – Adel, Krieg, Herrschen, Schwert, Burg, Roß, Lorbeer; genus mediocre: *Georgica* – Bauer, Ackerbau, Pflug, Rind, Obstbaum; genus humile: *Bucolica* – Schäfer, Nichtstun, Hirtenstab, Weide, Schaf, Feigenbaum usw.). Die ↗ Poetiken des 16. und 17. Jh.s ordnen die verschiedenen dramatischen, epischen und lyrischen Gattungen nach den genera dicendi (so entspricht z.B. dem genus grande die ↗ Tragödie, mit ↗ Alexandriner, fürstlichem Stand der Personen usw., die ↗ Komödie dem genus humile, mit volkssprachl., schlichter ↗ Prosa, unterer Gesellschaftsschicht, das bürgerliche Drama dem genus mediocre, mit einer weltläufig-eleganten Prosa; ↗ Barock).

Generative Transformationsgrammatik, in der Linguistik: v.a. von N. Chomsky ausgebildete Grammatiktheorie, die eine formalisierte Beschreibung von Sprache versucht; geht davon aus, daß die sprachl. realisierte *Oberflächenstruktur* (die material gegebenen Sätze z.B. der alltägl. Rede, eines lit. Textes) durch geregelte *Transformationen* (lat. Umwandlungen) aus einer wiss. rekonstruierbaren *Tiefenstruktur* erzeugt werden. In der Lit.wiss. v.a. wichtig geworden für die Erzählforschung (↗ Strukturalismus, ↗ Erzählgrammatik) und Gattungstheorie (↗ Gattung). ↗ Phrase

Geniezeit [zu lat. genius = Geist, Schutzgeist oder ingenium = Natur, Begabung], Bez. für die von Engl. und Frkr. ausgehende, in Dtl. durch den ↗ Pietismus vorbereitete geistesgeschichtl. und lit. Bewegung in der 2. H. des 18. Jh.s (↗ Sturm und Drang), die die Vorstellung, der Künstler sei ein an keine Standesgrenzen gebundenes Genie, das als zweiter Gott nach seinen eigenen Regeln schöpft anstatt nur geschickt, kraft seines Verstandes (↗ Witz), die Regeln der ↗ Poetik zu erfüllen, konsequent ausbaut. In der Philosophie und ↗ Ästhetik v.a. von J.G. Hamann, A.G. Baumgarten, J.G. Sulzer, Chr.F. Gellert, J.J. Bodmer, J.G. Herder vertreten.

Genotext und Phänotext [zu gr. genesis = Entstehung, gr. phainein = erscheinen, sichtbar machen], von J. Kristeva (*La révolution du langage poétique*, 1974, dt. 1978) geprägtes Begriffspaar: der unbegrenzte Prozeß der Hervorbringung von Texten, der Schreibprozeß, der Akt des Symbolisierens, das dem Körper zugeordnete Feld von »Triebenergien« im Gegensatz zum abgeschlossenen, sprachlich fest strukturierten Produkt.

Genre [frz], Bez. für: 1. Unter- ↗ Gattungen (z.B. Novelle und Roman als Genres der Epik), 2. mit best. Stoffbereichen verknüpfte narrative Schemata, z.B. Western, Thriller, screwball comedy.

Georgekreis, Kreis von Dichtern, Künstlern und Wissenschaftlern, die sich nach 1890 um den Dichter St. George sammeln (z.B. K. Wolfskehl, E. Kantorowicz, Fr. Gundolf, Fr. Wolters, E. Bertram, M. Kommerell, N. v. Hellingrath); zeichnet sich durch betont elitär-asketische, ästhet., ›vergeistigte‹ Lebens- und Schreibweisen aus, pflegt gleichsam kultisch-relig. Umgangsformen (der Kreis als Georges Jüngerschaft, George als sein Erzieher, Führer, ›Meister‹).

Germanistik [zu ›Germanist‹, ursprünglich Bez. für einen Juristen, der das dt.-german. Recht erforscht], im späten 19. Jh. aufgekommene Bez. für die seit der 1. H. des Jh.s als Universitätsdisziplin institutionalisierte Wissenschaft von der geschichtl. Entwicklung der dt. Lit. und Sprache; auch als dt. Philologie, gelegentlich auch als german. Philologie (erweitert auf alle german. Sprache, inklusive Skandinavistik und Niederlandistik) bezeichnet. Unterteilt in Alt-Germanistik/germanist. Mediävistik (erforscht Sprache und Lit. der Frühzeit und des MA), neuere dt. Lit.wiss. (zuständig für die Lit. der Neuzeit) und germanist. Linguistik (zuständig für die dt. Sprache). Lit.: W. Barner/C. König (Hg.): Zeiten Wechsel, 1996. – J. Fohrmann/ W. Voßkamp (Hg.): Wissenschaftsgeschichte der dt. Germanistik im 19. Jh., 1994. – J. Hermand: Geschichte der Germanistik, 1994. – K. Weimar: Geschichte der dt. Lit.wiss. bis zum Ende des 19. Jh.s, 1989. – K.L.Berghahn/B. Pinkerneil: Am Beispiel Wilhelm Meister, 1981.

Gesamtkunstwerk, von R. Wagner (*Das Kunstwerk der Zukunft*, 1850) geprägter Begriff: die Wiedervereinigung der seit der gr. ↗ Tragödie getrennten Einzelkünste Dichtung, Musik, Tanz und bildender Kunst zu einem einheitlichen Kunstwerk; u.a. von M. Reinhardt und E. Piscator im Theater, vom Bauhaus in der Architektur zu realisieren versucht.

Geschlossene Form [nach H. Wölfflins *Kunstgeschichtlichen Grundbegriffen*, 1915], Bez. für Kunstwerke von streng gesetzmäßigem, oft symmetrischem Bau, mit überschaubarer Anordnung aller Elemente um eine Leitlinie, konsequenter Funktionalität aller Teile; oft verbunden mit einer gehobenen, meist typisierenden Sprache, einheitlicher Thematik, wenigen Hauptgestalten, übersichtlicher, stets in sich geschlossener Handlung (in Drama, Epik), wenigen Hauptmotiven, normgerechter Anfüllung der Vers- und Strophenformen (in der Lyrik). Kennzeichnend v.a. für ↗ Novelle, ↗ Sonett, ↗ Rondeau, ↗ Ghasel, für klassische oder klassizistische Kunstwerke allg. (z.B. die klassische ↗ Tragödie, die frz. ↗ haute tragédie). Ggs. zur ↗ offenen Form. Lit.: V. Klotz: Geschlossene und offene Form im Drama, [11]1995. – U. Eco: Das offene Kunstwerk, 1973.

Gesetz, auch Gesätz, Gesatz: seit der Renaissance (als Übersetzung von gr. nomos = Gesetz, Melodie, Lied) gebräuchl. Bez. für: 1. Lied, 2. Lied- oder Gedichtstrophe, besonders das *Gesätz* im ↗ Meistersang, 3. ↗ Aufgesang der ↗ Meistersangstrophe.

Gesprächsspiel, im ↗ Barock beliebte Form des lit. ↗ Dialogs, mit belehrend-unterhaltenden Themen, oft im zwanglosen Konversationston, nach dem Vorbild von B. Castigliones *Cortegiano* (1528), z.B. G.Ph. Harsdörffers *Frauenzimmer-Gesprächspiele* (1641-49), J.Chr. Gottscheds *Vernünftige Tadlerinnen* (1725f.).

Gesta, Pl. [von lat. res gestae = (Kriegs-)Taten], Sonderform ma. Geschichtsschreibung in lat. Sprache; beschreibt Leben und Handlungen bedeut. Personen, Gruppen, Völker – anders als ↗ Annalen und ↗ Chronik – in reich ausgeschmücktem Erzählstil, oft metrisch gebunden, mit ↗ Anekdoten, moralisierenden Verallgemeinerungen u.ä. angereichert, Bekanntestes Bsp.: die im MA weit verbreiteten *Gesta Romanorum*, eine Sammlung historischer Geschichten, Sagen, Legenden, Märchen mit didaktisch-moralischem Anspruch, aus der u.a. G. Boccaccio (↗ Novelle), G. Chaucer, H. Sachs, Fr. Schiller (*Die Bürgschaft*) Stoffe entlehnten. ↗ chanson de geste

Ghasel, n. oder f. [arab. Gespinst], ursprünglich arab., dann im ganzen islam. Raum verbreitete Gedichtform, mit einer nicht festgelegten Anzahl von Verspaaren (beit = Haus), deren erstes (›Königsbeit‹) sich reimt und allen folgenden geraden Zeilen den Reim vorgibt, während die ungeraden reimlos bleiben: aa xa xa za usw. Höhepunkt bei dem pers. Dichter Hafis (14. Jh.), dt. Nachbildungen von Fr. Schlegel, Fr. Rückert, A. v. Platen u.a.; in Goethes *Westöstlichem Divan* (1819) frei gehandhabt.

Gleichnis, bezieht eine Vorstellung, einen Vorgang oder Zustand durch einen Vergleichspartikel (*so ... wie*) ausdrücklich auf einen Sachverhalt aus einem anderen, meist sinnlich-konkreten Bereich, wobei sich die beiden Bereiche v.a. im wesentlichen Vergleichsmoment, dem *tertium comparationis*, decken, aber nicht wie bei der ↗ Allegorie auch in den Einzelzügen. Vom bloßen ↗ Vergleich durch breitere Ausgestaltung und eine gewisse Selbständigkeit des Bildbereichs unterschieden, von der ↗ Parabel durch den ausdrücklichen Bezug zwischen Bild und Sache. Häufig in der Bibel und im homerischen ↗ Epos: »Also durchherrschte er ordnend das Heer, und zurück zur Versammlung / Stürzten von neuem die Völker, hinweg von den Schiffen und Zelten, / Tosend: gleichwie die Woge des stürmisch brandenden Meeres gegen das / Felsengestade brüllt, und es dröhnen die Fluten« (*Ilias*).

Glosse [gr. Zunge, Sprache], 1. fremdes oder ungebräuchl. Wort, dann dessen Übersetzung oder Erklärung selbst; oft zwischen den Zeilen (*Interlinear*-Glosse) oder am Rand (*Marginal*-Glosse) hingeschrieben oder in einem *Glossar*, einem erklärenden Verzeichnis der schwer verständlichen Wörter, versammelt (volkssprachl. Glossen wie das um 770 entstandene *Abrogans* aus Freising gehören zu den ältesten Schriftzeugnissen des Dt.); 2. Randbemerkung: knapper, meist polemisch-feuilletonistischer Kommentar zu aktuellen politischen oder kulturellen Ereignissen in Presse, Rundfunk, Fernsehen; 3. (auch *Glosa*) aus Spanien stammende Gedichtform: Das in einem Motto (meist mehrere Verse aus einem bekannten Gedicht) vorgegebene Thema wird variiert, indem jeder Vers des Mottos in einer eigenen, aus ↗ Dezimem bestehenden Strophe als Schlußvers wieder aufgegriffen wird. Dt. Nachbildungen durch A.W. Schlegel, L. Tieck, J. v. Eichendorff u.a.

Gnome [gr. Spruch, Gedanke, Meinung], Denkspruch in Vers oder Prosa, oft ↗ Maxime oder ↗ Sentenz; ursprünglich mündl., dann v.a. in Antike und Orient in schriftlichen Sammlungen, z.B. der Gnomologie des Theognis v. Megara (6. Jh. v.Chr.), spätere Bsp: Freidanks *Bescheidenheit* (13. Jh.), Fr. Rückerts *Weisheit des Brahmanen* (1836-39).

Gothic novel, engl. Bez. für den in der 2. H. des 18. Jh.s in Engl. als eigenständige Gattung hervorgetretenen Schauerroman; typisch v.a.: bizarre Landschaften, eine ma. Kulisse (Ruinen, Klöster, Verliese, Gewölbe, Grüfte usw.), unerklärliche Verbrechen, tyrannische Männer- und ätherische Frauenfiguren, Begegnungen mit unheimlichen oder übernatürlichen Gestalten und Erscheinungen (schwarzen Messen, bedrohlichen Naturerscheinungen, mysteriösen Fremden, Doppelgängern, Scheintoten u.ä.), Nacht-, Verfolgungs- und Beschwörungsszenen, eine kunstvoll verzögerte Handlungsführung mit Spannungs- und Überraschungseffekten. Entwirft eine Welt, die sich dem Zugriff kausaler Erklärungen entzieht oder aber am Ende als Mystifikation enthüllt und erklärt werden kann (hierin in der Tradition der ↗ Aufklärung und wichtiger Vorläufer des ↗ Detektivromans). Zählt neben Räuber- und Familien(schicksals)roman zu den Hauptgattungen der ↗ Triviallit. (↗ Kolportageroman), oft aber auch Experimentierfeld künstler. Ausdrucksmöglichkeiten und von nachhaltigem Einfluß auf die europ. Erzählkunst (z.B. auf E.T.A. Hoffmann, L. Tieck, E.A. Poe, Marquis de Sade, W. Scott, Ch. Dickens, V. Hugo, H. de Balzac, F.M. Dostojewskij, W. Faulkner u.a.). Als Begründer der Gattung gilt H. Walpoles *The Castle of Otranto* (1764); weitere Bsp. von A. Radcliffe, M.G. Lewis, M. Shelley (*Frankenstein*, 1818) u.a.

Göttinger Hain, auch Hainbund: dt. Dichterkreis der ↗ Empfindsamkeit, 1772 von den Göttinger Studenten J.H. Voß, L.Chr.H. Hölty, J.M. Miller u.a. gegründet, stand M. Claudius, G.A. Bürger und .v.a. Fr.G. Klopstock nahe (vgl. dessen für den Göttinger Hain namenstiftende ↗ Ode *Der Hügel und der Hain*: der Hain als Göttersitz); verstand sich als Protestbewegung (↗ Sturm und Drang) gegen den Rationalismus der ↗ Aufklärung und die Dichtung des ↗ Rokoko (v.a. Chr.M. Wieland); zentrales Veröffentlichungsorgan: der von H.Chr. Boie hg. *Göttinger ↗ Musenalmanach*.

Grammatischer Reim, Reim aus verschiedenen Wortbildungs- und Flexionsformen eines Wortstammes (↗ Polyptoton): *schreibt : bleiben : schreiben : bleibt* (Lessing). Beliebt v.a. im ↗ Minne- und ↗ Meistersang.

Groteske [von ital. grottesco = wunderlich, verzerrt, zu grotta = Grotte], ursprünglich Bez. für ornamentale Wandmalereien, die Pflanzen-, Tier- und Menschenteile spielerisch miteinander verbinden, dann für die künstler. oder lit. Darstellung des zugleich Monströs-Grausigen und Komischen: die Vereinigung des scheinbar Unvereinbaren, das paradoxe Nebeneinander heterogener Bereiche, die Übersteigerung ins Maßlose, die Vorliebe für Abartiges, das plötzliche Umschlagen von etwas Lustigem ins Schaurig-Dämonische oder umgekehrt (*das* Groteske). Als Gattungsbez. oft für die Werke von Rabelais, Fischart, E.T.A. Hoffmann, Poe, W. Busch, Wedekind, Schnitzler, H. Mann, Kafka, Brecht, M. Frisch, Dürrenmatt, Pirandello, Ionesco, Beckett u.a. verwendet.

Gründerzeit, Bez. für die Zeit nach dem Sieg im dt.-frz. Krieg 1870/71 und der anschließenden Gründung des dt. Reichs. Anders als für den bürgerlichen ↗ Realismus und ↗ Naturalismus derselben Zeit gelten als typ. für die Lit. der G. (P. Heyse, E. v. Wildenbruch, F. Dahn, Th. Storm, Fr. Nietzsche, C.F. Meyer) ein historisierender Monumentalismus und eine Vorliebe für den rätselhaften, unverstandenen genialen Heldentypus, wobei genaue Grenzziehungen insgesamt schwierig sind.

Gruppe 47, 1947 entstandene, 1977 aufgelöste Gruppierung von Schriftstellern und Publizisten um H.W. Richter: A. Andersch, W.D. Schnurre, G. Eich, I. Aichinger, I. Bachmann, M. Walser, G. Grass, J. Bobrowski, P. Bichsel, J. Becker, P. Handke u.a. Hat die dt. Lit. der Nachkriegszeit bis weit in die 60er Jahre hinein entscheidend geprägt, wollte v.a. eine sich »ihrer Verantwortung gegenüber politisch und gesamtgesellschaftlichen Entwicklungen bewußte« Lit. (Richter).

Guckkastenbühne, auch ↗ Illusionsbühne: in der ↗ Renaissance entwickelte, noch heute übl. Bühnenform: von drei Seiten begrenzt, mit einer zum Publikum wie ein riesiges Fenster offenen Seite, die durch einen Vorhang geschlossen werden kann. Im Unterschied etwa zur ↗ Simultanbühne, zum ↗ Amphitheater usw.

Haiku [jap. humorist. Vers, Posse], kürzeste, ursprünglich humoristische Gattung der japan. Dichtung: aus 3 Versen mit 5, 7 und 5 Silben. Gilt als bürgerliche Variante des höfischen *Tanka* (5 reimlose Verse mit 5, 7, 5, 7, 7 Silben). Höhepunkt bei Matsuo Bascho im 17. Jh., dt. Nachdichtungen von M. Hausmann, I. v. Bodmershof u.a., Einflüsse auf M. Dauthendey, A. Holz, R. Dehmel, St. George, Klabund u.a. (↗ Ästhetizismus, ↗ Impressionismus).

Hakenstil, stilist. Eigenschaft besonders der altengl. und altsächs. Stabreimdichtung (*Beowulf, Heliand*): Im Ggs. zum ↗ Zeilenstil, bei dem die Langzeile zugleich syntaktische Einheit ist, werden die Satzschlüsse in die Mitte der Langzeilen verlegt. ↗ Brechung, ↗ Enjambement

Hallescher Dichterkreis, 1. Erster Hallerscher Dichterkreis: pietistisch geprägte lit. Vereinigung, 1733 von S.G. Lange in Halle gegründet, ab 1734 von J.J. Pyra geleitet; führt in Anlehnung an antike ↗ Oden (v.a. des Horaz) den reimlosen Vers in die dt. Dichtung ein, bereitet mit der lit. Gestaltung des im ↗ Pietismus betriebenen Gefühlskults (zentrale Motive: Natur, Freundschaft, das ↗ Erhabene) die Dichtung Klopstocks und Goethes vor (↗ Hymnen); 2. Zweiter Hallescher Dichterkreis: studentischer Freundeskreis (J.W.L. Gleim, J.P. Uz, J.P. Götz, P.J. Rudnick), gab um 1740 durch Übersetzung und Nachahmung Anakreons den Anstoß zur bis etwa 1770 lebendigen ↗ Anakreontik.

Hamartia [gr. Irrtum, Verfehlung], in der Tragödientheorie des Aristoteles: das Fehlverhalten des Helden, das die tragische Katastrophe herbeiführt (↗ Tragik); beruht auf der Fehleinschätzung (↗ Hybris) einer außergewöhnlichen Situation, ist keine moralische Schuld im christlichen Sinn.

Handlung, 1. *das Geschehen*: die Gesamtheit der Ereignisse, aus denen sich die ↗ Fabel, der ↗ plot, die ↗ histoire einer Erzählung zusammensetzt, besonders die durch gezielte Handlungen der Figuren verursachten Ereignisse, 2. die *lit. Handlung* (Begriff der ↗ empir. Lit.wiss.): die beabsichtigte Veränderung oder Aufrechterhaltung eines Zustands durch eine Person allg., besonders die von best. ästhetischen Konventionen geprägte, auf sprachliche Texte gerichtete Kommunikationshandlung, die z.B. die Fiktionalität und Mehrdeutigkeit (↗ Polyvalenz), die Poetizität von Texten erst herstellt, da sie diese erwartet; 3. die *symbolische Handlung* (↗ Symbol).

Handschrift, abgekürzt Hs., Plural Hss.: 1. das handgeschr. Buch von der Spätantike bis zum Aufkommen des ↗ Buchdrucks (nach 1450), 2. das *Manuskript:* die für den Druck best. Niederschrift), 3. der *Autograph:* die eigenhändige Niederschrift.

Hanswurst, dt. Prototyp der ↗ lustigen Person in Drama und Epik (it. ↗ Arlecchino, frz. Harlequin, engl. Pickelhering, im Puppenspiel: Kasper): oft ein prahlsüchtiger Bauer oder Narr, dick, täppisch und gefräßig (deswegen

›Wurst‹). Spielt in S. Brants *Narrenschiff* (besonders in der Bearbeitung von 1519), in ↗ Fastnachtsspiel, ↗ Haupt- und Staatsaktion, ↗ Lustspiel, ↗ Wiener Volkstheater usw. eine große Rolle, kann Gegenstück des tragischen Helden sein oder Spiegelbild des Menschen, Mittel, um gesellschaftl. Werte in Frage zu stellen, tabuisierte Triebe auszuleben; besitzt von vornherein alle Freiheiten der Poesie. Rechtfertigt z.b. in Goethes *Hanswursts Hochzeit* (1775) die Verwendung einer derb-sexuellen Sprache, in Tiecks *Gestiefeltem Kater* (1797) die Ausschweifungen der Phantasie. Zentrale Figur der *Hanswurstiade*, einer im 17. und 18. Jh. besonders von dt. ↗ Wanderbühnen aufgeführten Form der ↗ Posse (oft als Nachspielen einzelner Szenen aus der zuvor aufgeführten ↗ Haupt- und Staatsaktion, ↗ Nachspiel).

Hapax legomenon, Pl. H. legomena [gr. nur einmal Gesagtes], ein nur an einer einzigen Stelle belegtes, daher in der Bedeutung oft nicht genau bestimmbares Wort, z.B. mhd. *troialdei* (Tanz?) bei Neidhart.

Haplographie [gr. Einfachschreibung], in Hss. häufig: fehlerhaftes Auslassen eines Buchstabens/Silbe/Wortes bei aufeinanderfolgenden gleichlautenden Buchstabenfolgen, z.B. *Legendichtung* statt ›Legendendichtung‹.

Haupt- und Staatsaktion, polemische Bez. Gottscheds für das Repertoirestück der dt. ↗ Wanderbühnen des 17. und frühen 18. Jh.s: ›Hauptaktion‹ im Ggs. zum komischen ↗ Nach- und Zwischenspiel (↗ Hanswurst), ›Staatsaktion‹ aufgrund der (pseudo)historisch-politischen Stoffe, der adeligen ↗ dramatis personae, der inszenierten höfischen Pracht (Krönungsszenen, Audienzen, Festgelage mit Tanzeinlagen), der oft geschwollen-pathetischen, auch platten Sprache, des gesten- und aktionsreichen Spiels. Meist stark vereinfachende Prosabearbeitung bekannter Dramen (wie Marlowes *Doctor Faustus*, Shakespeares *Hamlet*, Calderóns *Das Leben ein Traum*, Corneilles *Cid*, Lohensteins *Ibrahim Bassa*), treibt die Ereignisse rein äußerlich durch Intrigen, plötzliches Wiedererkennen u.ä. voran, verzichtet auf eine innere Entwicklung, verwandelt den tragischen Ausgang oft in ein versöhnliches Ende; zum festen Personal gehört der ↗ Hanswurst, der das Spiel immer wieder durch derbe und zotenhafte ↗ Stegreifeinlagen unterbricht.

Haute tragédie, klassische Form der frz. ↗ Tragödie, in der 2. H. des 17. Jh.s ausgebildet, v.a. durch P. Corneille (*Der Cid*) und J. Racine (*Britannicus*, 1669, *Phèdre*, 1677), in N. Boileaus *L'art poétique* (1674) in Anlehnung an Aristoteles' *Poetik* theoretisch begründet; charakteristisch: die v.a. sprachliche, weniger mimische Vergegenwärtigung der tragischen Geschehnisse (Verlagerung fast aller äußeren Geschehnisse von der Bühne weg in den Bericht und ins Innere der Personen), der symmetrische Bau der 5 ↗ Akte, die ↗ geschlossene Form, die Einhaltung der ↗ Ständeklausel, die Befolgung der ↗ drei Einheiten, die Beschränkung der Handlung auf das Wesentliche, die geringe Personenzahl, die Verwendung von ↗ Alexandriner und genus grande (↗ genera dicendi).

Hebung, in der Verslehre Charakteristikum des ↗ akzentuierenden Versprinzips: die betonte, d.h. durch rhythmischen Nachdruck (ursprünglich
das Aufheben des Fußes beim Tanz, das Heben der Hand, des Taktstocks
usw., dann das Heben der Stimme) hervorgehobene Silbe, im Ggs. zur unbetonten Silbe, der *Senkung*; schematisch wiedergegeben meist als x́ oder als
– (in Analogie zum Längenzeichen des ↗ quantitierenden Versprinzips).

Heldenepos, auch Volksepos: im Ggs. zum zunächst nur mündlich überlieferten kürzeren ↗ Heldenlied die jüngere, auf jeden Fall schriftlich fixierte
längere, etwa 3000 bis 100 000 Verse umfassende Form der Heldendichtung; zeichnet sich durch *epische Breite* (z.b. ausführliche Schilderungen
von Menschengruppen, Fülle an Personal) und durch Kunstgriffe der Verknüpfung (z.B. eine Motivation, die die verschiedenen Ereignisse miteinander verbindet, spiegelbildlich angelegte Episoden usw.) aus. Bsp.: das baby-
lon. *Gilgamesch*-Epos (2. Jhtsd. v.Chr.), die Homer zugeschriebene gr. *Ilias*
(vermutl. 2. H. 8. Jh. v.Chr.), die ind. *Mahābhārata* (5. Jh. v.Chr.), die *Ar-
gonautika* des Apollonios (3. Jh. v.Chr.), die altengl. *Beowulf* (um 700). Im
hohen MA in strophischen Formen (↗ laisse, ↗ Nibelungenstrophe) und so
schon rein äußerlich vom ↗ höfischen Roman in ↗ Reimpaaren unterschieden, stofflich den alten geschichtlichen Heldensagen, nicht der Antike und
den ↗ matière de Bretagne (↗ Artusdichtung) verpflichtet, z.B. das mhd. *Nibelungenlied*, der span. *Cid*, das afrz. *Chanson de Roland* (↗ chanson de geste).
Lit.: M.C. Bowra: Heldendichtung, 1967. ↗ Epos

Heldenlied, mündliche und kürzere Vorform des ↗ Heldenepos, zwischen
etwa 50 und 500 Zeilen lang, z.B. das ahd. *Hildebrandslied* (Anfang 9. Jh.,
nur als Bruchstück überliefert), die Heldenlieder der altnord. *Edda* (13.
Jh.). Von jedem Sänger (↗ Rhapsoden) aus einem festgelegten Handlungsgerüst und mit Hilfe eines z.T. umfangreichen Repertoires an epischen Formeln (Eingangs-, Schlußformeln, ↗ Epitheta ornantia, feststehende Wendungen für bestimmte Situationen, Figuren und Tätigkeiten), Erzählmu-
stern (typische Szenenabläufen, Motivformeln, Motivketten, Handlungs-
schablonen) gewissermaßen beim Vortrag neu geschaffen. Charakteristisch:
die rhetorischen Figuren der Wiederholung allg., die Konzentration auf die
Höhepunkte der Handlung, die Mischung von epischem Bericht und dramatischem Dialog (wie in der ↗ Ballade). Heute noch bei asiat. und afrikan. Stämmen und Völkern, in Albanien, Finnland, in Teilen Rußlands
(↗ Bylinen) und des Baltikums praktiziert. ↗ oral poetry

Heldensage, die poet., oft nach den Mustern von ↗ Mythos und ↗ Märchen gestaltete Erzählung von vor- und frühgeschichtlichen, mündlich oder
schriftlich überlieferten, für die Geschichte einer Nation wichtigen Ereignissen und Personen, z.B. die Erzählungen der Sagenkreise um König Artus
(kelt.), Dietrich v. Bern (ostgot.) oder Siegfried (burgund.).

Hellenismus [nach gr. hellenistoi = gr. Sprechender], von Droysen (↗ Historismus) geprägte Bez. für die gr. Spätantike: die Zeit von der Entstehung

des Alexanderreichs (Ende 4. Jh. v.Chr.) bis zum Ende des Ptolemäerreichs (30 v.Chr.). Wichtig für die Lit.wiss. u.a. aufgrund der ersten Sammlung, Aufarbeitung und Kommentierung der klassischen philosophischen, wissenschaftlichen und poetischen Werke (Bibliothek von Alexandria, ↗ Philologie). Lit.geschichtlich bedeutend: die Ablösung des ↗ Epos durch den ↗ Abenteuerroman (Heliodor) und das ↗ Epyllion (Kallimachos), die Entstehung von ↗ Idylle (Theokrit) und ↗ Figurengedicht.

Hendiadyoin [gr. eins durch zwei], ein Begriff wird durch zwei gleichwertige, mit einem ›und‹ verbundene Wörter (meist Substantive) ausgedrückt, z.B. »flehen und bitten« oder »mir leuchtet Glück und Stern« (Goethe) anstelle von »flehentlich bitten« und »Glücksstern«. ↗ Pleonasmus, ↗ Tautologie

Hermeneutik [zu gr. hermeneuein = aussagen, auslegen, erklären, übersetzen], in der Philosophie, Theologie, Philologie, Rechtswiss. usw.: 1. Kunst der Auslegung, der ↗ Interpretation von Schrift oder Rede, z.B. die ↗ Exegese der Bibel (Lehre vom mehrfachen ↗ Schriftsinn), die Auslegung von Gesetzen, die ↗ Allegorese; 2. Theorie der Auslegung, Reflexion über die Bedingungen des Verstehens und seiner sprachlichen Wiedergabe, z.B. W. Diltheys *Der Aufbau der geschichtlichen Welt in den Geisteswissenschaften* (1910), M. Heideggers *Sein und Zeit* (1927), H.-G. Gadamers *Wahrheit und Methode* (1960). In der gr. Antike aus der Allegorese entwickelt, bis ins 18. Jh. verbindliche Methode der Bibelauslegung, dann in gleicher Weise auch auf lit., historische, allg. profane Texte übertragen; im 18. und 19. Jh. besonders von J.H. Chladenius, A.H. Francke (↗ Pietismus), S.J. Baumgarten, G.A.Fr. Ast, Fr.A. Wolf, J.G. Herder, Fr. Schlegel und Fr.D.E. Schleiermacher geprägt.

Hermeneutischer Zirkel, von J.G. Fichte und Fr.D.E. Schleiermacher etabliertes Bild für ein für die ↗ Hermeneutik, das Verstehen der Welt allg. grundlegendes Vorgehen; bezeichnet in der Lit.wiss. das Wechselverhältnis zwischen Vorverständnis (↗ Erwartungshorizont) des Rezipienten und dessen Veränderungen durch den Text sowie das Verhältnis von Teil und Ganzem des Textes: Die einzelnen Teile eines lit. Textes gewinnen nur an Bedeutung, wenn der Leser schon eine Vorstellung von der Bedeutung des gesamten Textes hat, umgekehrt beeinflußt die Lektüre der Einzelbestandteile auch die Vorstellung von der Bedeutung des gesamten Textes. Verstehen ist so definiert als ein nie abgeschlossener Prozeß, in dem die beiden beteiligten Pole (Ganzes/Teile, Werk/Leser, Frager/Antworter usw.) sich ständig beeinflussen und wechselweise verändern.

Hermetische Literatur [hermetisch = fest verschlossen, eigentl. mit dem magischen Siegel des gr. Gottes Hermes, des Götterboten, der die Menschen in göttl. Wissen einweiht und ins Jenseits geleitet, Gott der Wissenschaften, der Kaufleute und Räuber], die Schriften einer spätantiken religiösen Offenbarungs- und Geheimlehre, als deren Verkünder und Verfasser Hermes

Trismegistos (d.h. der dreimal größte Hermes, die gr. Verkörperung des ägypt. Schrift-, Zahlen- und Weisheitsgottes Thot) angesehen wurde; beeinflußte Philosophie (M. Ficino), Kunst (S. Botticelli) und Lit. v.a. der ↗ Renaissance, aber auch die ägyptisierende Freimaurermythologie des 18. Jh.s und Romane wie Goethes *Wahlverwandtschaften* (1809).

Heroic couplet, seit G. Chaucer (*Canterbury Tales*, 1391-99) wichtigste metrische Form der engl. ↗ Verserzählung und des ↗ Lehrgedichts bis ins 18. Jh.: ein Reimpaar aus zwei jamb. Fünfhebern, sog. ↗ heroic verses: »Let subtle schoolman teach these friends to fight, / More studious to divide than to unite, / And Grace, and Virtue, Sense and Reason split / With all the rash dexterity of Wit« (A. Pope, *Essay on Man*).

Heroic verse, engl. Adaption des frz. ↗ vers commun und des ital. ↗ endecasillabo: gereimter Vers aus 5 Jamben, mit fester ↗ Zäsur nach der 2. Hebung und männl. oder weibl. Versschluß, wobei zahlreiche Variationen möglich sind. Durch Aufgabe von Reim und fester Zäsur im 16. Jh. zum ↗ Blankvers weiterentwickelt.

Heroiden, Pl. [zu gr.-lat. herois = Heldin], ↗ Brief

Heroisch-galanter Roman, Sonderform des Barockromans, dem genus grande (↗ genera dicendi) zugeordnet: steigert das Grundschema des antiken ↗ Abenteuerromans (ein meist gewaltsam getrenntes Liebespaar findet nach zahlreichen Bewährungsproben wieder zusammen) durch eine Fülle an Figuren und an Vor- und Nachgeschichten, durch kompliziert verschlungene Handlungsfäden und eine verschachtelte Erzählperspektive ins Vielfache (in Herzog Anton Ulrich v. Braunschweigs *Römischer Oktavia*, 1677-1707, gibt es 24 Paare und 48 Handlungsstränge); das adelige, hochgeborene Personal agiert vor einem pseudohistorischen Hintergrund, wechselt durch Verkleidung, Verwechslung, Verkennung oft mehrfach seine Identität und muß alles erdenkliche Mißgeschick (Vertreibung vom Thron u.ä.) erdulden; die insgesamt unwahrscheinliche Handlung ist im einzelnen streng motiviert, meist durch die Verquickung äußerer (göttlicher?) Einflüsse (Zufälle) mit menschlichen Plänen (Täuschungen, Intrigen usw.). Weitere Bsp.: Gomberville, *La Cythérée* (1639), La Calprenède, *Cléopâtre* (1647-1663), Mme de Scudéry, *Artamène ou le Grand Cyrus* (1649-53), Ph. v. Zesen, *Die Adriatische Rosemund* (1645), A. v. Ziegler und Kliphausen, *Asiatische Banise* (1689), D.Chr. v. Lohenstein, *Arminius und Thusnelda* (1689/90).

Heteroglossie [gr.], von Bachtin geprägte Bez. für die Vielstimmigkeit, Redevielfalt von Wörtern, Äußerungen und Texten (↗ Dialogizität).

Hexameter [gr.], der wichtigste antike Sprechvers: reimlos, mit 6 Füßen: —◡◡ | —◡◡ | —◡◡ | —◡◡ | —◡◡ | —◡̄ (Normalform). Die ↗ Daktylen können jeweils auch durch ↗ Spondeen (– –) ersetzt werden, wobei der 5. Fuß allerdings im klassischen Hexameter stets ein Daktylus bleibt, da er zusammen mit dem immer um eine Silbe verkürzten 6. Versfuß das Ende einer Verszeile deutlich hervorhebt. Wird im Grunde als in einer mündlichen Kultur ausgebildetes Versmaß erst durch den festen, hörbaren, regelmäßig wiederkehrenden ›Endpunkt‹, die rhythmische Formel der letzten beiden Füße, konstituiert. Durch den relativ freien Wechsel von Daktylen und Spondeen sowie verschiedene ↗ Zäsuren (2 bis 3 pro Vers) mit insgesamt 32 Variationen vielseitig verwendbar, das klassische Versmaß von ↗ Epos, ↗ Lehrgedicht, ↗ Elegie, ↗ Epigramm und homerischen ↗ Hymnen; gilt als Versmaß des hohen, erhabenen Stils, des genus grande schlechthin (↗ genera dicendi), in Frkr. dem ↗ Alexandriner vergleichbar: ist so lang, wie man ohne Luft zu holen, sprechen kann und fordert im Idealfall die durchgängige »Erhebung der Stimme auf eine mittlere Höhe« (A.W. Schlegel). Dt. Nachbildungen seit dem 14. Jh., anfangs meist als sog. *leoninischer* Hexameter (mit Reim von 3. Hebung und Versschluß), dann mit Endreim, seit Gottscheds *Critischer Dichtkunst* (1730) und v.a. Klopstocks *Messias* (1748-73) als akzentuierender reimloser Vers: mit 6 Hebungen, ohne Eigangssenkung, mit ein- oder zweisilbiger Binnensenkung und einer Senkung am Ende: x́ x (x) | x́ x (x) |x́ x (x) |x́ x (x) | x́ x x |x́ x; wobei der im Dt. seltene Spondeus (z.B. *Stúrmnácht*) häufig durch einen Trochäus ersetzt wird.

Hiat(us) [lat. Öffnung, klaffender Schlund], das Zusammenstoßen zweier Vokale an der Silben- oder Wortfuge: 1. innerhalb eines Wortes (Lei-er) oder eines Kompositums (*Tee-ernte*), 2. zwischen zwei Wörtern (*da aber*). Galt v.a. in der normativen Metrik (↗ Poetik) als schwerer Verstoß, meist durch ↗ Elision ausgeglichen.

Hildebrandston, Strophenform des altdt. ↗ Epos, Variante der ↗ Nibelungenstrophe: 4 paarweise gereimte Langzeilen (aabb), von denen jede aus einem vierhebigen Anvers mit klingender ↗ Kadenz und einem dreihebigen Abvers mit männl. Kadenz besteht: (x) |x́x|x́x|-|x̀ || (x) |x́x|x́x|x́; Eingangssenkung und Versfüllung sind frei, ↗ Zäsurreime häufig. Bezeichnet nach dem in dieser Form abgefaßten *Jüngeren Hildebrandslied*; begegnet auch im Volkslied, im geistlichen Lied (*Es ist ein Ros' entsprungen*) und in ↗ Balladen des 19. Jh.s (z.B. Uhlands *Des Sängers Fluch*).

Hinkjambus ↗ Choljambus

Histoire [frz.] ↗ Diskurs, ↗ Sujet, ↗ story

Historischer Roman, v.a. mit W. Scotts *Waverly* (1814) ausgebildeter Typus des ↗ Romans, der historisch authentische Gestalten und Vorfälle behandelt oder doch in historisch beglaubigter Umgebung spielt, z.B. V. Hugos *Notre Dame de Paris* (1831), A. Dumas' *Die drei Musketiere* (1844), J.F. Coopers *Lederstrumpf* (1826-41), E.G. Bulwer-Lyttons *Die letzten Tage von Pompeji* (1834), L. Tiecks *Vittoria Accorombona* (1840), W. Alexis' *Die Hosen* *des Herrn von Bredow* (1852), A. Stifters *Witiko* (1867), J. Roths *Radetzky-marsch* (1932), B. Pasternaks *Doktor Schiwago* (1957), U. Ecos *Der Name der Rose* (1980) u.a. Voraussetzung ist die Entstehung eines historischen Bewußtseins mit Augenmerk auf Veränderungen und Entwicklungen (u.a. durch Voltaire, D. Hume, G. Vico, J.G. Herder), unmittelbarer Vorläufer ist die noch nicht streng wissenschaftliche Geschichtsschreibung des 18. Jh.s (E. Gibbon, *History of the Decline and Fall of the Roman Empire*, 1776/78, Fr. Schiller, *Geschichte des dreyßigjährigen Krieges*, 1791/93, u.a.). ↗ gothic novel

Historisches Präsens (praesens historicum), vereinzelte Präsensformen in einem sonst im ↗ epischen Präteritum verfaßten Erzähltext; markiert oft den Höhepunkt einer Handlung, dient der lebhaften dramat. Veranschaulichung.

Historisch-kritische Ausgabe ↗ Textkritik

Historismus, nicht klar def. Begriff: 1. jede Art der historischen Betrachtung, besonders die für das Entstehen der historisch orientierten National-↗ Philologien (↗ Germanistik, Anglistik usw.) und die Ausbildung des ↗ historischen Romans, Geschichtsdramas usw. wichtige geistige Strömung des 19. Jh.s, die versucht, Phänomene des kulturellen Lebens aus den geschichtlichen Bedingungen zu verstehen, und historische Konstellationen als individuelle Besonderheiten, nicht als Erfüllung eines geschichtlichen Ziels (z.B. Fortschritt, Erlösung u.a.) begreift (vertreten v.a. von Leopold v. Ranke). Oft auch abwertend für wissenschaftliche Arbeiten, die sich, vermeintlich aus Respekt vor der historischen Individualität des Gegenstands, auf das Sammeln bloßer Fakten beschränken (auch als ↗ Positivsmus bez.); 2. in der Kunst- und Lit.geschichte: der zitierend-kombinierende, oft monumentalisierende, doch auch ironisierende Rückgriff auf die Formensprache älterer Epochen und historische Themen allg., besonders im 19. Jh. (z.B. Neo-Rokoko, Neo-Gotik, Neo-Klassizismus, Historienbild).
Lit.: G. Scholtz (Hg.): Historismus am Ende des 20. Jh.s, 1997. – H. Tausch (Hg.): Historismus und Moderne, 1996. – M. Baßler u.a.: Historismus und lit. Moderne, 1996. – H./H. Schlaffer: Studien zum ästhet. Historismus, 1975.

Höfische Dichtung, Sammelbez. für Dichtung, die sich thematisch und formal an einer höfischen, an einem Fürstenhof lebenden Adelsgesellschaft ausrichtet und sie ihrerseits mitprägt; in Dtl. insbes.: 1. die volkssprachl. Lit. an den Höfen der Staufer, den Fürstenhöfen in Österreich und Thüringen vom letzten Drittel des 12. bis zur Mitte des 13. Jh.s (↗ Minnesang, ↗ höfischer Roman), 2. die höfisch-repräsentative Lit. des ↗ Barock, die zwar weitgehend von bürgerlichen Autoren getragen wird, ihre ethischen Normen aber im Ritterwesen und in B. Castigliones *Cortegiano* (*Der Höfling*, 1528) findet (↗ heroisch-galanter Roman).

Höfischer Roman, erzählende, ursprünglich mündlich vorgetragene Großform der ↗ höfischen Dichtung des MA, vom gleichzeitigen ↗ Heldenepos in Stoff, Form und Sprache deutlich unterschieden: a) durch den Stoff und seine Tradition: Ein mehr sentimentaler, weniger kriegerischer Ritter erringt, meist im Dienst seiner Minnedame, in Zweikämpfen mit Rittern und Fabelwesen (↗ âventiure) gesellschaftliches Ansehen, wobei der Stoff nicht der nationalen Heldendichtung entstammt, sondern dem Sagenkreis um König Artus (↗ Artusdichtung), der Antike (Aeneas, Alexander, die Helden der *Ilias* usw., z.B. bei Heinrich v. Veldeke, Rudolf v. Ems, Konrad v. Würzburg) und der Legendendichtung (z.B. Hartmanns v. Aue *Der arme Heinrich*, um 1190) b) durch die Versform, den gleichmäßig fließenden ↗ Reimpaarvers (in Frkr. als Achtsilbler, in Dtl. als Vierheber) – die für die Heldenepik charakteristische Strophenform findet sich nur selten, und die Prosa kommt erst mit den für ein lesendes Publikum geschriebenen chroniknahen Romanzyklen auf; c) durch die spiegelbildliche Sujetfügung, die häufig die oft nur lose verbundenen Episoden zu einem ›doppelten Cursus‹ zweier Abenteuerreihen ordnet, wobei in der ersten der Held auf Grund eines Fehlverhaltens oder einer Schuld scheitert, in der zweiten sich dann bewährt; d) durch das explizite Hervortreten des auktorialen Erzählers, der in Exkursen, Reflexionen und direkten Anreden sowohl an seine Gestalten als auch an die Hörer quasi als Person erscheint.
Lit.: K. Bertau: Über Literaturgeschichte, 1983. – K. Ruh: Höfische Epik des dt. MA, 2 Bde, [2]1977ff.

Homogramme, auch Homographe [gr. gleich + schreiben], Wörter, die bei gleichem Schriftbild versch. Aussprache und Bedeutung haben, z.B. *m<u>o</u>dern* (Verb) – *modern* (Adjektiv); *rasten – sie r<u>a</u>sten* (3. Pers. Pl. Prät. zu ›rasen‹, rennen). ↗ Homonyme

Homoioteleuton [gr. gleich endend], Pendant des ↗ Reims in der ↗ Prosa: gleichklingender Ausgang aufeinanderfolgender Wörter oder Wortgruppen, z.B. »wie gew*onnen*, so zerr*onnen*«. In der antiken ↗ Rhetorik zu den rhetorischen Figuren gerechnet und der ↗ Kunstprosa vorbehalten (der ↗ antike Vers ist reimlos), wird seit der christlichen ↗ Hymnendichtung des 4. Jh.s zunehmend als verskonstituierendes Mittel verwendet.

Homologie [gr. gleich + Rede, Verhältnis], v.a. in ↗ Strukturalismus und ↗ Lit.soziologie verwendeter Begriff: Strukturparallelismus, Ähnlichkeit der Relationen, die dann besteht, wenn zwei oder mehr Elemente in einem Bereich in derselben Relation zueinander stehen wie zwei oder mehr Elemente in einem anderen Bereich – so beschreibt L. Goldmann (*Die Soziologie des Romans*, 1970) den ↗ Roman des 19. Jh.s als Homologie zu den Weltanschauungen und Denkstrukturen der bürgerlichen Gesellschaft.

Homonyme [gr. gleich + Name], gleichklingende Wörter mit versch. Bedeutung, z.B. *lehren* und *leeren*.

Hörspiel, Sammelbez. für ein »original für den Hörfunk abgefaßtes, in sich geschlossenes und in einer einmaligen Sendung von in der Regel 30-90 Minuten Dauer aufgeführtes, überwiegend sprachliches Werk, das beim Publikum eine der Kunst spezif. Wirkung hervorzubringen versucht und das in keinem anderen Medium ohne entscheidende Strukturveränderungen existieren kann« (A.P. Frank); setzt neben dem Wort v.a. Geräusch und Musik, ferner techn. Hilfsmittel wie Blende, Schnitt, Montage usw. ein. Bsp. von B. Brecht, W. Benjamin, A. Döblin, G. Eich, E. Kästner, I. Bachmann, H. Böll, Fr. Dürrenmatt, M. Frisch, M. Walser u.a.

Huitain, m. [frz. Achtzeiler], Strophe oder Gedicht aus 8 gleichgebauten Zeilen, meist Achtsilblern, seltener Zehnsilblern; gängigstes Reimschema: ababbcbc. Begegnet v.a. in der frz. Dichtung des 16. bis 18. Jh.s, wo er auf Grund seiner satirisch bzw. epigrammatischen Inhalte zeitweise mit dem ↗ Sonett konkurriert.

Humanismus [zu lat. humanus = menschlich, gebildet], erste gesamteurop. weltl. Bildungsbewegung zwischen MA und Neuzeit (14.-16. Jh.), entstanden aus der Wiederentdeckung, Verbreitung (Übersetzung, ↗ Buchdruck) und Nachahmung der klassischen lat. und gr. Sprache und Lit. (↗ Antike), Teil der weiter gespannten, auch bildkünstler., architekton., (natur-)wissenschaftl., d.h. alle kulturellen Bereiche umfassenden ↗ Renaissance. Zentriert sich auf Handels- und Universitätsstädte wie Venedig, Florenz, Nürnberg, Augsburg, Wien, Prag u.a. Gilt oft als Vorreiter der neuzeitlichen, diesseitig orientierten Denk- und Lebensformen, neuer ästhetischer Modelle und eines sich der Sinnenwelt öffnenden, selbstgewissen Menschentypus. Die Lit. des Humanismus, z.B. von Erasmus v. Rotterdam, H. Bebel, J. Reuchlin, K. Celtis, ist v.a. weltliche und gelehrte ↗ neulat. Dichtung, die antike Stoffe und Formen (↗ Fabel, ↗ Epigramm, ↗ Ode, ↗ Fazetie) aufgreift – bedeutend sind jedoch besonders die Dichtungen geworden, die sich auch in der Volkssprache dem an Ciceros Reden geschulten Stilideal anzunähern versuchen, wie Petrarcas ↗ *Canzoniere* (↗ Petrarkismus), Boccaccios *Decamerone* (↗ Novelle), Johann v. Tepls *Der Ackermann aus Böhmen* (↗ Dialog), Brants *Das Narrenschiff* (1494), Montaignes ↗ Essays, Morus *Utopia* (↗ Utopie). Berühmt: die großen Bibliotheksgründungen in Florenz (Laurenziana Medicea), Rom (Vaticana) und anderen Städten. ↗ Mystik, ↗ Pléiade
Lit.: G. Böhme: Wirkungsgesch. des Humanismus, 1988. – A. Buck: Humanismus, 1987. – P.O. Kristeller: Humanismus und Renaissance, 2 Bde, 1980.

Humanistendrama, das lat. ↗ Drama der (niederl. und dt.) Humanisten des 15. und 16. Jh.s; geprägt durch Entdeckung des antiken röm. Dramas (Terenz, Plautus, Seneca, Vitruv) und besonders des Terenz-Kommentars von Donat (4. Jh.). Zunächst ein an den akademischen Rhetorikunterricht gebundener Gesprächsdialog in Prosa (↗ Schuldrama), dann wie in der Antike mit Hilfe eingeschobener ↗ Chöre in ↗ Akte gegliedert und in Versen (meist jambischen Trimetern, ↗ Senar, ↗ Hexameter, in den Dialogen und Strophenformen in den Chorliedern); oft als allegorisch-mythologisches Festspiel (↗ Panegyrik), zeitgenössische Staatsaktion oder, im Rückgriff auf den *Amphithruo* des Plautus, als ↗ Tragikomödie. Bsp.: W. Pirckheimer/ H. Schedel u.a., *Lustspiel dt. Studenten in Padua* (1465 aufgeführt), J. Reuchlin, *Henno* (1497), K. Celtis, *Ludu Dianae* (1501), u.a.

Humor [lat. Feuchtigkeit], nach der antiken und ma. Lehre von den vier Körpersäften (*humores*), deren Mischung für Temperament und Charakter eines Menschen verantwortl. gemacht wurde, zunächst Synonym für ›Temperament‹, ›Laune‹, dann allg.: eine bestimmte ästhetisch-stoische Anschauungsweise des Lebens, die menschliche Schwächen, irdische Unzulänglichkeiten, Konflikte zwischen zwei widersprüchlichen, ungleichwertigen Prinzipien (z.B. zwischen schönen Träumen und schnöder Wirklichkeit, erhabener Rede und niederem Zweck) u.ä. als unausweichliche Bestandteile des Weltlaufs hinnimmt. In der Lit. v.a. durch die Wahl eines best. Stoffs (liebenswürdig-naive, amüsante, komische Geschehnisse oder Stoffe, die ein Ideal mit seiner unangemessenen Erfüllung kontrastieren) und durch best. Darstellungs- und Kompositionstechniken (inadäquate Gestaltung, z.B. Stilmischung, selbstiron. Äußerungen des Erzählers, Dialekt, ↗ amplificatio, ↗ digressio, rasche Perspektivenwechsel) auszudrücken und beim Rezipienten zu erzeugen versucht. Eine eigene Gattung bildet der im 18. Jh. in England, dann in Dtl. seinen Höhepunkt erlebende *humoristische* ↗ Roman, z.B. L. Sternes *Tristram Shandy*, H. Fieldings *Tom Jones*, Chr.M. Wielands *Die Geschichte des Agathon*, Jean Pauls *Siebenkäs*, E.T.A. Hoffmanns *Lebensansichten des Kater Murr*, Fr.Th. Vischers *Auch Einer*, Th. Manns *Der Erwählte*. ↗ Schelmenroman, ↗ Parodie, ↗ Groteske, ↗ absurdes Theater, ↗ das Komische

Lit.: J. Bremmer/H. Roodenburg (Hg.): Kulturgeschichte des Humors, 1999. – D. Hörhammer: Die Formation des lit. Humors, 1984. – M. Bachtin: Die Ästhetik des Wortes, 1979. – W. Preisendanz: Humor als dichterische Einbildungskraft, ²1976.

Humoreske, zu Beginn des 19. Jh.s analog zu ›Burleske‹, ›Groteske‹, ›Arabeske‹ als lit. Gattungsbez. gebildet, ursprünglich für harmlos-heitere Geschichten aus dem bürgerl. Alltag, dann u.a. für Dialoge, autobiogr. Skizzen, Erzählungen, auch Romane mit massiver Situationskomik und anspruchsvollen Anspielungen auf die lit. Bildung, z.B. von P. v. Schönthan und L. Anzengruber.

Hybris [gr. Übermut], in der Tragödientheorie: der frevelhafte Hochmut des Menschen (Überhören göttlicher Warnungen, fortgesetztes Glück u.a.), der die Vergeltung (gr. nemesis) der Götter, d.h. die tragische Katastrophe hervorruft.

Hymne [gr.], feierlicher Lob- und Preisgesang, ursprünglich zu Ehren eines Gottes. Formal nicht streng geregelt: in der Antke häufig in ↗ Hexametern (z.B. die sog. *Homerischen Hymnen*), als Chorlied (↗ Dithyrambos, ↗ Ode, ↗ Päan, z.B. bei Pindar) und dreiteilig aufgebaut (Anrufung des Gottes/Erzählung bedeutsamer mythischer Ereignisse/abschließendes Gebet); im Christentum nach Art der ↗ Psalmen, in ↗ freien Rhythmen oder als sog. *ambrosianische* Hymne, als ein Strophenlied von meist 8 vierzeiligen Strophen aus jambischen ↗ Dimetern. In der Neuzeit eine rein lit. Gattung, z.B. bei M. Opitz, G.R. Weckherlin, Fr.G. Klopstock (↗ Göttinger Hain), J.W. v. Goethe (*An Schwager Kronos*), Fr. Schiller (*An die Freude*), Novalis (*Hymnen an die Nacht*), Fr. Hölderlin, R.M. Rilke, G. Trakl u.a. ↗ Sequenz, ↗ leis

Hyperbaton [gr. Umgestelltes, lat. transgressio], auch *Sperrung*: Trennung syntaktisch eng zusammengehöriger Wörter durch eingeschobene Satzteile: »Laß *nimmer* von nun an *mich* dieses Tödliche sehn« (Hölderlin); zur expressiven Betonung der getrennten Wörter oder aus rhythmischen Gründen verwendet; kann besonders durch ↗ Parenthese oder ↗ Prolepse entstehen. ↗ Inversion, ↗ Tmesis

Hyperbel [gr. Übermaß], extreme, im wörtlichen Sinne oft unglaubwürdige oder unmögliche Übertreibung zur Darstellung des Außerordentlichen, meist durch ↗ Metaphern oder einen ausgeführten Vergleich: »ein Schneidergesell, so dünn, daß die Sterne durchschimmern konnten« (Heine), »zahlreich wie Sand am Meer«, »eine Ewigkeit warten«. Von der ↗ Rhetorik zu den Tropen (↗ Tropus) gerechnet.

Hyperkatalektisch [gr. über die Grenze hinausgehend], Bez. für Verse, die über den letzten regelmäßig gefüllten Versfuß hinaus eine überzählige Silbe enthalten.

Hypertext [zu gr. hyper = über], die einem elektronisch (im Computer) abgespeicherten Text übergelagerte Struktur von elektron. Vernetzungen mit anderen Texten; ermöglicht dem Leser den interaktiven Umgang mit den Texten, das Verfolgen elektron. Verbindungen oder das Schaffen von eigenen, ist daher multilinear, multisequentiell, schreibbar und unendlich, befreit von der Vorstellung, ein Text sei eine lineare und kausale Abfolge, eine organische Einheit. Gilt darin als Verwirklichung poststrukturalistischer und dekonstruktivistischer Theorien (↗ Poststrukturalismus, ↗ Rezeptionsästhetik) und wird z.T. auch auf lit. Phänomene übertragen (↗ Hypotext).

Hypotext [zu gr. hypo = unter, darunter], 1. in der ↗ Erzähltheorie ein in sich zusammenhängender, in einen anderen Text eingebetteter Text, z.B. eine Erzählung in der Erzählung; 2. bei G. Genette (*Palimpsestes*, 1982, dt. 1993) eine Form der ↗ Intertextualität: der von einem ↗ Hypertext überlagerte, jedoch nicht von ihm kommentierte Text, z.B. der einer ↗ Parodie, ↗ Travestie oder einem ↗ Pastiche zugrundeliegende Text.

Hypostase, Hypostasierung [gr. Unterlage, Grundlage, Gegenstand], Verge-
genständlichung oder ↗ Personifikation eines Begriffs, besonders die Ausgestaltung einer Eigenschaft, eines Beinamens oder verschiedener Einzelzüge
zu einer selbständigen Gottheit, häufig in der Mythologie anzutreffen; als
poet. Kunstgriff die Technik der Personenbildung aus verschiedenen Einzelzügen (etwa die Hypostase des Bischofs Turpin im *Chanson de Roland* aus
›Stärke‹ und ›Weisheit‹) oder durch Zusatz zu älteren lit. (oder echten) Personen.

Hypotaxe [gr. Unterordnung, lat. subordinatio], syntaktische Unterordnung von Satzgliedern, oft mit kunstvoller Fügung von Haupt- und Ne-
bensatz und der Verdeutlichung temporaler bzw. logischer Beziehungen
durch unterordnende Konjunktionen: »Hier – traf er, da bald darauf ihre
erschrockenen Frauen erschienen, Anstalten, einen Arzt zu rufen; versicher-
te, indem er sich den Hut aufsetzte, daß sie sich bald erholen würde; und
kehrte in den Kampf zurück« (Kleist, *Die Marquise von O****)*; im Ggs. zur
syntaktischen Beiordnung (Parataxe). ↗ Kunstprosa, ↗ Periode

Hysteron proteron [gr. das Spätere als Früheres], Umkehrung der zeitlichen
oder logischen Abfolge einer Aussage, so daß z.B. der zeitlich spätere Vorgang vor dem früheren erwähnt wird: »Ihr Mann ist tot und läßt sie grü-
ßen« (Goethe), »Dies ist mein Sohn nicht, den hab' ich nicht ausgewürgt,
noch hat ihn dein Vater gemacht« (Th. Mann).

Ich-Form ↗ Erzählsituation

Idealismus, Bez. der Philosophiegeschichte für die Ende des 18. Jh.s geführte Debatte hinsichtlich der Vorherrschaft der Vernunft über das Wirkliche bzw. das als wirklich Erscheinende; maßgeblich geprägt von I. Kant
(*Kritik der reinen Vernunft*), J.G. Fichte (*Wissenschaftslehre*), Fr.W. Schelling
(*System des transzendentalen Idealismus*) und G.W. Hegel (*Das älteste System-
programm des Idealismus*, vermutl. mit Fr. Hölderlin zusammen geschrieben).

Ideengeschichte, 1. ↗ geistesgeschichtliche Lit.wiss., 2. in Amerika: *history of
ideas*, v.a. von A.O. Lovejoy seit Ende der 30er Jahre des 20. Jh.s vertreten.

Identifikation [lat. idem = derselbe, identitem = mehrmals, facere = tun,
herstellen, ausüben], Affekt der ästhetischen Erfahrung, durch den der Rezipient in ein best. Verhältnis zum ↗ Helden oder zu dem im Text Dargestellten versetzt wird; ist, geprägt von den in den Texten angelegten Identi-
fikations- wie Distanzierungsangeboten, unterschieden worden in: a) *assoziative* Identifikation: Übernahme einer Rolle in der imaginären Welt einer
Spielhandlung, b) *admirative* Identifikation: Bewunderung des Vollkommenen, c) *sympathetische* Identifikation: Solidarisierung mit dem Unvollkom-
menen, d) *kathartische* Identifikation: Befreiung des Gemüts durch tragische Erschütterung oder komische Entlastung (↗ Katharsis), e) *ironische*
Identifikation: Verweigerung oder Ironisierung der erwarteten oder er-
wünschten Identifikation. ↗ das Imaginäre, ↗ Illusionsbühne

Idylle, f. oder, bis ins 18. Jh., n. [gr. eidyllion = kleines Bild, kleines Gedicht, zu eidos = Gestalt, Idee], allg.: jede Dichtung, die in räumlich-stati-
scher Schilderung unschuldsvolle, selbstgenügsam-beschauliche Geborgen-
heit darstellt; besonders: zwischen Lyrik und Epik stehende lit. Gattung in
der Nachfolge von Theokrits Idyllen (um 270 v.Chr., ↗ Elegie) und Vergils
Bucolica (↗ Ekloge, ↗ Schäferdichtung), die das paradiesisch ländliche Leben einfacher Menschen schildern (das *Goldene Zeitalter*); meist, aber nicht
immer in Versform. In Dtl. besonders vom 18.-19. Jh. beliebt (z.B. Goethes *Die Laune des Verliebten*, Schillers *Das Ideal und das Leben*, Voß' *Luise*,
Mörikes *Idylle vom Bodensee*, alle in Versform, Geßners *Idyllen* und Jean
Pauls *Quintus Fixlein*, beide in Prosa).
Lit.: R. Böschenstein-Schäfer: Idylle, [2]1977.

Ikon [gr. Bild], von Ch.S. Peirce geprägter Begriff der ↗ Semiotik: ein bildhaftes Zeichen, das mindestens ein wahrnehmungsrelevantes Merkmal mit
dem bezeichneten Objekt gemeinsam hat, z.B. ein Piktogramm an der Toi-
lettentür oder ein lautmalerisches Wort, im Unterschied zu ↗ Index (Kausalbeziehung zum Bezeichneten) und ↗ Symbol (Beziehung aufgrund von
Konventionen). Wie diese jedoch von gesellschaftlichen Konventionen und
kulturellen Stereotypen geprägt (so werden z.B. Meere auf der Landkarte
unabhängig von ihrer tatsächlichen Farbe als blau dargestellt und aus der
Ferne auch so wahrgenommen).

Ikonographie, Ikonologie [gr. Bild + schreiben bzw. Verstand, Bedeutung], von A. Warburg (*Gesammelte Schriften*, postum 1932) angeregte, v.a. von E. Panofsky (*Studies in Iconology*, 1939, zus. mit Fr. Saxl: *Dürers ›Melencolia I‹*, 1923) geprägte Richtung der Kunstgeschichte: die Erläuterung der Bildinhalte von Kunstwerken mit Hilfe überlieferter Bildkonventionen und Textquellen (Ikonographie) und die Entschlüsselung der dem Kunstwerk immanenten Beweggründe durch dessen Einbettung in einen ›kulturellen Kosmos‹ (Ikonologie). Versteht Stil, Komposition und Stoff eines Kunstwerks als Symptom einer best. kulturhistorischen Situation und als Orte eines ↗ kulturellen Gedächtnisses. Von Einfluß auch auf die Lit.wiss., z.B. bei der Erforschung von ↗ Allegorien, ↗ Emblemen, ↗ Formeln oder als Methode der kulturwissenschaftlich orientierten Lit.interpretation allg.

Iktus [lat. Wurf, Stoß, Schlag, Taktschlag], lat. Bez. für ↗ Hebung.

Illusionsbühne [zu gr. illusio = Verspottung, Ironie, Täuschung], aus der ↗ Guckkastenbühne entwickelte Bühnenform: versucht, die fiktionale räumliche Wirklichkeit des Dramas bei der szenischen Aufführung mit den Mitteln der Architektur, der Malerei und mit Requisiten in illusionist. Weise zu vergegenwärtigen und als real vorzutäuschen; oft durch Beiseitesprechen (↗ ad spectatores) relativiert. Gegenstück: die in Klassizismus und Moderne bevorzugte ↗ Stilbühne.

Imaginäre, das [zu lat. imaginarius = bildhaft, nur in der Einbildung bestehend, imago = Bild, Urbild, Totenmaske], in der Psychoanalyse J. Lacans die Herausbildung eines Ichbewußtseins, einer Imago von sich selbst, durch die Entgegensetzung zu anderen Personen (zunächst v.a. zur Mutter); für W. Iser (*Das Fiktive und das Imaginäre*, 1991) grundlegende Kategorie der ästhetischen Erfahrung, da sie zwischen ↗ Wirklichkeit und ↗ Fiktion liegt und ein Realwerden des von der Kunst Erfundenen erlaubt.

Imagologie [zu lat. imago = Bildnis], Richtung der ↗ Lit.wiss.: erforscht die nationenbezogenen Fremd- und Selbstbilder in der Lit. sowie in allen Bereichen der Lit.wiss. und Lit.kritik.

Impliziter Autor, impliziter Leser ↗ Autor, ↗ Leser

Impressionismus, bez. ursprünglich eine Stilrichtung der Malerei (nach dem Bild C. Monets *Impression, soleil levant*, 1872), dann auch der Lit. im letzten Drittel des 19. Jh.s/Anfang des 20. Jh.s (z.B. M. Proust, G. D'Annunzio, O. Wilde, K. Hamsun, D. v. Liliencron, M. Dauthendey, R. Dehmel, der frühe Rilke, der frühe Hofmannsthal). Charakteristisch: die Wiedergabe von einmaligen, an den Augenblick gebundenen Eindrücken und Stimmungen, die einfache Aneinanderreihung von Bildern und der Verzicht auf eine komplexe Darstellung und Deutung. Für die Lit. werden gern als typisch angeführt: die Vorliebe für Stilmittel wie ↗ Parataxe, ↗ erlebte Rede, ↗ Lautmalerei, ↗ Synästhesie, ↗ freie Rhythmen und für kleine Gattungen wie ↗ Skizze, ↗ Novelle, ↗ Einakter und ↗ Lyrik. Die Grenzen zu anderen Unterarten des ↗ Ästhetizsimus sind fließend.

Incipit, m. [lat. es beginnt], erstes Wort der Anfangsformel, die in Handschriften oder Frühdrucken anstelle des (späteren) ↗ Titels den Beginn eines Textes anzeigt, z.b. »Incipit comoedia Dantis Alegherii, Florentini natione, non moribus«; später dann, wie *Initia*, Bez. für die Anfangsformel selbst.

Index, Pl. Indices [lat. indicare = anzeigen], 1. alphabet. Namen-, Titel-, Schlagwort- oder Sachwörter-Verzeichnis, Register; am Schluß eines Buches oder als gesonderter Band; 2. *Index Romanus* (röm. Index) oder *Index librorum prohibitorum*: Verzeichnis verbotener Bücher, die nach Meinung der kath. Kirche gegen die Glaubens- und Sittenlehre verstoßen und von Katholiken weder gelesen noch aufbewahrt, herausgegeben, übersetzt oder verbreitet werden dürfen (es sei denn mit päpstl. Erlaubnis); ↗ Zensur; 3. in der ↗ Semiotik nach Peirce: ein Zeichen, das zum Bezeichneten in einem Kausalzusammenhang steht (Rauch für Feuer), nach M. Bense Zeichen zwischen *Ikon* (durch Ähnlichkeit auf das Bezeichnete bezogen, z.b. ein Porträt) und *Symbol* (nur durch Konvention dem Bezeichneten zugeordnet, z.b. ein Staatswappen).

Inkunabel [lat. Windel, Wiege; erster Anfang], Wiegendruck: ein aus den Anfängen der Buchdruckerkunst bis zum Jahr 1500 stammendes Druckwerk (sowohl ganze Bücher als auch ↗ Einblattdrucke).

Innere Emigration, von Fr. Thieß 1933 geprägte Bez. für die polit.-geist. Haltung derjenigen Schriftsteller, die während des Dritten Reiches in Dtl. ausharrten und mit den ihnen verbliebenen lit. Möglichkeiten (wie das verdeckte Gestalten von Parallelen oder Gegenbildern in ↗ historischem Roman und Rezension) *bewußt* gegen den Nationalsozialismus Widerstand leisteten, z.B. W. Bergengruen, E. Wiechert, R.A. Schröder, R. Hagelstange, R. Huch u.a.

Innerer Monolog, Erzähltechnik, die wie die verwandte ↗ erlebte Rede die Gedanken, Empfindungen, Erinnerungen, Assoziationen einer Person unmittelbar wiederzugeben sucht (↗ stream of consciousness). Häufig mit typischen Kunstgriffen verbunden wie der Fiktion einer lückenlosen Darstellung (↗ Erzählzeit länger als erzählte Zeit) und der Lockerung der Syntax (einfachste unverbundene Aussagesätze, ↗ Parataxe, ↗ Asyndeton) bzw. ihrer Auflösung (in- und übereinandergeblendete Satzfragmente, ↗ Simultantechnik). Bsp.: A. Schnitzler, *Lieutenant Gustl* (*1901*), J. Joyce, *Ulysses* (1922), M. Proust, *A la recherche du temps perdu* (1913-27), V. Woolf, *To the Lighthouse* (1927), A. Döblin, *Berlin Alexanderplatz* (1929, ↗ Montage), H. Broch, *Der Tod des Vergil* (1945), u.a.

Inquit-Formel [zu lat. inquit = er sagte], das in die direkte Rede eines Textes eingeschobene »sagte er«, »sprach er« u.ä.

Interjektion [lat. Einwurf], ein in einen Satzzusammenhang eingeschobener Ausruf: »Spricht die Seele, so spricht, *ach!* schon die Seele nicht mehr« (Schiller). ↗ Parenthese

Interlinearversion [lat.], zwischen die Zeilen eines fremdsprach. Textes geschriebene Wort-für-Wort-Übersetzung ohne Rücksicht auf grammatische oder idiomatische Unterschiede zwischen dem Grundtext und der Übersetzung (↗ Glosse).

Intermezzo [it, von lat. intermedia = in der Mitte] ↗ Zwischenspiel

Interpolation [lat. Einschaltung, Verfälschung], in der ↗ Textkritik: spätere, nicht vom Autor stammende Veränderung eines Originaltextes durch einen nicht kenntlich gemachten Einschub von zusätzl. Wörtern, Sätzen oder Abschnitten, um: 1. seltene oder ungewöhnliche Ausdrücke zu erläutern oder zu ersetzen (↗ Glosse), 2. einen Text einer best. Absicht zu unterwerfen, 3. einen älteren Text zu modernisieren oder zu erweitern.

Interpretation [lat. Erklärung, Auslegung], Akt und Ergebnis des Verstehens von sinnhaltigen Strukturen, von theologischen, historischen, juristischen usw. Quellen, v.a. von Kunstwerken allg. und Dichtung im besonderen. Zeichnet sich gegenüber ihrer Voraussetzung, dem naiven Verstehen, durch stete Reflexion ihrer Bedingungen, ihres Gegenstands und ihres Vorgehens aus (↗ Hermeneutik, ↗ Lit.wiss.), das vom intendierten Erkenntnisgegenstand abhängt, der in der Lit.wiss. a) außerhalb der Lit. liegen kann: Dichtung wird als historische, soziologische usw. Quelle benutzt, verweist auf anthropologishe Konstanten oder historische Besonderheiten (wie ↗ Stil oder ›Geist‹ eines zeitl. und räuml. begrenzten Kollektivs, einer ↗ Epoche, einer Nation) oder auf Leben und Absicht des Autors, b) an den Schnittpunkten zwischen dem einzelnen lit. Werk und seinen außerlit. Gegebenheiten (Kultur, Gesellschaft, Autor usw.) bzw. seinen lit. Konstanten (↗ Gattung, Stil usw.) liegen kann (↗ Lit.soziologie, ↗ Poststrukturalismus, ↗ Dialogizität, ↗ Intertextualität), c) das Werk selbst sein kann, die Bezogenheit seiner Elemente aufeinander (↗ Struktur) und die spezifisch ästhet. Erscheinungsweise seines ›Sinns‹ (↗ werkimmanente Interpretation, ↗ Formalismus, ↗ New Criticism).
Lit.: J. Schutte: Einführung in die Lit.-Interpretation, [4]1997 – U. Eco: Die Grenzen der Interpretation, 1992. – G. Ter-Nedden: Leseübungen, 1987.

Intertextualität, alle bewußt oder unbewußt eingesetzten Bezüge eines lit. Textes auf andere lit. oder außerlit. Texte, durch ↗ Zitat, ↗ Motto, Anspielung (↗ Allusion), Fußnote, Anmerkung, Kommentar, ↗ Ironie, ↗ Parodie, ↗ Kontrafaktur, ↗ Plagiat, ↗ Gattung, ↗ Stil, durch Verwendung kollektiver, im kultur. Gedächtnis bewahrter Symbole u.a. Spielt bei der Produktion (Vorbilder, Gegenbilder usw.) wie Rezeption (↗ Kanon, ↗ Erwartungshorizont) eine wichtige Rolle. Als Begriff von J. Kristeva (*Semiotiké*, 1969, ↗ Poststrukturalismus) in Anlehnung an M. Bachtins Überlegungen zur

↗ Dialogizität lit. Texte eingeführt, gegen die Grundlagen des traditionellen Lit.verständnisses (Einheit, Originalität, strukturelle Totalität des Kunstwerks) gerichtet: In einem lit. Text sind viele Texte präsent, die intertextuellen Verweise überschreiten die Textgrenzen und eröffnen ein von den Absichten des Autors unabhängiges, unabschließbares Spiel der lit. Elemente. ↗ Palimpsest, ↗ Anagramm, ↗ Paratext, ↗ skaz, ↗ kulturelles Gedächtnis Lit.: G. Genette: Palimpseste, 1993. – U. Broich, M. Pfister (Hg.): Intertextualität, 1985. – H. Bloom: The Anxiety of Influence, 1973.

Invektive [lat. invehi = jemanden anfahren], Schmährede; in der Antike häufig Bestandteil von Komödie und ↗ Satire, ein wichtiger Teil der Gerichts- ↗ Rhetorik, aber auch eine selbständige Gattung; kann sich auch gegen Abstraktionen und Dinge (Reichtum, Zorn, Weinrebe o.ä.) richten, nicht nur gegen Personen (der Politik, der Geschichte, des Mythos).

Inversion [lat. Umkehrung, gr. anastrophe], von der übl. Wortfolge abweichende Umstellung von Wörtern; kann ohne Ausdruckswert sein, z.b. bei Nachstellung von Präpositionen (*meinetwegen*), aber auch best. Wirkungen erzielen, z.b. archaisierende (»Röslein rot«, Goethe) oder emphatische (»Unendlich ist die jugendliche Trauer«, Novalis). Häufig als sog. *Kaufmanns-Ironie*, um das ›ich‹ am Satzanfang zu umgehen (»und habe ich mich bemüht«). ↗ Hyperbaton, ↗ Tmesis, ↗ Hysteron proteron

Invokation [lat.], Anrufung; Hilfe und Rat heischende Wendung an höhere Mächte, z.B. Anrufung der ↗ Musen (wie am Beginn von Homers *Odyssee*: »Singe mir, Muse, die Taten des vielgewanderten Mannes...«), der Götter, eines Gottes oder einer Personifikation (wie im 1. Gesang von Klopstocks *Messias*: »Sing, unsterbliche Seele, der sündigen Menschen Erlösung«). Festes Versatzstück (↗ Topos) der antiken Dichtung, v.a. am Anfang (↗ Prolog) oder an besonders herausgehobenen Stellen eines Werks; wichtiges Gattungsmerkmal des ↗ Epos, auch in der ↗ Lyrik häufig (↗ Apostrophe).

Ironie [gr. eironeia = Verstellung, Ausflucht, Mangel an Ernst], Redeweise, die das Gegenteil von dem meint, was sie sagt, z.B. »schöne Geschichte« statt ›Skandal‹. Von Theophrast allg. def. als »Verstellungskunst in Worten und Handlungen«; in der antiken ↗ Rhetorik, insbes. in der Gerichtsrede, zur Überredung des Zuhörers eingesetzt: Ein erwartetes, doch nicht beweisbares negatives Werturteil wird in der Form eines ironischen Lobs vorgetragen, was den Hörer dazu provoziert, selbst nachzudenken und das eigentl. Gemeinte für sich zu bestätigen (diese didakt. Funktion besitzt die Ironie z.B. auch in Platons ↗ Dialogen). Kann Aggressivität, spielerischen Spott, Sarkasmus oder auch eine kritisch-distanzierte Weltsicht verraten, bei der Distanzierung vom Gesagten helfen (↗ Humor, ↗ Identifikation), eine rhetorische Einzelfigur sein, aber auch, länger durchgehalten, lit. Gattungen wie ↗ Parodie, ↗ Satire, ↗ Travestie begründen und konstitutiv sein für ein ganzes Werk (so z.B. für H. Fieldings *Tom Jones*, 1743). Wird in der Lit.wiss. oft unterschieden in *subjektive* Ironie (prägt den Redeton einer

Person, eines meist ↗ auktorialen Erzählers oder lyrischen Ichs) und *objektive* Ironie (ergibt sich durch die Diskrepanz zwischen dem, was der Leser oder Zuschauer weiß, und dem, was die einzelnen Figuren wissen – in Sophokles' *Ödipus* etwa verflucht Ödipus den Mörder seines Vaters, den er, nichts ahnend, selbst umgebracht hat, in Goethes *Lehrjahren* bemerkt Wilhelm Meister nicht, daß Mariane eingeschlafen ist und erzählt ihr immer weiter von seiner Kindheit). In der dt. Frühromantik (Fr./A.W. Schlegel, Tieck, E.T.A. Hoffmann, C. Brentano u.a.) zentraler Begriff (sog. *romantische* Ironie): zeugt von der Unvereinbarkeit von Ideal und Wirklichkeit, »der Unmöglichkeit und Notwendigkeit einer vollständigen Mittheilung« (Fr. Schlegel), und bietet zugleich einen Ausweg: Durch die Ironie kann das Unsagbare gesagt werden und das Ideale das Wirkliche verdrängen.
Lit.: E. Behler: Ironie und lit. Moderne, 1997. – L. Hutcheon: Irony's Edge, 1995. – H. Weinrich: Linguistik der Lüge, 1966.

Isokolon [gr. Gleichgliedrigkeit], Folge von zwei oder mehr Sätzen, die in Bezug auf Konstruktion, Wort- (z.T. auch Silben)zahl gleicher oder ähnlicher sind, entweder syntaktisch selbständig oder von einem gemeinsamen Satzteil abhängig: »Die Kerzen leuchten, / die Glocke tönt, der Weihrauch ist gestreut«, Schiller). Oft durch ↗ Homoioteleuton gebunden, häufig als formale Entsprechung einer Gedankenfigur wie semantischem ↗ Parallelismus und ↗ Antithese.

Isometrisch [gr. gleich + Maß], Bez. für eine Strophe, deren Verse in bezug auf ihre Silben-, Hebungs- oder Taktzahl gleich lang sind; im Ggs. zu *heterometrischen* oder *metabolischen* Strophen, die sich aus Versen unterschiedlicher Länge zusammensetzen. Gelegentl. auch für die Gleichheit der Silbenzahl aufeinander bezogener Reimwörter: *nature : peinture* (isometrischer Reim) im Unterschied zu *nature : pure* (heterometrischer Reim).

Jambus [gr.], antiker Versfuß aus einer kurzen und einer langen Silbe: ⌣–;
im Dt. als Folge von unbetonter und betonter Silbe nachgebildet. Wichtigster Sprechvers der antiken Dichtung, v.a. der sog. *Jambendichtung* (volkstüml. Spott- und Scherzgedichte); in der gr. Dichtung immer als ↗ Dipodie, d.h. als Verbindung zweier Versfüße (⌣–⌣–) gezählt (6 Jamben z.B. bilden einen dreigliedrigen ↗ Trimeter), in der lat. Dichtung hingegen nach
den einzelnen Versfüßen (6 Jamben bilden dann einen ↗ Senar, einen
›Sechsfüßler‹). Die wichtigsten jambischen Verse der neueren Dichtung:
↗ Alexandriner, ↗ vers commun, ↗ endecasillabo, ↗ Blankvers und die
Nachbildungen antiker jambischer Verse. Ggs. zum ↗ Trochäus.

Jesuitendichtung, von Jesuiten insbes. während der Blütezeit des Ordens
(16.-18. Jh., 1772 aufgelöst) verfaßte Zweckdichtung in lat. Sprache, meist
dogmatisch-religiös, im Dienst der Ordensaufgaben: Erziehung und Wah-
rung, Sicherung und Ausbreitung des katholischen Glaubens (*propaganda
fidei*); besonders in Spanien, Frkr., Italien, Dtl. und Österreich gepflegt.
Formal an den zeittypischen dichter. Formen der neulat. Tradit. und der jeweiligen Nationallit. orientiert; adaptiert oft auch beliebte weltliche Stoffe
durch religiöse Umdeutung (geistliche ↗ Eklogen, ↗ Schäferdichtungen);
z.B. Fr. v. Spee, *Trutznachtigall* (postum 1649), A. Silesius, *Der Cherubinische Wandersmann* (1675). V.a. bekannt: das aufwendig inszenierte, durch
volkssprachl. ↗ Zwischenspiele und Musikeinlagen (Ballette, Pantomime)
volksnahe *Jesuitendrama* in der Tradition des ↗ Humanistendramas
(↗ Schuldrama), von nachhaltigem Einfluß auf das ↗ schlesische Kunstdrama, z.B. G. Agricola, *Esther* (1577), J. Bidermann, *Cenodoxus* (1602).
Lit.: R. Wimmer: Jesuitentheater, 1982.

Jugendstil, in Anlehnung an die Münchner Wochenschrift *Jugend* (1896-
1940; Hg. G. Hirth) gebildete dt. Bez. für *Art nouveau*: internat. Stilrichtung der bild. Kunst (etwa 1895-1910), für die v.a. formbeherrschende,
das Gegenständliche überspielende, stilisiert-bewegte, häufig floral anmutende Linien charakteristisch sind. Wird auch auf die Lit., vorwiegend auf
die um die Jahrhundertwende entstandenen meist lyrischen Kleinformen
übertragen, die sich auszeichnen: a) durch eine ›karnevalistische‹ Lust am
Spiel mit Elementen der ↗ Anakreontik, ständig wechselnden Rhythmen,
dominanten Bewegungsmotiven (z.B. bei O. Bierbaum und A. Holz),
b) durch eine kosmische Naturschwärmerei, kunstvoll-schwelgerische
Sprache und Motive einer stilisierten Natur (Lilien, Seerosen, Schwäne,
Weiher, Park), so z.B. bei R. Dehmel und R.M. Rilke, oder c) durch einen
feierlich-weihevollen Charakter, mythologische Anspielungen und magi-
sche Sprachspielereien (z.B. bei E. Stadler, St. George, H. v. Hofmannsthal. Jugendstilhafte Züge außerhalb des dt. Sprachraums bei O. Wilde,
M. Maeterlinck, G. D'Annunzio u.a. Nicht scharf zu trennen von ↗ décadence, ↗ Symbolismus, ↗ Impressionismus u.ä., dem ↗ Ästhetizismus
zugeordnet.
Lit.: J. Hermand (Hg.): Jugendstil, [2]1989. – H. Scheible: Lit. Jugendstil in
Wien, 1984.

Junges Deutschland, erstmals in L. Wienbargs *Aesthetischen Feldzügen* (1834) verwendeter Begriff, der die lit. Bewegung bezeichnet, die zwischen 1830 (Julirevolution) und 1835 ihren Höhepunkt hatte: Schriftsteller wie K. Gutzkow (*Wally die Zweiflerin*, 1835), H. Heine, Wienbarg, H. Laube (*Das junge Europa*, 1833/37), Th. Mundt (*Madonna*, 1835), die der dt. Bundestag in einem Beschluß von 1835 unter diesem Namen verwarnt und zum Großteil verboten hat und die ihre Lit. programmatisch der vorangegangenen, v.a. von Goethe geprägten Lit. entgegensetzten: durch erklärt politische und zeitkritische Ziele (z.B. liberale Staatsordnung, verfassungsrechtlich gesicherte Freiheiten, insbes. die Presse- und Meinungsfreiheit), eine im aktuellen politisch-sozialen Leben, in der ›Zeit‹ stehende Dichtung, die durch Gegenständlichkeit und Detailtreue, neue, politisch-gesellschaftlich relevante Stoffe und kritische Reflexion die Wirklichkeit in ihrer Widersprüchlichkeit erfassen und ein großes Lesepublikum erreichen soll (z.B. durch Veröffentlichung in Zeitungen und Zeitschriften, Ausbildung eines *literarischen Journalismus*, v.a. eines witzig-satirischen, suggestiv-pointierten, subjektiv-tendenziösen Stils, durch die Verwendung kurzer, lesefreundlicher Prosaformen wie ↗ Novelle, Reisebericht, ↗ Feuilleton, durch die Nutzung des publikumswirksamen Zeit- und Gesellschaftsromans oder des die Zensur umgehenden, da zeitgenössische Verhältnisse nur indirekt darstellenden Geschichtsdramas). Als weitere Vertreter des Jungen Deutschland gelten u.a. G. Herwegh, F. Freiligrath, H. Hoffmann v. Fallersleben (*37 Lieder für das junge Deutchland*, 1848), L. Börne, Ida Gräfin Hahn-Hahn. Wird der ↗ Epoche des ↗ Biedermeier bzw. des ↗ Vormärz zugeordnet.

Lit.: J. Hermand: Das Junge Deutschland, ²1979. – A. Estermann: Polit. Avantgarde 1830-1840, 2 Bde, 1974.

Kabarett [von frz. Schenke], Kleinkunstbühne mit Programm aus humoristisch-satirischen, häufig auch zeit- und sozialkritischen ↗ Chansons, ↗ Couplets, Balladen, Sketchen u.ä., die sich mit Pantomimen, Singspiel- und Tanznummern, auch artistischen Kunststücken abwechseln. Eine wichtige Gattung lit. Gestaltens v.a. in ↗ Dadaismus und ↗ Expressionismus, z.B. für P. Altenberg, Chr. Morgenstern, A. Polgar, H. Ball, H. Arp, Klabund, K. Tucholsky, J. Ringelnatz, E. Kästner. Wichtige Kabarettgründungen dieser Zeit: das *Überbrettl* (Berlin 1901, E. v. Wolzogen), *Schall und Rauch* (Berlin 1902, M. Reinhardt), *Elf Scharfrichter* (München 1901, Fr. Wedekind), *Die Pfeffermühle* (Zürich 1933, E. Mann, Th. Giehse).

Kabuki [jap., eigentl. Verrenkung], Gattung des klassischen jap. volkstüml. Theaters, verbindet Elemente des höf. ↗ Nô-Theaters, des Puppenspiels und populärer Tanzformen zu einem artistischen Sing-, Tanz- und Sprechtheater; typisch: die schmale langgestreckte Bühne mit 1-2 Auftrittsstegen durch den Zuschauerraum, zwei Orchester, antirealistische, flächenhafte Kulissen, eine raffinierte, ebenfalls antiillusionistisch eingesetzte Bühnenmaschinerie, die stilisiert-ritualisierte Darstellung von locker gefügten Szenen aus disparaten Stoffkreisen. Einfluß u.a. auf das ↗ epische Theater.

Kadenz [it. (Silben)fall], in ↗ akzentuierenden Versen: der Versschluß. Unterschieden u.a. in: a) *männliche* Kadenz (auch *stumpfe* Kadenz): einsilbig, beschließt den Vers mit einer Hebung, b) *weibliche* Kadenz (auch *klingende* Kadenz): zweisilbig, beschließt den Vers mit einer Folge von Hebung und Senkung. Für die mhd. Metrik darüber hinaus noch wichtig: c) die *klingende* Kadenz: eine Folge von beschwerter Hebung und Nebenhebung, die sprachlich durch ein zweisilbiges Wort mit langer Tonsilbe gefüllt sein muß: x́x̀; z.B. »ich sáz ûf éime stéinè« (Walther v.d. Vogelweide).

Kalender, Angaben über Maße und Gewichte, Himmels-, Erd- und Witterungskunde, mit Sprichwörtern, Zitaten, Anekdoten und Kurzerzählungen usw. ausgestattet; so oft erste Publikationsorgane für Schriftsteller und wichtiges Zeugnis des kulturellen Lebens. Bekannte dt. (lit.) Kalender von Chr. v. Grimmelshausen und J.P. Hebel. ↗ Almanach

Kalendergeschichte [zu lat. calendae = erster Tag des Monats, übertragen: Monat], ursprünglich eine zu einem Kalender, einem Verzeichnis der nach Wochen und Monaten geordneten Tage eines Jahres (oft mit prakt. Hinweisen, Merksätzen, Rezepten, Lebens- und Gesundheitsregeln, Anekdoten, Zitaten usw.), gehörende, dann auch eigenständige kurze, volkstüml., meist realitätsbezogene Erzählung, oft unterhaltend und stets didaktisch orientiert; vereint Elemente von ↗ Anekdote, ↗ Schwank, ↗ Legende, ↗ Sage, Tatsachenbericht und ↗ Satire. Bsp. von Chr. v. Grimmelshausen (*Des Abenteuerlichen Simplicissimi Ewigwährender Calender*, 1670/71), J.P. Hebel (*Der Rheinländische Hausfreund*, 1807ff.), J. Gotthelf, P. Rosegger, O.M. Graf, B. Brecht u.a.

Kanon [gr. Rohr, Maßstab, Richtschnur], Zusammenfassung der für ein bestimmtes Sachgebiet verbindlichen Werke (Regeln, Gesetze usw.), z.B. die ›kanonischen‹ Texte des AT und NT im Ggs. zu den ↗ Apokryphen; im lit. Bereich: Auswahl der von einer best. Gruppe für eine best. Zeit (↗ Epoche) jeweils als wesentlich, normsetzend, zeitüberdauernd, ›klassisch‹ (↗ Klassik) erachteten künstler. Werke, deren Kenntnis für eine gewisse Bildungsstufe vorausgesetzt wird (z.B. in Lehrplänen, lit.wiss. Lexika, ↗ Lit.geschichten). Lit.: R.v. Heydebrand (Hg.): Kanon-Macht-Kultur, 1998. – A./J. Assmann (Hg.): Kanon und Zensur, 1987.

Kanzone [it. gesungenes Lied], 1. allg.: mehrstroph. gesungenes Lied oder rezitiertes Gedicht beliebigen, meist ernsten Inhalts; 2. besonders: das aus sog. Kanzonen- oder ↗ Stollenstrophen gebildete Gedicht, oft mit philosophisch, ethisch oder religiös überhöhter Liebesthematik, auch als klassische Kanzone bezeichnet; Bsp. seit der 1. H. des 12. Jh.s in der provenzal. ↗ Trobadorlyrik (dort als *canso* bez.), im mhd. ↗ Minnesang (bei Friedrich v. Hausen, Reinmar d. Ä., Walther v.d. Vogelweide u.a.) und im ital. ↗ dolce stil nuovo (z.B. in Petrarcas *Canzoniere*, 1350). Im 19. Jh. in Dtl. von A.W. Schlegel, A. v. Platen, Fr. Rückert (*Canzonetten*, 1818) u.a. wiederbelebt.

Kanzonenstrophe ↗ Stollenstrophe

Kasus [lat. Fall], der Rechtswiss. entlehnte Bez. für eine der ↗ einfachen Formen, die, im Unterschied zum einmaligen ↗ Memorabile, einen generalisierbaren Normenkonflikt vorführt, der zum Nachdenken anregen soll; gilt als eine der Vorformen der ↗ Novelle.

Katachrese [gr. Mißbrauch], uneigentlicher, auch unrichtiger Gebrauch eines Worts (↗ Tropus): 1. als metaphorische Übertragung aus einem anderen Bedeutungsfeld, weil ein spezifischer Ausdruck fehlt oder verdrängt worden ist, z.B. Fluß*arm*, Berg*fuß*, Tisch*bein*, 2. als *Bildbruch*: die Verbindung nicht zueinander passender Wendungen: »auf den Knien meines Herzens« (Kleist).

Katalektisch [gr. (vorher) aufhörend], Bez. für Verszeilen, die unvollständig schließen, weil ihr letzter Fuß um ein oder zwei Silben gekürzt ist. ↗ akatalektisch, ↗ hyperkatalektisch

Katalog [gr. Aufzählung, Verzeichnis], 1. alphabetisch oder systematisch (nach Sachgruppen) angelegtes, z.T. kommentiertes Verzeichnis von Büchern, Bildern, Kunstgegenständen usw.; 2. sprachl. gebundene Reihung gleichartiger Begriffe, Namen, Fakten usw. Als (kultische?) Dichtung zum Memorieren genealog. Reihen (Götter, Könige usw.) in allen frühen Kulturen nachweisbar; Gattungsmerkmal des ↗ Epos (der älteste erhaltene Katalog ist der Schiffs-K. in Homers *Ilias*, II, 484).

Katastasis [gr. Zustand], der scheinbare Ruhezustand bzw. die scheinbare Lösung einer dramatischen Handlung auf dem Höhepunkt der Verwicklung (↗ Epitasis), die Ruhe vor dem Sturm; gefolgt von der ↗ Katastrophe. In Sophokles' *König Ödipus* z.B. die Erleichterung des Ödipus und der Iokaste bei der Nachricht vom Tode des Polybos. ↗ retardierendes Moment

Katastrophe [gr. Wendung, Umkehr, Ausgang], Teil eines Dramas, durch den der dramatische Konflikt seine abschließende Lösung findet; meist auf den letzten ↗ Akt konzentriert.

Katharsis [gr. Reinigung], zentraler Begriff der aristotelischen *Poetik*: die ›Reinigung‹ des Zuschauers, ausgelöst durch die von der ↗ Tragödie hervorgerufenen Gefühlsregungen ›Schauder‹ und ›Jammer‹ (gr. *phobos*, beim Herannahen des unheilbringenden Dämons, und *eleos*, beim Offenbarwerden der Machtlosigkeit des Menschen gegenüber seinem Schicksal). Vermutl. der Theologie und Medizin entlehnt (Reinigung von Befleckung, Ausscheidung schädl. Substanzen) und v.a. psychologisch, sogar psychotherapeutisch gemeint: als eine mit Lust verbundene, befreiende Entladung der in der Tragödie dargestellten, im alltägl. Leben aufgestauten Affekte; häufig auch als Immunisierung der Seele gegen Affekte oder auch als sittliche Läuterung des Zuschauers interpretiert.

Kehrreim ↗ Refrain

Kenning, f., Pl. kenningar [altnord. Kennzeichnung, poet. Umschreibung], in der altnord. Dichtung, besonders der ↗ Skaldendichtung, die kunstvolle Umschreibung eines Begriffs durch eine zweigliedrige Verbindung (Nomen + Nomen im Genitiv) oder ein zweigliedriges Kompositum (z.B. *fleina brak*= das Tosen der Pfeile, fleinbrak = Pfeilgetöse als Kenning für ›Kampf‹). Wird wie das *Heiti* [altnord. Name, Benennung], ein altertüml. oder metaphor. gebrauchtes Wort (z.B. *valdr* = Fürst, eigentl. ›der Waltende‹), als ausschließlich der poet. Sprache vorbehalten empfunden.

Kettenreim, 1. äußerer Kettenreim, ↗ Terzinen-Reim: Endreime mit der Reimstellung aba bcb... (auch aba cbc...); 2. innerer Kettenreim: Reimfolgen, die Versanfang, Versinneres und Versende nach einem best. Schema verbinden, z.B. a...b...a/ c...b...c (»S*treue* deinen goldnen *Regen* auf dies Paar und sie er*freue* / *Schaue* sie in vollem *Segen* und mit Nektar sie be*taue*«, Neumark).

Kirchenlied ↗ leis, ↗ Kontrafaktur, ↗ Sequenz, ↗ Volkslied

Klassik [von lat. classicus = der höchsten Steuerklasse zugehörig, übertragen: erstklassig, mustergültig], in der dt. Lit.wiss. allg. Bez. für ↗ Epochen, die im Rückblick als vorbildhaft anerkannt werden (↗ Kanon), z.B. für die in der röm. Antike vorbildhafte gr. Lit. und Kunst (*gr. Klassik,* in der Kunstgeschichte der Zeitraum zwischen Archaik und ↗ Hellenismus, zwi-

schen frühem 5. und späten 4. Jh. v.Chr.), die Blütezeit der mhd. Lit. um
1200 (*staufische Klassik*), besonders aber für die v.a. von Goethe und Schiller geprägte Richtung der dt. Lit. um 1800, die selbst wiederum auf lit.
Gattungen und Themen der ↗ Antike zurückgreift. Als Merkmale dieser
sog. *Weimarer Klassik* gelten u.a.: eine harmonische, von einem Mittelpunkt
aus gestaltete, ↗ geschlossene Form, das Streben nach Einfachheit und Natürlichkeit, die Ausgewogenheit von Vernunft und Trieb, Individuum und
Universum, Willkür und Gesetz (»edle Einfalt, stille Größe«, J.J. Winckelmann); vgl. die von N. Boileau (*L'art poétique*, 1674), P: de Ronsard,
J. Racine, P. Corneille u.a. vertretene *französische Klassik* des 17. Jh.s (*classicisme*), die ebenfalls Kategorien wie Klarheit, Harmonie, Einfachheit, Natürlichkeit in den Mittelpunkt stellt (↗ haute tragédie). Die Schwierigkeiten im Umgang mit dem Begriff ›Klassik‹ resultieren aus seiner späten Entstehung in den 20er und 30er Jahren des 20. Jh.s., der Vielschichtigkeit eines Autors (Schillers ↗ Tragödie *Die Braut von Messina*, Goethes ↗ Epos
Hermann und Dorothea gelten als typ. für die Weimarer Klassik, Goethes
Götz, Schillers *Räuber* nicht), aus den unterschiedlichen künstler. Strömungen einer Epoche (Gleichzeitigkeit von Weimarer Klassik und Jenaer ↗ Romantik), aus den kategorial unzureichend geklärten Verwendungen des Begriffs (oft synonym mit ↗ Klassizismus, oft diesem entgegengesetzt), aus
der Komplexität eines einzelnen lit. Textes (Goethes *Hermann und Dorothea*
z.B. erzeugt nur den Schein von Einfachheit und Natürlichkeit, Hermann
und Dorothea selbst sind Kunstgestalten, denen gerade die für ihr Geschlecht typischen, ›natürlichen‹ Eigenschaften fehlen: Hermann ist weibisch, Dorothea männlich).
Lit.: D. Borchmeyer: Weimarer Klassik. Porträt einer Epoche, ²1994.
W. Voßkamp (Hg.): Klassik im Vergleich, 1993. – J. Fohrmann: Das Projekt
der dt. Lit.geschichte, 1989. – G. Ueding: Klassik und Romantik, 1988.

Klassizismus, Bez. für Kunst, die sich antiker (Stil-)Formen und Stoffe bedient; im Unterschied zur ↗ Klassik oft als epigonal und weniger eigenschöpferisch, als ästhetisierend und der glatten Form huldigend eingeschätzt. Zum Klassizismus werden Epochen wie ↗ Renaissance und ↗ Humanismus gezählt, Dichter wie P. de Ronsard, A. Pope, J.Chr. Gottsched,
G.E. Lessing, Chr.M. Wieland, A. v. Platen, E. Geibel, St. George, P. Ernst
u.a.

Klausel [lat. Schluß], Vorform des ↗ cursus.

Klimax [gr. Steigleiter, lat. gradatio], 1. steigernde Reihung synonymer
Wörter (»Wie habe ich ihn nicht gebeten, gefleht, beschworen«, Lessing)
oder gleicher Satzglieder (»veni, vidi, vici«); 2. sich steigernde Gedankenführung, verbunden mit der Wiederaufnahme best. Wörter (↗ Epanalepse,
↗ Anadiplose), z.B. »Gut verlorn, unverdorben – Mut verlorn, halb verdorben – Ehr verlorn, gar verdorben« (S. Franck). Ggs: Anti-Klimax, Reihung
in absteigender Folge (»Urahne, Großmutter, Mutter und Kind«, G. Schwab).

Klingende Kadenz ↗ Kadenz, weibl. ↗ Reim

Klinggedicht, im 17. Jh. dt. Bez. für ↗ Sonett.

Knittelvers, in der epischen, satirisch-didaktischen und dramatischen dt. Dichtung des 15. und 16. Jh.s häufiger Vers: vierhebig, paarweise gereimt, mit voller ↗ Kadenz; entweder mit freier Füllung und 6 bis 15 Silben (*freier Knittelvers*, z.B. bei H. Rosenplüt und B. Waldis) oder mit 8 Silben bei männl., 9 bei weibl. Kadenz (*strenger Knittelvers*, bei H. Sachs, J. Fischart, S. Brant u.a., ↗ Meistersang). Seit der 2. H. des 18. Jh.s infolge der Hinwendung zur altdt. Kultur als freier Knittelvers wiederbelebt, z.B. in Goethes *Urfaust* (1774) und *West-östlichem Divan* (1819ff.), Schillers *Wallensteins Lager* (1800), Hofmannsthals *Jedermann* (1911), P. Weiss' *Marat/Sade* (1964) oder Kortums *Die Jobsiade* (1784): »Mit dem Handel gíebts unter Kléinigkéiten, / Denn es íst kein Géld únter den Léuten, / Und die Rátsherrnscháft wirft áuch nicht viel áb; / Drum sínd meine Eínkünfte so knápp«.

Kode ↗ Code

Kodex, Pl. Kodizes [lat. Holzklotz, (ab)gespaltenes Holz (als Material für Schreibtafeln)], 1. Buchform der Spätantike und des MA (↗ Handschrift): mehrere gefaltete, ineinandergelegte und geheftete Pergament- oder Papierblätter, die zwischen zwei Holzdeckeln mit Leder- oder Metallüberzug befestigt sind (z.B. der *Codex argenteus*, die sog. Ulfilas-Bibel, 6. Jh., der *Codex aureus*, 9. Jh.); 2. großformatiges wissenschaftliches Werk, besonders eine Sammlung von Regeln und Gesetzen (z.B. der *Codex Justinianus*).

Kohärenz [zu lat. cohaerere = zusammenhängen], in der Textlinguistik: durch Satzbau, Bedeutung oder pragmatische Umstände hergestellter Zusammenhang zwischen einer Aneinanderreihung von Sätzen und Äußerungen, die so als sinnvolle Einheit, als ↗ Text, erscheinen. V.a. von T.A. van Dijk (*Textwissenschaft*, 1980) beschrieben. Mittel der Kohärenz: z.B. Konjunktionen, kausale Verbindungen zwischen Propositionen, deiktische Elemente (↗ Deixis), das Thema, die Benutzung bestimmter, im kulturellen Wissen verankerter Schemata, die typische Situationen und Geschehnisse erfassen oder auf eine spezifische Weise formale und stoffliche Merkmale verbinden und so als Folie für die Deutung eines Textes dienen (z.B. ↗ Gattungen, ↗ Motive, ↗ Stoffe, Vers- und Strophenformen, best. narrative Schemata, vgl. ↗ oral poetry). ↗ Textualität

Kohäsion ↗ Textualität

Kolon, Pl. Kola [gr. Glied, lat. membrum], in der antiken ↗ Metrik und ↗ Rhetorik: die syntaktische und sinntragende, durch Atempausen absetzbare Spracheinheit innerhalb eines Satzes, i.d. Regel von mehr als 3 Wörtern (im Unterschied zum ↗ Komma): »Es glühte der Tag (1. Kolon) / es glühte mein Herz (2. Kolon), / Still trug ich mit mir herum den Schmerz (3. Kolon)« (Heine); wichtiger Teil der ↗ Periode; prägt mit seiner Länge oder Kürze den ↗ Rhythmus einer Rede.

Kolportageliteratur [frz. colportage = Hausierhandel], künstler. anspruchslose Sensationslit., ursprünglich von Hausierern angeboten; im 15. Jh v.a. religiöse Erbauungslit., ↗ Volksbücher, ↗ Kalender, im 18. Jh. ↗ Ritter- und Räuberromane, seit Ende des 19. Jh.s v.a. Liebes-, Kriminal-, Abenteuer-, Wildwest-, Zukunftsromane. ↗ Triviallit.

Komische, das [zu gr. komikus = zur Komödie gehörig, Komik], allg. das Erheiternde, Spaßige, Lustige, Wunderliche, Sonderbare, zum Lachen Reizende. Wesentlichr Bestandteil von ↗ Komödie, ↗ Satire, ↗ Witz, ↗ Comic, Karikatur usw.; umstrittener Grundbegriff der ↗ Ästhetik – u.a. definiert von I. Kant, Fr. Schiller, Jean Paul, A. Schopenhauer, G.W. Hegel, Fr.Th. Vischer, H. Bergson, S. Freud, J. Ritter. Für M. Bachtin (vgl. die dt. Auswahl aus dessen Büchern: *Literatur und Karneval*, 1990) mit der individuelle, soziale usw. Grenzen aufsprengenden Karnevalskultur verknüpft, v.a. mit dem Motiv des »grotesken Leibs«, der sich durch Überschreitungen der normalen Körperkontur (Höcker, lange Nase, Warze u.a.) und des körperl. Maßhaltens (Fressen, Saufen, Scheißen) auszeichnet und dem auf der Ebene der Zeichen die ↗ Dialogizität der Worte entspricht. Von Fr.G. Jünger (*Über das Komische*, ³1948) auf den ohne ernste Folgen bleibenden Konflikt zweier widersprüchl., ungleichwertiger Prinzipien zurückgeführt, den das schwächere, unwichtigere, ›nichtige‹ Prinzip auslöst: Das ungeplante, da zu früh, zu spät, zu langsam, zu schnell oder am falschen Ort eintretende Hinzukommen unangemessener Elemente (Handlungen, Dinge, Personen, Worte, Sprechtempo, ↗ Pnigos usw.) zu einer alltäglichen, sachlichen oder ernst-feierlichen Situation wirkt komisch, wenn dem unangemessenen, unterlegenen Element kein schwerer Schaden zugefügt und es in die normale Ordnung integriert wird (besitzt das Aufeinanderprallen kontrastierender Elemente ernste Folgen, wird das komische Element gar getötet, dann kippt das Komische um ins Tragische; ↗ Tragikomödie). Dieses komische Mißverhältnis kann auch durch die unangemessene Kombination von Form, Stil und Stoff auf formal-struktural

 Ebene realisiert werden (↗ komisches Epos, ↗ Travestie, ↗ Parodie) und lebt von der Diskrepanz zwischen dem von den Rezipienten oder/und einem Teil des (dramatischen oder epischen) Personals erwarteten Schemas (einer Handlung, einer Gattung, eines Reimworts usw., ↗ Erwartungshorizont) und dessen eingetretener Nichterfüllung. Eine besondere Form des Komischen ist die hartnäckige Wiederholung eines von der Norm abweichenden Schemas (z.B. der Tick, der Sprachfehler, die Abschweifung des Erzählers oder eine ständig wiederholte Nonsense-Floskel: »Ich sage Ja zu deutschem Wasser«, Harald Schmidt). Lit.: R. Juzrik: Der Stoff des Lachens, 1985. – W. Preisendanz/R. Warning (Hg.): Das Komische, 1976. – K.H. Stierle: Komik der Handlungen, 1976. ↗ Humor

Komisches Epos, auch heroisch-komisches Epos, scherzhaftes Heldenge-
dicht, engl. *mock heroic*: kürzeres Versepos, das die wichtigsten Merkmale
des antiken ↗ Heldenepos (Versform, Einteilung in Gesänge, gehobene, oft
formelhafte Sprache, mytholog. Gleichnisse, Anrufung und Eingreifen von
Göttern, Kampfszenen usw.) übernimmt, jedoch ironisierend auf einen
nichtigen, unheldischen, belanglosen Anlaß und Personenkreis bezieht: In
der *Batrachomyomachia* (6./5. Jh. v.Chr.) z.B. kämpfen Frösche und Mäuse,
nicht göttergleiche Helden wie in Homers *Ilias* miteinander, in A. Tassonis
La secchia rapita (1622) löst der Raub eines Holzeimers, nicht der schönen
Helena einen Krieg aus. Weitere Bsp.: N. Boileau, *Le lutrin* (1674/83),
A. Pope, *The Rape of the Lock* (1714), J.Fr.W. Zachariae, *Der Renommiste*
(1744), J.J. Dusch, *Der Schoßhund* (1756), Chr.M. Wieland, *Komische Erzählungen* (1765), J.W. v. Goethe, *Reineke Fuchs* (1793), K. Immermann,
Tulifäntchen (1827), A. Grün, *Die Nibelungen im Frack* (1843), u.a. ↗ Bur-
leske, ↗ Hypotext, ↗ Parodie, ↗ Persiflage, ↗ Travestie, ↗ Verserzählung

Komma [gr. abgehauenes Stück], in der ↗ Rhetorik: kleinster Sprechtakt,
i.d. Regel von höchstens 3 Wörtern; meist syntaktisch unselbständiger Teil
eines ↗ Kolons (z.B. eine adverbiale Bestimmung: »heute nacht«), aber
auch ein kurzer Satz (»veni, vidi, vici« = 3 Kommata).

Komödie [aus gr. komos + oide = festl.-ausgelassener Umzug + Gesang],
aus dem antiken Dionysoskult (↗ Mimus, ↗ Dionysien) hervorgegangene
Hauptgattung des ↗ Dramas, besitzt im Ggs. zur ↗ Tragödie meist einen
guten Ausgang und zielt auf eine komische Bloßstellung von Personen, Verhältnissen, menschlicher Schwächen, auch eine ironische Durchbrechung
der Theaterillusion. In der Lit.wiss. unterschiedlich differenziert, v.a. 1. formal: a) in die auf gr.-röm. Muster zurückgehende *klassische* Komödie mit
↗ geschlossener Form: ↗ Akteinteilung, Einhaltung der ↗ Ständeklausel
und der ↗ genera dicendi, b) die *romantische* Komödie mit ↗ offener Form;
2. intentional: a) in die *politisch-gesellschaftskritische* Komödie, z.B.
C. Sternheims *Die Hose*, b) die *didaktische* Komödie, z.B. das ↗ weinerliche
Lustspiel, die ↗ comédie larmoyante, c) die reine *Unterhaltungskomödie*,
z.B. die ↗ Boulevardkomödie; 3. struktural, nach dem Auslöser des ↗ Komischen: a) in die ↗ *Typenkomödie*, die ihre erheiternde Wirkung v.a. durch
die übertriebene Zeichnung best. Charaktere erreicht (z.B. Molières *Der
Geizige*), b) die v.a. an eine komische Situation gebundene *Situationskomö-
die* (z.B. Kleists *Der zerbrochene Krug*), c) die *Intrigenkomödie* mit der überraschenden Lösung scheinbar unlösbarer Probleme (z.B. Shakespeares *Die
lustigen Weiber von Windsor*); 4. nach der Qualität des Komischen: a) Komödien, die v.a. von Mißverhältnissen und Herabsetzungen best. werden,
z.B. ↗ Farce, ↗ Travestie, ↗ Parodie, b) Komödien, die durch Aufhebung
best. Schamgrenzen, die Befreiung unterdrückter kreatürlicher Bedürfnisse,
die anarchischen Elemente des ›Karnevalistischen‹ (↗ das Komische) bestimmt werden, z.B. ↗ Schwank, ↗ Burleske, ↗ Groteske, ↗ Posse, c) Komödien, die durch ↗ Humor geprägt sind, durch die gelassen-überlegene
Anerkennung menschlicher und irdischer Beschränkungen, z.B. ↗ weinerli-

ches Lustspiel, ↗ Tragikomödie. Wichtig für die Entwicklung der europ. Komödie sind neben den Komödien der ↗ Antike (von Aristophanes, Plautus, Terenz u.a.) besonders die ↗ Commedia dell'arte und die Komödien von Shakespeare und Molière.

Lit.: B. Greiner: Die Komödie, 1992. – H. Mainusch (Hg.): Europ. Komödie, 1990. – H. Arntzen (Hg.): Komödiensprache, 1988. – E. Catholy: Das dt. Lustspiel, 2 Bde, 1982.

Komparatistik [zu lat. comparare = vergleichen], auch vergleichende bzw. vgl. und allg. Lit.wiss.: beschäftigt sich besonders mit Beziehungen, Verwandtschaften, Gemeinsamkeiten und Unterschieden zwischen den Nationalliteraturen, mit lit. Entwicklungen über Sprachgrenzen hinweg, sowohl mit internat. lit. Phänomenen, z.b. der Entwicklung einer ↗ Gattung, als auch mit deren jeweils besonderen Ausprägung in den verschiedenen Literaturen unter den verschiedenen nationalsprachl., völkerpsycholog., sozialen, ökonom., polit. usw. Bedingungen. Dadurch v.a. konzentriert auf ↗ Stoff- und Motivgeschichte, Form- und Gattungsgeschichte (z.B. des ↗ Märchens, des ↗ Dramas), Übersetzungsforschung, internat. Lit.geschichtsschreibung, Geistes- und Ideengeschichte, das Nachleben der ↗ Antike und klassischer Autoren (z.B. Homer, Dante, Shakespeare, Molière, Goethe), Fragen der ↗ Lit.soziologie und ↗ Lit.kritik, der Rezeption und Produktion, der Epochenbildung, insbes. auch auf die Ausbildung von ↗ Lit.theorien über die Entwicklung von Methoden, die klären sollen, ob die Gemeinsamkeiten zwischen den verschiedenen Nationalliteraturen poet. ›Universalien‹, also konstante, spezifisch lit. Eigenschaften sind oder prinzipiell unterschiedliche Phänomene, die nur für den in seiner Zeit, in seiner Kultur und seiner Sprache befangenen Interpreten gleich aussehen und diesselbe Funktion zu besitzen scheinen. Arbeitsfeld ist insgesamt die Weltlit., aber oft personen- und sachbedingt eingeengt auf den europ.-amerikan. Sprachraum – die Entwicklung der ↗ oral poetry-Forschung, der Ethnologie und insbes. der ↗ cultural studies in den letzten Jahrzehnten des 20. Jh.s (ausgehend von dem Vielvölkerstaat, dem ›melting pot‹ Amerika) forciert jedoch betont eine Erweiterung der Arbeitsfelder (afrikan., asiat., karib., austral. Dichtung, sog. *postkoloniale Lieraturen* aus den ehemaligen Kolonialländern, u.a.).

Lit.: H. Birus (Hg.): Germanistik und Komparatistik, 1995. – M. Schmeling (Hg.): Weltlit. heute, 1995. – S. Bassnett: Comparative Literature, 1993.

Kompetenz [lat. Fähigkeit] ↗ Performanz

Konjektur [lat. Vermutung], Bez. der ↗ Textkritik für die wahrscheinl. Lesart verderbter, unleserlicher Textstellen, meist vom Herausgeber vorgeschlagen.

Konkrete Dichtung [zu lat. concretus = gegenständl.], neben ›abstrakte Dichtung‹ geläufigste Bez. für die etwa seit 1950 internat. auftretenden

Versuche, mit dem konkreten Material der Sprache (Wörtern, Silben, Buchstaben) unmittelbar eine Aussage zu gestalten, losgelöst von syntakt. Zusammenhängen und oft auch auf das Wort als Bedeutungsträger verzichtend, z.B. durch *visuelle* Dichtung (wie R. Döhls *Apfelgedicht*) oder *akustische* Dichtung (wie E. Jandls *Sprechgedichte*, ↗ Lautgedicht). Vorstufen u.a. im ↗ Futurismus und ↗ Dadaismus, wichtige theoret. Schriften: O. Fahlström, *Manifest für konkrete Poesie* (1953), E. Gomringer, *vom vers zur konstellation*   (1955).
Lit.: E. Gomringer (Hg.): Visuelle Posie, 1995. – T. Kopfermann (Hg.): Theoretische Positionen zur konkreten Poesie, 1974.

Konnotation [lat.], die Neben-, die Mitbedeutung eines Worts, im Unterschied zu seinem sachlich-begrifflichen Inhalt, der *Denotation*: ›Dummheit‹ z.B. als Konnotation von ›Esel‹, ›Schläue‹ als Konnotation von ›Fuchs‹; Hängt u.a. ab vom textimmanenten wie pragmatischen ↗ Kontext, räumlich-regionalen, sozialen, stilistischen, gattungspoetischen usw. Zuordnungen und gemeinsprachl. Assoziationen (↗ Proposition); in der Lit. meist durch Anspielungen, Zitate, sprechende Eigennamen, Verfahren der ↗ Verfremdung, Buchstäblichnehmen der Konnotation, Gattungshinweise, ↗ Selbstreferentialität u.a. konsequent ausgebaut (die ↗ Fabel z.B. entfaltet und bestätigt die konnotativen Bedeutungen von ›Fuchs‹, ›Esel‹ usw. in einer Geschichte).

Konstruktivismus, radikaler Konstruktivismus: erkenntnis- und wissenschaftstheoret. Position, die Wissen und Erkenntnis ausnahmslos als Konstrukte (als Erlernen, Erfahren, Überprüfen, Bestätigen oder Relativieren eigener Wahrnehmungs-, Verhaltens-, Denk- und Handlungsmöglichkeiten), nicht oder weniger als Realitätserkenntnis definiert. Sinn und Bedeutung lit. Texte liegen demnach nicht in den Texten selbst, sondern werden ihnen im Akt des Lesens und der Interpretation zugeschrieben (↗ Wirkungsästhetik). Findet sich in der Sprach-, Politik-, Medien-, Kulturwiss., der Kybernetik, Psychologie, Kognitionspsychologie usw., in der Lit.wiss. v.a. von der ↗ Lit.soziologie (↗ empirische Lit.wiss.) aufgegriffen.
Lit.: E. v. Glaserfeld: Radikaler Konstruktivismus, 1996. – Siegfried J. Schmidt: Kognition und Gesellschaft, [2]1994. – B. Scheffer: Interpretation und Lebensroman, 1992.

Kontamination [zu lat. contaminare = vermischen], Verschmelzung 1. von verschiedenen Vorlagen zu einem neuen Werk, 2. (in der ↗ Textkritik) von verschiedenen handschriftlichen Textfassungen zu einem neuen Text, 3. (in der Linguistik) von Wörtern oder syntaktischen Formen, wobei aus Wortteilen neue Wörter (z.B. *eigenständig* aus ›eigenartig‹ und ›selbständig‹) oder neue syntaktische Wendungen (›meines Wissens nach‹ aus ›meines Wissens‹ und ›meiner Meinung nach‹) entstehen.

Kontext [zu lat. contextus = Zusammenhang], der übergreifende (z.B. kulturelle, lit.historische, situative, textimmanente) Zusammenhang, in dem ein Wort, ein Satz, ein lit. Werk steht. ↗ Proposition

Kontingenz [zu lat. contingere = sich ereignen], in der Logik, Kultur- und Sozialwiss.: die verschiedenen, an sich nicht notwendigen Operationsmechanismen, die einem best. System in einer best. Situation alternativ zur Verfügung stehen; auch allg.: das, was möglich, aber nicht notwendig ist, und zugleich auf seine Alternativen verweist. Gilt als spezifische Eigenschaft der Lit., die durch den kritischen Bezug auf ↗ Gattungen, ↗ Stoffe, ↗ Verse, durch Anspielungen, Zitate, Spiel mit verschiedenen Verfahren, ↗ Parodie, ↗ Ironie u.a. auf ihre Kontingenz verweisen oder diese, durch Steigerung der formalen ↗ Selbstreferenz bzw. Einhaltung stilistischer, stofflicher und gattungspoetischer Regeln (↗ Triviallit.), zugunsten einer ›inneren Stimmigkeit‹ verdecken kann.

Kontrafaktur [lat. Gegenschöpfung, Nachbildung], Übernahme einer beliebten Melodie für einen neuen Liedtext, v.a. Ersetzen weltlicher Texte durch geistliche und umgekehrt (z.B. P. Gerhardts geistliches Lied *O Haupt voll Blut und Wunden* als Kontrafaktur des Liebeslieds *Mein G'müt ist mir verwirret*).

Korruptel [lat. Verderbnis], in der ↗ Textkritik: verderbte Textstelle; in kritischen Ausgaben entweder als unheilbar durch eine ↗ Crux markiert oder durch eine ↗ Konjektur des Herausgebers ›verbessert‹.

Kothurn [gr. Stiefel], der zum Kostüm des Schauspielers in der antiken ↗ Tragödie gehörende hohe, mit Bändern geschnürte Stiefel. Von Aischylos eingeführt, im ↗ Hellenismus und der röm. Kaiserzeit stelzenartig – steht übertragen für den hohen Stil (↗ genera dicendi) der Tragödie, im Unterschied zum *soccus* [lat. Schuh], der flachen Sandale des Komödien-Schauspielers.

Krasis [gr. Mischung], artikulatorisch oder metrisch bedingte Verschmelzung der Schluß- bzw. Anfangsvokale zweier aufeinanderfolgender Wörter, z.B. mhd. *sî ist* zu *sîst*.

Kretikus, Creticus [gr.-lat. der Kretische], antiker Versfuß mit 3 Silben: –‿–, wobei die Längen auch in Kürzen aufgelöst werden können. Selten im Dt. nachgebildet: »Dér in Nácht, / Quál und Léid / sích verlór« (H. Hiltbrunner). Gegenstück zum ↗ Amphibrachys. In der antiken ↗ Rhetorik wichtiger Bestandteil der ↗ Klausel.

Kreuzreim, abab cdcd (*Sonne : Herz : Wonne : Schmerz*); häufig im ↗ Volkslied und in volksliedhafter Dichtung.

Kreuzzugsdichtung, Sammelbez. für epische und lyrische Dichtung des MA, die einen Glaubenskrieg gegen Heiden (u.a. im Hl. Land, im arab. besetzten Spanien) oder Ketzer zum Thema hat, z.B. das *Rolandslied* (12. Jh.) des Pfaffen Konrad, *König Rother* (um 1150), *Herzog Ernst* (vor 1186), Wolframs v. Eschenbach *Willehalm* (um 1217), die *Livländische Reimchro-*

nik (Ende 13. Jh.), Johanns v. Würzburg *Wilhelm von Österreich* (1314, alles Bsp. für *Kreuzzugsepik*), *Kreuzlieder* von Bertran de Born, Friedrich v. Hausen, Hartmann v. Aue, Reinmar, Walther v.d. Vogelweide, Petrarca, in den *Carmina Burana* (13. Jh.) u.a.
Lit.: U. Müller (Hg.): Kreuzzugsdichtung, [3]1985.

Kriminalroman, -geschichte, -novelle: Literarisches Prosawerk, das die Geschichte eines Verbrechers oder eines Verbrechens erzählt (↗ Detektivroman); vom Kurzkrimi in Zeitungen über novellist. knappe Erzählungen wie Fontanes *Unterm Birnbaum* (1885) bis zu umfangreichen, oft mehrteiligen Romanwerken (von Balzac, Dickens, Dostojewskij u.a.); überschneidet sich oft mit ↗ Abenteuer-, ↗ Ritter-, Räuber-, ↗ Schauer-, ↗ Schelmenroman usw.

Krisis [gr. Entscheidung], im ↗ Drama der Augenblick, in dem der Held durch eine best. Entscheidung seine Handlungsfreiheit verliert und damit den Umschwung der Handlung (↗ Peripetie) einleitet: Jeder Handlungsschritt führt von nun an unausweichlich und notwendig zur ↗ Katastrophe.

Kritische Ausgabe ↗ Textkritik

Kryptogramm [gr. verborgene Schrift], in einem Text nach einem best. System versteckte Buchstaben, die eine vom eigentl. Text unabhängige Information enthalten, etwa Verfassername, Daten usw. (z.B. das ↗ Akrostichon).

Kulturelles Gedächtnis, von M. Halbwachs (*Les cadres soxiaux de la mémoire*, 1925, dt. 1966) geprägter Begriff für »den jeder Gesellschaft und jeder Epoche eigentümlichen Bestand an Wiedergebrauchs-Texten, -Bildern und -Riten, in deren Pflege sie ihr Selbstbild stablisiert und vermittelt, ein kollektiv geteiltes Wissen vorzugsweise (aber nicht ausschließl.) über die Vergangenheit, auf das eine Gruppe ihr Bewußtsein von Einheit und Eigenart stützt« (J. Assmann). Durch den Vorgang der *kulturellen Erinnerung*, der sog. *memoria* ausgebildet, gespeichert und – im Hinblick auf die Zukunft – aktiviert oder verändert; nach der antiken Terminologie unterschieden in *mnemosyne* (die gr. Göttin der Erinnerung, übertragen: die episch-erzählende, plastisch-darstellende Erinnerung) und *anamnesis* (die körperlos-philosophische Wiedererinnerung). Wichtige Kategorie der Lit.-, Kunst- und Kulturwissenschaften allg. (in ↗ Semiotik, ↗ Ikonographie, ↗ Lit.geschichte, ↗ Lit.soziologie, ↗ New Historicism, ↗ oral poetry u.a.), die v.a. nach Entstehungsgesetzen (z.B. ↗ Kanon und ↗ Zensur), Beschaffenheit, Auswirkungen (z.B. ↗ Intertextualität) des kulturellen Gedächtnisses und nach best. Erinnerungstechniken (Mnemnotechnik, Erzählstruktur, ↗ einfache Formen, Aufzeichnungs-, Speicherungs- und Übertragungstechnologien, ↗ Witz, ↗ Vers, ↗ Formel, ↗ Gattungen usw.) fragen.
Lit.: J. Assmann/T. Hölscher (Hg.): Kultur und Gedächtnis, 1988.

Kulturwissenschaften, 1. inflationär gebrauchter Sammelbegriff für verschiedene Tendenzen der Geisteswissenschaften, die durch best. Fragestellungen, Methoden, Gegenstandserweiterungen die einzelnen geisteswiss. Disziplinen in einen fächerübergreifenden, offenen und internationalen Bezugsrahmen zu integrieren versuchen. Schon in der ↗ Ideen- und geistesgeschichtlichen Lit.wiss. ausgebildet, heute v.a. als ↗ cultural studies, ↗ Diskursanalyse, ↗ gender studies, ↗ lit. Anthropologie, ↗ Lit.soziologie, ↗ Medienwiss., ↗ Mentalitätsgeschichte, ↗ New Historicism, Mündlichkeit-/Schriftlichkeitsforschung (↗ oral poetry), Symbol-, Bild- und Gedächtnisforschung (↗ Ikonologie) usw.; 2. Volkskunde, Ethnologie.

Lit.: A. Nünning (Hg.): Metzler Lexikon Lit.- und Kulturtheorie, 1998. – H. Böhme/K.R. Scherpe (Hg.): Lit. und Kulturwissenschaft, 1996.

Kunstmärchen ↗ Märchen

Kunstprosa, Bez. für die kunstvoll gestaltete ↗ Prosa(-rede) der gr. und röm. ↗ Antike, die zwischen sachlich-informierender Prosa und Verssprache steht und zur ↗ gebundenen Rede gerechnet wird, weil sie v.a. die Kunstgriffe anwendet und ausbildet, die der Prosa eine der Verssprache vergleichbare, doch eigenständige Qualität verleihen wollen und – wie der ↗ Vers – ein beziehungsreiches System von Gegensätzen und Wiederholungen errichten: die rhythmische, jedoch nicht metrische Gliederung der ↗ Perioden v.a. durch ↗ Antithese, ↗ Parallelismus, ↗ Klausel, ↗ cursus, ↗ numerus, die Symmetrie der Sätze (↗ Isokolon), die häufige Anwendung von ↗ Tropen und ↗ rhetorischen Figuren, besonders von Klangfiguren wie ↗ Anapher, ↗ Alliteration, ↗ Homoioteleuton. Typus der ↗ epideixis; von Gorgias (5. Jh. v.Chr.) begründet.

Kurzgeschichte [seit etwa 1920 nachweisbare dt. Übers. von amerikan. ↗ short story], kurze Erzählung, für die eine geradlinige Handlung, hart gefügte Szenen, die Typisierung der Personen, ein abrupter Beginn, ein unerwarteter, offener, nicht ausgedeuteter Schluß und – im Unterschied zur verwandten ↗ Anekdote und ↗ Novelle – ein eigentl. alltägliches, nicht unerhörtes Geschehen charakterist. sind. Bsp. u.a. von W. Borchert, Fr. Dürrenmatt, H. Böll, S. Lenz, I. Aichinger, G. Wohmann u.a.

Lit.: L. Marx: Die dt. Kurzgeschichte, 1985.

Lai, m. [afrz. von altir. loid, laid = Lied, Vers, Gedicht], afrz. 1. gereimte Kurzerzählung mit Stoff aus der Artus-Welt (bedeutendste Autorin: Marie de France, 2. H. 12. Jh.), 2. Gattung der Liedkunst, die nicht auf Strophen aufbaut, sondern auf einer meist großen Anzahl unterschiedlich langer Abschnitte (↗ Leich).

Laisse, f. [afrz. Dichtung in Versen, Lied, Melodie, auch Abschnitt eines Heldenepos], Vers- und Sinnabschnitt des afrz. ↗ Heldenepos (↗ chanson de geste) aus einer wechselnden Anzahl ungleicher Verse (↗ isometrisch), die durch den gleichen Reim (sog. *Tiradenreim*) bzw. dieselbe ↗ Assonanz zusammengehalten werden.

Langue [frz.] ↗ parole

Langvers ↗ Langzeile

Langzeile, aus 2 Kurz- oder Halbzeilen gebildete metrische Einheit, bei der ↗ An- und Abvers trotz (oder auch gerade wegen) unterschiedlicher ↗ Kadenzen oder Silben- bzw. Hebungszahl fest aufeinander bezogen sind, da sie weder syntaktisch noch rhythmisch selbständig sind (im Unterschied zum einfach aneinandergereihten ↗ Reimpaar und zum *Langvers*, einem Vers von mehr als 5/6 Hebungen oder Takten, der eine geschlossene rhythmische Periode darstellt): »uns ist in alten maeren / wunders vil geseit« (↗ Nibelungenstrophe). V.a. in älteren Perioden der einzelnen Literaturen verwendet, z.B. im *Gilgamesch* ↗ Epos und der german. ↗ Stabreimdichtung.

Laokoon-Problem, in Lessings *Laokoon* (1766) thematisiert, um die traditionelle Frage der ↗ Poetik und ↗ Ästhetik nach den Unterschieden bzw. Gemeinsamkeiten von Dichtkunst und bild. Kunst zu klären: Anders als in Vergils Schilderung derselben Szene (*Aeneis*) öffnet der von Schlangen gewürgte, seine beiden sterbenden Söhne haltende Laokoon in der antiken Laokoon-Gruppe trotz größtem Schmerz den Mund nicht zum Schrei – was Lessing damit begründet, daß die Malerei und Bildhauerkunst einen Gegenstand, ein Ereignis nur als räumliches Nebeneinander von Figuren und Farben erfassen könne und deswegen einen *fruchtbaren Augenblick*, einen der Dauer standhaltenden ›schönen‹, nicht verzerrten, rasch vorübergehenden Moment gestalte; die Dichtung dagegen entfalte eine bewegte Handlung in der Zeit und könne auch Häßliches, Verzerrtes darstellen, weil das Wort als »willkürliches Zeichen« einen weiteren geistigen Raum als die Malerei eröffne. ↗ ut pictura poesis

Lautgedicht, verzichtet auf das Wort als Bedeutungsträger, besteht nur aus rhythm., z.T. auch gereimten Buchstaben- und Lautfolgen; häufig als Kinderlied, Abzählvers, Unsinnspoesie (↗ konkrete, ↗ abstrakte Dichtung), z.B. J.H. Voß' *Lallgedicht*, Chr. Morgensterns *Das große Lalula*, E. Jandls *Schtzngrmm*.

Leberreim, kurzes Stegreifgedicht mit beliebigem, meist scherzhaftem Inhalt (Rätsel, Spott, Trinkspruch) zur geselligen Unterhaltung; meist ein Vierzeiler, dessen Eingangsvers das Stichwort ›Leber‹ enthält, am häufigsten in der Form: »Die Leber ist von einem Hecht und nicht von einem ...«, worauf ein Tiername folgt, auf den die nächste Zeile reimt: »und nicht von einer Schleie, / Der Fisch will trinken, gebt ihm was, / daß er vor Durst nicht schreie.« (Fontane). Gesammelt u.a. von Johannes Junior (*Rhythmi Mensales*, 1601), H. Schaeve (*Jungfer Euphrosinens von Sittenbach züchtige Tisch- und Leberreime*, 1665), H. Hoffmann v. Fallersleben (*Weinbüchlein*, 1829).

Leerstelle, von W. Iser (*Die Appellstruktur lit. Texte*, 1970) geprägter Begriff der Wirkungs- und ↗ Rezeptionsästhetik: eine Stelle in einem Text, die semantisch, d.h. in ihrer Bedeutung, unbestimmt ist und so dem Leser die Möglichkeit bietet, sich am Text zu beteiligen, ihn mitzuvollziehen und aktiv einen Sinn zu erzeugen. Entsteht v.a.: a) wo ein Wort, ein Satz usw. dazu provozieren, scheinbar auseinanderliegende, nicht ausdrückl. einander zugeordnete Textelemente aufeinander zu beziehen, b) durch *Negation*: die gezielte Aussparung einer Norm, eines Interpretations- oder Sinnsystems (z.B. das Weglassen bestimmter zu einer ↗ Gattung gehörender Merkmale, etwa der Verzicht auf den Vers im ↗ Epos) oder c) weil »man auf Grund der im Werk auftretenden Sätze von einem bestimmten Gegenstand (oder einer gegenständlichen Situation) nicht sagen kann, ob er eine bestimmte Eigenschaft besitzt oder nicht.« (R. Ingarden, *Vom Erkennen des lit. Kunstwerks*, 1968).

Legende [mlat. legenda, Pl. von legendum = das zu Lesende], ursprünglich Lesung aus dem Leben eines Heiligen an seinem Jahrestag, dann allg.: Darstellung der vorbildhaften Lebensgeschichte eines Heiligen bzw. eines ihm vergleichbaren Menschen oder einzelner exemplarischer Geschehnisse daraus, z.B. Hartmanns v. Aue *Der arme Heinrich* (um 1195), G. Kellers *Sieben Legenden* (1872), G. Bindings *Legenden der Zeit* (1909). Kirchl.-relig. Gegenstück der profanen ↗ Sage, Teil der ↗ einfachen Formen. Sammlungen von Papst Gregor d. Großen (*Dialogi de miraculis patrum Italicorum*, 6. Jh., die älteste lat. Prosa-Sammlung.), Jacobus de Voragine (*Legenda aurea*, um 1270), J. Bolland (*Acta sanctorum*, 63 Bde, von den sog. *Bollandisten* fortgeführt bis 1902, ca. 25 000 Legenden) u.a.
Lit.: H.L. Keller: Reclams Lexikon der Heiligen und der bibl. Gestalten, [8]1996. – H. Rosenfeld: Legende, [4]1982.

Lehrdichtung, auch didakt., lehrhafte Dichtung: Texte, die mit einer mehr oder weniger deutl. didakt. Absicht Wissen – von der Naturkunde und Landwirtschaft über Religion, Philosophie, Medizin, Morallehre bis hin zur ↗ Poetik – in künstler. Form vermitteln. An keine best. Form gebunden, häufig aber als ↗ Fabel, ↗ Parabel, ↗ bîspel, ↗ Gnome, ↗ Legende, ↗ Spruchdichtung, ↗ Allegorie oder ↗ Epos. Traditionell in Versform wie z.B. Hesiods *Theogonie* (um 700 v.Chr.), Ovids *Ars amatoria*, Lukrez' *De* *rerum natura*, Vergils *Georgica*, Horaz' *De arte poetica* (alle 1. Jh. n.Chr.), Hugos v. Trimberg *Der Renner* (1300), N. Boileaus *L'art poétique* (1674), A. Popes *Essay on Man* (1733), B.H. Brockes' *Irdisches Vergnügen in Gott* (1721-48), A. v. Hallers *Die Alpen* (1732), Fr. v. Schillers *Der Spazier-gang* (1795), J.W. v. Goethes *Metamorphose der Pflanzen* (1798) oder Fr. Rückerts *Weisheit des Brahmanen*« (1836-39). Eine Sonderform sind B. Brechts sog. *Lehrstücke*, die an Modellsituationen gesellschaftl. Mißstän-de aufzeigen wollen (v.a. die um 1929/30 entstandenen kleineren Dramen wie *Der Jasager und der Neinsager*). Von der Antike bis ins 18. Jh. von gro-ßer Bedeutung und oft den drei formalen Gattungen Lyrik, Epik, Dramatik als vierte, inhaltl. bestimmte Gattung an die Seite gestellt.

Leich, Pl. L.s [mhd., von ahd. leih = Spiel, Gesang], Großform der mhd. Lyrik: für den gesungenen Vortrag bestimmtes Musik- und Textstück, das wie die lat. ↗ Sequenz und der frz. ↗ lai aus formal verschiedenen Textab-schnitten (↗ Perikopen) aufgebaut ist, die sich wiederum aus mehreren strophischen, einander entsprechenden Elementen (*Versikeln*) zusammenset-zen. Von großer formaler und thematischer Vielfalt (neben Minne- und Tanzleichs relig. und polit. Leichs), Bsp. bei Heinrich v. Rugge (Kreuzl.), Ulrich v. Gutenburg (Minnel.), Walther v.d. Vogelweide (Marienl.), Ulrich v. Liechtenstein, Tannhäuser, Reinmar v. Zweter, Konrad v. Würzburg u.a. Lit.: H. Spanke: Studien zu Sequenz, Lai und Leich, 1977. – H. Kuhn: Minnesangs Wende, ²1967.

Leis, m., Pl. Leise(n) [mhd. kirleis, leise = geistl. Lied], Bez. für die ersten volkssprachl. Kirchenlieder, die innerhalb der lat. Messe von der Gemeinde an hohen Festtagen gesungen wurden, z.B. das *Petruslied* (9. Jh.) oder der Osterleis *Krist ist erstanden* (13. Jh.).

Leitmotiv, bez. ursprünglich in der Musik eine wiederkehrende, einprägsa-me Tonfolge, die einer best. Person, Situation oder auch Stimmung zuge-ordnet ist und durch ihr mehrfaches Auftreten voraus- und zurückweisende symbolische Bezüge zwischen einzelnen Werkpartien herstellt (von H. Ber-lioz als »idée fixe« bezeichnet, besonders häufig in wortgebundener Musik wie ↗ Oper, Programmmusik und sinfonischer Dichtung). Auf die Lit. über-tragen: eine im selben oder im annähernd gleichen Wortlaut wiederkehren-de Aussage, die einer best. Gestalt, Situation, Gefühlslage, auch einem Ge-genstand, einer Idee oder einem Sachverhalt zugeordnet ist und der Cha-rakterisierung, Akzentuierung und Bedeutsamkeitsstiftung dient (↗ myth. Analogon). Wichtige Bauform des Erzählens (z.B. in Goethes *Wahlver-wandtschaften:* das Kopfweh von Ottilie und Eduard, das Trinkglas mit den Initialen E und O, Ottilies Kette usw., oder in Fontanes *Effi Briest*: die zum ↗ geflügelten Wort gewordene Redewendung des alten Briest: »Das ist ein weites Feld.«). In ↗ Ballade und Lied als ↗ Refrain.

Lemma [gr. Aufgenommenes, Aufgegriffenes], 1. Stichwort in Lexika, Wör-terbüchern; 2. das im textkrit. ↗ Apparat oder den Anmerkungen eines

Kommentars aufgegriffene Stichwort aus dem Haupttext; 3. im älteren Sprachgebrauch: Motti, Titel oder Kapitelüberschriften eines lit. Werkes, die die zentrale Thematik thesenhaft zusammenfassen; beim ↗ Emblem die Bildüberschrift.

Lesart, in der ↗ Textkritik: die von einer (gesicherten) Textstelle abweichende, überlieferte Fassung (auch als ↗ *Variante*, z.T. auch als *Version* bezeichnet); im Apparat verzeichnet.

Leser, zentrale Kategorie der ↗ Rezeptionstheorie, die verschiedene, doch nicht einheitlich verwendete Leserbegriffe geprägt hat. Die wichtigsten: a) der *reale* Leser, der ein Teil des lit. Publikums ist und außerhalb des Textes existiert (Forschungsgegenstand der ↗ Lit.soziologie, spez. der Rezeptionsgeschichte); b) der *intendierte* Leser: der Adressat, die historisch zu verortende ›Leser-Idee‹, die ein Autor vor Augen hat und auf die er sich mit seinem Text bezieht; c) der *ideale* Leser: die Abstraktion eines Lesers, der bei seiner Lektüre alle Bedeutungsangebote eines lit. Textes vollständig realisieren könnte; d) der *fiktive* Leser: der in den Text eingezeichnete, fingierte, oft direkt angesprochene L., der als ›Partner‹ des Erzählers auftreten kann (↗ dubitatio); e) der *implizite* Leser: eine von W. Iser (*Der implizite Leser*, 1972) geprägte Bez. für die im Akt des Lesens zu realisierende ›Leserrolle‹ eines Textes, für die Gesamtheit aller in der Struktur eines Textes beschlossenen gedanklichen Operationen, die für eine ihm angemessene Rezeption gefordert wird (↗ Leerstelle).
Lit.: W. Iser: Der Akt des Lesens, [4]1994. – S.R. Suleiman/I. Crosman (Hg.): The Reader in the Text, 1980. – J.P. Tomkins: Reader-Response-Criticism, 1980. ↗ Rezeptions- , ↗ Wirkungsästhetik

Libretto, Pl. Libretti [it. kleines Buch], Textbuch einer ↗ Oper, Operette, eines Musikdramas, Singspiels usw.

Lied, lyrische Gattung, die sich durch ihre Sangbarkeit def.; meist, aber nicht immer (z.B. im ↗ Leich und ↗ Chorlied) aus mehreren gleichgebauten und gereimten Strophen aufgebaut. Gilt seit Ende des 18. Jh.s (z.B. für J.G. Herder, Fr.G. Klopstock, den ↗ Göttinger Hain, J.W. v. Goethe, J. v. Eichendorff, C. Brentano u.a.) als Inbegriff des ↗ Lyrischen, des ursprünglichen, unmittelbaren Gefühlsausdrucks. Kann unterschieden werden in ↗ Volks- und *Kunstlied* (das Werk eines namentlich bekannten Verfassers), nach dem Inhalt (geistl.-relig./weltl. Lied), der soziolog. Zuordnung (Studenten-, Vaganten-, Soldaten-, Kinderlied usw.), der Funktion (polit. Lied, Scherz-, Trinklied usw.) und der Art des Vortrags (Chor-, Tanz-, Solo-, Klavierlied usw.). Umfaßt in Frühkulturen sowohl die durch ↗ Reim, ↗ Assonanz, ↗ Alliteration, ↗ Parallelismus usw. gebundene Kult- und Gebrauchs-›Lyrik‹ (↗ carmen) als auch balladeske und epische, im Sprechgesang vorgetragene Dichtung (↗ Heldenlied).
Lit.: S. Kross: Geschichte des dt. Liedes, 1989. – H. Kreuzer (Hg.): Das Lied, Zeitschrift für Literaturwissenschaft und Linguistik 34 (1979).

Liederhandschrift, handschriftl. Lyriksammlung des MA, in Klöstern oder im Auftrag adliger bzw. bürgerl. Mäzene entstanden, z.B. die *Carmina burana* (13. Jh., eine Sammlung anonymer Lieder, benannt nach dem Kloster Benediktbeuren), die *Kleine* (mit 34) und *Große* (mit 140 Autorennamen) *Heidelberger Liederhandschrift* (um 1300), die *Riedsche Liederhandschrift* (mit Liedern Neidharts, 2. H. 15. Jh.). Lit.: ↗ Minnesang

Limerick [nach der irisch. Grafschaft bzw. Stadt], seit dem 19. Jh. nachweisbare Gedichtform: 5 Verse, verbunden mit dem Reimschema aabba, wobei der erste Vers fast immer eine Person in Verbindung mit einer Ortsangabe nennt: »There was a young Lady of Riga«. Wegen des komisch-grotesken, häufig ins Unsinnige umschlagenden Inhalts der sog. *Unsinnspoesie* zugerechnet.

Literarische Anthropologie [zu gr. anthropos = Mensch], Richtung der Lit.wiss., fragt v.a. nach der allg. Fiktionsfähigkeit und -bedürftigkeit des Menschen und den historisch spezifischen Funktionen von ↗ Fiktionen; in Dtl. besonders von H. Pfotenhauer (*Literarische Anthropologie*, 1987) und W. Iser (*Das Fiktive und das Imaginäre*, 1991) angeregt.

Literarischer Geschmack, meint in der 2. H. des 17. Jh.s zunächst das spontan-intuitive Reagieren auf ein lit. Werk, besonders durch dessen besonderen künstler. Formen, weniger durch dessen außerästhet. ›Gehalt‹ hervorgerufen, dann allg.: die spontane und subjektive, rational zunächst nicht begründbare Reaktion auf Kunstwerke, die nach Gefallen oder Mißfallen beurteilt werden. Hängt u.a. vom persönlichen ↗ Erwartungshorizont, von normative ästhetischen Gesichtspunkten (bis ins 18. Jh. formuliert in der ↗ Poetik) und den in einer Gesellschaft unterschwellig favorisierten, von Institutionen wie Verlag, Schule, Universität, Fernsehen beeinflußten, histor. sich verändernden Kriterien ab (so ist ›Spannung‹ z.B. eine relativ junge Kategorie der ↗ lit. Wertung, die bis ins 18. Jh., da lit. Texte meist wiederholt gelesen, in der Regel in Versen verfaßt worden sind und v.a. mit Wiederholungen und Variationen gearbeitet haben, kaum eine Rolle gespielt hat). Fragen der lit. Geschmacksbildung und des Geschmackswandels stehen v.a. im Mittelpunkt der ↗ Lit.soziologie.

Literarische Wertung, Bestandteil der ↗ Lit.kritik: Beurteilung der ästhetischen Qualität von Kunstwerken aufgrund bestimmter Feststellungen (durch Beschreibung, Analyse oder ↗ Interpretation), normativer Gesichtspunkte (↗ Poetik, ↗ Stilistik) und des individuellen ↗ lit. Geschmacks. Kann sehr unterschiedlich ausfallen (wer ein lit. Werk als in sich geschlossenes Gefüge begreift, wird nach Kategorien wie Zusammenhang, Struktur, Funktion, Stil usw. beurteilen, wer Dichtung als Ort menschlicher Selbstreflexion versteht, eher nach Kategorien wie Authentizität, Natürlichkeit, Lebensgehalt), daher nicht beweisbar und meßbar: muß Zustimmung durch plausible Begründungen oder rhetorische Tricks erheischen; in der ↗ Lit.wiss. problematisch, aber unumgänglich, zeigt sich allein schon in der Auswahl des Materials, der Formulierung des Themas und der Methodenwahl.

Literaturgeschichte, 1. Lit. in ihren histor. Zusammenhängen und Entwicklungen, 2. Darstellung einer in einer best. Sprache verfaßten Lit., auch der ›Weltlit.‹ oder der Lit. einzelner ↗ Epochen oder der Geschichte einzelner ↗ Gattungen, z.B. Hansers *Sozialgeschichte der Lit. vom 16. Jh. bis zur Gegenwart* (hg. v. R. Grimminger, 1980ff.), J. Raulfs' *Dt. Lit. in Beispielen* (1986), W. Beutins u.a. (Hg.) *Deutsche Lit.geschichte von den Anfängen bis zur Gegenwart* (1979), H. Heines *Romantische Schule* (1836), W. Scherers *Geschichte der dt. Lit.* (1883), I. Schaberts *Engl. Literaturgeschichte* (1997), G. Schulz' *Dt. Lit. zwischen frz. Revolution und Restauration* (1983/89). Verbindet traditionell Biographik und Werkinterpretation, oft erweitert durch Versuche, lit. Entwicklungen in die ↗ Ideen-, ↗ Geistes-, Sozial- und Kulturgeschichte (↗ Lit.soziologie) einzuordnen und vor deren Hintergrund zu deuten. Folgt oft einem ↗ Kanon, trägt selbst auch nachhaltig zu seiner Bildung bei, wobei neuere Konzepte der Lit.geschichtsschreibung meist dem Kanon der älteren entgegensteuern, z.B. durch eine Geschichte der Lit., die von weibl. Autoren oder Minderheiten (↗ Komparatistik, z.B. postkoloniale Lit.) stammt, eine Literaturgeschichte der erfolgreichen, zu ihrer Zeit am meisten gelesenen lit. Texte, eine namenlose Literaturgeschichte der Stoffe und Formen, der Rezeption von Lit. usw. (↗ gender studies, ↗ feministische Lit.wiss., ↗ Diskursanalyse, ↗ Rezeptionsästhetik). Als ›Väter‹ der dt. Literaturgeschichtsschreibung gelten D.G. Morhof (*Unterricht von der Teutschen Sprache und Lit.*, 1682), A. Müller, Fr. und A.W. Schlegel, v.a. G.G. Gervinus (*Geschichte der dt. Dichtung*, 1835ff.)
Lit.: (neuere Theorien der Lit.geschichtsschreibung) A. Nünning (Hg.): Eine andere Geschichte der engl. Lit., 1996. – R.E. Berkhofer: Beyond the Great Story, 1995. – L. Danneberg u.a. (Hg.): Vom Umgang mit Lit. und Lit.geschichte, 1992.

Literaturkritik, Auseinandersetzung mit lit. Texten, die v.a. die krit. Interpretation, Reflexion und Beurteilung (↗ lit. Wertung, ↗ lit. Geschmack) in den Mittelpunkt stellt; anders als ↗ Lit.theorie, ↗ Lit.wiss. und ↗ Lit.geschichte v.a. auf die Werke zeitgenössischer Autoren konzentriert und in Zeitschriften, Zeitungen, Rundfunk u,. Fernsehen für ein breiteres Publikum veröffentlicht; oft auch wieder in lit. Texten (↗ Parodie) versteckt. Bis ins 18. Jh. v.a. Bestandteil der ↗ Poetik, bis ins 19. Jh. meist von den Literaten selbst geübt (z.B. von Gottfried v. Straßburg, M. Opitz, J.Chr. Gottsched, J.J. Breitinger, J.G. Herder, Fr. Nicolai, G.E. Lessing, J.W. v. Goethe, Fr. Schiller, Fr. und A.W. Schlegel, H. Heine, L. Börne, G. Keller, Th. Fontane, H. v. Hofmannsthal), seit Anfang des 20. Jh.s als eigenständige Disziplin (A. Kerr, A. Polgar, K. Kraus, M. Reich-Ranicki u.a.). ↗ Stilistik, ↗ querelle des anciens et des modernes
Lit.: P.U. Hohendahl (Hg.): Geschichte der Lit.kritik, 1980. – H. Mayer (Hg.): Meisterwerke dt. Lit.kritik, 2 Bde, 1956.

Literaturpsychologie, Sammelbez. für die vielfältigen, oft sehr unterschiedl. lit.wiss. Richtungen, die das lit. Werk, seinen Entstehungs- und Rezeptionsprozeß unter Hinzuziehung verschiedener psycholog. Theorien, Metho-

den und Konzepte untersuchen. Kann grob in zwei Hauptzweige unterschieden werden: a) die *psychoanalytische* Lit.wiss., die im Rückgriff auf S. Freud (und J. Lacan, ↗ Poststrukturalismus) die lit. Produktion wie Rezeption als Ausdruck des Unbewußten versteht, b) die v.a. seit den 60er Jahren des 20. Jh.s ausgebildete *empirische* Lit.psychologie, die psycholog. Äußerungen über Lit., ihre Schöpfung und Wirkung, besonders auch Hypothesen der ↗ Lit.soziologie und ↗ Rezeptionsästhetik im Rahmen empirischer Studien überprüft, z.B. Aspekte der Kreativität (wie den traditionell behaupteten Zusammenhang zwischen Wahnsinn und Genialität, den Ablauf des kreativen Prozesses als Analogon zum Träumen), der Beziehung zwischen Textinhalt, Textform und emotionalen Reaktionen des Lesers oder der lit. Evolution (wie den Stilwandel und die Veränderung einzelner ↗ Gattungen, die dem Nachlassen des ästhetischen Reizes durch ↗ Verfremdung entgegenzuwirken suchen).
Lit.: W. Schönau: Einführung in die psychoanalytische Lit.wiss., 1991.

Literatursoziologie, untersucht die Lit. in ihrer gesellschaftlichen Verflechtung, wobei das lit. Werk selbst (als sprachliche, geformte, deutende Vorstellung der Welt) wie die sozialen und ökonom. Voraussetzungen seiner Produktion, Verbreitung, Rezeption und Weiterverarbeitung Gegenstand sind. Systematisch erstmals in Hegels *Ästhetik* (1835-38), die aus dem jeweiligen Verhältnis von Form und Inhalt eine Historisierung der künstler. Formen und Gattungen entwickelt, die auf einen best. gesellschaftlichen Kontext verweist. Seit den 20er Jahren, besonders nach 1968 als *materialistisch-marxistische* Literatursoziologie (bedeutende Vertreter: G. Lukács, W. Benjamin, Th.W. Adorno, L. Goldmann), die v.a. den ›gesellschaftlichen Gehalt‹ von Lit., den historischen Wandel der Produktions- und Kommunikationsbedingungen und deren Einfluß auf das lit. Schaffen einer Zeit, besonders auch auf den ästhetischen Charakter, den Stil, die Symbolik usw. eines Texts erforscht. Heute meist als *systemtheoretische* Lit.soziologie: fragt v.a. nach den Strukturen, die das ›Sozialsystem‹ Lit., nicht den Text als ästhetisches Gebilde, organisieren, nach dessen Austauschbeziehungen mit anderen Systemen der Gesellschaft (Ökonomie, Politik) und den Ausdifferenzierungen, Struktur- und Funktionsveränderungen von Subsystemen (so übernimmt z.B. innerhalb des Systems ›Sozialkultur‹ die Lit. seit Ende des 18. Jh.s zunehmend die Funktion der Religion); oder als ↗ empirische Lit.wiss., ↗ Diskursanalyse, ↗ New Historicism, ↗ Cultural Materialism, ↗ Konstruktivismus u.a.
Lit.: J. Jurt: Das lit. Feld, 1995. – N. Luhmann: Die Kunst der Gesellschaft, 1995. – H. Willke: Systemtheorie, ⁴1993. – D. Schwanitz: Systemtheorie und Lit., 1990. – P. Bürger (Hg.): Seminar: Lit.- und Kunstsoziologie, 1978. – J. Bark (Hg.): Literatursoziologie, 2 Bde, 1972.

Literaturtheorie, im 20. Jh. an die Stelle von ↗ Poetik, z.T. auch ↗ Ästhetik, ↗ Rhetorik, ↗ Stilistik getretener Zweig der ↗ Lit.wiss.; sucht systematisch nach Prinzipien lit. Darstellung allg., z.B. nach den spezifischen Beziehungen zwischen Inhalt und Form, Organisation und Verarbeitung eines

↗ Stoffs, best. stilistisch-formalen Kategorien (wie dem ↗ mythischen Analogon), den Gesetzen der einzelnen ↗ Gattungen; entwickelt und reflektiert lit.wiss. Begriffe, Methoden der Erfassung und Deutung von Lit., erörtert die verschiedenen Funktionen von Lit., Gesetze der lit. Entwicklung, die Beschaffenheit ahistorischer Konstanten innerhalb von kulturgeschichtlichen Entwicklungen usw. Im 20. Jh. v.a. geprägt von Fragen nach dem von der Normalsprache abweichenden, eigene Bedeutungen schaffenden System der Lit. (z.b. ↗ Formalismus, ↗ New Criticism, ↗ Strukturalismus, ↗ Dekonstruktion, ↗ Semiotik), nach dem Weiterleben lit. Vorformen und antiker Lit., nach vorgeprägten Denk-, Ausdrucks- und Kommunikationsmustern (↗ lit. Anthropologie, Kulturgeschichte, Archäologie der Kommunikation, ↗ Ikonographie, ↗ einfache Formen, ↗ kulturelles Gedächtnis, ↗ cultural studies), nach dem Verhältnis von Rezipient und Text (↗ Rezeptionstheorie, ↗ Wirkungsästhetik), Lit. und historischer Wirklichkeit, Rezipient und Produzent im Rahmen gesellschaftlich-ökonomischer Entwicklungen (z.B. marxistische Lit.theorie, ↗ Lit.soziologie, ↗ New Historicism, ↗ feministische Lit.wiss., ↗ Diskursanalyse, ↗ Poststrukturalismus); zunehmend zu einer allg. Kulturtheorie weiterentwickelt (↗ Kulturwiss.).

Lit.: A.Nünning (Hg.): Metzler Lexikon Lit.- und Kulturtheorie, 1998. – T. Eagleton: Einführung. in die Lit.theorie, [4]1997. – K.-M. Bogdal (Hg.): Neue Literaturtheorie, [2]1997. – D. Kimmich (Hg.): Texte zur Lit.theorie der Gegenwart, 1996. – E. Habekost/R.G. Renner (Hg.): Lexikon lit.theoretischer Werke, 1995. – J. Lotman: Die Struktur lit. Texte, [4]1993. – R. Selden/P.Widdoson: A Readers Guide to Contemporary Literary Theory, [3]1993. – R. Selden: Practing Theory and Reading Literature, 1989.

Literaturwissenschaft, in Dtl. seit den 60er Jahren des 20. Jh.s verbreiteter Begriff, ersetzt den älteren der ↗ Philologie; neben ↗ Lit.kritik, Buchhandel, Deutschunterricht, privater Lektüre, Dichterlesung, ↗ Adaption in Theater, Film, Fernsehen und Musik, Lit.kreisen, eigenen Schreibversuchen usw. eine Form des Umgangs mit Lit., wobei *Literatur* [nach lat. littera = Buchstabe] i. d. Regel definiert wird als: a) alles Geschriebene im Ggs. zu allen mündlichen Äußerungen und ursprünglich nur mündlich überlieferten Formen wie ↗ Volkslied, ↗ Sage usw., oder b) alles, was zu einem best. Zeitpunkt in der Gesellschaft mehrheitlich für Lit. gehalten wird oder c) alle schriftlich fixierten, auch ursprünglich nur mündlich überlieferten Texte, die best. ästhetischen Ansprüchen genügen (↗ Poesie, ↗ Dichtung im Ggs. zur ↗ Triviallit.). Traditioneller Gegenstand der Lit.wiss. ist die künstlerische, durch ↗ Fiktionalität gekennzeichnete Lit. im Ggs. zur Sachlit.; traditionelle Arbeitsfelder: 1. Sicherung und Bereitstellung der Texte bzw. ihrer ↗ Fassungen (↗ Edition, ↗ Textkritik), 2. Beschreibung und Analyse ihrer Lautgestalt und Sprachstruktur (Satzbau, Wortbildung usw.), Klärung des Wortsinns (bei unbekannten Wörtern bzw. Wörtern mit historischem oder regionalem Bedeutungswandel), 3. Beschreibung und Analyse der Texte nach Kategorien wie ↗ Form, ↗ Struktur, ↗ Vers, ↗ Strophe, ↗ Stil, ↗ Stoff, ↗ Sujet, Funktion, ↗ Gattung usw., 4. Deutung (Interpretation, z.B. ↗ werkimmanente Interpretation, ↗ Dekonstruktion, ↗ Forma-

lismus, ⁊ Strukturalismus, ⁊ New Criticism), 5. Einordnung in größere
Zusammenhänge, z.B. lit.-, kultur-, sozialhistorische Entwicklungen
(⁊ Lit.geschichte, ⁊ Geistesgeschichte). V.a. seit den späten 60er Jahren des
20. Jh.s erweitert um Fragen a) nach der durch historische Fakten rekonstruierbaren Umgebung lit. Texte, nach der gesellschaftlich/historischen
Einordnung von Lit.produzenten und -rezipienten, von best. Ideen, kulturellen Ereignissen, lit.wiss. Schriften, Produktions-, Vertreibungs- und Rezeptionsformen, ästhetischen Normen, Werturteilen (⁊ lit. Geschmack,
⁊ lit. Wertung), ⁊ Kanon-Bildungen, ⁊ Gattungen usw. (z.B. ⁊ gender
studies, ⁊ Lit.soziologie, ⁊ Kulturwiss.), b) nach lit. Grenzformen wie
⁊ Dokumentarlit., ⁊ Brief, ⁊ Tagebuch, ⁊ Essay, sublit. Formen wie
⁊ Witz, ⁊ Comics, Schlager und bis dahin kaum beachteten Randgruppen-
Literaturen (von Frauen, Homosexuellen, Juden, aus ehemaligen brit. oder
frz. Kolonien usw.), c) besonders seit den späten 80er, 90er Jahren: nach
den künstler. Verfahrensweisen gerade auch der Sachlit. und Wissenschafts-
lit. (ihrer ⁊ Rhetorik, der Fiktionalität des Faktischen, ihren ⁊ Erzählungen; ⁊ Dekonstruktion, ⁊ Diskursanalyse, ⁊ Konstruktivismus). Ersetzt
zunehmend den Begriff des lit. Kunstwerks durch den des ⁊ Textes und beschreibt die Lit. als eine Form des ⁊ kulturellen Gedächtnisses (memoria):
Lit. überliefert kulturelles Wissen, hält z.B. fest, wie die menschliche Kommunikation und Wahrnehmung einer best. Zeit organisiert war, steht im
Schnittpunkt von Übergangszeiten (etwa am Übergang von der Mündlichkeit zur Schriftlichkeit, ⁊ oral poetry) usw. Der *wissenschaftliche*, objektive,
empirisch-analytische Umgang mit lit. Texten ist problematisch – der Wis-
senschaftler hat zu ihnen nur durch eigene Lektüren Zugang, die jeweils
von individuellen Leseerfahrungen (⁊ Erwartungshorizont) und Zielen,
vom momentanen Befinden und der jeweiligen Situation, von Zeit und Ort
der Lektüren, geprägt sind; einer von den eigenen ästhetischen Erfahrungen
unabhängigen Texterfassung (z.B. durch eine statistische Auswertung im
Computer) geht der traditionelle Gegenstand der Lit.wiss., der ästhetische
Gegenstand selbst, verloren. Jedes lit.wiss. Arbeiten setzt daher das Bewußtsein, die Reflexion und Überprüfung der eigenen subjektiven Wertungen
und Sinnstiftungen voraus: a) durch das Bemühen um historisch wie lit.
angemessene Verstehensweisen (z.B. ist es lit. unangemessen, den Tod von
Ferdinand und Luise in Schillers Trauerspiel *Kabale und Liebe* allein als Folge eines historischen Stände- und Generationenkonflikts oder als Folge von
Ferdinands Eifersucht zu begreifen – die beiden sterben vor allem, weil und
damit Schillers Drama ein Trauerspiel ist, die Stände-, Generations- und
Eifersuchtsproblematik verkleidet dieses ⁊ mythische Analogon nur glaubhaft; histor. unangemessen ist es z.B., dem ⁊ Reim im 20. Jh. dieselben
Funktionen zuzuordnen wie im 17. Jh. – im 17. Jh. war der Reim ein notwendiges, übliches, relativ unauffälliges Merkmal jeder Versdichtung, im
20. Jh., wo er zum Klischee der Lyrik, besonders des ⁊ Volkslieds und der
trivialen Dichtung gehört, zeigen Texte ihren künstler. Anspruch gerade
durch den Verzicht auf den Reim und den Einsatz ⁊ freier Rhythmen),
b) durch das Bemühen um Vermittlung, durch eine logisch nachvollzieh-
bare und anhand der zitierten Quellen überprüfbare Argumentation, eine

klare, eindeutige Sprache, die exakte Formulierung von Thesen und Argumentationsschritten, den Anschluß an Begriffe, Methoden und Wissensbestände der Lit.wiss. und die Klärung der verwendeten, oft einem Bedeutungswandel unterworfenen Begriffe, c) durch die Systematisierung der Erkenntnisse, die gedankliche Abstraktion, die Rückführung der Erkenntnisse auf ein gedankliches Modell, eine best. Methode oder Prämisse oder auf die spezifischen Eigenschaften eines einzigen Textes usw.

Lit.: B.J. Dotzler/P. Moucha (Hg.): Grundlagen der Lit.wiss., 1999. – M. Pechlivanos u.a. (Hg.): Einführung in die Lit.wiss., 1995. – R. Baasner: Methoden und Modelle der Lit.wiss., 1996. – H.L. Arnold/H. Detering (Hg.): Grundzüge der Lit.wiss., 1996. – F. Griesheimer/A. Prinz (Hg.): Wozu Lit.wiss.?, 1991. – H. Schlaffer: Poesie und Wissen, 1990.

Litotes [gr. Schlichtheit], Steigerung eines Worts durch Abschwächung oder Verneinung seines Gegenteils, z.B. »nicht unbekannt« (d.h.: ›sehr bekannt‹). Mittel der untertreibenden Ausdrucksweise, des Understatements; durch den Gebrauch des Gegenteils der ↗ Ironie verwandt.

Littérature engagée [frz.], von Sartre (*Über Literatur*, 1950) geprägte Bez., im weitesten Sinn: jede engagierte, d.h. für außerlit. (polit., soz., relig. u.a.) Ziele sich einsetzende »Lit. der Praxis«, der »Stellungnahme«.

Locus amoenus [lat. lieblicher Ort], eine aus best. stereotypen Elementen (Hain, Quelle, Vogelsingen, Windesrauschen usw.) zusammengesetzte fiktive Landschaft. Requisit und Kulisse insbes. für Liebesszenen im ↗ Minnesang und ↗ Epos des MA, in ↗ Schäferdichtung, ↗ Idylle (Theokrit, Vergil) und ↗ Lyrik allg.; häufig auch in ↗ Natureingängen. Meist der idealen Landschaft ↗ Arkadiens und dem Goldenen Zeitalter zugeordneter ↗ Topos.

Lustige Person, Bez. für die komische Person im ↗ Drama; mit typischen Eigenschaften ausgestattet: gefräßig, triebhaft, tolpatschig, prahlsüchtig, spottlustig, gerissen, mit verschiedenen Namen und nationalen Ausprägungen: der dt. ↗ Hanswurst, der ital. ↗ Arlecchino, der frz. Harlequin, der engl. Pickelhering. Dient der Erheiterung der Zuschauer (durch komische Mimik und Gestik, Stegreifeinlagen, akrobatische Kunststücke usw.), der Durchbrechung der Bühnenillusion durch direkte Anrede des Publikums (↗ ad spectatores) und, als Nebenfigur im ernsten Drama, der Relativierung des Bühnengeschehens (so ist z.B. in Mozarts ↗ Singspiel *Die Zauberflöte* Papageno das kom. und relativierende Gegenstück zu Tamino).

Lustspiel, 1536 erstmals belegte, seit dem 18. Jh. allg. übl. dt. Übersetzung von lat. comoedia; Differenzierungen zur ↗ Komödie sind problemat., werden z.T. aber versucht (das Lustspiel sei von einem nachsichtigen Humor geprägt, das Komische gedämpfter gestaltet, es ziele auf ein mildes Lächeln des Zuschauers und nicht ein spöttisch-aggressives Lachen, z.B. Lessings *Minna von Barnhelm*, Büchners *Leonce und Lena*, Hofmannsthals *Der Schwierige*).

Lyrik [nach gr. Lyra = Leier], neben ↗ Epik und ↗ Drama dritte poet. Hauptgattung, mit historisch unterschiedlichen Definitionen und Ausprägungen. Im Abendland erstmals bei den Griechen lit. faßbar: alle zur Lyrabegleitung vorgetragenen Gesänge, ursprünglich meist mit einem magisch-kultischen Zweck (↗ carmen, Zauberspruch, Beschwörungs- und Segensformel, Totenklage, Kinder-, Arbeits-, Kriegslied usw.; ↗ einfache Formen), im Unterschied z.b. zu dem mehr rezitativisch vorgetragenen, nur von einem Rhythmus-, keinem Melodieinstrument begleiteten ↗ Epos, der von der Flöte begleiteten ↗ Elegie und dem primär schriftlichen ↗ Epigramm. Gilt seit der 2. H. des 18. Jh.s (J.G. Herder, J.W. v. Goethe, Fr. Schlegel, Novalis u.a.) als Inbegriff des subjektiven, unmittelbaren Gefühlsausdrucks (↗ lyrisch, ↗ Erlebnisdichtung) und als Urform der ↗ Poesie. Heute v.a. durch diejenigen strukturellen Merkmale definiert, die von der üblichen Schriftsprache und der geläufigsten lit. Gattung, dem ↗ Roman, abweichen und allg. als ›Nicht- ↗ Prosa‹, besonders als Wiederholung (Überfluß) und Reduktion (Mangel) zu bestimmen sind, z.B.: a) durch den bewußten und konsequent genutzten Einsatz von Merkmalen, die ursprünglich für die Versdichtung allg. zutrafen, von ↗ Metrum, ↗ Vers, ↗ Rhythmus, besonders aber von ↗ Reim, ↗ Strophe, ↗ Alliteration, ↗ Refrain bzw. typographischem Einzug und leerem Papier (↗ freie Rhythmen), b) durch häufigen Einsatz rhetorischer Figuren der Wiederholung wie ↗ Gemination und ↗ Epipher, c) durch häufigen Einsatz rhetorischer Figuren der Ökonomie und Kürze wie ↗ Ellipse und ↗ Apokoinou, d) durch die Kürze, die Qualität des Lakonischen, als Ergebnis der sprachlichen Verdichtung und Ökonomie, e) durch das auf die Spitze getriebene und betont mehrdeutige Spiel mit Klang (*Euphonie*, gr. Wohlklang) und Bedeutung der Wörter, f) durch den häufigen Verzicht auf die grammatische und logische Korrektheit der Prosa, z.B. durch ↗ Inversion, g) durch die extreme ↗ Überdetermination, den auf Kosten der Verständlichkeit gehenden, durch den Vers forcierten ›bedeutsamen‹ Beziehungsreichtum aller Elemente (Wörter, Silben, Buchstaben, Pausen, Betonungen usw.), h) durch den gezielten Versuch der Entsemantisierung, der Befreiung der Sprache von Sinn, i) durch das Fehlen einer Handlung, einer der außerlit. Wirklichkeit vergleichbaren ↗ Referenz, j) durch die Dominanz der ↗ Metapher und der paradigmatischen Achse (↗ Paradigma), das Zurückdrängen der ↗ Metonymie und das Außerkraftsetzen der syntagmatischen Achse, k) durch das *lyrische Ich*, den nicht mit dem Verfasser identischen, auf kein außerlit. Ich verweisenden, referenzlosen, ›leeren‹, durch niemanden vermittelten Ich-Sprecher eines Gedichts, aus dessen Perspektive sich der Leser das lyrische Gedicht ›erspricht‹ (↗ Rollengedicht), l) durch die unmittelbare, doch absichtslose Ansprache des Lesenden, m) durch die ↗ Selbstreflexivität des Textes und der einzelnen in ihm gebrauchten sprachl. Zeichen, die Thematisierung des Gedichts im Gedicht selbst, n) durch die Sangbarkeit, den liedartigen Charakter des Textes u.a.

Lit.: D. Burdorf: Einführung in die Gedichtanalyse, [2]1997. – D. Lamping: Das lyrische Gedicht, [2]1993. – C. Hošek/P. Parker: Lyric Poetry, 1985. – W.D. Stempel (Hg.): Texte der russ. Formalisten, Bd. 2, 1972. – W. Killy:

Elemente der Lyrik, ²1972. – K. Pestalozzi: Die Entstehung des lyrischen Ich, 1970.

Lyrisch, bezeichnet 1. die Zugehörigkeit eines lit. Werkes zur poet. Gattung der ↗ Lyrik, 2. eine der drei poet. Grundhaltungen oder der drei ↗ Naturformen der Poesie (Goethe); von E. Staiger (*Grundbegriffe der Poetik*, 1946) als »fundamentale Seinsmöglichkeit« (neben ↗ episch, ↗ dramatisch) definiert, für die u.a. charakteristisch ist: die Verinnerlichung (»Verinnerung«) der gegenständlichen Wirklichkeit, die »monologische Darstellung eines Zustands«, die stimmungshafte Verschmelzung von Subjekt und Objekt. Ist, als allg. Qualität, nicht an eine best. Darbietungsform gebunden (so werden z.B. Goethes *Werther* und Hölderlins Prosafassung des *Hyperion* als lyrische Prosa bez., vgl. auch ↗ lyrisches Drama), als Begriff jedoch problematisch, da trotz des Anspruchs auf Allgemeinheit an einer best. Art von Lyrik, am ↗ Lied und an der sog. *Erlebnislyrik* (↗ Erlebnisdichtung) der Goethezeit, entwickelt; 3. die Verwendung strukturell-formaler, für die Lyrik typischer Merkmale in einer anderen Gattung bzw. Textsorte.

Lyrisches Drama, kurze, handlungs- und figurenarme Dramenform, in der lyr. Elemente stark hervortreten; als Bez. v.a. für die Dramen des ↗ Ästhetizismus üblich, z.B. H. v. Hofmannsthals *Der Tod des Tizian*, *Der Tor und der Tod*.

Lyrisches Ich, Ich-Sprecher eines lyr. Gedichts, weder mit dem Autor noch mit einer im Gedicht thematisierten Rolle identisch; eine variable Unbestimmtheitsstelle, Redeformel, Maske, aus der heraus der Leser das Gedicht selbst sprechen kann.

Madrigal [von lat. cantus materialis = einfacher Gesang oder cantus matri-
calis = muttersprachl. Gesang; schon früh mit ital. mandriano = Hirt in
Zshg. gebracht: Schäfergedicht, ↗ Schäferdichtung], seit dem 14. Jh. in Italien bezeugte wichtigste Form europ. weltlicher Vokalmusik (als *Rezitativ* in
Oper, Oratorium und Singspiel); auch eine von Musikbegleitung und Gesangsvortrag unabhängige Form v.a. der ↗ Lyrik (z.B. in ↗ Anakreontik,
Goethes *Leipziger Lieder*, und ↗ Romantik). Zunächst mit meist polemischem, satirischem, moralischem oder bukolisch-idyllischem Inhalt und fester Form (einstrophig, 2-3 Terzette, 1-2 angeschlossene ↗ Reimpaare),
dann auch mit anderen Inhalten und freierer Silben-, Vers- und Reimfolge
(7-11 Silben, 6-13 Verse, freie Anordnung und Reimstellung, auch reimlose
Zeilen: ↗ Waisen). In Dtl. seit dem 16. Jh. nachgebildet und vereinheit-
licht: verschieden lange jambische Zeilen ohne ↗ Waisen.

Madrigalverse, in ↗ Madrigalen u.a. verbreitete unstrophische Kombination von akzentuierenden Reimversen unterschiedlicher Hebungszahl, z.B. in
A. Gryphius' Trauerspiel *Catharina von Georgien*, G.E. Lessings Fabeln und
Erzählungen, Chr.M. Wielands ↗ Verserzählungen, Goethes *Faust* (daher
auch als Faustverse bezeichnet), E. Stadlers *Zwiegespräch*.

Makkaronische Dichtung [nach einem Helden der makkaronischen Dichtung, einem Makkaroni-Hersteller aus Padua], Spielart der komischen
Dichtung, vorwiegend ↗ Verserzählungen, deren Wirkung auf der Verschmelzung zweier Sprachen beruht, wobei die eine außer einem Teil des
Wortmaterials das grammatische und syntaktische Grundgerüst bereitstellt,
dem das Wortmaterial der anderen angepaßt wird, z.B. »Quisquis habet
Schaden, pro Spott non sorgere debet«. Blütezeit im ital. ↗ Humanismus.

Manierismus, aus der Kunstgeschichte übernommene Bez. für die gesamteurop., allerdings national zeitl. verschobene Übergangsphase von der
↗ Renaissance zum ↗ Barock, etwa 1530-1630. Als typisch werden meist
angeführt: antinaturalistische Effekte (Verzerrung ins ↗ Groteske, Vorliebe
für Bizarres und Monströses), die Vereinigung des Unterschiedlichsten zu
einer künstlichen Einheit, eine exklusiv sich gebärdende, hermetisch dunkle, durch überreiche Verwendung von ↗ Metaphern, ↗ Tropen und gelehrten Anspielungen (↗ allusio) verrätselte Sprache, die Vorliebe für esoteri-
sche Konstruktionen und Weltdeutungen (Sprachalchemie, ↗ Camouflage,
↗ Paradoxon), z.B. bei B. Gracián, E. Tesauro, L. de Góngora,
A. d'Aubigné, G.Ph. Harsdörffer, Chr. Hofmann v. Hofmannswaldau,
D.Chr. v. Lohenstein.

Männlicher Reim ↗ weibl. Reim

Märchen [Diminutivform zu mhd. maere = Kunde, Bericht, Erzählung],
»von den Bedingungen der Wirklichkeitswelt mit ihren Kategorien Zeit,
Raum und Kausalität unabhängige Erzählung wunderbaren Inhalts, die keinen Anspruch auf Glaubwürdigkeit erhebt« (K. Ranke). Charakteristisch

v.a.: der aus der mündlichen, volkstümlichen Tradition stammende Aufbau und Stoff (↗ einfache Formen, ↗ oral poetry): a) die Einsträngigkeit der Handlung, b) das ↗ Motiv der Jenseitsreise (oft als Reise durch den dunklen, riesigen Wald, ans Ende der Welt, als ↗ Metamorphose, Begegnung mit Fabelwesen, die in einer Höhle wohnen, mit Drache, Zwerg, Riese usw. realisiert), c) die nach Gegensätzen angelegten stereotypen Figuren (die arme, weichherzige Bauerntochter/die hartherzige Königin, die böse Stiefmutter, der häßliche Zwerg/der schöne Königssohn), Schauplätze (das Schloß/der Wald/die Höhle), Farben (gold/schwarz, weiß/rot), und Handlungsmomente (Auszug, Vertreibung durch das Böse/Heimkehr, Sieg des Guten, Aufgaben- und Rätselstellung/Lösung), d) die stereotypen Requisiten (Brunnen, Zauberspiegel, Ring, Kappe), die mit dem Wunderbaren verbunden sind (in die Zukunft sehen, unsichtbar machen oder Personen in Tiere verwandeln können), e) der einen mündlichen »Ammenton« (Wieland) nachahmende Stil, f) die formelhaften Wendungen (»Es war einmal«, »Und wenn sie nicht gestorben sind«) und e) strukturbildenden Symbolzahlen (Dreizahl: 3facher Kursus der Handlung, 3 Wünsche usw. – Siebenzahl: 7 Zwerge, 7 Jahre Frist usw.). Grundsätzlich zu unterscheiden: das mündliche, kollektiv überlieferte *Volksmärchen* – gesammelt z.B. in *1001 Nacht*, Apuleius' *Goldenem Esel* (2. Jh. n.Chr., mit dem Märchen von Amor und Psyche), G. Basiles *Lo cunto de li cunti* (1634/36, mit den Märchen von Schneewittchen, Dornröschen, Rapunzel), Ch. Perraults *Contes des ma mère l'Oye* (1697), J.K.A. Musäus' *Volksmärchen der Deutschen* (1782-86), J./W. Grimms *Kinder- und Hausmärchen* (1812/15) – und das von einem bestimmten, namentlich bekannten Autor erfundene, von Anfang an schriftlich festgehaltene und verbreitete *Kunstmärchen* (z.B. Goethes *Märchen*, 1795, Tiecks *Der blonde Eckbert*, 1797, E.T.A. Hoffmanns *Der Goldene Topf*, 1814, die Märchen von H.C. Andersen, 1835/48).
Lit.: M. Lüthi: Märchen, [8]1990. – V. Propp: Die hist. Wurzeln des Zaubermärchens, 1987. – F. Karlinger: Wege der Märchenforschung, 1985. – J. Tismar: Kunstmärchen, [2]1983. – V. Propp: Morphologie des Märchens, 1975.

Märe, n. [mhd. daz mære= Kunde, Bericht, Erzählung, Pl. diu mære], im MA allg. Bez. für ↗ Heldenepos und ↗ höfischen Roman, heute besonders für den zwischen 1250 und 1500 entstandenen Typus einer ↗ Verserzählung kürzeren Umfangs (etwa 100-2000 Verse), der sich durch vierhebige ↗ Reimpaare und einen schwankhaften, höfisch-galanten oder moralisch-exemplarischen Inhalt auszeichnet und v.a. vom Stricker ausgebildet worden ist.

Marxistische Literaturwissenschaft ↗ Lit.soziologie

Matière de Bretagne, f. [frz. Stoff], Bez. für den kelt.-breton. Sagenkreis um König Artus; lit. faßbar in der ↗ Artusdichtung.

Maxime [lat. von maxima regula = höchster Grundsatz], der zur Lebensregel erhobene, selbst gewählte (sittliche) Leitsatz einer Person. Als lit. Kunstform bei La Rochefoucauld, Goethe, Schopenhauer u.a.

Medias in res, auch mediis rebus [lat. mitten in die Dinge hinein], von Horaz (*Ars Poetica*) geprägte Bez. für den Anfang einer Erzählung (oder eines Dramas), der mittendrin in der Geschichte beginnt und von den Ursprüngen erst im Laufe der Erzählung berichtet; im Ggs. zum Anfang *ab ovo*, der die Geschichte vom Beginn, ›vom Ei‹ an erzählt. Gattungsmerkmal u.a. des ↗ Epos.

Medienwissenschaft, Richtung der Geisteswissenschaften, untersucht v.a. den Einfluß von Medien (Schrift, Bild, Photographie, Film, Hörfunk, ↗ Theater usw.) und best. Aufschreibesystemen (z.B. Stift, Schreibmaschine, Computer, vgl. Fr. Kittler, *Aufschreibesysteme 1800/1900*, 1985) auf Wahrnehmung, Gefühl, Denken, Wissen, Kommunikation, Sozialisation, ↗ kulturelles Gedächtnis, Informationsverarbeitung, Politik, Wirtschaft, Lit. (z.B. auf ↗ Gattungen, ↗ Stil) u.a.
Lit.: H. Hiebel u.a.: Die Medien, 1998. – P. Ludes: Einführung in die Medienwiss., 1998.

Meistersang, das zunftmäßig betriebene Dichten und Vortragen von Meisterliedern durch sog. *Meistersinger* – i.d. Regel Handwerker, die sich im 15. bis 17. Jh., vereinzelt bis ins 19. Jh. in dt. (Reichs-)Städten (Mainz, Nürnberg, Colmar, Ulm u.a.) zu ›Gesellschaften‹ oder ›Bruderschaften‹ zusammenschlossen, um nach satzungsmäßig festgehaltenen Regeln zu dichten. An Singschulen gelehrt und von einer Jury (*Merker*) überwacht. Thematisch und formal eng mit dem ↗ Minnesang und der ↗ Spruchdichtung verbunden, verehrt die Sangspruchdichter des 13.-15. Jh.s (Frauenlob, Wolfram v. Eschenbach, Walther v.d. Vogelweide u.a.) als ›Stifter‹ und ›alte Meister‹; charakterist. v.a.: die in der sog. *Tabulatur* vorgeschriebenen Strophenformen (↗ Meistersangstrophe) und Endreime, der silbenzählende Versbau, die sog. *Töne* (Text + Melodie; ↗ Ton; wobei nur der Schöpfer eines neuen Tons ein ›Meister‹ werden konnte) und die Tendenz zum Lehrhaft-Erbaulichen. Die bekanntesten Meistersänger: die Nürnberger Hans Folz (1435/40-1513) und Hans Sachs (1494-1576).
Lit.: E. Klesatschke, H. Brunner (Hg.): Meisterlieder des 16.-18. Jh.s, 1993. – D. Merzbacher: Meistersang in Nürnberg um 1600, 1987. – H. Brunner, B. Wachinger (Hg.): Repertorium der Sangsprüche und Meisterlieder des 12. bis 18. Jh.s, 16 Bde, 1986ff.

Meistersangstrophe, von den Meistersingern aus dem ↗ Minnesang übernommen: eine ↗ Stollenstrophe mit durchschnittl. 20-30 Versen, bei der zum üblichen Schema AA/B i.d. Regel ein Stollen(-teil) nach dem ↗ Abgesang hinzugefügt wird. Ein Meistersingerlied besteht aus mindestens 3 Meistersangstrophen.

Melik, melische Dichtung [zu gr. melos = Lied, Gedicht, Melodie, allg. Sprachklang, Klanggestalt eines poet. Textes], Bez. für die gesungene Lieddichtung der gr. Antike (↗ Chorlied, ↗ Hymne, ↗ Ode).

Melodram, gleichzeitige oder abwechselnde Verwendung von Sprechstimme und Musik in einer szen. Darbietung, z.B. in der gr. ↗ Tragödie, der ↗ Oper (L. v. Beethoven, *Fidelio*: Kerkerszene; C.M. v. Weber, *Freischütz*: Wolfsschluchtszene), der Schauspielmusik (Beethoven, *Egmont*) und im modernen ↗ Musiktheater (E. Humperdincks *Die Königskinder*, A. Bergs *Wozzeck*).

Melodrama, auch ↗ lyrisches Drama, ↗ Monodrama: musikalisch-dramatische Mischgattung; im 18. Jh. durchVerbindung von Rezitation und Musik als Konzert-Melodrama entstanden (z.B. R. Schumanns *Manfred*, nach einem Text von Lord Byron, oder Fr. Liszts *Lenore*, nach einem Text von G.A. Bürger; noch A. Honeggers *Johanna auf dem Scheiterhaufen*, nach einem Text von G.B. Shaw), dann auch als Bez. für eine Dramenform verwendet, für die ein aufwendiger, pathetischer Inszenierungsstil, der Vorrang schauriger und rührender Effekte vor einer glaubhaften Handlung, ma. oder oriental. Schauplätze und Helden charakterist. sind (z.B. Fr. Grillparzers *Die Ahnfrau*, V. Hugos *Hernani*).

Memoiren, n. Pl. [frz. Denkwürdigkeiten, von lat. memoria = Erinnerung, Gedenken], lit. Darstellung des eigenen Lebens oder eines ›denkwürdigen‹ Teils daraus, wobei die Schilderung öffentlicher, politischer und kulturgeschichtlicher Ereignisse, die Erinnerung an berühmte Zeitgenossen oder das eigene politische, kulturelle oder gesellschaftliche Wirken im Vordergrund stehen (im Ggs. zur mehr auf den geistig-seelischen Entwicklungsprozeß des Schreibers konzentrierten ↗ Autobiographie), z.B. von Richelieu, Mme de Staël, Chateaubriand, Casanova, Friedrich II. v. Preußen, Bismarck, Churchill, Adenauer, W. Brandt.

Memorabile [lat. memorabilis = denkwürdig], eine der ↗ einfachen Formen: Erzählung von historisch fixierten, einmaligen Ereignissen, die zum Beweis der Glaubwürdigkeit mit unverwechselbaren Einzelzügen ausgestattet sind, im Unterschied zum verallgemeinernden ↗ Kasus.

Menippea, eigentl. satura menippea ↗ Satire.

Mentalitätsgeschichte [zu lat. mens = Geist], Richtung der Kulturgeschichte, geht im Ggs. zur traditionellen Geschichtsschreibung von der epochemachenden Funktion zeittyp. Anschauungen, best. Verhaltensmuster, langlebiger ↗ Diskurse, nicht von einzelnen polit. Ereignissen aus. In Frankreich von Michelet (*Histoire de France*, 1833-67) angeregt, von M. Bloch und L. Febvre mit der Gründung der Zeitschrift *Annales* (1929) ausgebildet, vertreten v.a. von Ph. Ariès, J. Le Goff (*Geschichte und Gedächtnis*, 1992), G. Duby (*Geschichte des privaten Lebens*, 5 Bde, 1990-93), F. Braudel und M. Foucault (↗ Diskursanalyse).

Metafiktion [gr. inmitten, hinter, nach + lat. Bildung, Gestaltung], Teil einer Erzählung, der sich auf die Erzählung selbst bezieht (↗ Selbstreferenz), z.B. durch direkten Bezug, logische Widersprüche, Reflexion der Künstlichkeit, Leseranrede, Zitat, Verweis auf andere Texte, ↗ Parodie, Illusionsdurchbrechungen allg.

Metalepse [gr. Vertauschung], 1. Mittel v.a. des ↗ Wortspiels: Ersetzung eines mehrdeutigen Worts durch ein Synonym, ein Wort mit derselben Bedeutung, das eine in dem gegebenen Kontext nicht gemeinte Teilbedeutung besitzt, z.B. »er ist ein Gesandter, aber kein Geschickter« (d.h. nicht gewandt); 2. in G. Genettes ↗ Erzähltheorie Bez. für den Wechsel zwischen narrativen Ebenen, erzeugt durch Hin- und Herschaltung zwischen der Welt, von der erzählt, und der, in der erzählt wird; Mittel der Illusionsdurchbrechung, v.a. im komisch-humoristischen Roman (↗ Humor) und in der postmodernen Lit. allg. (↗ Postmoderne) eingesetzt.

Metamorphose [gr.], Verwandlung, v.a. die Verwandlung eines Menschen in ein Tier, in eine Pflanze oder auch in ein Stück der unbelebten Natur (in einen Stein z.B.). Begegnet besonders in ↗ Mythos (Zeus' Metamorphose in einen Schwan, einen Adler, Daphnes Metamorphose in einen Lorbeerbaum), ↗ Märchen (der Froschkönig) und Ursprungssagen (sog. *aitiologischen* Sagen, z.B. der Watzmannsage). In der Lit. am berühmtesten: die Metamorphosen des Ovid (um 10 n.Chr.), für die abendländ. Kunst und Lit. bis in die Moderne eine der wichtigsten ↗ Quellen, erzählt z.B. den Mythos von Narziß und Echo, von König Midas, der alles, was er berührt, in Gold verwandelt, vom goldenen Zeitalter, vom Paradies, das dem silbernen, bronzenen und eisernen Zeitalter vorausgeht; daneben: Shakespeares *Midsummer-Night's Dream* (↗ elisabethan. Literatur) und Kafkas *Verwandlung* (1912).

Metapher [gr. Übertragung], uneigentlicher sprachlicher Ausdruck (↗ Tropus), der ein anderes Wort verdeutlichen, veranschaulichen und bereichern soll, das er – aufgrund einer sachlichen oder gedanklichen Ähnlichkeit oder derselben Bildstruktur – ersetzt: z.B. *Quelle* für ›Ursache‹, *Wüstenschiff* für ›Kamel‹, *Rindvieh* für einen uns ärgernden Menschen oder, als ↗ Katachrese, *Bergfuß* für den unteren Teil eines Bergs; auch in Redensarten (»aus allen Wolken fallen«), Adjektiven (»graue Theorie«) und Verben (»die Bäume schlagen aus«). Von Quintillian als »verkürzter Vergleich« def. (»das Gold ihrer Haare« anstelle von »ihr Haar glänzt wie Gold«), wechselt anders als die ↗ Metonymie von einem Vorstellungsbereich in einen anderen und verlangt eine bestimmte, die Dinge und Wörter nur im übertragenen Sinn benutzende Form des Denkens. In der ↗ Poetik, ↗ Ästhetik, Lit.wiss. allg. von großer Bedeutung, v.a. als Ausgangspunkt lit.theoretischer Überlegungen (↗ Verfremdung, ↗ Ambiguität, ↗ Polyvalenz, ↗ Überdetermination, ↗ Bild als gattungskonstitutive Elemente der ↗ Lyrik, als Merkmale von Poesie schlechthin). Mittel der Weltaneignung, indem die Metapher etwas Fremdes auf etwas Eigenes, etwas Vages und Unanschauliches auf eine konkrete Person bezieht; Prüfstein für den Scharfsinn, den ↗ Witz, die schöpferische Eigenständigkeit eines Dichters bzw. für die Macht der Überlieferung

(↗ Formel, ↗ kulturelles Gedächtnis, ↗ Ikonographie, ↗ Stoff, ↗ Motiv).
Fließende Grenzen zu ↗ Allegorie, ↗ Symbol, ↗ Personifikation.
Lit.: A. Haverkamp (Hg.): Theorie der Metapher, ²1996. – B. Asmuth:
Bild, Bildlichkeit, in: Historisches Wörterbuch der Rhetorik, Bd. 2, 1994.
– G. Kurz: Metapher, Allegorie, Symbol, ³1993.

Metaphrase [gr. nächst, nahe bei + Wort, Rede], 1. wortgetreue Übertragung einer Versdichtung in ↗ Prosa (im Ggs. zur ↗ Paraphrase), 2. erläuternde Wiederholung eines Worts durch ein Synonym: »der Kleine, das
Kind, der Knirps«.

Metaplasmus [gr. Umformung], Abweichung von der sprachl. korrekten
Form eines Worts/Satzteils durch Hinzufügen oder Auslassen von Lauten
am Wortanfang (*'raus* statt ›heraus‹, sog. *Aphärese*), im Wortinnern (*drin*
statt ›darin‹, ↗ Synkope, bzw. *geküsset* statt ›geküsst‹) und am Wortende
(*hatt'* statt ›hatte‹, ↗ Apokope, bzw. *balde* statt ›bald‹), durch Dehnung und
Kürzung von Lauten. Gilt als poet. Mittel, um z.B. eine bestimmte individuell, archaisch oder mundartlich getönte Stilhaltung auszudrücken, den
Wohllaut zu steigern oder das metrische Gleichmaß zu bewahren.

Metasprache, allg. jede sprachl. Aussage über Sprache, z.B. »Fohlen ist die
Bezeichnung für ein junges Pferd«, auch jede Übersetzung und jede wiss.
Beschreibung der Sprache (durch die Linguistik, die Lit.wiss., Philosophie
usw.). ↗ Referenz

Metatext, Metatextualität [zu gr. meta = inmitten, hinter, nach], Text, der
sich so auf einen Text bezieht, daß er seinen eigenen Konstruktcharakter reflektiert und sich eigentl. auf sich selbst bezieht (↗ Selbstreferenz); im Unterschied zur nicht notwendig mit einem Selbstbezug verbundenen ↗ Intertextualität.

Metonomasie [gr. Umbenennung], Veränderung eines Eigennamens durch
Übersetzung in eine fremde Sprache, z.B. *Schwarzerd* in ›Melanchthon‹,
Bauer in ›Agricola‹. Besonders bei den humanistischen Gelehrten des 15. und
16. Jh.s beliebt.

Metonymie [gr. Umbenennung], Ersetzung des eigentl. gemeinten Worts
(*verbum proprium*) durch ein anderes, das auf der Ebene der Dinge, der
Realität selbst oder innerhalb einer erzählten Geschichte in einer geistigen
oder sachlichen Beziehung, in einem logisch herleitbaren ›Ansteckungsver-
hältnis‹ zu ihm steht: oft ersetzt der Erfinder die Erfindung (»einen Porsche
fahren«), der Autor das Werk (»Goethe lesen«), das Gefäß den Inhalt (»ein
Glas trinken«), das Land die Personen (»England erwartet ...«) usw. Im Unterschied zur ↗ Synekdoche, die innerhalb desselben Begriffsfeldes bleibt
(*Dach* für ›Haus‹), und der ↗ Metapher, die in eine andere Bildsphäre
springt (*Höhle* für ›Haus‹). In lit. Texten oft gebraucht, um ein Geflecht aus
textimmanenten Bezügen zu errichten (im ↗ Detektivroman z.B. verraten

den Täter seine Metonymien, die Spuren, die er am Tatort hinterlassen hat) oder eine Vorstellung von etwas zu evozieren, ohne es benennen oder beschreiben zu müssen (eine Figur kann allein durch ihre Metonymie, z.B. den Geruch einer Zigarre, in einer Erzählung anwesend sein).

Metrik [gr. metrike techne = Kunst des Messens], Lehre vom ↗ Vers: systematische und historische Erfassung der strukturbildenden, die Verssprache von der ↗ Prosa unterscheidenden Gesetzmäßigkeiten, der rhythmischen Wiederkehr best. sprachlicher Besonderheiten allg., besonders von in Zahl, Länge, Höhe oder Betonung geregelten Silben (↗ Metrum), von Sprech- bzw. Textgrenzen (Verszeile) und von Lauten (↗ Alliteration, ↗ Reim). Lit.: ↗ Vers

Metrum [lat. Vers-, Silbenmaß], Versmaß allg., d.h. das abstrakte Schema, das die Silbenabfolge eines Verses nach Zahl und gegebenenfalls Qualität (lang, kurz, betont, unbetont) mehr oder minder fest ordnet, z.B. ↗ Trimeter, ↗ Hexameter, ↗ Blankvers, ↗ Alexandriner, ↗ endecasillabo, ↗ Vierheber. Bezeichnet im engeren Sinn die kleinste metrische Einheit: den Versfuß, z.B. ↗ Daktylus, ↗ Jambus. Besitzt für die Analyse lit. Texte eine ähnlich große Bed. wie die ↗ Gattungen, da sie u.a. Stil, Tonlage, Wortanordnung, Wortwahl und ↗ Rhythmus eines Verstextes entscheidend mitbestimmen, zusätzliche Beziehungen errichten und eine ästhetisch-rhythmische wie bedeutungsstiftende Funktion erfüllen: Die metrischen Schemata sind da, bevor der konkrete Text entsteht, von ihnen geht ein Dichter meist aus, auf sie hin – oder gegen sie – komponiert er seinen Text.

Mimesis [vom gr. mimeisthai = ausdrücken, zur Darstellung bringen], unterschiedl. definierter Grundbegriff der ↗ Poetik, ↗ Ästhetik und Kunsttheorie: 1. bez. in der gr. Antike ursprünglich die Darstellung von Göttern, Himmelsbewegungen usw. in rituellen Tänzen (↗ Enthusiasmus; ↗ Dionysien), 2. seit Aristoteles' *Poetik* allg. die Nachbildung, die Nachgestaltung menschl. Handlungen in Dichtung, bild. Kunst, Musik und Tanz. In Dtl. v.a. von Gottsched, Lessing, Bodmer/Breitinger, Goethe und Hegel erörtert. Thematisiert das Verhältnis der Kunst zu einer außerkünstlerischen Wirklichkeit (Nachahmung oder Neuschöpfung, ↗ Realismus, ↗ Naturalismus, ↗ Konstruktivismus); oft als einfache Eins-zu-Eins-Abbildung mißverstanden, wobei vergessen wird, daß die Wirklichkeit in der Kunst immer nur eine nachgebildete, auf die außerkünstler. Wirklichkeit nur verweisende Wirklichkeit (eine ↗ Repräsentation) ist: Ein naturgetreues Bild von einem Sonnenaufgang z.B. ist nur ein Bild von einem Sonnenaufgang; 3. in der ↗ Erzähltheorie im Rückgriff auf Platon Form der ↗ Diegese (gr. diegesis), der darstellenden dichter. Rede: Der Dichter läßt ausschließlich andere Sprecher als sich selbst in direkter Rede zu Wort kommen.
Lit.: G. Gebauer/C. Wulf: Mimesis, 1992. – E. Auerbach: Mimesis, [8]1988. – C. Prendergast: The Order of Mimesis, 1986. – H. Blumenberg: Wirk-

lichkeiten, 1984. – H.R. Jauß (Hg.): Nachahmung und Illusion, ²1969. ↗ Naturalismus, ↗ Realismus

Mimus, gr.-lat. Bez. sowohl für den Possenreißer als auch für seine Darbietungen, insbes. für improvisierte, volkstüml., drast.-realist. Darstellungen aus dem Alltagsleben (Diebstahl, Kauf und Betrug, Ehebruch und Kuppelei, Gerichtsszenen usw.); oft in vulgärer Alltagssprache, mit fest umrissenen Typen (der Narr, der geprellte Wirt, der betrogene Ehemann, das buhlerische Weib, der Parasit, der Advokat), deren Kostüme (Lederphallus, Riesenbauch, Eselsohren, Hörner) an den Ursprung des Mimus in kultisch-rituellen Verwandlungstänzen erinnern (Imitation best. Tiere, Fruchtbarkeitsdämonen u.a.; ↗ Mimesis, ↗ Dionysien, ↗ Dithyrambus). Lebt u.a. fort in ↗ Fastnachtsspiel, ↗ Commedia dell'arte, Kasperltheater, Puppenspiel, ↗ Wiener Volkstheater, ↗ elisabethanischem Theater (z.B. in den Narrenfiguren Shakespeares oder den *Lustigen Weibern von Windsor*).

Minneallegorie [zu mhd. minne = Gedenken, Liebe], seit dem 13. Jh. beliebte Form der Minnereflexion und Minnelehre, veranschaulicht den Vorstellungskomplex ›Minne‹ durch das Auftreten einer Personifikation (z.B. Frau Minne, Frau Âventiure, die 7 Tugenden) und/oder durch eine beredte Bild- und Handlungsfolge (z.B. die Jagd: der Liebende als Jäger, die Geliebte als Wild, oder den Liebeskrieg: der Liebende als Eroberer, die Geliebte als Festung). Charakteristisch: best. Eingangstopoi (↗ Topos) wie Spaziergang, Traum oder Vision des Dichters, spezifisch symbolische, oft allegorisch ausgedeutete Örtlichkeiten (Grotte, Burg, Garten) und ein ↗ geblümter Stil. Meist als Teil größerer Werke (wie die Minnegrotten-Episode im *Tristan* Gottfrieds oder ›Joie de la curt‹ in Hartmanns *Erec*), aber auch selbständig wie im *Roman de la rose* (um 1230/80) von G. de Loris und J. de Meung.

Minnesang [von mhd. minne = Gedenken, Liebe], Bez. für die höfische, ursprünglich gesungen vorgetragene Liebeslyrik des MA von etwa 1150 (sog. *donauländischer* Minnesang, z.B. Kürenberg, Dietmar v. Aist) bis Anfang des 15. Jh.s (Oswald v. Wolkenstein); manchmal auch undifferenziert für alle Arten mhd. Lyrik (z.B. auch ↗ Kreuzzugslyrik, moral., relig., polit. ↗ Spruchdichtung). V.a. in ↗ Sammelhandschriften überliefert. Greift auf einheimische, lat. (↗ Vagantendichtung), frz., provenzal. (↗ Trobadors), arab. und antike Traditionen zurück. Ist generell Rollenlyrik (v.a. aus der Rolle des Mannes gesprochen, in den sog. Frauenstrophen von ↗ Tagelied und ↗ Wechsel auch aus der Rolle der Frau) und wichtiges Medium der Selbstdarstellung der höfischen Gesellschaft, mit einer Vielfalt von Formen und Themen. Die gängigen, stark vereinfachenden Definitionen des Minnesang als Gattung der hohen Liebesdichtung (↗ genera dicendi) gehen von dessen Höhepunkt um 1190-1230 aus (z.B. bei Friedrich v. Hausen, Heinrich v. Morungen, Reinmar d. Alte, Hartmann v. Aue, Wolfram v. Eschenbach): Ein in einem fiktiven Lehensverhältnis zu einer adeligen Dame (*Frauendienst*) stehender Ritter wirbt um deren Liebesgunst (den

Lohn), die ihm jedoch prinzipiell versagt bleibt – die Dame ist ein uner-
reichbares Ideal, keine individuelle Person, und trägt oft marianische Züge;
Leiderfahrung und Affektkontrolle (*mâze*) bringen dem Ritter gesteigerte
gesellschaftliche Anerkennung. Charakteristisch: der virtuose Einsatz von
best. Strophenformen (↗ Stollenstrophe, ↗ Ton), best. ↗ Topoi (z.B. Natureingang, ↗ locus amoenus, Frauenpreis, Treuebekundung) und ↗ rhetorischen Figuren (bes. der Wiederholung und des Gegensatzes). Wichtige
Abwandlungen dieses Gattungsschemas durch Walther v.d. Vogelweide
(Schaffenszeit etwa 1190-1230), der die *herzeliebe* und die *niedere Minne*
statt der vergeistigten *hohen Minne* preist und mehr oder weniger versteckt
die Liebesvereinigung in Tageliedern und in an unverheiratete Mädchen,
nicht adelige Damen gerichteten *Mädchenliedern* thematisiert, und durch
Neidhart (etwa 1210-1240), der den Minnesang in der ↗ dörperlichen
Dichtung parodiert.
Lit.: H. Brunner u.a. (Hg.): Walther v.d. Vogelweide, 1996. – G. Schweikle: Minnesang, ²1995. – Ders.: Neidhart, 1990. – H. Tervooren (Hg.): Gedichte und Interpretationen. MA, 1993.

Miszellen, Pl., auch Miszellaneen [aus lat. miscellus = gemischt], (kleinere)
Aufsätze versch. Inhalts, besonders kurze Beiträge von nicht mehr als einer
Druckseite in wissenschaftl. Zeitschriften.

Mittelreim, Reim zwischen Wörtern im Innern aufeinanderfolgender Verse:
»Nu muoz *ich ie* mîn alten nôt /.../ ir gruoz *mich vie*, diu mir gebôt« (Reinmar d. Alte). ↗ Binnenreim

Mittenreim, Reim zwischen Versende und einem Wort im Innern eines
vorangehenden oder nachfolgenden Verses: »Wa vund man sament so ma-
nic *liet* / man vund e ir *niet* im kunicrîche« (Hadloub).

Moderne [nach spätlat. modernus = neu], individuell und historisch unterschiedl. definiert, v.a. als: 1. *das* Moderne: insbes. vom ↗ Jungen Deutschland eingebürgerter Begriff für dessen emanzipatorischen künstler., gesell-
schaftspolit. und kulturphilosoph. Ziele; 2. *die* Moderne: von E. Wolff für
das lit.theoretische Programm des ↗ Naturalismus geprägte Bezeichnung
(*Die Moderne, zur Revolution und Reform der Literatur*, 1887), von H. Bahr
auch auf antinaturalistische Lit.strömungen ausgedehnt (wie ↗ Impressionismus, ↗ Symbolismus, ↗ décadence, ↗ Wiener Moderne); 3. als Synonym von *Modernismus*: heute gebräuchl. Bezeichnung für die neueren internationalen lit. Entwicklungen seit 1914 allg., insbes. die der jeweils
neuesten avantgardistischen, weder an der Vergangenheit noch am Abbild
der Wirklichkeit orientierten künstler. Strömungen (z.B. ↗ Expressionismus, ↗ Dadaismus im Unterschied zu Naturalismus und Symbolismus).
Mit charakterist. Problemfeldern und Phänomenen verbunden: Einsicht in
die sprachliche Konstruktion und Relativität, die Gemachtheit von Wirklichkeit, Aufhebung der Grenze zwischen Innen- und Außenwelt, Entdek-
kung des Unbewußten (↗ stream of consciousness), Verlust und Zerstörung

sinngebender ↗ Mythen (Religion, Geschichte, Vernunft), Fragmentarisierung, permanenter Wandel, Paradoxie, Heterogenität, Anarchie, Abwendung von traditionellen Erzählstrukturen (G. Stein, V. Woolf, J. Joyce, M. Proust) und traditioneller Verssprache (W. Whitmann, E. Pound, W.B. Yeats, T.S. Eliot), Entwicklung dissonanter Klangformen in der Musik (A. Schönberg) und abstrakter Bilder in der Kunst (P. Picasso, P. Klee), Vorliebe für kosmopolitische Metropolen (v.a. Paris, London, New York) u.a.; 4. ↗ querelle des anciens et des modernes.
Lit.: P.V. Zima: Moderne/Postmoderne, 1997. – R.R. Wuthenow (Hg.): Die lit. Moderne in Europa, 3 Bde, 1994ff.

Modus [lat. Maß, Art, Weise], v.a. in Genettes ↗ Erzähltheorie geprägter Begriff: bezeichnet den Grad an Mittelbarkeit (mit Distanz = narrativ, ohne Distanz = dramatisch; durch Präsentation von Figurenrede oder von Ereignissen: ↗ Rede) und Perspektivierung (↗ Fokalisierung) des Geschehens.

Monodie [gr.], allg. einstimmiger (begleiteter oder unbegleiteter) Gesang im Ggs. zur mehrstimmigen ↗ Polyphonie, z.B. im gregorianischen Gesang, ↗ Minne- und ↗ Meistersang, auch eine von einer Melodie best. mehrstimmige Passage (Opernarie); besonders das zur Instrumentalbegleitung vorgetragene Sololied in der altgr. Lyrik (↗ Elegie, ↗ Jambus, ↗ Ode) und die vom Schauspieler gesungene, längere Partie in der antiken Tragödie (Euripides, Plautus).

Monodistichon [gr.], ein einzelner, für sich konzipierter Zweizeiler, ein einzelnes ↗ Distichon; häufig ein ↗ Epigramm (wie in Goethes/Schillers ↗ *Xenien*) oder eine ↗ Sentenz (wie in Angelus Silesius' *Cherubinischem Wandersmann*).

Monodrama, Ein-Personen-Stück, z.B. H. Qualtingers *Der Herr Karl* (1962) oder Fr.X. Kroetz' *Wunschkonzert* (1972). Im 18. Jh. lit. Modeerscheinung: ein von Instrumentalmusik untermalter heroisch-sentimentaler oder lyrischer Monolog einer meist weibl. Gestalt (↗ Melodrama), z.B. Goethes *Proserpina* (1778).

Monographie [gr. allein + schreiben], im Unterschied zu Zeitschriften, Handbüchern, Kongreßberichten oder Sammelwerken ein von einem Verfasser einem begrenzten Thema gewidmetes, abgeschlossenes Buch, das systematische, historische, biographische Informationen so vereint, daß zugleich auch Wissens- und Forschungsstand zum Zeitpunkt der Fertigstellung der Monographie dokumentiert werden.

Montage [frz. Zusammenfügen, -bauen], aus dem Bereich der Filmtechnik übernommene Bez.: das Zusammenfügen, das unverbundene Nebeneinanderstellen von sprachlichen, formal wie inhaltlich unterschiedl. Texten und Textteilen oft heterogener Herkunft. In der Lyrik z.B. bei G. Benn und H.M. Enzensberger, in der Erzählprosa bei J. Dos Passos (*Manhattan Trans-*

fer) und A. Döblin (*Berlin Alexanderplatz*), im Drama bei G. Kaiser (*Nebeneinander*) und P. Weiss (*Die Verfolgung und Ermordung Jean Paul Marats*). Oft bedeutungsgleich mit ↗ Collage.

Moralische Wochenschriften, beliebter Zeitungstypus der ↗ Aufklärung; in Engl. zu Beginn des 18. Jh.s aus der bürgerlich-puritanischen Protesthaltung gegen die galanten Sitten der Aristokratie entstanden (R. Steele/J. Addison, *The Tatler*, 1709-11, *The Spectator*, 1711/12, *The Guardian*, 1713), mit Beiträgen u.a. zur Jugend- und Frauenerziehung, Geschmacksbildung, prakt. Ratschlägen zur Lebensgestaltung, moral.-erbaul. Betrachtungen, ästhet. Diskussionen, Rezensionen, Übersetzungen, häufig als ↗ Brief, ↗ Tagebuch, ↗ Essay, ↗ Fabel, ↗ Satire oder ↗ Allegorie. In Dtl. rasch aufgegriffen, J. Mattheson, *Der Vernünftler* (1713/14), J. Bodmer/J. Breitinger, *Discourse der Mahlern* (1721/22), J.Chr. Gottsched, *Die vernünftigen Tadlerinnen* (1715-27), M. Claudius, *Der Wandsbecker Bote* (1771-75).

Moritat [unklare Etym., von lat. moritas = erbaul. Geschichte, rotwelsch moores = Lärm, Schrecken oder Verballhornung von ›Mordtat‹], Lied des ↗ Bänkelsängers; lit. weiterentwickelt bei B. Brecht, P. Weiss, W. Biermann u.a.

Motiv [von mlat. motivus = bewegend], allg.: Beweggrund einer menschl. Haltung oder Handlung; in der Lit.- und Kunstwiss.: das stofflich-thematische, situationsgebundene Element, dessen inhaltliche Grundform schematisiert beschrieben werden kann, z.B. das mit vielen histor. Stoffen verbundene Motiv der Dreiecksbeziehung, des unerkannten Heimkehrers, des Doppelgängers, der feindl. Brüder, des Einzelgängers, der Ruine, des Wettlaufs mit der Zeit, des Unterweltsbesuchs, des Wiedererkennens (↗ anagnorisis) usw. Besitzt im Ggs. zum ↗ Stoff keine Handlungskontinuität, keine Fixierung an Personen und keinen erzählbaren inhaltl. Verlauf.
Lit.: E. Frenzel: Motive der Weltlit., [9]1998. – H./I. Daemmrich: Themen und Motive in der Lit., [2]1995. – T. Wolpers (Hg.): Gattungsinnovation und Motivstruktur, 2 Bde, 1989/92.

Motivation von hinten ↗ mythisches Analogon

Motto, Pl. -s [it. von vulgärlat. muttum = Wort], 1. der einer Schrift vorangestellte Leitspruch, zumeist ein Zitat, 2. Bestandteil des ↗ Emblems.

Mündlichkeit, Schriftlichkeit ↗ oral poetry

Musenalmanach, seit Mitte des 18. bis ins 19. Jh. beliebtes belletrist. Publikationsorgan nach dem Vorbild des Pariser *Almanach des Muses* (1765-1833): jährl. erscheinende Anthologie meist noch unveröffentl. Dichtungen, vorwiegend von Lyrik u.a. poet. Kleinformen, aber auch Dramen- und Epen(auszügen), Übersetzungen, Kompositionen, oft auch mit Kalendarium und Illustrationen, z.B. der von H. Boie hg. *Göttinger Musenalmanach* (1770-1804, Publikationsorgan des ↗ Göttinger Hains), der von J.H.Voß hg. *Hamburger Musenalmanach* (1760-80), Schillers *Musenalmanach* (1796-1800), an dem Goethe, Herder, A.W. Schlegel, Tieck, Hölderlin u.a. mitgearbeitet haben, oder der von A. Wendt, A. v. Chamisso und G. Schwab hg. *Dt. Musenalmanach* (1830-39, Mitarbeit von J. v. Eichendorff, Fr. Rückert, N. Lenau, F. Freiligrath u.a.).

Musen, in der gr. Mythologie: die neun Töchter der Mnemosyne, der Göttin der Erinnerung, gelten als die Schutzgöttinnen der Künste und als Inspirationsquelle des Dichters. Häufig Adressaten einer ↗ invocatio.

Musiktheater, Bez. für die versch. Verbindungen von Wort, Musik und Bühne im 20. Jh., die eine für die ↗ Oper neue, mehr als bloß illustrative Beziehungen von Wort und Musik versuchen, z.B. duch ihre Kombination mit Sprechtheater und Ballett (I. Strawinsky, C. Orff), Oratorium (Strawinsky, A. Honegger), Film (B. Brecht/K. Weill), Funk und Fernsehen (H.W. Henze), Pantomime, ↗ Melodrama (A. Schönberg, B. Bartok). Auch als Bez. für einen best. Aufführungsstil von Opern, wie ihn v.a. M. Reinhardt, W. Felsenstein, G. Gründgens, W. Wagner ausgebildet haben.

Mysterienspiel [spätlat. ministerium = Altardienst], aus der kirchl. Liturgie entstandenes ↗ geistl. Spiel des MA um das Leben Christi (z.B. Dreikönigs-, Oster-, Weihnachtsspiel); z.T. extrem umfangreich (bis zu 62 Tsd. Verse, wochenlange Spieldauer).

Mystifikation [gr.-lat. Täuschung, Vorspiegelung], irreführende, ungenaue oder verschlüsselte Angaben über Autorschaft, Entstehungsbedingungen, Erscheinungsjahr, auch Verlag und Druckort eines lit. Werks ohne zwingende (polit., moral.) Gründe, aus Freude am Versteckspiel, Herausforderung der Kritik, auch zur Erfolgssteigerung, z.B. die stets wechselnden Pseudonyme Tucholskys, die verschlüsselten Titelblätter der Werke Grimmelshausens (↗ Schelmenroman) oder der als ›freie Übersetzung‹ eines berühmten Autors deklarierte Roman *Castle of Otranto* von H. Walpole (↗ gothic novel). ↗ Pastiche

Mystik [von gr. myein = sich schließen, die Augen schließen], Sonderform relig. Anschauung und relig. Verhaltens, in der – unabhängig von der Institution der Kirche – die Vereinigung der Seele mit Gott (unio mystica) durch Versenkung in das eigene Ich erreicht werden soll. Höhepunkt im MA (Bernhard v. Clairvaux, Meister Eckhart, Mechthild v. Magdeburg) und im ↗ Barock (J. Böhme, Fr. v. Spee, A. Silesius). Greift auf antike Traditionen (Platon, Neoplatonismus u.a.) zurück, beeinflußt den ↗ Pietismus, die ↗ Empfindsamkeit, die dt. ↗ Romantik allg., auch Rilke, Lasker-Schüler u.a. Kennzeichen myst. Schriften ist v.a. die Entfaltung sprachschöpferischer Kräfte: durch eine unruhige, nach immer neuen Bildern, Vergleichen, Symbolen suchende Sprache, durch kühne Metaphorik (bes.

Natur-, Liebes-, Lichtmetaphern) und gehäufte Anwendung best. rhetorischer Figuren (↗ Paradoxon, ↗ Oxymoron, ↗ Hyperbel, ↗ Ellipse, Figuren der Reihung, Wiederholung, Steigerung), durch die bei allem Bilderreichtum abstrahierende ›uneigentliche‹ Verwendung des konkreten Wortschatzes (*Aus-bruch, in sich gehen, außer sich sein*), durch Substantivierungen (*das Sein, das Tun*), Wortbildungen (*be-greifen, er-fahren, ent-blößen, durchschauen; Erhaben-heit, Beweglich-keit, Verzück-ung*) und die Entfaltung einer als spezifisch dt. geltenden Geisteshaltung der ›innerkeit‹, der ›Innerlichkeit‹, des Rückzugs auf sich selbst, der Flucht vor der sozialen wie polit. Wirklichkeit, der ›Seelentiefe‹.

Mythe [gr. Geschichte], eine der ↗ einfachen Formen: Erzählung von Ereignissen des ↗ Mythos (z.B. von Tells Apfelschuß) oder Erklärung irdischer Phänomene (z.B. des Fadens an der Bohne, ↗ Sage).

Mythisches Analogon, von C. Lugowski (*Die Form der Individualität im Roman*, 1932) geprägter Begriff, besonders an den Prosa- ↗ Romanen der frühen Neuzeit entwickelt; bez. eine best. Art der poet. Formgebung, die charakteristische Merkmale mythischer Anschauungsweisen und mündlicher Dichtung (↗ oral poetry) übernimmt, um – innerhalb des Kunstwerks, unter künstlichen Bedingungen – wie der ↗ Mythos Einheit und Sinn zu stiften; zeichnet sich aus durch: a) das beziehungslose, durch keinerlei Konjunktionen verbundene Nacheinander von Handlungsschritten, selbst wenn diese gleichzeitig stattfinden (von Lugowski diff. in *lineare Anschauung, Aufzählung* und *Unverbundenheit*), z.B. »Eins tags der ritter aber bey der hertzogin in einem schönen sal saß, ires scheydens zu rede wurden, die hertzogin zu dem ritter sprach ...« (J. Wickram, *Galmy*); b) das allein in der Handlung begründete, sich in einer *Funktion* erschöpfende Dasein einer Figur, eines Gegenstands usw. (↗ Abenteuerroman); c) das Beherrschtwerden der Figuren von äußeren Mächten (sog. *Gehabtsein*) und die Zeit-, Raum-, Situations- und Gattungsveränderungen nicht angepaßte *Wiederholung* fester Erzählschema, wörtl. Wendungen usw., d) die *Motivation von hinten*, die im Ggs. zur *Motivation von vorne*, zur psychologisch realistisch scheinenden Motivation, die einzelnen Ereignisse vom Schluß aus begründet: Ein Geschehen läuft nur so ab, wie es abläuft, um eine best. mit der gewählten ↗ Gattung, dem gewählten ↗ Stoff, ↗ Stil, usw. vorgegebene Lösung zu motivieren (so vergiftet auch in Schillers Drama *Kabale und Liebe* Ferdinand Luise nicht aus Eifersucht, sondern um das Gesetz der Gattung ›Tragödie‹ zu erfüllen, die den Tod ihres Helden fordert). Definiert Form nicht als Ausdruck von ›Inhalt‹, sondern als Einschränkung oder Erzeugung von ›Inhalt‹ (darin dem ↗ russ. Formalismus vergleichbar). Liegt jedem lit. Text zugrunde, wird nur mehr oder weniger versteckt bzw. zersetzt (vgl. auch ↗ Erzählgrammatik).

Mythos [gr. Rede, Geschichte, (sagenhafte) Erzählung], 1. meist mündlich tradierte Erzählung von Göttern, Helden, ruhmreichen Familien und Ereignissen aus der fernen Vorzeit eines Volks, z.B. vom Kampf des Lichts mit

der Finsternis oder der Gründung Roms durch Romulus und Remus; be-
wahrt die Geschichte eines Volkes und dessen ›Weltwissen‹ (Erklärung von
Naturphänomenen, handwerkl. Techniken, Gesetzen, sozialen Regeln,
Riten, Götterlehre usw.), geprägt von sog. »Anschauungsweisen des
Mythos« (E. Cassirer), die jedes Ereignis als Resultat einer höheren Macht
(Schicksal, Vorsehung, Karma, Fluch u.ä.) begreifen und räumliche, zeitli-
che und individuelle Unterschiede durch ein überall wirksames Gesetz von
Analogie und Gegensatz (zwischen Makro- und Mikrokosmos, Hier und
Dort, Vergangenheit, Gegenwart und Zukunft usw.) auslöschen. Häufig
Gegenstand ästhet. und philosoph. Reflexionen (bes. in ↗ Antike, ↗ Re-
naissance, ↗ Klassik, ↗ Romantik, ↗ Strukturalismus, ↗ Poststrukturalismus,
↗ New Criticism, ↗ New Historicism); gilt als Dichtung aus den Kinderta-
gen der Menschheit, die einer ›poet. Logik‹ (eben den »Anschauungsweisen
des Mythos«) gehorcht und eine eigene Denkform ausprägt, besonders für
Platon auch als Lüge, als dem *logos* (dem Verstand, der die Wahrheit her-
ausfinden kann) entgegengesetzte unwahre Geschichte, die ein gefährlich
archaisch-irrationales Potential besitzt, den Menschen die Sinne verwirren
kann und ihnen die Freiheit zur Selbstbestimmung nimmt. Wichtige stoffliche und formale Grundlage der ↗ einfachen Formen und der Dichtung
(z.B. von Homers *Ilias* und Hesiods *Theogonie*, ↗ Epos), durch jede Literarisierung immer auch künstlich geordnet und zerstört (↗ mythisches Analogon). Seit dem MA Herausbildung neuer Mythologeme (Faust, Don
Juan, Mörikes ›Privatmythos‹ um Orplid usw.). 2. *(mythos)* in Aristoteles'
Poetik neben Charakter, Szenerie, Musik und Rede wichtigster Teil der
↗ Tragödie: die dargestellte Geschichte, der ↗ plot).

Lit.: H. Blumenberg: Arbeit am Mythos, ⁵1990. – P. Brunel: Dictionnaire
des mythes littéraires, 1988. – M. Eliade: Mythos und Wirklichkeit, 1988.
– M. Fuhrmann (Hg.): Terror und Spiel, 1971. – C. Lévi-Strauss: Strukturale
Anthropologie, 1967.

Nachspiel, kurzes, heitereres, oft auch derb possenhaftes Spiel (auch Panto-mime, Ballett usw.), das in der europ. Theatertradition bis Ende des 18. Jh.s der Hauptaufführung eines dramatischen Werks folgt, ohne mit diesem in thematischem Zusammenhang zu stehen, z.B. das ↗ Satyrspiel als Ab-schluß der gr. Tragödien- ↗ Trilogie, das ↗ exodium im röm. Theater, die *Moralität* (volkssprachl. Schwank, ↗ geistl. Spiel) als Nachspiel des lat. ↗ Humanistendramas, die Hanswurstiade (↗ Hanswurst) als Nachspiel der barocken ↗ Haupt- und Staatsaktion; noch 1757 folgt auf Lessings *Miß Sara Sampson* in Lübeck das Nachspiel *Der vom Arlekin betrogene Pantalon und Pierrot* als pantomimisches Ballett. Von dieser Tradition zu unterschei-den: das mit dem Hauptstück thematisch zusammenhängende Nachspiel, z.B. in M. Frischs *Biedermann und die Brandstifter* oder A. Millers *Tod eines Handlungsreisenden.*

Naive und sentimentalische Dichtung [frz. naïf aus lat. nativus = natür-lich, angeboren; frz. sentimental = empfindsam], auf Fr. Schillers Abhand-lung *Über naive und sentimentalische Dichtung* (1795/96) zurückgehende Einteilung: Der *naive* Dichter (Schiller zählt dazu Homer, Shakespeare, Goethe) sucht die Übereinstimmung mit der Natur, die realistische und an-schauliche Nachahmung des Wirklichen (↗ Mimesis); der *sentimentalische* Dichter (Euripides, Horaz, Schiller selbst) schafft aus einem Zwiespalt zwi-schen sich und der Natur heraus, den er durch Reflexion und Darstellung des Ideals zu überwinden sucht (in spezif. Gattungen wie ↗ Satire, ↗ Ele-gie, ↗ Idylle).

Narrativik [lat. narrare = erzählen], auch Narratologie: neuere Bez. für Er-zählforschung (↗ Erzähltheorie), z.T. synonym, z.T. auch in Abgrenzung von dieser definiert als eine über die ältere, primär an der lit. Erzählkunst orientierte Gattungspoetik hinausgehende Richtung der Lit.- und Kultur-wissenschaften, die sich besonders der ↗ Erzähltheorie, den Grundlagen, Situationen, Strukturprinzipien, Funktionsweisen, Bauformen, Verfahren des Erzählens (in Romanen z.B., aber auch in Filmen, Dramen, wiss. Wer-ken) und best. Epochenspezifika zuwendet; rückt besonders den Akt des Erzählens, Fragen der Kommunikation und der Erzählerpsychologie ins Blickfeld.

Narration [frz.] ↗ Erzählung

Naturalismus, 1. allg.: Stiltendenz in Lit. und Kunst, die versucht, die Wirklichkeit genau abzubilden; 2. besonders: Richtung der europ. Lit., um 1870-1900, hat die genaue Beschreibung der Natur, d.h. ihrer sinnlich er-fahrbaren Erscheinungen, zum ästhetischen Prinzip erhoben und versucht, anders als der (poetische) ↗ Realismus, insbes. durch die akribische Dar-stellung (↗ Sekundenstil) des moralischen und wirtschaftlichen Elends, v.a. von Kleinbürgertum und Proletariat, und durch eine engagierte Kritik am Bürgertum und dessen doppelter Moral ›naturgetreu‹ zu sein. Verarbeitet die Einsichten der Evolutionstheorie Ch. Darwins und der Milieutheorie

H. Taines und zeigt den Menschen als ein von den Faktoren ›Erbe‹, ›Milieu‹ und ›sozialen Verhältnissen‹ determiniertes Wesen. Bsp. bei E. Zola (*Nana*, 1880, *Germinal*, 1884), A. Strindberg, H. Ibsen, F.M. Dostojewskij, L. Tolstoj, A. Holz (*Phantasus*, 1898 erschienen), J. Schlaf (zus. mit Holz, *Die Familie Selicke*, 1889), G. Hauptmann (*Vor Sonnenaufgang*, 1889, *Die Weber*, 1892/93) u.a.; programmatisch: W. Bölsches *Die naturwissenschaftlichen Grundlagen der Poesie* (1887) und A. Holz' *Die Kunst, ihr Wesen und ihr Gesetz* (1891). Von nachhaltigem Einfluß auf die spätere Lit. u.a. durch die Erschließung neuer Stoffbereiche, neuer dramatischer Strukturen, die Verwendung von Umgangssprache und Dialekt in einem lit. Text und die Provokation von Gegenströmungen (wie ↗ Impressionismus, ↗ décadence, ↗ Symbolismus). ↗ Freie Bühne

Lit.: H. Brauneck/C. Müller (Hg.): Naturalismus, 1987. – H. Möbius: Der Naturalismus, 1982.

Natureingang, Naturdarstellung bzw. -evokation im Einleitungsteil eines Liebesgedichts, häufig im ↗ Minnesang und den daran anknüpfenden Volksliedern: eine Aufreihung bestimmter, stereotyper Requisiten der Frühlings- oder Winterlandschaft (z.B. »diu grüene heide«, »bluomen unde klê«, »diu linde«, »diu kleinen vogelîn«, »der kalte snê«), die der dargestellten Minnesituation entsprechen (Frühlingsfreude/Minnehoffnung, Winterklage/Minneleid usw.). ↗ locus amoenus, ↗ Topos

Naturformen der Dichtung, auf Goethes *Noten und Abhandlungen zu besserem Verständnis des west-östl. Divans* (1819) zurückgehende Bez. für die drei ↗ Gattungen Epik, Lyrik und Drama, die dieser auf drei in jeder Dichtung unterschiedl. zusammenwirkende, zeitl. nicht fixierbare Formen menschl. Grundhaltungen zurückführt (»klar erzählend«: Epik, »enthusiastisch aufgeregt«: Lyrik, »persönlich handelnd«: Drama).

Nekrolog [gr. Leichenrede], 1. biograph. Nachruf auf einen Verstorbenen, auch Sammlung solcher Biographien; 2. Kalender- oder annalenartiges Verzeichnis der Todestage bzw. der Toten, v.a. im MA in kirchl. oder klösterl. Gemeinschaften erstellt (Verzeichnis der Äbte, Vorsteher, Stifter usw. für die jährl. Gedächtnisfeier).

Neologismus [gr.], neugebildeter, meist für neue Begriffe und Sachen benötigter sprachl. Ausdruck; gebildet durch: 1. Kombination vorhandener Elemente (z.B. *Leiden-schaft*, im 17. Jh. von Ph. v. Zesen geprägt, oder *Null-Wachstum*, *Problem-bewußtsein*), 2. Übersetzung von Fremdwörtern (z.B. *empfindsam* für engl. ›sentimental‹, von Lessing im 18. Jh.); 3. Bedeutungsverlagerung (z.B. *Zweck* = ursprünglich ›Nagel‹, seit dem 16. Jh. der konkrete Zielpunkt im Unterschied zum abstrakten ›Ziel‹).

Neue Sachlichkeit, umstrittene, 1923 in der Kunstkritik geprägte Bez. für eine Richtung der dt. Lit. des 20. Jh.s, die (als Gegenbewegung zur pathetisch-gefühlsbeladenen Sprache und utopisch-idealisierenden Haltung des

↗ Expressionismus) Formen der ↗ Dokumentarlit., eine nüchterne Sprache und Thematik bevorzugt. Vertreten von E. Jünger, E.E. Kisch, L. Feuchtwanger, B. Brecht, Ö. v. Horváth, G. Kaiser, C. Zuckmayer, A. Döblin, H. Fallada, E. Kästner, A. Seghers, J. Ringelnatz, E. Langgässer, G. Britting, G. Eich, P. Huchel, I. Keun u.a.
Lit.: H. Paucker: Neue Sachlichkeit, 1976. – R. Grimm/J. Hermand (Hg.): Die sog. Zwanziger Jahre, 1970.

Neulateinische Dichtung, lat., an antiken Vorbildern orientierte Dichtung der Neuzeit, besonders vom 14. Jh. bis ins ↗ Barock praktiziert, Höhepunkt im ↗ Humanismus. V.a. Gelehrten- und ↗ Gelegenheitsdichtung, bevorzugt in der Antike ausgebildete Gattungen wie ↗ Elegie, ↗ Ekloge, ↗ Ode, ↗ Hymne, ↗ Epos, ↗ Satire, ↗ Epigramm, ↗ Lehrgedicht, ↗ Panegyrik und ↗ Fabel. Bsp. bei Petrarca, Boccaccio, Tasso, Bacon, Milton, Pirckheimer, Celtis, Melanchthon, Erasmus v. Rotterdam, Frischlin, Opitz, Fleming, Gryphius u.a. ↗ Schuldrama

New Criticism [engl.], in den 20er Jahren des 20. Jh.s ausgebildete, in den 40ern und 50ern maßgebl. Methode der anglo-amerikan. Lit.wiss.; versteht einen lit. Text als organische, vielschichtige, autonome, von äußeren Faktoren unabhängige Einheit und versucht ihn immanent: aus sich heraus zu interpretieren, indem sie durch eine eng am Text orientierte Lektüre (*close reading*) dessen einzelne Elemente benennt und dann zum Textganzen, auch zum Text-Typus (↗ Gattung, ↗ Textsorte) in Beziehung setzt, den der New Criticism v.a. durch ideale, ahistorische Unterscheidungen bestimmt (↗ Phänomenologie, ↗ Typologie). Wichtige Vertreter: I.A. Richards (zus. mit C.K. Ogden: *The Meaning of Meaning*, 1923), W. Empson, C. Brooks, W.K. Wimsatt (*The Verbal Icon*, 1954), K. Burke, R. Wellek (*A Theory of Literature*, 1949) u.a., auch die Dichter W.B. Yeats, E. Pound, T.S. Eliot. Zentrale Begriffe: *ambiguity* (↗ Ambiguität), *paradox* (↗ Paradoxon), *irony* (↗ Ironie), *unity* (Einheit), *affective fallacy* (die durch den Text beim Leser hervorgerufene subjektive Wirkung, ↗ Rezeptionsästhetik) und *tension* (Spannung). In Dtl. der ↗ werkimmanenten Interpretation, in Rußland dem frühen ↗ Formalismus vergleichbar; von ↗ Dekonstruktion, ↗ New Historicism, ↗ Lit.soziologie u.ä. programmatisch zu überwinden versucht.

New Historicism [engl.], auch *cultural poetics*: zu Beginn der 90er Jahre des 20. Jh.s von dem amerikan. Lit.wissenschaftler St. Greenblatt geprägte Bez. für eine sozialgeschichtl. orientierte Methode der Textanalyse, die sich v.a. auf das Verhältnis der Lit. zu anderen nichtlit. Texten konzentriert: Welche wechselseitigen Austauschbeziehungen (*Transaktionen*) bestehen zwischen kulturellen Äußerungen? Wie und unter welchen Bedingungen eignen sich lit. Texte *soziale Energien* (best. Gesten und Rituale, Verhaltens- und Sprachformen, kollektive Symbole und Erfahrungen) an? Welche Stimmen (der Religion, der Geschichtsschreibung, der Ethnologie, der Bühnenpraxis, der Ökonomie, der Politik usw.) sind in einem lit. Text anwesend (↗ Dialogizität)? Wendet sich mit Fragen wie diesen, vergleichbar der ↗ Diskursanalyse und dem ↗ Poststrukturalismus, gegen den ↗ New Criticism und die Vorstellung, ein lit. Text sei ein geschl., von seinen Entstehungsumständen unabhängiges zeitloses Kunstwerk. Eine Variante: der ↗ Cultural Materialism

Lit.: C. Colebrook: New Literary Histories, ²1998. – M. Baßler (Hg.): New Historicism, 1995. – St. Greenblatt: Verhandlungen mit Shakespeare, 1990.

Nibelungenstrophe, die wichtigste Strophenform des mhd. ↗ Epos, bez. nach der Verwendung im *Nibelungenlied*: 4 sich paarweise reimende ↗ Langzeilen, von denen jede wiederum aus 2 Kurzversen (↗ An- und Abvers) besteht, wobei die vierhebigen Anverse meist mit weibl. klingender ↗ Kadenz schließen, die dreihebigen Abverse mit männl. Kadenz, und der letze Abvers sich durch 4 Hebungen auszeichnet: V. 1-3: (x) | x́x | x́x | -x̀ || (x) | x́x | x́x | x́ (»uns íst in álten máerèn / wúnders víl geséit«); V. 4: (x) | x́x | x́x |-x̀ || (x) | x́x | - | x̀x | x́ (»mán gesách an héldèn / níe so hérlìch gewánt.«). ↗ Hildebrandston

Nô [jap. Fertigkeit, Fähigkeit, Kunst], klassische jap. Dramengattung, die Dichtung, pantomim. Darstellung, stilisierter Tanz, Gesang und Musik vereint. Eng mit der Tradition des Zen-Buddhismus verbunden, zielt auf mystische Kontemplation, indem sie Zeit, Ort und Charaktere stilisiert und konzentriert, nicht realistisch darstellt; zeichnet sich durch Personen- und Handlungsarmut und einen streng schematischen Aufbau aus. Im Ggs. zum ↗ Kabuki für ein aristokrat. Publikum bestimmt. Beeinflußt besonders das ↗ epische Theater Brechts.

Nominalstil ↗ Stil

Nouveau roman [frz.], nach 1945 in Frkr. entstandene, an Flaubert, Proust und Joyce anknüpfende experimentelle Form des ↗ Romans, die sich von dessen herkömml. Strukturen löst und auf die realitätsorientierte Darstellung eines von best. Gestalten getragenen Handlungsverlaufs verzichtet: Im realitätsunabhängigen Kosmos des nouveau roman besitzen die Dinge ein von der Kausalität und jeder Deutung befreites Gewicht, die Kategorien von Raum und Zeit werden überspielt, Innen- und Außenwelt vermischen sich, die Möglichkeit des Erzählens, des Schreibens allg. wird in Frage gestellt. V.a. von N. Sarraute (*Les fruits d'or*, 1963), A. Robbe-Grillet (*La jalousie*, 1957) und M. Butor (*La modification*, 1957) geprägt.

Novelle [it., eigentl. kleine Neuigkeit, zu lat. novus, novellus = neu], kürzere, meist in Prosa verfaßte, schriftl. Erzählgattung; von Goethe als »eine sich ereignete unerhörte Begebenheit« definiert, weil sie sich auf *ein einziges, real vorstellbares, als real ausgegebenes Ereignis* konzentriert, das im doppelten Sinn *unerhört* ist: so noch nie dagewesen als auch skandalös, gegen die Konventionen der Gesellschaft und den gewöhnl. Gang der Dinge verstoßend. Unterscheidet sich durch den ausdrückl. Realitätsbezug von ↗ Legende, ↗ Fabel und ↗ Märchen, durch eine konsequente Ausformulierung

des zentralen Konflikts und die Tendenz zur ↗ geschl. Form von der jünge-
ren ↗ Kurzgeschichte, durch den bewußt kunstvollen Aufbau von ↗ Anekdote, ↗ Schwank, ↗ Kalendergeschichte und anderen Kleinformen des Erzählens. Vorformen: ↗ fabliau, ↗ Schwank, ↗ einfache Formen wie das
↗ exemplum der ↗ Predigt, ↗ Kasus und ↗ Memorabile. Grundlegend:
G. Boccaccios *Decamerone* (1348-53), ein Zyklus von 100 zumeist erotischen Novellen, die sich – so die ↗ Rahmenerzählung – 10 vor der Pest aus
Florenz auf ein Landgut geflüchtete adelige Freunde an 10 Tagen erzählen;
bildet die gattungskonstitutiven Merkmale aus: Anbindung an eine gesellschaftl. Erzählsituation und gesellig-mündlicher Erzählton (mittlere Stilhöhe, ↗ genera dicendi), dramatische Vergegenwärtigung des Geschehens
durch häufig wiedergegebenen ↗ Dialog, Konzentration auf den Hand-
lungshöhepunkt, das oft durch ein ↗ Symbol (↗ Falkentheorie) verdeut-
lichte oder hinter ihm versteckte, meist durch eine List herbeigeführte er-
füllte sexuelle Verhältnis, beschränktes Repertoire an Figuren und Hand-
lungsmomenten, die auf einer fest umrissenen, begrenzten Spielfläche (genuiner Ort der Novelle ist das Haus, das Zimmer) in immer neuen Beziehungen arrangiert werden: Auslöser des Novellengeschehens ist meist ein zu
einem Gegensatzpaar (Mann/Frau, Vater/Tochter u.ä.) hinzukommender
Dritter (beliebtes Motiv: Frau zwischen zwei Männern), das Ende führt oft
zu einem Austausch der Merkmale und der Positionen. Bsp.: *Cent Nouvelles
nouvelles* (1486), M. de Navarra, *Heptaméron des nouvelles* (1559), M. de
Cervantes, *Novelas ejemplares* (1613), J.W. v. Goethe, *Unterhaltungen dt.
Ausgewanderter* (1795), Chr.M. Wieland, *Das Hexameron von Rosenhain*
(1805), die Novellen von H. v. Kleist, E.T.A. Hoffmann, G. Keller (*Das
Sinngedicht*, 1881), A. Stifter (*Bunte Steine*, 1843-53), Th. Storm,
C.F. Meyer, N. Gogol, E.A. Poe, Th. Mann, R. Musil u.a.
Lit.: H. Schlaffer: Poetik der Novelle, 1992. – H. Aust: Novelle, 1990. –
H.J. Neuschäfer: Boccaccio und der Beginn der Novelle, 1969.

Numerus [lat. abgemessener Teil, Harmonie, Reihe, Rhythmus], in der
↗ Rhetorik die geregelte Abfolge langer und kurzer Silben: 1. als *poetischer*
Numerus, der eine gesamte Rede nach strengen Gesetzen in regelmäßig
wiederkehrende Silbenfolgen gliedert, 2. als *Prosa*-Numerus, der an sich
kein Gesetz kennt, aber durch best. Regeln (Ausgewogenheit langer und
kurzer Silben, Vermeidung eines leiernden, zu regelmäßigen Rhythmus,
↗ Klauseln u.a.) den Rhythmus eines Satzes prägt.

Ode [gr. Gesang], in der Antike ursprünglich Sammelbez. für alle strophischen Dichtungen, die von Musik begleitet vorgetragen wurden, sowohl für die in 3 Teile (↗ Auf- und Abgesang: Ode/Antode und ↗ Epode) gegliederten, für den Chorgesang bestimmten Gedichte (z.B. die ↗ pindarische Ode) als auch für die von einem Einzelnen vorgetragene Dichtung mit festem Metrum und fester Strophenform (↗ Odenmaße). Später allg.: die strophisch gegliederte, meist reimlose Gattung der lyrischen Dichtung, für die ein erhaben-feierlicher Ton und eine oft dunkle Sprache charakteristisch sind. U.a. wichtig für die Gattungstradition: die Oden von Pindar, Sappho, Alkaios, Horaz (↗ Hymne, ↗ carmen), G.R. Weckherlin, P. Fleming, A. Gryphius (↗ reyen), G.Fr. Klopstock (↗ freie Rhythmen), J.W. v. Goethe und Fr. Hölderlin.

Odenmaße, feste Strophenformen der altgr., für den Einzelvortrag best. Lyrik (↗ Monodie) im Unterschied zur für den Chorgesang bestimmten ↗ pindarischen Ode. Jeweils vierzeilig, meist aus ↗ äol. Versmaßen gebaut und nach ihren Verwendern benannt, den im 7./6. Jh.v.Chr. lebenden Dichtern Alkaios, Alkman, Archilochos, Asklepiades, Hipponax und Sappho. Die für die europ. Lit. folgenreichsten Odenmaße:

a) die *alkäische Strophe* aus 2 Elf-, einem Neun- und einem Zehnsilbler:

◡ —◡—◡ |—◡◡—◡—◡
◡ —◡—◡ —|—◡◡—◡◡
◡ —◡—◡ —◡—◡
—◡◡—◡◡—◡—◡

b) die *asklepiadeischen Strophen,* z.B. die zweite asklepiadeische Strophe:

◡́ — —́◡◡—|—◡◡—◡◡
◡́ — —́◡◡—|—◡◡—◡◡
◡́ — —́◡◡—|—◡◡—◡◡

oder die dritte asklepiadeische Strophe:

◡́ — —́◡◡—|—◡◡—◡—
— —◡◡—|—◡◡—◡—
— —◡◡—◡
— —◡◡—◡◡

c) die *sapphische Strophe,* aus 3 Elfsilblern (hendekasyllabi) und einem ↗ Adoneus:

—◡—◡ —◡◡—◡—◡
—◡—◡ —◡◡—◡—◡
—◡—◡ —◡◡—◡—◡
—◡◡—◡

d) die *archilochischen Strophen,* z.B. die dritte archiloch. Strophe:

2mal: —◡◡—◡◡—|◡◡—◡◡—◡—◡—◡
◡ —◡—◡ —◡◡—◡

Offene Form, auch atektonischer Aufbau: im Ggs. zur ↗ geschlossenen Form Bez. für die nur lose erscheinende Fügung der Teile, gekennzeichnet durch die häufige Verwendung der ↗ Parataxe (statt der logisch ordnenden und hierarchisch gliedernden ↗ Hypotaxe), die lockere Aneinanderreihung von Einzelaussagen, unvollendete Sätze, die freie Assoziation (↗ innerer Monolog), einen uneinheitl. Stil (z.B. durch eine individualisierende, dem jeweiligen Sprecher angemessene, polyperspektivische Sprache), die Verselbständigung des Rhythmus in der Verssprache und der Einzelszene im Drama oder Roman, die Zersetzung des strengen, Anfang und Ende integrierenden Gefüges der Akte oder Kapitel (z.B. in Goethes *Faust*, Büchners *Lenz*), einen offenen Schluß u.ä.

Onomastik [zu gr. onoma = Name], Teildisziplin der Lit.wiss., die sich mit Bedeutung, Funktion und Gebrauch von Eigennamen in lit. Texten befaßt.

Onomatopoeie [aus gr. Name + schöpfen], auch Onomatopoiesis, Laut-, Klangmalerei: sprachl. Nachahmung akustischer, mittels ↗ Synästhesie auch opt. Eindrücke durch: l. Verwendung lautmalerischer Einzelwörter: *quaken, Kuckuck, Ticktack, zittern, watscheln,* 2. die besonders, meist metrisch-rhythmische Zusammenstellung ursprünglich nicht schallimitierender Wörter: »Und hohler und hohler hört mans heulen« (Schiller), »Hurtig mit Donnergepolter entrollte der tückische Marmor« (Voß). Oft mit der These begründet, daß zwischen Laut und Bedeutung von Anfang an eine verborgene, intuitiv erfaßbare Verwandtschaft bestünde (z.B. der Vokal ›i‹ als Ausdruck für Helligkeit, Höhe, Freude, der Vokal ›u‹ als Ausdruck für Dunkelheit, Tiefe, Trauer, sog. *Lautsymbolik,* heute z.T. von der Neurophysiologie bestätigt).

Oper [it. (Musik-)Werk], musikal. Bühnenwerk, bei dem Wort, Musik und szen. Darbietung zusammenwirken. Im 16. Jh. (Florenz) als Erneuerung der antiken ↗ Tragödie entstanden, die man sich als enge Verbindung von Wort und Musik dachte; erste Opernaufführungen: *Dafne* (Text O. Rinuccini, Musik J. Peri, 1594), *Orfeo* (Text A. Striggio, Musik C. Monteverdi, 1607). Zahlreiche Schriftsteller haben ↗ Libretti für Opern geschrieben (z.B. H. v. Hofmannsthal für R. Strauss' *Rosenkavalier*) bzw. mit ihren Dramen die Vorlage geliefert (Schillers *Don Carlos* etwa wurde von Verdi, T. da Molinas *Don Juan* von Mozart ›veropert‹). ↗ Madrigal, ↗ Musiktheater, ↗ Zwischenspiel

Oppositio [lat. Entgegensetzung], 1. ↗ Antithese, 2. Koppelung einer negativen und positiven Formulierung derselben Aussage, z.B.: »Er ist nicht reich, er ist sehr arm« (i.d. Fall: ↗ Litotes + direkte Aussage).

Oral poetry [engl.], bez. sowohl die mündliche, in einer schriftlosen oder halbschriftlichen Kultur entstandene Dichtung als auch die Forschungsrichtung, die sich mit deren Tradierung, Form, Struktur und Thematik auseinandersetzt. Von M. Parry mit Bezug auf das (hypothetisch als oral poetry aufgefaßte) homerische ↗ Epos zu Beginn des 20. Jh.s entwickelt, von seinem Schüler A.B. Lord (*The Singer of Tales*, 1932, dt. 1965) empirisch an den Heldenliedern zeitgenöss. südslaw. Sänger (der *Guslaren*, nach deren einsaitigem Streichinstrument, der *Gusle*) bestätigt. U.a. charakteristisch für die oral poetry: a) eine ausgeprägte, der mündl. Improvisation (↗ Stegreif) entgegenkommende Formelhaftigkeit des Erzählens: stereotype Beschreibungs- und Handlungsmuster (↗ Topos), häufig wiederholte stehende Wendungen, markante, einfach angelegte, konstant bleibende, oft durch ein festes Beiwort (↗ epitheton ornans) charakterisierte Heldenfiguren, b) einfach gebaute, einprägsame, leicht wiederholbare und aneinanderzureihende Melodiemodelle, Versformen (im Epos meist ↗ Langzeilen) und Satzstrukturen (↗ Parataxe), c) das weitgehende Fehlen von Abstrakta, ↗ Hypotaxen und umfassenden, den Anfang auf das Ende hin berechnenden, das Ende an den Anfang zurückbindenden Kompositionsschemata, der Verzicht auf die Darstellung organischer Zusammenhänge und individueller Systeme (vermutl. aus mangelndem Bewußtsein, das erst durch die Verschriftlichung, die damit verbundene Distanzierung und Individualisierung des Menschen entsteht), d) das Fehlen eines einzigen festen Originaltextes, das gleichberechtigte Nebeneinander verschiedener ursprünglich mündlich tradierter, dann verschriftlichter Fassungen (↗ Textkritik), e) die Konzentration auf mythisch-religiöse Themen (wie Brautwerbung, Abenteuer eines Helden, Entstehung der Welt, Ursprungsmythos eines Volks) und f) die Dominanz von »Anschauungsweisen des ↗ Mythos« allg. In der Lit.- und Kulturwiss. des ausgehenden 20. Jh.s v.a. im Spannungsfeld von Mündlichkeit und Schriftlichkeit diskutiert (z.B. Einfluß der Schrift auf das Denken, Funktion der Stimme in einer mündlichen Kultur, Nachleben der oral poetry, Nachahmung mündlicher Formen in der modernen Lit.). ↗ Bylinen, ↗ carmen, ↗ einfache Formen, ↗ Heldenlied, ↗ Lied, ↗ kulturelles Gedächtnis, ↗ Medienwiss. ↗ Minnesang, ↗ Spruchdichtung, ↗ Stabreimvers, ↗ Vers, ↗ Volksbuch

Lit.: H. Wenzel: Hören und Sehen, Schrift und Bild, 1995. – H. Güther/O. Ludwig: Schrift und Schriftlichkeit, 1994. – W. Raible (Hg.): Erscheinungsformen kultureller Prozesse, 1990. – W.J. Ong: Oralität und Literalität, 1987. – J. Assmann/C. Hardmeier (Hg.): Schrift und Gedächtnis, 1983.

Oratio [lat.], Rede, Redeweise, ↗ Stil. U.a. unterschieden a) auf der Ebene des Modus in *oratio obliqua* (indir. Rede) und *oratio directa* (dir. Rede), b) auf der Ebene der Syntax in *oratio soluta* (der Umgangssprache nahe lokkere Aneinanderreihung kurzer [Haupt-]Sätze), *oratio perpetua* (Aneinanderreihung semantisch und syntaktisch linear vorwärtsschreitender Sätze) und *periodus* (↗ Periode).

Orchestra, f. [gr. Tanzplatz], ursprünglich der kultische Tanzplatz vor dem Tempel des Gottes Dionysos, auf dem die chor. Begehungen (↗ Dionysien) stattfanden, aus denen sich im Laufe des 6. Jh.s v.Chr. das gr. ↗ Drama entwickelt hat. Im klass. gr. Theater: die zwischen Bühnenhaus (↗ skene) und der Zuschauertribüne (theatron) gelegene Spielfläche, auf der der ↗ Chor seinen Platz hat. Nach der Verdrängung des Chors durch die auf dem ↗ proskenion agierenden Einzelschauspieler funktionslos; heute Bez. für die im ›Orchestergraben‹ spielenden Musiker.

Ornatus [lat. Schmuck], Redeschmuck, der für eine über die bloße Korrektheit hinausgehende Schönheit des sprachl. Ausdrucks sorgen soll. In der antiken ↗ Rhetorik Teil der *elocutio* (sprachl. Ausarbeitung), durch den Gebrauch best. Stilmittel (↗ Tropus, ↗ rhetorische Figur, ↗ numerus) zu erreichen; gemäß den 3 ↗ genera dicendi unterschieden in: a) leichter Ornatus (v.a. grammat. richtige, klanglich ebenmäßige Formulierung), b) mittlerer Ornatus (v.a. rhetor. Wort- und Sinnfiguren), c) schwerer Ornatus (d.h. reiche Verwendung von Tropen und Figuren).

Ottaverime [it. Achtzeiler], auch ottava rima ↗ Stanze

Oxymoron [gr. scharf + dumm], Verbindung zweier Begriffe, die sich ihrem Wortsinn nach widersprechen und gegenseitig ausschließen, sei es in einem Kompositum (»traurigfroh«) oder durch ein Attribut: »stets wacher Schlaf«, »liebender Haß«, »kalte Glut« (sog. *contradictio in adiecto*, lat.Widerspruch im Beiwort).

Päan (Paian) [gr. Helfer, Heiler, Retter, Arzt], 1. Beiname Apollos, seit Ende des 5. Jh.s v.Chr. auch anderer Götter; 2. altgr. chorisches Bitt-, Dank- oder Sühnelied (auch Schlacht- und Siegesgesang), ursprünglich an Apollon gerichtet und wohl aus kultischen Chorrufen seines Beinamens ›Paian‹ entstanden.

Paarreim, einfachste und häufigste Reimbindung: aa bb cc usw.

Palimpsest, m. oder n. [gr. wieder, zurück + abgeschabt], ↗ Handschrift, deren ursprünglicher Text zumeist aus Sparsamkeit beseitigt (durch Abwaschen, Abschaben u.ä.) und überschrieben worden ist. In der modernen Lit.wiss. zumeist metaphor. für alle Formen der ↗ Parodie, des ↗ Zitats, der kulturellen Erinnerung (↗ kulturelles Gedächtnis) allg. gebraucht.

Palindrom [gr. Rückwärtslauf], sprachlich sinnvolle Folge von Buchstaben, Wörtern oder Versen, die vor- wie rückwärts gelesen denselben oder zumindest überhaupt einen Sinn ergeben, z.B. »Anna«, »Ein Neger mit Gazelle zagt im Regen nie« (Schopenhauer), Roma – Amor (Goethe).

Palinodie [gr. Widerrufslied], Gegendichtung zu einem eigenen Werk, in der die früheren Behauptungen, Wertungen und Mitteilungsabsichten mit denselben formalen Mitteln (Gleichheit des Metrums, Reims, Strophenbaus usw.) widerrufen werden; oft auch allg. verwendet für jede dichter. Absage an die Welt und v.a. an die Liebe.

Pamphlet [nach der im MA. weit verbreiteten lat. anonymen Distichen-Komödie *Pamphilius seu de amore*, 12. Jh.], zumeist auf Einzelereignisse des polit., gesellschaftl. oder lit. Lebens bezogene, vorzugsweise persönlich attackierende, weniger sachbezogen argumentierende Streitschrift mit aggressiver Rhetorik. ↗ Flugschrift, ↗ Pasquill, ↗ Satire

Panegyrik [zu gr. panegyris = festl. Versammlung], in der Antike ausgebildete Gattung der ↗ Rhetorik: feierliche Lobrede, Lobgedicht auf eine Person oder Institution, ursprünglich vor einer Festversammlung gehalten (↗ Gelegenheitsdichtung); besonders beliebt in der Renaissance- und Barocklit. (↗ Eloge).

Pantalone ↗ Commedia dell'arte

Parabase [gr. das Vorrücken, auch Übertreten, Abschweifen], zentraler Bestandteil der antiken ↗ Komödie: direkte Hinwendung des ↗ Chors zum Publikum, mit Stellungnahmen zu aktuellen polit., sozialen, auch kulturellen Ereignissen oder Erklärungen der Dichterintention. Schließt ursprünglich mit einem ↗ pnigos, einer auf einen Atemzug gesprochenen langen Sentenz. Durchbricht die Welt des Spiels, lebt in jeder Form des Heraustretens aus der Spielillusion weiter (↗ ad spectatores, ↗ Commedia dell'arte, ↗ Wiener Volkstheater, ↗ episches Theater).

Parabel [gr. das Nebeneinanderwerfen, Gleichnis], ein zur selbständigen Erzählung erweiterter ↗ Vergleich, bei dem der eigentl. gemeinte Sachverhalt
durch Analogie zu erschließen ist – der direkte Verweis wie beim ↗ Gleichnis fehlt. In der antiken Rhetorik wie die ↗ Fabel zu den erdichteten ↗ Paradigmen gezählt, die als in die Rede eingelegte Geschichten die Argumentation verstärken sollen (so z.B. Menenius' Agrippa Geschichte vom *Magen
und den Gliedern*, auch noch Fiescos Erzählung vom Tierreich in Schillers
Fiesco, II, 8). In der neutestamentl. Forschung als Darstellung definiert, die
einen prägnanten, von der Norm abweichenden Einzelfall vorführt, keinen
allg. Regelfall wie das Gleichnis, um u.a. die Lebenserfahrung des Lesers zu
erweitern und die Wirklichkeit zu ›vergeistigen‹, z.B. die Parabel vom verlore-
nen Sohn oder vom barmherzigen Samariter. Daneben berühmt: die in Lessings *Nathan der Weise* eingebaute Ringparabel aus Boccaccios *Decamerone*,
Goethes *Buch der Parabeln*, Kafkas *Vor dem Gesetz*, Brechts *Geschichten vom
Herrn Keuner* (↗ Kalendergeschichte), U. Johnsons *Jonas zum Beispiel* u.a.
Lit.: R. Zymner: Uneigentlichkeit, 1991. – T. Elm (Hg.): Die Parabel,
1986.

Paradigma [gr. Beispiel, Muster], 1. ↗ exemplum, 2. in der Wissenschafts-
theorie: eine gemeinsam geteilte Vorstellung einer Gruppe von Wissenschaftlern (↗ Paradigmenwechsel), 3. Begriff der ↗ Semiotik, Gegenstück
zu ↗ Syntagma.

Paradigmenwechsel, von T.S. Kuhn (*The Structure of Scientific Revolutions*,
1962, dt. 1967) eingeführter Begriff, der die Ablösung einer älteren wissenschaftl. Methode durch eine neue bezeichnet, die so revolutionierend und
in ihrem Innovationsanspruch so dynamisch sein muß, daß sie »für eine
gewisse Zeit einer Gemeinschaft von Fachleuten Modelle und Lösungen
liefert«; z.B. der Paradigmenwechsel vom ästhetischen ↗ Formalismus und
der ↗ werkimmanenten Interpretation zur ↗ Rezeptionsästhetik und
↗ Lit.soziologie in den 70ern, der Paradigmenwechsel von der ↗ Lit.- zur
↗ Kulturwissenschaft in den 90ern.

Paradoxon, Pl. Paradoxa [gr. das Unerwartete], scheinbar alogische, unsinnige, widersprüchliche Behauptung, oft in Form einer ↗ Sentenz oder eines
↗ Aphorismus, die aber bei genauerer gedankl. Analyse auf eine höhere
Wahrheit hinweist, z.B. »Wer sein Leben findet, der wird es verlieren«
(Matth. 10, 39), »sus lebet ir tôd« (Gottfried v. Straßburg, *Tristan*). Dient
meist als Mittel der Verfremdung, der absichtl. Verrätselung einer Aussage
oder des emphatischen Nachdrucks; bez. ursprünglich die didaktisch motivierte, absichtl. nicht unmittelbar einleuchtende, zum Nachdenken zwingende Formulierungsweise der gr. Stoiker. In der ↗ Ideengeschichte als
Epochenphänomen (insbes. von ↗ Manierismus und ↗ Barock) verstanden,
für den ↗ New Criticism spezifisches Merkmal der poet. Sprache, im Dekonstruktivismus (↗ Poststrukturalismus) grundlegende Denkfigur, die wie
das ↗ Oxymoron den Leser mit der Unauflöslichkeit von Widersprüchen,
der Unmöglichkeit einer festen Bedeutung (↗ Aporie) konfrontiert.

Paralipomenon, Pl. Paralipomena [gr. Übergangenes, Ausgelassenes], Textvariante, Fragment, Ergänzung, Nachtrag usw., der bei der endgültigen Fassung eines lit. Werkes nicht berücksichtigt oder für die Veröffentlichung (zunächst) ausgeschieden wurde.

Paralipse [gr. Unterlassung, lat. praeteritio], 1. Hervorhebung eines Themas oder Gegenstands durch die nachdrückl., jedoch nicht eingehaltene Erklärung, daß darauf aus best. Gründen nicht näher eingegangen werde, eingeleitet durch Wendungen wie »Ich will nicht davon sprechen, daß«. Mittel der ↗ Ironie; 2. in der ↗ Erzähltheorie G. Genettes ein Sonderfall der ↗ Ellipse: die Auslassung von Fakten innerhalb einer Handlung.

Parallelismus [von gr. parallelos = gleichlaufend], 1. rhetorische Figur (*parallelismus membrorum*): a) Gleichlauf syntaktischer Elemente (↗ Isokolon): eine variierende oder verstärkende Wiederkehr derselben Wortreihenfolge mit ungefähr derselben Wortzahl, z.B. »als ich noch Kind war, redete ich wie ein Kind, dachte ich wie ein Kind, urteilte ich wie ein Kind« (1. Kor. 13, 11); b) die Spaltung einer Aussage in zwei (oder mehr) Aussageeinheiten gleichen oder gegensätzlichen Inhalts, wobei das zweite Glied auch den Gedanken des ersten fortführen kann, z.B. »so muß ich dich verlassen, von dir scheiden«, »sie forderts als eine Gunst, gewähr es ihr als Strafe« (Schiller, *Maria Stuart*); häufig mit ↗ Anapher, ↗ Epipher, ↗ Symploke, ↗ Homoioteleuton verbunden; 2. allg. jede Wiederholung von Personen, Situationen, Formulierungen usw. in einem lit. Werk, z.B. die dreimalige Wdh. von Wünschen, Aufgaben, Begegnungen, Träumen usw. im ↗ Märchen oder die Wdh. best. Personengruppierungen auf verschiedenen Ebenen (z.B. die Gegenüberstellung adeliges Liebespaar/Diener-Liebespaar).

Paraphrase [aus gr. neben, in der Nähe + Wort, Rede], 1. erweiternde oder erläuternde Wiedergabe eines Textes in derselben Sprache, v.a. zur Verdeutlichung des Sinns, etwa bei einer Interpretation; 2. freie Prosa-Umschreibung einer Versdichtung; 3. freie, nur sinngemäße Übertragung (Übersetzung) eines Textes in eine andere Sprache.

Parataxe [gr. Nebeneinanderstellung, Beiordnung] ↗ Hypotaxe

Paratext [zu gr. para = über, hinaus], von G. Genette (*Seuils*, 1987, dt. 1989) geprägter Begriff: ein Text, der nicht zum eigentlichen lit. Werk gehört (z.B. Klappentext, ↗ Widmung, ↗ Motto, ↗ Titel, Vorwort, Autorenname, Verlagsprospekt, Interview mit dem Autor, Tagebucheintragung, Entwurf), aber doch zusammen mit anderen Paratexten ein Bezugssystem zu diesem bildet, einen »pragmatischen Hof«. Bringt u.a. in ein lit. Werk eine zweite, auch gegenläufige Stimme hinein (↗ Dialogizität), nimmt Bezug auf dessen histor. Kontext (↗ Intertextualität), prägt maßgebl. den ↗ Erwartungshorizont und die Rezeption, meist ohne daß der Leser sich dessen bewußt ist. ↗ Poststrukturalismus

Parenthese [gr. Einschub], grammatisch selbständiger Einschub in einen Satz, der den grammat. Zusammenhang unterbricht, ohne die syntakt. Ordnung zu verändern: »So bitt ich – ein Versehn wars, weiter nichts – / Für diese rasche Tat dich um Verzeihung« (Kleist, *Penthesilea*).

Parodie [gr. Gegengesang, ursprünglich für einen neuen gesprochenen Vortrag des ⁊ Epos im Unterschied zu einem älteren musikalisch-rezitativischen], ein lit. Werk, das ein vorhandenes (bekanntes) Werk unter Beibehaltung kennzeichnender formaler und stofflicher Elemente, aber mit gegenteiliger, satirischer, kritischer oder polemischer Absicht nachahmt; spielt mit der Diskrepanz zwischen dem von Form und Stoff geprägten ⁊ Erwartungshorizont des Lesers und der tatsächlichen Erfüllung; der Wirkung umso komischer, je größer die Fallhöhe vom Parodierten zur Parodie ist. Unterscheidet sich durch höheren Kunstanspruch, formale Übernahmen, Beibehaltung der Sujetfügung (nicht nur des ⁊ plots) und umfassendere kritische Intention von ⁊ Travestie, Lit.satire und ⁊ Pastiche; zielt, anders als die ⁊ Kontrafaktur, die eine Vorlage für eigene Äußerungsabsichten nutzt, besonders auf die Herabsetzung oder Kritik der Vorlage. Bsp.: Fr. Nicolais *Die Freuden des jungen Werther* und Fr.Th. Vischers *Faust III* als Parodien von Goethes bekannten Werken, Cervantes *Don Quijote* als Parodie des ⁊ Ritterromans, das ⁊ komische Epos als Parodie des ⁊ Heldenepos, die ⁊ Hanswurstiade als Parodie der ⁊ Haupt- und Staatsaktion. ⁊ Dialogizität, ⁊ Formalismus, ⁊ Hypotext, ⁊ Intertextualität, ⁊ Selbsreferenz
Lit.: T. Verweyen/G. Wittig: Die Parodie in der neueren dt. Lit., 1979. – L. Röhrich: Gebärde, Metapher, Parodie, 1968.

Parodos [gr. (seitlicher) Zugang, Einzug], im antiken Theater: 1. der seitliche Zugang zur ⁊ orchestra, durch den der ⁊ Chor zu Beginn des Dramas feierlich Einzug hält; 2. das Einzugslied des Chors beim Betreten der orchestra, im weiteren Sinn überhaupt die ganze erste Chorpartie eines ⁊ Dithyrambus, einer Tragödie oder Komödie. ⁊ exodos, ⁊ stasimon, ⁊ Episode (epeisodion)

Parole [frz.], von F. de Saussure (*Cours de linguistique générale*, 1916) geprägter Begriff der Linguistik: die realisierte, benutzte, aktiv durch den Willen des Individuums bedingte Sprache, die konkrete Äußerung im Unterschied zur Gesamtheit aller Regeln und Zeichen einer Sprache, zur virtuellen, idealen Sprache, zur sog. *langue*, und im Unterschied zum Sprachvermögen allg. (*langage*). ⁊ Performanz

Paronomasie [gr. Wortumbildung], Wortspiel mit Wortbedeutungen durch Zusammenstellen von Wörtern 1. desselben Stamms mit best. Bedeutungsverschiebungen: »wer sich auf den *verläßt*, der ist *verlassen*« (dagegen ⁊ Polyptoton, ⁊ figura etymologica), 2. von Wörtern verschiedener Herkunft und Bedeutung, aber gleicher oder ähnl. Lautung: »kümmert sich mehr um den *Krug* als den *Krieg*« (Schiller).

Pars pro toto [lat. der Teil für das Ganze], uneigentl. Ausdruck, ↗ Tropus, bei dem ein Teil einer Sache das Ganze bezeichnet, z.B. *Dach* für ›Haus‹. Eng gefaßte Form der ↗ Synekdoche, vgl. auch ↗ Metonymie.

Pasquill [it. Schmähschrift, nach dem für seinen Witz bekannten röm. Schneider Pasquino], meist anonyme oder pseudonyme, gegen eine best. Persönlichkeit gerichtete Schmähschrift, z.B. Goethes *Fastnachtsspiel vom Pater Brey*, Jean Pauls *Pasquill auf die jetztlebende schönste Frau in Deutschland*.

Pastiche [frz., von ital. pasticcio = Pastete, Mischmasch, Kunstfälschung], künstlerische Imitation eines für einen best. Autor oder eine best. Epoche typischen Stils, entweder als Fälschung oder als namentl. gekennzeichnete Stilimitation, meist in parodist. Absicht oder als Stilübung (wie z.B. Prousts *Pastiches et mélanges*).

Pastorelle, auch Pastourelle [frz. Schäferlied, Hirtengedicht], im MA weit verbreitete lyrische Gedichtform, in der ein Ritter versucht, eine Schöne vom Lande zu verführen. Charakteristisch: die Mischung von Erzählung und Dialog und die schematische Folge von 1. ↗ Natureingang (↗ locus amoenus), 2. Werbegespräch zwischen Ritter und Mädchen und 3. (sofern der Ritter Gehör findet) ›Pastorellen-Umarmung‹. Bsp. bei Froissart, Gottfried v. Neifen, Oswald v. Wolkenstein u.a.

Pathos [gr. Leid], 1. in der Poetik des Aristoteles der Teil der ↗ Tragödie, der durch seine Handlung (z.B. den Tod des Helden) im Zuschauer die Affekte *eleos* und *phobos* (Jammern und Schaudern, auch: Mitleid und Entsetzen) erzeugt (↗ Katharsis); 2. in der antiken ↗ Rhetorik dem *genus grande* (↗ genera dicendi) zugeordneter Affekt des Publikums: eine momentane seelische Erschütterung, die durch die theatral. Vorführung furchtbarer und grausiger Gegenstände oder durch starke ↗ Verfremdung (↗ Hyperbeln, ↗ Apostrophen usw.) hervorgerufen wird; 3. in der neuzeitl. Ästhetik (z.B. Schillers *Über das Pathetische*, 1793) Stilform, die die leidenschaftl. Darstellung ihrer Gegenstände mit dem Ausdruck hohen moral. und sittl. Anspruchs verbindet; heute zumeist abwertend als. ›hohles Pathos‹, als rhetorisch-affektierte Übertreibung verstanden.

Pegnitzschäfer, auch Pegnesischer Blumenorden: eine der bedeutendsten dt. ↗ Sprachgesellschaften.

Pentameter [gr. fünf + Maß], aus der Antike stammende Versform, die, obwohl sie schematisch gesehen aus sechs ↗ Daktylen (ersetzbar durch ↗ Spondeen) besteht, als ›Fünfmaßler‹ bez. wird, weil vom 3. und 6. Daktylus jeweils nur die Länge realisiert ist und beide zusammen als *eine* metrische Einheit (eine ↗ Dipodie) zählen; mit verbindl. ↗ Dihärese nach der 3. Länge: $-\cup\cup \mid -\cup\cup \mid - \parallel -\cup\cup \mid -\cup\cup \mid -$. Im Dt. mit Hebungen und Senkungen nachgebildet: »Únd von Wérken der Hánd ‖ rúht der geschäftige

Márkt« (Hölderlin, *Brod und Wein*). Tritt selten allein auf, meist zusammen mit dem ↗ Hexameter als ↗ Distichon (↗ Elegie, ↗ Epigramm).

Performanz, in der Sprachtheorie N. Chomskys (*Aspects of a Theory of Syntax*, 1967, dt. 1965): die individuelle Sprachverwendung im Unterschied zur allg. Sprachfähigkeit (*Kompetenz*). Vergleichbar dem Begriffspaar *langue* und ↗ *parole*, nur daß Chomsky die Kompetenz nicht als statisches (wie die *langue*), sondern als dynamisches Regelsystem beschreibt.

Perikope [gr. Abschnitt], 1. System aus mehreren Strophen (↗ Leich), 2. in der Liturgie der für jeden Tag des Kirchenjahrs festgelegte Leseabschnitt aus der Bibel (Grundlage der ↗ Predigt).

Periode [gr. Kreislauf, regelmäß. Wiederkehr], 1. in der ↗ Rhetorik: ein kunstvolles, wohlklingendes Satzgefüge, dessen Gliederung in zwei Teile eine logische Beziehung (meist einen Gegensatz oder eine Analogie) zwischen den darin ausgedrückten Gedanken oder Sachverhalten deutlich macht und Anfang und Ende des Satzes eng miteinander verbindet, z.B. alle *Wenn ... dann, zwar ... aber, je ... desto*-Sätze. Der spannungsschaffende 1. Teil der Periode, die *protasis* (gr. Voranstellung), gibt mit seinem Aufbau schon das Schema vor, mit dem sein Gegenstück, die *apodosis* (gr. Nach- oder Folgesatz), die Spannung löst, wobei beide Teile auch umgekehrt aufeinanderfolgen oder sich über mehr als zwei Satzteile (↗ Kolon) erstrecken können: »Wenn ich mir also, sagte Franz, eine der Thaten unsers Erlösers in ihrer ganzen Herrlichkeit denke, wenn ich die Apostel, die Verehrungswürdigen, die ihn umgaben, vor mir sehe, wenn ich mir die göttliche Milde vorstelle, mit der er lehrte und sprach; wenn ich mir einen der heiligen Männer aus der ersten christlichen Kirche denke, die mit so kühnem Muthe das Leben und seine Freuden verachteten, und alles hingaben, was den übrigen Menschen so viele Sehnsucht, so manche Wünsche ablockt, um nur das innerste Bekenntniß ihres Herzens, das Bewußtsein der großen Wahrheiten sich zu behaupten und andern mitzutheilen; – wenn ich diese erhabenen Gestalten in ihrer himmlischen Glorie vor mir sehe [...]: wenn ich mich dazu meiner Entzückungen vor herrl. Gemählden erinnere, seht, so entschwindet mir meist aller Muth, so wage ich es nicht, mich jenen auserwählten Geistern zuzurechnen, und statt zu arbeiten, statt fleißig zu seyn, verliere ich mich in ein leeres unthätiges Staunen« (Tieck, *Franz Sternbalds Wanderungen*, 1798). In der ↗ Kunstprosa durch rhythmische Formeln (↗ Klausel, ↗ cursus) geregelte Periodenschlüsse, um das Satzende deutlich zu markieren; 2. metrische Einheit aus mehreren ↗ Kola, z.B. ↗ Hexameter, ↗ Trimeter usw.; 3. in der mhd. Dichtung Bez. für mehrere, durch eine best. Reimstellung (z.B. abba) zusammengefaßte Verse; 4. ↗ Epoche bzw. Teilabschnitt einer Epoche.

Peripetie [gr. Wendung, plötzl. Umschwung], in der Tragödientheorie des Aristoteles: der meist plötzlich eintretende Umschlag der dramatischen Handlung, oft vom Glück ins Unglück, von Unwissenheit in Erkenntnis

(↗ anagnorisis). Markiert den Punkt (↗ krisis), von dem ab der Held, egal, wie er auch handeln mag, unausweichl. der ↗ Katastrophe zutreibt. Im streng gebauten Fünfakter am Ende des 3. oder zu Beginn des 4. Akts, im Dreiakter am Ende des 2. bzw. zu Beginn des 3. Akts.

Periphrase [gr. Umschreibung], Umschreibung einer Person, einer Sache oder eines Begriffs durch kennzeichnende Tätigkeiten, Eigenschaften oder Wirkungen, z.B. »das Land, wo die Zitronen blühen« (Goethe) statt Italien. Dient der ↗ amplificatio, der poet. Ausschmückung eines Textes (↗ ornatus), der verhüllenden Nennung eines Tabuworts (»Freund Hein« für ›Tod‹, ↗ Euphemismus) oder der Anspielung (↗ Allusion). Spezifische Formen der Periphrase: ↗ Antonomasie, ↗ Metonymie, ↗ Synekdoche.

Permutation [lat. Vertauschung], strenges oder unsystematisches Durchspielen mögl. Kombinationen von einzelnen Wort-, Satz- oder Versgliedern; auch das Produkt dieses Vorgangs. V.a. in der ↗ konkreten Dichtung (bei R. Queneau, *Cent mille milliards de poèmes*, 1961, E. Gomringer, L. Harig u.a.), aber auch schon in Antike, Renaissance und Barock (G.Ph. Harsdörffer, Q. Kuhlmann).

Persiflage [frz. von siffler = auspfeifen], kunstvoll-ironische Verspottung einer Person oder eines Gegenstands, besonders durch nachahmende Übertreibung best. Stilmanieren, z.B. die Figuren Peeperkorn und Naphta in Th. Manns *Zauberberg* als Persiflagen des Dramatikers G. Hauptmann und des Philosophen G. Lukács (↗ Lit.soziologie). Häufig Bestandteil von ↗ Satire, ↗ Parodie oder ↗ Travestie.

Personales Erzählen ↗ Erzählsituation

Personifikation [lat. Maske, Gestalt + machen], Teil der ↗ Allegorie, Sonderform der ↗ Metapher: die Ausstattung von abstrakten Begriffen (*Welt, Liebe, Tugend, Zeit, Tod*), Kollektiva (Städte, Länder), Naturerscheinungen (Flüsse, Tagesanbruch, Abendröte), Tieren (↗ Fabel) oder leblosen Dingen mit Eigenschaften und Fähigkeiten, die sonst nur Menschen zukommen, z.B. »Gelassen stieg die Nacht ans Land, / lehnt träumend an der Berge Wand« (Mörike), »Gevatter Tod« (Claudius), »Vater Rhein« (Hölderlin). Fließender Übergang zur nur metaphor. Zuordnung von Verben und Adjektiven aus menschl. Lebensbereichen zu Konkreta oder Abstrakta, z.B. »das Auto streikt«, »die lachende Sonne«. Wesentl. Grundzug des ↗ Mythos (der gr. Gott Chronos als Personifikation der ›Zeit‹, die Göttin Nike, davon abgeleitet: der Name der Sportartikelfirma, als Personifikation des Siegs, die Göttin Iris als Personifikation des Regenbogens, Eos als Personifikation der Morgenröte). ↗ Prosopopoie

Perspektive [lat. per-spicere = mit dem Blick durchdringen, wahrnehmen], auch *point of view:* Standort, von dem aus (v.a. in der Lyrik) gesprochen bzw. (v.a. in der Epik) ein Geschehen dargestellt wird. Zu charakterisieren

durch 1. den räumlichen und zeitlichen Abstand zum Geschehen (Nah-
oder Fern-Perspektive), 2. durch die Weite des Überblicks (↗ Erzählsituation: auktorial, personal, Sicht von außen, Perspektivenwechsel usw.). Bezeichnet das Zentrum der Wahrnehmung in einer Textpartie und darf nicht
mit der Identität des Erzählenden oder Sprechenden und seiner Beziehung
zur erzählten Geschichte oder zur heraufbeschworenen Welt verwechselt
werden. ↗ Fokalisierung

Petrarkismus, wichtige, im 14. Jh. in Anlehnung an Petrarcas (1304-1374)
Gedichtzyklus *Canzoniere* ausgebildete Gattung der europ. Liebeslyrik,
auch das von ihr abgelöste lit. Liebeskonzept allgemein. Konstitutiv: die
unveränderbare Konstellation von lyrischem (männl.) Ich und angeredetem
(weibl.) Du, wobei die angebetete Dame – wie im hohen ↗ Minnesang –
den Liebenden immer zurückweist und zum unerreichbaren Ideal, zur Heiligen verklärt wird. Liebesschmerz und hohe Liebe, nie Liebesglück und sexuelle Erfüllung sind die Themen des petrarkistischen Gedichts und recht-
fertigen dessen charakteristische formale Merkmale: den hohen Stil (↗ genera dicendi) und die kunstvolle Anwendung weniger rhetorischer Figuren,
v.a. von best. ↗ Antithesen (Liebe und Tod, Feuer und Eis), ↗ Hyperbeln,
↗ Oxymora (*bittersüße Liebe*) und ↗ Metaphern (z.B. Preziosen: ein schö-
ner, doch kalter Schmuck als Metapher der Frau, Diamanten als Metaphern
ihrer Augen, Perlen – ihre Zähne, Korallen – ihre Lippen usw.). Für M.
Opitz (*Buch von der dt. Poeterey*, 1624) wichtige Pflichtübung der Dichter,
»weil die liebe gleichsam der wetzstein ist an dem sie jhren subtilen Verstand scherffen«. Oft auch parodistisch genutzt. Bsp. von P. Bembo (*Rime*,
1530), Ariost, Michelangelo, der ↗ Pléiade (Ronsard), Shakespeare, Weckherlin, Opitz, Fleming, Stieler, Hölty (↗ Anakreontik), Klopstock (Oden
an Fanny), Schiller (Laura-Gedichte), Mörike (*Peregrina*), Heine (*Buch der
Lieder*), G. Eich (*Lauren*) u.a. Grundform der modernen, scheinbar authentischen Liebeslyrik (↗ Erlebnisdichtung).
Lit.: L. Forster: Das eiskalte Feuer, 1976. – H. Schlaffer: Musa iocosa. Gattungspoetik und Gattungsgeschichte der erotischen Dichtung in Dtl.,
1971.

Phänomenologie [gr. Lehre von den Erscheinungen], in der Philosophie
Hegels: die Lehre von den Entwicklungsstufen des Bewußtseins; in der programmatisch so benannten Philosophie E. Husserls (seit 1900) zentraler
Begriff: eine »universale Sinn- und Bedeutungsforschung, die durch philo-
soph. reflektierte ›Wesensschau‹ das im Bewußtsein Gegebene möglichst
objektiv zu erfassen sucht«. Weiterentwickelt von M. Heidegger, J.P. Sartre,
P. Ricœur, H.G. Gadamer (↗ Hermeneutik); in der Lit.wiss. umgesetzt v.a.
von R. Ingarden (*Vom Erkennen des lit. Kunstwerks*, 1968) und W. Iser
(↗ Wirkungsästhetik), die die Konkretisation lit. Werke im Bewußtsein des
Lesers in den Mittelpunkt stellen; in jüngster Zeit zu einer Theorie der
Imagination (↗ das Imaginäre) und der ↗ Fiktion allg. entwickelt.

Phänotext ↗ Genotext

Phallozentrismus [zu gr. phallos = männl. Glied], in der Psychoanalyse J. Lacans und der ↗ feministischen Lit.wiss. Bez. für die Struktur einer sprachlich-kulturellen Ordnung, die den Phallus als Symbol, als Quelle der Macht und als ↗ Referenz aller Zeichen setzt.

Phantastische Lit. [zu gr. phantastikos = Vorstellungskraft, Einbildung], 1. Sammelbez. für jede Art von Lit., die dem allg., als normal und empirisch überprüfbar anerkannten Weltbild ein anderes gegenüberstellt und die ästhetische Erfahrung des Phantastischen, des Irrealen, aber Möglichen, des in der Einbildung Existierenden in irgendeiner Weise thematisiert bzw. auslöst, z.B. ↗ Fantasy, ↗ Science Fiction, ↗ Legende, ↗ Märchen; 2. Gattungsbez. für lit. (erzählende) Texte, die geprägt sind von einem Konflikt zwischen dem zunächst vorgestellten Weltbild, das für die beteiligten Figuren wie den Leser der Wirklichkeit entspricht, und Ereignissen, die innerhalb dieses Weltbilds nicht erklärt werden können, da sie aus einem anderen System, z.T. auch einer anderen lit. ↗ Gattung stammen – wobei der Einbruch des Unerklärlichen in die vertraute Welt sich fast immer mit dem Unheimlichen verbindet und der Held wie Leser darüber im Ungewissen gelassen wird, ob es innerhalb der Geschichte wirkl. geschehen ist oder nur in der Einbildung, im Traum, durch eine Sinnestäuschung o.ä. Bsp.: E.A. Poe, *The Fall of the House of Usher*, H. James, *The Turn of the Screw*. Lit.: T. Todorov: Einführung in die fantastische Lit., 1992.

Phatisch ↗ Referenz

Philologie [aus gr. Freund + Wort, Rede, Buch], Wissenschaft, die sich – eigentlich aus ›Liebe zum Wort‹ – um das Verständnis und die Vermittlung von sprachlichen, insbes. von lit. Texten bemüht; umfaßt Sprach- und ↗ Lit.wiss., erstreckt sich auf die modernen wie die alten Sprachen (Neu- und Altphilologie).

Phobos [gr. Angst, Schrecken, Schauder] ↗ Katharsis

Phrase [gr. Ausdruck], 1. in der antiken ↗ Rhetorik: die sprachlich-stilistische Ausformulierung der einem Text zugrundeliegenden Gedanken allg. (lat. elocutio), besonders die einzelne Wortgruppe oder Wendung, im Unterschied zur *lexis*, dem einzelnen Wort; heute v.a. abwertend: ›leeres Geschwätz‹; 2. in der Linguistik (↗ generative Transformationsgrammatik): die einzelnen Einheiten eines Satzes, die durch einen Stammbaum (*phrasemarker*) hierarchisch dargestellt werden können.

Pietismus [zu lat. pius = fromm], die dt. Lit. und Kultur prägende Bewegung des Protestantismus, in Dtl. (Halle/Saale) Ende des 17. Jh.s entstanden, zeichnet sich u.a. durch praktische Seelsorge (pädagogische und missionarische Tätigkeit, gemeinsames Bibelstudium, ↗ Kirchenlied, ↗ Predigt, ↗ Erbauungslit.), den Glauben an einen subjektiv erlebbaren ›Durchbruch der Gnade‹, der ›Erweckung‹ und eine schwärmerische Frömmigkeit

aus. Mitverantwortlich u.a. für die Entstehung der ›Erfahrungsseelenkunde‹ (Vorform der Psychologie und Psychoanalyse), die weite Verbreitung der Lesefähigkeit, die ›Lesesucht‹ (die Zunahme der stillen, identifikatorischen Lektüre), die Karriere des Romans, die Literarisierung außerlit. Formen wie ↗ confessio, ↗ Tagebuch, ↗ Brief (↗ Briefroman), die zunehmende Funktion der Poesie als Ersatzreligion, die Ausbildung der ↗ Erlebnisdichtung und die Schaffung eines Wortschatzes der ›Innerlichkeit‹ (↗ Mystik), der ›Seelentiefe‹ (z.B. *zer-fließen, durch-dringen*). Deutl. Spuren z.B. bei Klopstock (*Messias*), Goethe (*Wilhelm Meisters Lehrjahre*: die ›Bekenntnisse einer schönen Seele‹ im 6. Buch), K.Ph. Moritz (*Anton Reiser*), beim ↗ Halleschen Dichterkreis, in ↗ Empfindsamkeit und ↗ Romantik allg. Begründet von Jakob Spener (*Pia desideria*, 1675), weitere Vertreter: A.H. Francke, N.L. v. Zinzendorf u.a.
Lit.: A. Schöne: Säkularisation als sprachbildende Kraft, ²1968. ↗ Empfindsamkeit

Pikaroroman, auch pikaresker Roman [zu span. picaro = Schelm, Gauner], Bez. für den im Spanien des 16. Jh.s entstandenen und in ganz Europa erfolgreichen ↗ Schelmenroman im Gefolge des anonymen *Lazarillo de Tormes* (1554).

Pindarische Ode, Form des altgr. ↗ Chorlieds, besteht aus 2 gleich gebauten, vermutl. von Halbchören gesungenen Strophen (Ode/Antode) und einer metrisch (evtl. auch im Umfang) abweichenden dritten, vermutl. vom ganzen Chor gesungenen Strophe (↗ Epode). Im Ggs. zu den ↗ Odenmaßen der monodischen Lyrik aus den verschied. Versmaßen komponiert. Bsp. bei Stesichoros, Pindar, Horaz, Celtis, Ronsard, Opitz, Gryphius u.a.

Plagiat [lat. plagiarius = Menschenräuber, Seelenverkäufer], widerrechtl., nicht gekennzeichnete Übernahme und Verbreitung von fremdem geistigen Eigentum.

Pléiade [von gr. pleias = Siebengestirn], Dichter- bzw. Literatenkreis mit jeweils 7 Mitgliedern, im Anschluß an die *Pleias*, einer Gruppe von 7 Tragödienautoren des 3. Jh.s v.Chr. Die bekanntesten: 1. die frz. Pléiade, die bedeutendste Dichterschule der frz. ↗ Renaissance um P. de Ronsard und J. Du Bellay; 2. die zur ↗ Romantik zählende russ. Pléiade um A. Puschkin.

Pleonasmus [gr.-lat. Überfluß, Übermaß], meist überflüssiger, synonymer Zusatz zu einem Wort/einer Redewendung, als Stilfehler (»schwarzer Rappe«, »neu renoviert«) oder zur nachdrückl. Betonung (»mit *meinen eigenen* Augen«). Ursprünglich pleonastisch sind auch Komposita wie *Lindwurm, Maulesel*, bei denen mittlerweile das jeweilige verdeutlichende Synonym (Wurm, Esel) das Grundwort (lind, maul) ersetzt hat. ↗ Tautologie

Plot [engl. Komplott], unterschiedl. definierter Begriff, meist aber im Sinn von: die *Handlung* einer Erzählung bzw. eines Dramas, die kausale, logische, chronologische und psychologische Verknüpfung der Handlungen und Charaktere, die ↗ histoire, die ↗ Fabel im Unterschied zu ↗ story, ↗ Sujet (szujet) und *discourse* (↗ Diskurs).

Pnigos, n. [gr. Atemlosigkeit], sprech- und atemtechnisches Kunststück der antiken ↗ Komödie: eine in einem Atemzug, also sehr schnell zu sprechende lange Sentenz; oft am Schluß der ↗ Parabase.

Poesie [gr. poiesis = das Machen, Verfertigen, Dichten, Dichtkunst], bez. in der Antike ursprünglich das freie Schöpfertum im Unterschied zur nachschaffenden ↗ Mimesis (lat. imitatio), dann allg. die Dichtung, insbes. die Versdichtung (im Ggs. zur ↗ Prosa).

Poésie pure [frz.] ↗ absolute, ↗ autonome Dichtung

Poeta doctus, m. [lat.], auch poeta eruditus: Ideal des gelehrten, (groß)städtisch gebildeten Dichters, der aus einem reichen, von der Kultur seiner Zeit geprägten Wissensschatz schöpft (was sich in Zitaten, Anspielungen, Reflexionen, einer Beherrschung der verschiedensten lit. Gattungen und Stillagen usw. zeigt). Das Ideal des poeta doctus hat v.a. die Lit. der ↗ Antike, des ↗ MA, ↗ Humanismus, ↗ Barock, noch der ↗ Aufklärung entscheidend geprägt. Als moderne poetae docti gelten T.S. Eliot, Th. Mann, G. Benn, R. Musil, J.L. Borges u.a. Ggs. ↗ poeta vates.

Poeta laureatus, m. [lat.], v.a. in ↗ Antike, ↗ Renaissance und ↗ Barock häufiger: der Sieger eines dichter. Wettstreits (↗ Agon), mit dem Lorbeerkranz gekrönt und mit dem Titel ›poeta laureatus‹ ausgezeichnet, z.B. Petrarca, Celtis, Frischlin, Opitz, Dryden, auch noch Wordsworth.

Poeta vates, m. [lat.], im Ggs. zum ↗ poeta doctus der aus göttl. Inspiration schaffende, sich als Priester und Seher stilisierende Dichter; als Bez. u.a. für Vergil, Horaz, Klopstock, Baudelaire und George verwendet.

Poète maudit [frz.], der in seiner Genialität von der Gesellschaft verkannte, gesellschaftl. ausgeschlossene, verfemte Dichter, der – alle bürgerl. Werte verachtend – oft an der Grenze zum Wahnsinn oder Tod nur seinem Kunstideal (dem l'art pour l'art, der ↗ autonomen Kunst) lebt. Zum poète maudit stilisierten sich u.a. Verlaine, Rimbaud und Mallarmé (↗ Bohème).

Poetik [gr. Dichtkunst], Lehre von der Dichtkunst. Verbindet in unterschiedl. Gewichtung Dichtungstheorie, normativ-praktische Anweisung zum ›richtigen‹ Dichten und Dichtungskritik, schreibt z.B. für best. ↗ Gattungen die *angemessenen*, passenden poet. Verfahrensweisen vor (Versformen, ↗ genera dicendi, Einteilung in ↗ Akte, Aufbau usw.), erörtert Fragen der Übertragung fremder Versmaße, der Reimbildung, der spezifisch poet.

Wortwahl, der Versbildung (↗ akzentuierendes, ↗ quantitierendes, ↗ silbenzählendes Versprinzip), der ↗ Gattungseinteilung, der Produktion, Funktion, Präsentation und Wirkung von Dichtung und das Verhältnis von Dichtung und Wirklichkeit, Dichtung und ↗ Mythos usw. Besonders auf die Versdichtung konzentriert, ordnet die ↗ Prosa der ↗ Rhetorik zu. Von nachhaltigem Einfluß auf die europ. Lit. allg., Höhepunkte in ↗ Renaissance und ↗ Barock; im 18. Jh. zunehmend als ↗ Lit.kritik und von der ↗ Ästhetik, die alle Künste, auch die nicht lit. systematisch zu erfassen sucht, auch von der ↗ Stilistik, im 20. Jh. dann von der ↗ Lit.theorie abgelöst, deren wichtigster Vorläufer und Bezugsrahmen sie ist. Als eigenständige Disziplin von Aristoteles (*Peri poetikes*, 355 v.Chr.) begründet, der die Entwicklung der europ. ↗ Tragödie und Tragödientheorie (↗ drei Einheiten, ↗ Fallhöhe, ↗ Katharsis, ↗ Ständeklausel, Wahrscheinlichkeit der Handlung) und die Diskussion v.a. des Begriffs der ↗ Mimesis, der Naturnachahmung, geprägt hat. Ebenfalls folgenreich: Horaz (*Ars poetica*, ↗ Epistel, ↗ decorum, ↗ genera dicendi, ↗ medias in res, ↗ prodesse et delectare, ↗ ut pictura poesis), J.C. Scaliger (*Poetices libri septem*, 1561, Einteilung der Dichtung in drei Hauptgattungen), N. Boileau (*Art poétique*, 1674, ↗ Klassik), M. Opitz (*Buch von der dt. Poeterey*, 1624), G.Ph. Harsdörffer (*Poetischer Trichter*, 1648-53), J.Chr. Gottsched (*Versuch einer critischen Dichtkunst*, 1730, ↗ Witz), J. Bodmer/J. Breitinger (*Critische Dichtkunst*, 1740, ↗ das Erhabene, das Wunderbare) u.a., wobei oft nicht scharf zwischen Poetik, Rhetorik und Ästhetik getrennt werden kann.
Lit.: H. Schlosser (Hg.): Poetik, 1988. – H. Wiegmann: Geschichte der Poetik, 1977. – M. Fuhrmann: Einführung in die antike Dichtungstheorie, 1973.

Poetischer Realismus, von O. Ludwig (*Shakespeare-Studien*, 1871) geprägte Bez. für die typisch idyllisch-resignative, die Wirklichkeit verklärende, da Aspekte wie Grausamkeit oder Armut weitgehend aussparende Ausprägung des ↗ Realismus in Dtl. in der 2. H. des 19. Jh.s; auch als ›bürgerlicher Realismus‹ bezeichnet.

point of view ↗ Perspektive

Polymetrie [gr.], Vielmaß, Anwendung versch. metrischer Schemata in einem Gedicht, z.B. in den antiken ↗ Odenmaßen, im ma. ↗ Leich.

Polyphonie [gr. Vielstimmigkeit], 1. Ggs. zur ↗ Monodie, 2. ↗ Dialogizität.

Polyptoton [aus gr. viel + Fall], Wiederholung desselben Worts in versch. Flexionsformen, z.B. »homo hominis lupus«, »Auge um Auge«. ↗ figura etymologica, ↗ Paronomasie

Polysemie [gr.], Mehrdeutigkeit von Wörtern, auch als *Äquivokation* oder ↗ Ambiguität bezeichnet.

Polysyndeton [gr. vielfach Verbundenes], Verknüpfung mehrerer gleichgeordneter Wörter/Wortgruppen/Sätze durch dieselbe Konjunktion, z.B. »und es wallet und siedet und brauset und zischt« (Schiller); auch als *syndetische Reihung* bezeichnet; Ggs. ↗ Asyndeton.

Polyvalenz [gr.], Mehrwertigkeit bzw. Mehrdeutigkeit von Texten. Gilt als Spezifikum lit. Texte, die durch sprachl. Überstrukturierung (z.B. durch ↗ Vers, ↗ Reim, ↗ Metaphern) ganz unterschiedl. Lesern die Möglichkeit bieten, sich jeweils ihren eigenen, für sie stimmigen, zusammenhängenden und bedeutsamen Text (↗ Kohärenz) zu ›erlesen‹; im Ggs. zu wiss. Texten, die eindeutig, klar und bestimmt sein sollen. ↗ Handlung, ↗ Konstruktivismus

Positivistische Literaturwissenschaft [von lat. positivus = gegeben], von H. Taine (*Geschichte der engl. Lit*, 1864) angeregte Richtung der Lit.wiss., wendet sich gegen mystisch-spekulative Sinndeutungen, orientiert sich nach dem Vorbild der Naturwissenschaften am ›Faßbaren‹, indem sie Lit. als Produkt des Ererbten, Erlernten und Erlebten, als Resultat des sozialen Milieus und best. historischen Konstellationen versteht. Wichtige methodische Grundlagen: ↗ Biographie, ↗ Textkritik, ↗ Stoff- und Motivgeschichte, die Suche nach Stilparallelen, nach Vorbildern, Einflüssen, nach den äußeren Bedingungen eines Kunstwerks, die Erhebung und Sicherung von Daten und Fakten. In der dt. Germanistik v.a. in der 2. H. des 19. Jh.s dominant (C. Justi, R. Haym, K. Goedeke, B. Suphan, H. Paul, J. Kürschner, W. Scherer u.a.). ↗ Naturalismus
Lit.: J. Hauff u.a.: Methodendiskussion, [3]1991.

Posse [frz. (ouvrage à) bosse = erhabene Arbeit, im 15. Jh. ins Dt. entlehnt als *bosse, posse* mit der verengten Bed. ›Scherzfigur am Brunnen‹], niedere, volkstüml. Form der ↗ Komödie, für die ein einfaches Handlungsgefüge, Stegreifeinlagen und eine vordergründige Situations- bzw. Charakterkomik typisch sind (wie in ↗ Mimus, ↗ Fastnachtsspiel, ↗ Commedia dell'arte). Als Bez. zunächst für die kurzen, derb-komischen ↗ Nachspiele der dt. ↗ Wanderbühnen verwendet, dann v.a. für die Stücke des ↗ Wiener Volkstheaters (J. Nestroy) und seiner Tradition (L. Anzengruber, *Doppelselbstmord*, 1876, Y. Goll, *Die Unsterblichen*, 1920, R. Musil, *Vinzenz*, 1924, u.a.).

Postfiguration [lat. nach + Darstellung], im Unterschied zur ↗ Präfiguration die bewußte Stilisierung eines Geschehens oder einer Gestalt nach biblischem oder mythischem Muster; z.B. in ma. Legenden (der Heilige Georg als Postfiguration Christi) oder in Th. Manns *Joseph und seine Brüder* (Joseph als Postfiguration von Osiris).

Postille [von lat. post illa (verba textus) = nach jenen (Worten des Textes)], ursprünglich Auslegung eines Bibeltextes, die diesem jeweils abschnittweise folgt, dann allg. jede schriftauslegende, für den Vortrag in der Kirche oder die Lektüre daheim best. ↗ Predigt; ironisch gebraucht von Brecht in seiner Gedichtsammlung *Die Haus-Postille* (1927).

Postkoloniale Literaturen ↗ Komparatistik

Postmoderne [zu lat. post = nach], Bez. für die kulturgeschichtl. Periode *nach* der ↗ Moderne; geht seit den 60er Jahren des 20. Jh.s von den USA aus, zeichnet sich durch die Radikalisierung der in der Moderne angelegten Einsichten aus; in der Wiss. z.b. durch konsequente Erkenntnisskepsis (Entwicklung fragmentarischer und vorläufiger Wissensmodelle, Verzicht auf sinnstiftende ›große Erzählungen‹, ↗ Mentalitätsgeschichte, ↗ Poststrukturalismus), in der Lit.wiss. durch die Beachtung der Popular- und Subkultur (Erforschung von ↗ Triviallit. allg., ↗ Comics, ↗ Fantasy u.ä., von nichtlit. ↗ Textsorten), in der Kunst durch das gleichberechtigte Nebeneinander verschiedener eigentl. unvereinbarer Perspektiven, Kunst-, Epochen und Gattungsstile in einem Werk (↗ Aporie, ↗ Collage, ↗ Dialogizität, ↗ Metafiktion, ↗ Palimpsest, ↗ Parodie, ↗ Pastiche, ↗ Zitat). Versteht ›Wirklichkeit‹ als ein Konstrukt (↗ Konstruktivismus), das durch multimediale Technologien der Simulation verdrängt und ersetzt werden könnte (↗ Repräsentation); betont, daß zentrale kunsttheoret. Konzepte (wie Schönheit, Wahrheit, Genialität, ↗ Mimesis) immer durch soziale Institutionen (Schule, Universität, Museum, Medien) geprägt und vermittelt und daher nur relativ zu definieren seien (↗ Polyvalenz, ↗ Proposition). Vertreter: in der bild. Kunst z.B. A. Warhol und J. Beuys, im Film D. Lynch, J.-L. Godard und P. Greenaway, in der Philosophie Fr. Lyotard und J. Baudrillard, in der Lit. Th. Pynchon und J.L. Borges.
Lit.: T. Eagleton: Die Illusionen der Postmoderne, 1997. ↗ Moderne

Poststrukturalismus, auch Neostrukturalismus, Dekonstruktivismus (nach dem methodischen Ansatz und der amerikan. Schule der *deconstruction*): Sammelbez. für eine v.a. seit den späten 60er Jahren des 20. Jh.s in Frkr. (z.B. durch M. Foucault, J. Derrida, J. Kristeva, G. Deleuze, F. Guattari, J. Baudrillard) und Amerika (z.B. durch P. de Man, H. Bloom) entstandene geistes- und sozialwiss. Richtung. Die dekonstruktivistische Analyse ist v.a. eine Strategie der Lektüre von Texten, die nach den vielfältigen Verfahren sucht, mit denen ein Text ›Sinn‹ erzeugt und zugleich wieder zerstört, dekonstruiert; wobei sie sich v.a. auf die Verwendung ↗ rhetorischer Figuren und ↗ Tropen (bes. von ↗ Allegorie, ↗ Prosopopoie, ↗ Chiasmus und ↗ Metapher), auf das Prinzip der ↗ Intertextualität, auf die einen Text bzw. eine Gattung prägenden ↗ binären Oppositionen (z.B. Tod/Leben, gefroren/flüssig; ↗ Erzählgrammatik) und einander bekämpfenden widersprüchl. Bedeutungskräfte konzentriert. Bestimmt den Prozeß des Lesens (↗ Rezeptions-, ↗ Wirkungsästhetik) als unabschließbares Entfalten bedeutsamer Zusammenhänge und sich aufhebender Gegensätze; definiert die Sprache allg. durch ↗ différance, durch den beständigen Aufschub einer möglichen Offenbarung, den beständigen Verweis eines Wortes auf ein anderes Wort. Bestimmt damit Texte als Systeme, denen keine außerliterarische Wirklichkeit entspricht, und bricht mit dem traditionellen Glauben, das Kunstwerk sei eine organische, kausal und hierarchisch gegliederte ›Einheit‹, besitze eine feste, statische ›Form‹, erzeuge einen metaphysischen ›Sinn‹, der durch Interpretation entziffert und mitgeteilt werden könne. ↗ Strukturalismus, ↗ feministische Lit.wiss., ↗ Repräsentation

Lit.: S. Münker/A. Roesler: Poststrukturalismus, 2000. – G. Neumann (Hg.): Poststrukturalismus, 1997. – J. Culler: Dekonstruktion, 1988. – P. de Man: Allegorien des Lesens, 1988. – R. Barthes: S/Z, 1976. – J. Derrida: Die Schrift und die Differenz, 1972.

Präfiguration [lat. vorher + Darstellung], Deutung von Personen und Ereignissen des AT als prophet. Vorzeichen des christl. Heilsgeschehens im NT, z.B. Adam als Präfiguration von Christus, Eva als Präfiguration von Maria. ↗ Typologie, ↗ Postfiguration

Präsupposition [lat. vor + unterlegen, unterstellen], in der Linguistik: eine für das korrekte Verständnis einer Äußerung notwendige Voraussetzung, die im Unterschied zur *Implikation* auch für die Verneinung eines Satzes zutrifft. Der Satz »Rita ißt gern Pralinen« z.B. präsupponiert die Aussage »Es gibt jemanden namens Rita.« Hängt v.a. vom Kontext einer Kommunikationssituation ab, ist ein Komplex aus Kenntnissen und ↗ Diskursen (↗ Erwartungshorizont), der durch den Sender wie den Empfänger einer Nachricht aktiviert und manipuliert wird. Bestandteil der ↗ Proposition; berührt sich mit der weitergefaßten, oft pragmatisch nicht begrenzten ↗ Intertextualität.

Pragmatik [gr. pragmatikos = im Geschätsleben erfahren, nützlich; pragma = Tun, Handlung], Teil der ↗ Semiotik.

Predigt [von lat. praedicare = öffentl. ausrufen, laut verkündigen], Verkündigung von Gottes Wort an die Gemeinde durch den Prediger; im MA unterschieden in a) die im hohen Stil (↗ genera dicendi) gehaltene, nach den Gesetzen der ↗ Rhetorik kunstvoll ausgearbeitete, sich einen Bibelvers zum Thema nehmende lat. *sermo*, b) die von einer Rhetorik der Bescheidenheit und Volkstümlichkeit geprägte volkssprachl. *homilie*, oft mit satirisch-komischen Zügen (z.B. die Predigten von Abraham a Santa Clara oder Luther), die maßgebl. die Entwicklung einer eigenständigen dt. Prosadichtung beeinflußt hat (Ort, um die bis ins 18. Jh. der Versdichtung vorbehaltenen poet. Stilformen zu erproben und einen ›natürlichen‹, von der ↗ Rhetorik und ihrer lat. Tradition nicht gemaßregelten Stil auszubilden).

Predigtmärlein, eine in eine ↗ Predigt eingebaute Erzählung beliebigen Charakters (↗ exemplum, ↗ Legende, ↗ Anekdote, ↗ Sage, ↗ Fabel, ↗ Schwank u.a.), die die kirchl. Lehre veranschaul. soll; v.a. in MA und Barock beliebt.

Preisgedicht ↗ Eloge, ↗ Hymne, ↗ Panegyrik

Priamel, f. oder n. [lat. praeambulum = Vorspruch], einstrophiger, metrisch weitgehend freier, meist paargereimter Spruch, der zunächst eine Reihe miteinander nicht in unmittelbarer Beziehung stehender Sachen, Handlungen oder Vorkommnisse aufzählt und sie am Schluß in einer Pointe einer überraschenden Gemeinsamkeit zuordnet: »Münch und pfaffen, / geiß und alte affen, / hurn, buben und filzläuse, / wo die nehmen oberhand / verderben sie ein ganz land.« Blütezeit im 15. Jh. (H. Rosenplüt, H. Sachs, ↗ Spruchdichtung, ↗ Fastnachtsspiel).

Priapea, n. Pl. (gr.), kurze, heiter-erotische bis drastisch-obszöne Gedichte, oft mit epigrammatischer Pointe; ursprünglich als Inschrift unter Statuen des antiken Fruchtbarkeits- und Gartengotts *Priapus* zur Abwehr von Flurschäden und von Unfruchtbarkeit angebracht. Bsp. bei Horaz, Catull, Martial, Goethe u.a.

prodesse et delectare [lat. nutzen und erfreuen], in der ↗ Poetik häufig anzutreffendes, die Lit. bis ins 18. Jh. prägendes vereinfachtes Zitat aus Horaz' *Ars poetica* (V. 333), wonach das Ziel der Dichter die Vermittlung von (moralischen) Lehren und /oder ästhetischem Vergnügen sei.

Produktionsästhetik, die Ansätze der Lit.- und Kunstwiss, die die (gesellschaftlichen, politisch-ideologischen, auch individuellen) Entstehungsbedingungen von Kunstwerken untersuchen, v.a. in der ↗ Lit.soziologie (marxistische Lit.wiss., bei Th.W. Adorno, G. Lukács u.a.), und in der ↗ empirischen Lit.wiss.

Prolegomenon, Pl. Prolegomena [gr. das im Voraus Gesagte], Vorrede, Vorbemerkung, Einführung zu einem größeren wissenschaftl. Werk, z.B. das für die Entstehungstheorie der frühzeitl. ↗ Epen, der ↗ oral poetry bedeutsam gewesene *Prolegomena ad Homerum* von Fr.A. Wolf (1795).

Prolepse [gr. Vorwegnahme], 1. in G. Genettes ↗ Erzähltheorie eine der Hauptformen narrativer ↗ Anachronie: die Vorwegnahme (↗ Antizipation) eines späteren Ereignisses; 2. sinnbetonte Voranstellung eines aus der normalen Syntax gelösten Worts/Satzteils: »*Mir* welch ein Moment war dieser!« (Goethe).

Prolog [gr. Vorrede, Vorspruch], Einleitung eines dramatischen (seltener auch epischen) Werks. Ebenfalls szenisch dargestellt, oft als Monolog oder Dialog von Personen des Hauptteils oder einer ↗ Personifikation; soll u.a. das Publikum begrüßen und auf die Handlung vorbereiten, kann Handlungsstrukturen verdeutlichen, auf den Schluß vorausdeuten (↗ Epilog) und didaktische, moralische, kritische oder ästhetische Absichten formulieren. Oft zweigeteilt in 1. *prologus praeter rem* (↗ Proömium): unmittelbare Wendung des Autors an die Leser oder Hörer und 2. *prologus ante rem*: Hinweise auf das Werk, seine Geschichte und Tendenzen. Berühmte Prologe bei Aischylos (*Die Perser*), Gottfried v. Straßburg (*Tristan*), Wolfram v.

Eschenbach (*Parzival*), Calderón, Molière, Goethe (*Faust*), Schiller (*Jungfrau v. Orleans*), Tieck (*Der gestiefelte Kater*), Hofmannsthal (*Jedermann*), Brecht (*Baal*) u.a. ↗ argumentum

Proömium, Pl. Proömia, Proömien [gr. das vor dem Gesang Vorgetragene, das den Weg Bereitende], 1. allg.: Vorrede zu einem ↗ Epos mit ↗ Musenanruf, Themenangabe usw. (↗ Prolog), insbes. die sog. *Homerischen Hymnen*; 2. in der ↗ Rhetorik: Eröffnung einer Rede (↗ exordium), enthält neben der Anrede der Hörer meist eine ↗ captatio benevolentiae und allg. Betrachtungen.

Proposition [lat. Thema, Darlegung (des zu beweisenden Sachverhalts einer Rede)], 1. in der ↗ Rhetorik die ↗ Disposition, 2. in der Linguistik: die von einer Äußerung ausdrückl. ausgesprochene oder stillschweigend vorausgesetzte bedeutungshaltige Information, also alle durch den Akt der Äußerung als wahr gesetzten Aussagen, all das, was in der Tiefenstruktur (↗ generative Textgrammatik) gegeben sein muß, damit die Äußerung, die Oberflächenstruktur, einen Sinn geben kann (↗ Kohärenz), z.B. die ↗ Präsuppositionen.

Prosa [lat. prorsa (oratio) = geradeaus gerichtete, geradeheraussagende Rede], im Ggs. zur Verssprache die ungebundene, nicht durch formale Mittel (↗ Metrum, ↗ Reim) regulierte Schreib- und Redeweise, auch die in Prosa geschriebenen bzw. gesprochenen Texte. Ursprünglich nur als Bez. für wissenschaftliche, schriftlich niedergelegte Texte (Geschichtsschreibung, Philosophie, Naturwiss. usw.) und für schriftliche Notizen im Ggs. zur Dichtung, die bis ins 18. Jh. weitgehend in Versen verfaßt und für den mündlichen Vortrag bestimmt war, dann allg. für jede Textsorte, für die ungezwungene Alltagsrede ebenso wie den kunstvoll ausgefeilten fiktionalen Text (Alltagssprache/künstler. Prosa); seit dem 18. Jh. oft auch synonym verwendet mit ›erzählender Lit.‹ (v.a. dem ↗ Roman), deren Hauptmedium sie ist, und der ↗ Lyrik entgegengesetzt, die in Abgrenzung zur Prosa durch ihr »Nicht-Prosa-Sein« (U. Schödlbaur) definiert wird. Häufig auch mit den ↗ Konnotationen des Adjektivs ›prosaisch‹ verbunden: ›alltäglich‹, ›vernünftig‹, ›desillusioniert‹, ›sachlich‹ usw. (vgl. auch »mit jm. Prosa reden« = mit jm. ohne Umschweife, im Klartext reden, ihn rücksichtslos auf die Fakten hinweisen). Oft wird auch versucht, sich in der Prosa durch den Einsatz poet. Themen, Wörter und Bilder oder eine der Wissenschaftsprosa entgegengesetzte vermeintl. unbewußte, natürliche Schreibweise (↗ stream of consciousness, ↗ Simultantechnik, ↗ Ich-Form), durch die Verwendung von ↗ Metapher, ↗ Alliteration, ↗ Periode, ↗ Isokolon ↗ Rhythmus (↗ Klausel), ↗ Homoiteleuton, ↗ Antithese, ↗ Parallelismus u.a. der Verssprache, der ↗ gebundenen Rede, anzunähern (↗ Kunstprosa, ↗ Prosagedicht, ↗ rhythm. Prosa; ↗ Rhetorik, ↗ Stil), ohne dabei die Eigenständigkeit und Spezifik der Prosa aufzugeben.
Lit.: M. Baßler: Unverständlichkeit, 1994. – R. Barthes: Das semiologische Abenteuer, 1988. – C. Grawe: Sprache im Prosawerk, ²1985. – K. Weissenberger (Hg.): Prosakunst ohne Erzählen, 1983.

Prosaauflösung, Auflösung einer Versdichtung in ↗ Prosa, im Unterschied zur Übersetzung innerhalb der gleichen Sprache; v.a. im 15. Jh. üblich, z.B. Eilharts v. Oberge *Tristrant und Isalde* (1484) nach Gottfrieds v. Straßburg Versepos oder der sog. *Prosa-Lanzelot* (afrz. um 1220, mhd. um 1230, älteste überlieferte Prosaauflösung).

Prosagedicht [nach frz. poème en prose], im ersten Drittel des 19. Jh.s in Frkr. entwickelte Form der ↗ Lyrik, die den Vers durch eine kunstvoll strukturierte und klangl.-rhythm. ausgestaltete ↗ Prosa ersetzt; steht zwischen ↗ rhythmischer Prosa und ↗ freien Rhythmen, z.B. A. Bertrands *Gaspard de la nuit* (1826-36), Baudelaires *Petits poèmes en prose* (postum 1869), Lautréamonts *Les chants de Maldoror* (1869), Rimbauds *Les illuminations* (1872). Im nachhinein auch als Bez. für die lyr. Prosa S. Geßners (↗ Idyllen), Wielands, Jean Pauls u.a. verwendet.
Lit.: U. Fülleborn/K.P. Dencker (Hg.): Dt. Prosagedichte vom 18. Jh. bis zur letzten Jahrhundertwende, 1985. – B. Johnson: Défigurations du langage poétique, 1979.

Prosarhythmus, Gliederung der ungebundenen Rede durch best. Akzentuierungen; geprägt durch den Wechsel von betonten und unbetonten Silben, von langen und kurzen Wörtern, durch best. Klangfolgen, Wortstellungen, Satzgliederungen (längere oder kürzere ↗ Kola, ↗ Hypotaxe, ↗ Parataxe, Pausen, ↗ Asyndeton, ↗ Polysyndeton) und die Sinngebung. Im Unterschied zum Verstext nicht durch ↗ Metrum und ↗ Reim vorhersehbar und nur selten eindeutig festzulegen. ↗ Kunstprosa, ↗ Klausel

Prosimetrum [lat., gr.], Mischung von ↗ Vers und ↗ Prosa, charakterist. für die menippische ↗ Satire (Varro, Lukian, Petronius' *Satyrikon*, Wielands *Grazien*), häufig auch in der ↗ Schäferdichtung.

Proskenion [gr.], lat. proszenium: im antiken Theater der Platz, meist ein erhöhtes Podest, vor dem Bühnenhaus (skene), von dem Treppen oder seitliche Rampen in die ↗ orchestra hinabführen; Hauptspielort der Schauspieler.

Prosodie [gr. Akzent], ursprünglich der (musikal.) Akzent bzw. die Lehre vom (musikal.) Akzent, dann allg. Lehre von den Silbenquantitäten (Längen und Kürzen), heute Teil der ↗ Metrik: Lehre von den für die Versstruktur konstitutiven Elementen, von *Quantität*, *Akzent* (betont/unbetont), *Tonhöhe* (hoch/tief) und *Wortgrenze*.

Prosopopoeie [gr. Gesicht + hervorbringen, machen], Form der ↗ sermocinatio: die Darstellung lebloser Dinge (z.B. von Lampen, Steinen), Naturerscheinungen (z.B. Wind, Mond) oder Abstrakta (z.B. Liebe, Alter) als redende, hörende, z.T. auch handelnde Figuren (↗ Personifikation, ↗ Allegorie). In P. de Mans Arbeiten (↗ Poststrukturalismus) wichtige rhetorische Figur, da sie auch dem Text selbst ein ›Gesicht‹ verleiht, indem sie eine

Stimme als Sprecherinstanz, eine den Text verantwortende außerlit. Gestalt, eine ↗ Referenz suggeriert, die es nicht gibt.

Prospekt [lat. Ausblick], meist auf Leinwand gemalter Hintergrund der ↗ Guckkastenbühne.

Protagonist [gr. erster Kämpfer], in der gr. ↗ Tragödie der 1. Schauspieler, im Ggs. zum Deuteragonisten und Tritagonisten, dem 2. und 3. Schauspieler, dann allg.: eine aus einer Gruppe (Ensemble, Team, Mannschaft, Partei u.ä.) aktiv herausragende Person.

Protasis [gr. Voranstellung], 1. der erste der drei notwendigen Teile einer dramatischen Handlung (vor ↗ epitasis und ↗ Katastrophe), meist identisch mit dem 1. Akt, stellt die Verhältnisse und Zustände dar, aus denen der dramat. Konflikt entspringt (↗ Exposition, ↗ erregendes Moment); 2. erster Teil einer ↗ Periode.

Proverb(ium), veraltete lat. Bez. für ↗ Sprichwort.

Psalm, Pl. Psalmen [gr. das zum Saitenspiel vorgetragene Lied], eins der 150 hebr. liturgischen Lieder aus dem 10.-2. Jh. v.Chr., gesammelt im AT (im *Buch der Psalmen*, dem sog. ↗ Psalter). Meist rhythmisch zweigeteilte Verse mit paralleler oder antithetischer Gedankenführung und syntaktischem Gleichlauf (↗ parallelismus membrorum). Grundlage der christl. Liturgie: in gehobenem Sprechgesang (psalmodieren) zwischen zwei Chören oder zwischen Vorsänger und Chor (Gemeinde) vorgetragen. Oft nachgedichtet oder lit. bearbeitet, von Luther, Fleming, Opitz, Gerhardt, Lavater, Herder, Buber u.a.

Psalter [nach gr. psalterion, einem antiken Saiteninstrument], 1. Slg. von ↗ Psalmen; 2. Zentralbuch für klösterl. Chorgebete, enthält v.a. die 150 Psalmen, aber auch Gebets- und Andachtsbuch für Laien, meist mit ↗ Kalendergeschichten, Heiligen- und Monatsbildern reich ausgestattet.

Pulcinella, m. [it.] ↗ Commedia dell'arte

Puppenspiel, auch Figurentheater: Theaterspiel mit Puppen oder anderen mechan. bewegten Figuren, entweder als stummes Spiel oder von einem Kommentator begleitet oder mit unterlegten menschl. Stimmen. Von manchen als vollkommenste Form des absoluten Theaters (↗ absolute Dichtung) angesehen, da die Puppe einerseits durch Starre, Mangel an Mimik, andererseits durch unbegrenzte Form-, Bewegungs- und Verwandlungsmöglichkeiten (Fabelwesen, Veränderung der Größe, Fliegen, Verschwinden, Verwandeln, Verselbständigung einzelner Körperteile usw.) die schöpferische Imaginationskraft und Phantasie des Spielers und Rezipienten freisetzt und anregt. Charakteristisch: volkstümliche, dem ›Menschentheater‹ entlehnte Stoffe und Figurenkonstellationen (insbes. der ↗ Commedia dell'arte), oft auf aktuelle Sachverhalte anspielende Improvisationen und die Einbeziehung des Publikums (als Aufpasser, Schiedsrichter u.ä.) meist durch ein Frage-Antwort-Spiel. Fürs Puppentheater schrieben A.v. Arnim (*Die Appelmänner*, 1813), J. v. Eichendorff (*Das Incognito*, 1841), H. v. Hofmannsthal (*Das kleine Welttheater*, 1903), G. Trakl (*Blaubart*, 1917) u.a.

Quadrivium ↗ artes

Quantitierendes Versprinzip, Versstruktur, die durch den geregelten Wechsel langer und kurzer Silben konstituiert wird, im Ggs. zum ↗ akzentuierenden, auf dem Wechsel von betonten und unbetonten Silben beruhenden Versprinzip. Grundlegend v.a. für die klassische gr. und röm. Metrik (↗ antiker Vers), wobei Silben mit langem bzw. mit einem kurzen, von zwei oder mehr Konsonanten gefolgten Vokal als lang gezählt werden und als kurz die Silben, die einen kurzen Vokal besitzen bzw. mit einem langen Vokal enden und an eine mit einem Vokal einsetzende Silbe stoßen (↗ Hiatus).

Quartett [lat. quartus = der vierte], vierzeil. Abschnitt eines Gedichts, v.a. eines ↗ Sonetts (dort kontrastiert mit dem *Terzett*, dem Dreizeiler), bzw. eine vierzeilige Strophe (↗ quatrain).

Quatrain [frz. Vierzeiler], in der frz. Metrik: allg. jede vierzeilige Strophenform, auch die Quartette des ↗ Sonetts; besonders aber ein Vierzeiler aus 4 ↗ Alexandrinern oder 4 ↗ vers communs, mit dem Reimschema abba, wie er v.a. als Form des ↗ Epigramms und der ↗ Gnome gebraucht wird. Dt. Nachbildungen bei M. Opitz, Fr. v. Logau, G.E. Lessing, A. v. Platen u.a.

Quelle, schriftliche Vorlage, mündliche Überlieferung oder bildliche Anregung, die einem lit. oder wiss. Werk als stoffl. Basis dient; oft nicht angegeben oder auch erfunden. Von der *Quellen*- und *Einflußforschung* (↗ Intertextualität) untersucht; auf Echtheit und Glaubwürdigkeit von der *Quellenkritik* geprüft. ↗ Stoff, ↗ Motiv

Querelle des anciens et des modernes [frz.], bekannter Lit.streit frz. Literaten in der 2. H. d. 17. Jh.s, ausgetragen zwischen Vertretern einer an der ↗ Antike orientierten Lit.auffassung (z.B. N. Boileau, J. de La Bruyère, J.B. Racine) und solchen, die die Lösung vom antiken Vorbild propagieren, die Behandlung von Stoffen auch aus der neueren Geschichte bzw. der Bibel fordern und sich für zeitgemäße, progressive Tendenzen einsetzen (z.B. Ch. Perrault, Fontenelle).

Rahmenerzählung, Erzählung, die eine fiktive Erzählsituation entwirft, in deren Rahmen eine oder mehrere *Binnenerzählungen* eingebettet sind. Kann dem Gerahmten den Schein einer lebendigen, mündl. Erzählung verleihen, deren Anspruch auf Wahrheit untermauern oder sie als Erfindung bloßstellen, im Kontrast oder in Analogie dazu stehen, den Leser einstimmen und die Spannung steigern oder mehrere, themat. auf den ersten Blick oft nur lose zusammengehörige Einzelerzählungen zu einer geschlossenen Einheit zusammenfassen; berichtet oft vom Fund einer fingierten Quelle (wie Chronik, Tagebuch, Brief, z.B. in Stifters *Die Mappe meines Urgroßvaters*, Storms *Schimmelreiter*) oder von einer Gesellschaft, die sich Geschichten erzählt (so als wesentl. Bestandteil der Gattung ↗ Novelle, vgl. Boccaccios *Decamerone*, die *Erzählungen aus 1001 Nacht*), kann knapp sein (wie die Erzählung des Herausgebers in Goethes *Werther*) oder auch als ganzer Roman eine kleine Novelle rahmen (wie Goethes *Wahlverwandtschaften* die *Wunderlichen Nachbarskinder*).

Rätsel [spätmhd. zu raten], meist knappe, oft in Verse gebrachte, oft auch als Frage formulierte indirekte Umschreibung einer Person oder Sache, die der Hörer oder Leser erraten soll. Zu den ↗ einfachen Formen gezählt, mit ursprünglich außerlit., magisch-mythischer Funktion, unterteilt in a) *unlösbare* Rätsel, die nur ein Eingeweihter richtig beantworten kann, der sich damit als Mitglied eines Kult- oder Sozialverbands ausweist oder gar als ihr Anführer; b) *Hals(lösungs)*-Rätsel, deren Lösung über Leben und Tod entscheidet (wie z.B. das Sphinx-Rätsel oder das *Wafthrudnirlied* in der Edda). Wichtige Mittel der Verschlüsselung: ↗ Metapher, ↗ Vergleich, ↗ Personifikation, ↗ Ambiguität. Entweder selbständig (meist als ↗ Epigramm, z.B. bei Logau, Goethe, Mörike) oder im Mittelpunkt größerer Erzählungen (z.B. im ↗ Märchen: Prinzessin Turandot, Rumpelstilzchen, oder im ↗ Schwank: *Pfaffe Amîs* des Stricker). Sonderformen: Buchstaben-Rätsel (Logogryph), Zahlen-Rätsel (Arithmogryph), Bilder-Rätsel (↗ Rebus), ↗ Anagramm, ↗ Palindrom, ↗ Homonym, Kreuzwort- und Silbenrätsel.

Raubdruck, widerrechtlicher Nachdruck.

Realismus [von lat. res = Sache, Wirklichkeit], 1. Bez. für gesamteurop. Stilepoche zwischen 1830 und 1880; z.T. von den Künstlern (z.B. dem Maler G. Courbet und dem Schriftsteller O. Ludwig, ↗ poetischer Realismus) als Bezeichnung selbst gebraucht für eine Kunst, deren Realismus v.a. darin gesehen wird, daß sie sich auf die aktuelle Zeit bezieht, über soziale, ökonom., polit. und ideolog. Zeiterscheinungen reflektiert, die Kausalzusammenhänge von gesellschaftlichen und individuellen Daseinsformen aufzeigt, Zeit und Raum exakt und detailgetreu darstellt, Personen psychologisch differenziert und Wirklichkeit als eine dynamische, durch sinnliche Erfahrungen, best. Perspektiven usw. gebildete Kategorie und nicht als statische Gegebenheit begreift. Geprägt u.a. durch den philosoph. Materialismus (K. Marx), den ↗ Positivismus und die Evolutionstheorie (Ch. Darwin). Vertreter: H. de Balzac, G. Flaubert, Ch. Dickens, Ch. Brontë, L. Tolstoij,

F.M. Dostojewskij, in Dtl. Th. Fontane, W. Raabe, A. Stifter, Th. Storm, C.F. Meyer, G. Keller, G. Freytag, J. Gotthelf u.a.; 2. Bez. für eine künstler. Darstellungsweise, die sich – im Ggs. zu einer idealisierenden Darstellung – am Vorbild der (histor.) Wirklichkeit orientiert und diese ›naturgetreu‹ und glaubhaft wiederzugeben versucht. Als Begriff problematisch, weil nicht eindeutig entschieden werden kann, was ›Wirklichkeit‹ ist: Konstruktionsformen, Wahrnehmungen und Definitionen von Wirklichkeit sind einem ständigen Wandel unterworfen (↗ Konstruktivismus), hängen in der Kunst u.a. vom ↗ Erwartungshorizont des Rezipienten, dem jeweiligen Potential einer ↗ Verfremdung und der gewählten ↗ Gattung ab: Der Schwarzweiß-Film z.B. kann ein Mittel des Realismus sein und – als Einlage in einem Farbfilm – einen dokumentarischen Anspruch untermauern oder – selbständig eingesetzt – ein die modernen Sehgewohnheiten stark befremdendes, betont künstler. Medium. Daher als Prädikat für ganz verschiedene Werke und aus ganz verschiedenen Gründen, verwendet, z.B. für die ↗ Novellen Boccaccios (u.a. aufgrund der obszönen Thematik und dem Bezug auf die damals in Florenz grassierende Pest), für Grimmelshausens *Simplicissimus* (u.a. aufgrund des Verzichts auf das ↗ genus grande und der vermeintl. detailgetreuen Beschreibung des Lebens in den mittleren und niederen Ständen), für die Lit. des ↗ Sturm und Drang (u.a. aufgrund ihrer Gegenüberstellung von individueller Empfindsamkeit und gesellschaftlicher Wirklichkeit), für die Werke Döblins, H. Manns und Hemingways (u.a. aufgrund ihrer Nichtzugehörigkeit zu ↗ Expressionismus, ↗ Surrealismus, ↗ Neue Sachlichkeit).

Lit.: R. Brinkmann (Hg.): Begriffsbestimmung des lit. Realismus, [3]1987. – T. Todorov: La notion de la littérature, 1987. – R. Jakobson: Über den Realismus in der Kunst, in: J. Striedter (Hg.): Texte der russ. Formalisten, 1969. – R. Barthes: Am Nullpunkt der Lit., 1959. ↗ Erzähltheorie, ↗ Mimesis, ↗ Naturalismus

Rebus, m. oder n. [lat. durch Dinge (ausdrücken)], Bilder- ↗ Rätsel, das mit dem Gleichklang best. Wörter und Silben spielt und graph. Abbildungen von Gegenständen, oft zusammen mit Zeichen (Ziffern, Buchstaben, Noten), so kombiniert, daß sich aus der Lautfolge ihrer Benennungen ein neuer Begriff oder Satz ergibt, z.B. Bild: Äste + Bild: Tisch = ›ästhetisch‹, 2g = ›Zweige‹.

Rede, 1. Bez. für die Wiedergabeform einer Aussage; von der ↗ Erzähltheorie unterschieden in *gesprochene Rede* und in *Gedankenrede*, wobei jeweils nach Abnahme der Mittelbarkeit durch die Art und Weise der Wiedergabe (durch Erzählung, Zitat oder als Mischung von dramatischem und narrativem ↗ Modus: *transponierte Rede*) differenziert wird: a) *erzählte gesprochene Rede:* Erwähnung des sprachl. Akts (»Pippi plauderte mit Annika.«) – Gesprächsbericht (»Sie erzählte ihr von Weihnachten.«), b) *transponierte gesprochene Rede:* indirekte Rede (»Pippi sagte zu ihr, daß sie Pfefferkuchen bakken werde.«) – ↗ erlebte Rede (»Ja, sie werden Pfefferkuchen mit sehr viel Zimt und Zucker backen!«), c) *zitierte gesprochene Rede:* direkte Rede (»Pippi sagte zu ihr: ›Ich werde Pfefferkucken backen.‹«) – autonome direkte Rede (»Ich werde Pfefferkuchen backen.«), d) *erzählte Gedankenrede*: Bewußtseinsbericht (»Pippi hatte darüber nachgedacht, ob sie Annika und Tommi zu Weihnachten einladen sollte, und freute sich darauf, mit ihnen das Fest vorzubereiten.«), e) *transponierte Gedankenrede*: indirekte Rede (»Pippi sagte sich, daß sie mit Annika und Tommi Weihnachten vorbereiten wolle.«) – erlebte Rede (»Fein, sie würde mit Annika und Tommi auf jeden Fall Pfefferkucken backen.«), f) *zitierte Gedankenrede*: Gedankenzitat (»›Ich will Annika nun sagen, wie man Pfefferkucken backt‹, dachte sie.«) – autonomer ⟋ innerer Monolog (»Da läutet es. Das wird Annika sein. Ich werde ihr gleich den Zimt unter die Nase halten ... Noch bevor ich etwas sage. Vielleicht errät sie's.«). Ebenfalls wichtig: die *auktoriale Rede* (die unmittelbare Wendung eines fiktiven Erzählers an den Leser, ⟋ Erzählsituation); 2. Bez. einer ⟋ Textsorte: zum mündlichen Vortrag bestimmter, je nach Situation und Zweck meist stilistisch entsprechend ausgearbeiteter Gebrauchstext, der im Ggs. etwa zum wissenschaftl. Vortrag nicht nur durch Argumente, sondern auch durch gedankliche und stilistische Kunstgriffe (⟋ Rhetorik) zu überzeugen versucht; im gesellschaftl. und polit. Bereich von großer Bedeutung (Plädoyer vor Gericht, Wahl-, Fest-, Grab- und Gedenkrede, ⟋ epideixis, ⟋ Predigt).

Redundanz [lat.], in der Linguistik: Überschuß an Informationen, z.B. jede Form der semantischen Wiederholung (⟋ Hendiadyoin, ⟋ Gemination, ⟋ Epipher usw.). Mindert die Gefahr des Mißverstehens, kann aber gerade auch von der eigentl. Information ablenken und sie ihrer Wichtigkeit berauben; oft als spezifisches Merkmal der Dichtung, besonders der ⟋ Lyrik, angeführt.

Referenz, Referentialität, referentiell [zu lat. referre = zurücktragen, sich beziehen auf], in der Linguistik: die Beziehung eines sprachl. Zeichens zu dem von ihm bezeichneten Gegenstand in der außersprachl. Welt. Im von K. Bühler (*Sprachtheorie*, 1934) entworfenen Sprachmodell (›Organonmodell‹) eine der drei Funktionen von Sprache, neben der *expressiven* (Kundgabefunktion, dient der Selbstdarstellung des Sprechers, bestimmt die Haltung gegenüber einem Gegenstand) und der *appellativen* Funktion, die auf die Beeinflussung des Hörers abzielt. Von R. Jakobson (⟋ Formalismus) erweitert um die *phatische* (Herstellung und Aufrechterhaltung des Kontakts zwischen Sprecher und Hörer, Sender und Empfänger), die *metasprachl.* (⟋ Metasprache) und die *poetische* Funktion. (reflexiver Bezug auf die Strukturiertheit des Sprachzeichens, ⟋ Selbstreferenz). ⟋ Semiotik

Refrain [frz. Echo], auch Kehrreim: regelmäßig wiederkehrende Laut- oder Wortgruppe in strophischer Dichtung, meist am Ende einer ⟋ Strophe. Aus dem Wechselgesang von Vorsänger und ⟋ Chor entstanden. Zu unterscheiden: a) *Ton-Refrain* (Interjektionen, Nachahmungen von Musikinstrumenten oder anderen Geräuschen, z.B. »Klipp, klapp«, »juchheidi«), b) *Wort-Refrain* (Einzelwort/Wortgruppe/ganzer Satz), c) *periodischer Refrain* (nicht in jeder

Strophe, sondern in größeren, aber meist regelmäß. Abständen), d) *flüssiger Refrain* (zur Anpassung an den jeweil. Stropheninhalt im Wortlaut verändert). Gattungsmerkmal von ↗ Volks-, Kinder-, Tanzlied (↗ Ballade, ↗ Triolett, ↗ Rondeau usw.), ↗ Chanson und Schlager.

Reicher Reim [nach frz. rime riche], Sonderform des erweiterten, d.h. zwei und mehr Silben umfassenden ↗ Reims: *Wahrheit : Klarheit, dich verstecken : dich bedecken, jungem Streben : Wellenleben* (Goethe). Beliebt in oriental. Formen (↗ Ghasel).

Reien [mhd. Reihen, Reigen(tanz)], in der Lit.wiss Bez. für eine in mhd. (Tanz-)Liedern häufig benutzte Strophenform mit einleitendem Reimpaar (aa), an das sich beliebig andere Versperioden anschließen. Bsp. bei Neidhart, Tannhäuser, Ulrich v. Liechtenstein u.a.

Reim [umstrittene Etym.], Gleichklang von Wörtern vom letzten betonten Vokal ab, z.B. *singen : klingen, Rat : Tat*. Als Stilmittel in jeder Sprache (auch in ↗ Prosa, z.B. ↗ Homoioteleuton, ↗ Reimprosa), kann vielfältige ästhetische Funktionen übernehmen (Gliederung, Schmuck, Symbolträger, Mittel zur Distanzierung usw.); in ↗ akzentuierenden, auf den Wechsel von betonten und unbetonten Silben beruhenden Sprachen neben der ↗ Alliteration das verskonstituierende Prinzip (anders z.B. als im reimlosen ↗ antiken Vers). Unterschieden nach a) Qualität: reiner, ↗ unreiner Reim, ↗ Assonanz, b) Quantität, Silbenzahl: einsilbiger, sog. männl., zweisilbiger, sog. weibl. Reim, ↗ gleitender, ↗ reicher, ↗ erweiterter, ↗ rührender Reim, ↗ Schüttelreim, c) grammat. Aspekten: ↗ Stammsilbenreim, ↗ Endsilbenreim, ↗ grammat., ↗ gebrochener Reim, d) Reimstellung: Versende, -anfang, ↗ Binnenreim, ↗ Schlagreim, e) Reimgruppierung, Reimschema: ↗ Paarreim, ↗ Kreuzreim, ↗ Schweifreim, ↗ Kettenreim, ↗ unterbrochener, ↗ umarmender Reim, ↗ Reimhäufung.

Reimhäufung, auch Haufenreim: Folge von mehreren gleichen Endreimen (aaaa usw.) in einer Strophe oder einem Abschnitt; bes in der mhd. Lyrik (↗ Leich) virtuos eingesetzt.

Reimpaar, zwei durch ↗ Paarreim (aa bb cc) verbundene Verse (bisweilen auch ↗ Langzeilen, ↗ Nibelungenstrophe). Grundform der ahd. und mhd. Dichtung, in volkstüml. Dichtung (↗ Volkslied) bis heute gebräuchlich.

Reimprosa, 1. in der Antike: rhetor. ausgeschmückte ↗ Prosa, deren Satz- ↗ Klauseln reimen (↗ Homoioteleuton); 2. allg.: mit Reimen durchsetzte Prosa, z.B. Rilkes *Cornet*, Th. Manns *Der Erwählte*, die Märchen aus *1001 Nacht*.

Reimspruch ↗ Spruchdichtung

Reimvers, allg.: ein im Ggs. zum ↗ Stabreimvers durch ↗ Endreim best. Vers, besonders: der vierhebige (oder viertaktige), durch Füllungsfreiheit zwischen 4 und 10 Silben schwankende Reimpaarvers, das metrische Grundmaß der ahd. und mhd. Epik (z.B. von Ottfrieds v. Weißenburg *Evangelienharmonie*, Gottfrieds v. Straßburg *Tristan*). ↗ Knittelvers

Rekursivität [zu lat. zurück, wieder + kreisen, beziehen] ↗ Selbstreferenz

Reminiszenz [lat. reminisci = sich erinnern], Stelle in einem lit. oder musikal. Werk, die verdeckt oder offensichtl. an andere Werke oder an andere Stellen desselben Werks (Vorausdeutung oder Rückverweis) erinnert. ↗ Allusion, ↗ Ironie, ↗ Parodie, ↗ Intertextualität, ↗ Zitat.

Renaissance [frz. Wiedergeburt, nach ital. rinascitá], seit dem 19. Jh. übl. Bez. für die geistige und künstler. Bewegungen allg., die bewußt an ältere Bildungs- und Kulturtraditionen, insbes. an die gr.-röm. ↗ Antike anknüpfen (z.B. keltische Renaissance, karolingische Renaissance, ↗ Klassizismus), besonders aber für die Ende des 14. Jh.s von Italien (v.a. Florenz) ausgehende, in Europa vereinzelt bis Anfang des 17. Jh.s anhaltende Renaissance, die als Geburtsstunde der für die Neuzeit charakteristischen Vorstellungs-, Denk- und Darstellungsformen gilt. Wird gern schematisch dem MA entgegengesetzt: Hinwendung zur Lebenswirklichkeit im Ggs. zur ma. Konzentration aufs Jenseits; Bemühen um ein genaues Erfassen der Realität und ihre naturgetreue Darstellung im Ggs. zur uns heute befremdenden ma. Darstellung (z.B. Ablösung der Bedeutungsperspektive durch die Zentralperspektive, des Verses durch die Prosa); Wechsel von der Mündlichkeit (↗ oral poetry) zur Schriftlichkeit (1450 Entwicklung des ↗ Buchdrucks mit bewegl. Lettern durch Gutenberg); Entwicklung lit. Gattungen, die das Leben oder die Gedanken eines Individuums festhalten, wie ↗ Tagebuch, Reisebericht, ↗ Autobiographie, ↗ Essay; Ausbildung einer städtisch-verfeinerten Gesellschaftskultur; Entdeckung bislang unbekannter antiker Texte und Wiederbelebung antiker Gattungen wie ↗ Panegyrik, ↗ Schäferdichtung, ↗ Epos, ↗ komisches Epos, ↗ Tragödie (↗ Oper) u.a. Blütezeit v.a.der bildenden Kunst (Donatello, A. Mantegna, P. della Francesca, L. da Vinci, Raffael, Michelangelo, Tizian, A. Dürer u.a.), in der Lit.geschichte meist als ↗ Humanismus bez. (herausragend: Petrarca, Dante, Boccaccio, Ariost, Tasso, Montaigne, Rabelais, Shakespeare).
Lit.: H.F. Plett: English Renaissance, 1995. – E. Panofsky: Renaissance und Renaissancen in der europ. Kunst, 1979. – E. Wind: Heidnische Mysterien in der Renaissance, 1977. – C. Lugowski: Die Form der Individualität im Roman, 1976. ↗ Cultural Materialism, ↗ New Historicism

Reportage [frz.], Berichterstattung für Presse, Funk, Fernsehen oder Internet über ein aktuelles Ereignis; Typus der ↗ Dokumentarlit., soll Fakten und Details zuverlässig und sachlich referieren, kann aber durch deren Auswahl und Anordnung, durch atmosphär. Färbung, persönl. Engagement, eine besondere Perspektive usw. mehr oder weniger stark subjektiv geprägt

rhythmus entsteht. Oft als Übertragung menschl. Grunderfahrungen (Herz- und Pulsschlag, Rhythmus des Gehens, Springens usw.) und physikalischer, kosmischer Erscheinungen (Welle, Pendel, Ebbe und Flut, Tag und Nacht, Sommer und Winter, Geburt und Tod) auf die Zeitvorstellung und die Sprache (v)erklärt. Koordiniert in poet. Vorformen wie Arbeits-, Marsch-, Wiegen- und Tanzlied Bewegungsvorgänge und Sprachbewegung.

Ritornell [it. zu ritorno = Wiederkehr], in Italien ausgebildete volkstüml. Gedichtform aus einer beliebigen Anzahl dreizeiliger Strophen, in denen jeweils die 1. und 3. Zeile durch Reim oder ↗ Assonanz verbunden sind (axa/byb/...); mit beliebiger Versform (meist ↗ endecasillabo). Dt. Nachbildungen u.a. bei Rückert und Storm (Frauen-Ritornell): »... blühende *Myrte*! / Ich hoffte, süße Frucht von dir zu pflücken; / Die Blüte fiel; nun seh' ich, daß ich *irrte*.« ↗ Terzine

Ritterroman, 1. oft irreführend für ↗ höfischen Roman, 2. stoffbestimmter Romantypus, vom ausgehenden MA bis ins 17. Jh. häufig, durch ↗ Prosaauflösung der ma. ↗ Artus- und Heldenepik und höfischer Versromane entstanden, v.a. als ↗ Amadisroman, ↗ heroisch-galanter Roman und im ↗ Volksbuch verwirklicht; im 18. Jh. oft zur ↗ gothic novel (↗ Triviallit.) weiterentwickelt. Stark von Figuren-, Handlungs- und Situationsklischees beherrscht, Gegenstück zum ↗ Schelmenroman: Ein durch einen Zauber beschützter, sozial hochstehender Held zieht aus, um in einer von Ungeheuern und sagenhaften Figuren bevölkerten, phantast. Welt eine Dame zu erobern. Für die Lit.wiss. v.a. als frühe Form schriftlichen Erzählens in ↗ Prosa, aufgrund seiner Parodien (z.B. durch Cervantes' *Don Quijote*, 1605/1615) und versepischen Weiterverarbeitungen (z.B. in Ariosts *Orlando furioso*, ↗ komisches Epos) von Interesse.

Rokoko [zu frz. rocaille = Muschel; Ende des 18. Jh.s in Paris Spottname für die verschnörkelten Formen des Régence- und Louis-Quinze-Stils, dann erweitert auf alles Lächerlich-Altmodische], Bez. für den Spätstil des ↗ Barock, in Dt. zwischen 1740 und 1780. In der Lit. gekennzeichnet durch einen scherzhaft-ironischen, witzig-geistreichen, geselligen Ton, die Konzentration auf intime Szenen, die Vorliebe für arkadische Naturszenerien, den Rückgriff auf antike Gattungen und Mythologien (↗ Schäferdichtung, ↗ Anakreontik) und die spieler. Verwendung kleiner, oft miteinander vermischter Formen und Gattungen (↗ Lyrik, ↗ Verserzählung, ↗ Idylle, ↗ Epyllion, ↗ Singspiel). Bsp. bei Chr.M. Wieland, Fr. Hagedorn, Chr.F. Gellert, E. v. Kleist, J.E. Schlegel, J.W.L. Gleim, J.P. Uz, G.E. Lessing, S. Geßner, H.W. v. Gerstenberg, dem jungen Goethe u.a.

Rollenlyrik, Sammelbez. für Gedichte, in denen das lyrische Ich aus der Rolle einer typisierten Figur, als Liebender, Hirte, Wanderer, Knabe, Frau usw. spricht. Definiert sich meist durch die Selbstdarstellung des lyrischen Ichs, oft auch schon mit dem Titel (wie z.B. Goethes *Künstlers Morgenlied*, C. Brentanos *Der Spinnerin Lied*, Rilkes *Sappho an Alkaios*), z.T. jedoch versteckt (wird dann gern als autobiographisches Bekenntnis mißverstanden, ↗ Erlebnisdichtung). Abhängig von der jeweiligen Bestimmung der Begriffe ›Autor‹ und ›lyrisches Ich‹ (↗ Lyrik). Im engen Sinn konstitutiv v.a. für ↗ Minnesang, ↗ Petrarkismus, ↗ Schäferdichtung und ↗ Anakreontik, im weitesten Sinn für jedes lyrische Gedicht (Lyrik als Sprechen in einer anderen Sprache, Ersprechen einer Rolle, Hineinsprechen in eine vergegenwärtigte, anempfundene Situation).

Roman [frz. romanz – im 12. Jh. übl. Bez. für Vers- und Prosaschriften in der Volkssprache, in ›lingua romana‹ allg., seit dem 16. Jh. eingeengt], Großform der Erzählkunst, im Ggs. zum ↗ Epos primär in ↗ Prosa und schriftlich abgefaßt, im Ggs. zu epischen Kleinformen wie ↗ Novelle und ↗ Kurzgeschichte Erzählung von einem größeren Weltausschnitt, nicht nur von einem Ereignis, einem Zeitpunkt, einem Ort, einer bestimmten, beschränkten Figurenkonstellation; geht ausschweifend mit Papier und Zeit um: »Ein Roman ist eine Geschichte, in der alles zu lang dauert« (Jandl). Beginnt seine Karriere mit der Erfindung des Buchdrucks im 15. Jh. und dem Anwachsen eines lesefähigen Publikums, seit Mitte des 18. Jh. vorherrschende und am weitesten verbreitete, auch am wenigsten einzuschränkende Lit.gattung; oft zu gliedern versucht: a) nach Stoffen und dargestelltem Personal: ↗ Abenteuer-, ↗ Amadis-, ↗ Ritter-, Räuber-, ↗ Schelmen-, ↗ Kriminal-, Künstler-, Großstadt-, Familien-, Reise-, Wildwest-, Zukunfts-, ↗ historischer Roman usw., b) nach Themen und behandelten Problemen: Liebes-, Ehe-, Staats-, ↗ Bildungs-, Gesellschafts-, psychologischer Roman usw., c) Erzählverfahren: Ich-, Er-, ↗ Brief-, Fortsetzungs-, Tagebuchroman usw., d) nach der erzählerischen Grundhaltung und Zielsetzung: relig., didakt., satir., komischer, humorist., empfindsamer, idealist., realist., phantast., polit., experiment. Roman (↗ nouveau roman) usw., e) nach Adressaten (Jungmädchen-, Frauenroman) oder Verbreitungsweise (Trivial-, ↗ Kolportageroman). Gattungsprägend, für die lit. Entwicklung bzw. theoretische Begründung des Romans wichtig sind u.a.: Heliodors *Aithiopika* (1. H. 3. Jh. n.Chr., Petronius' *Satyricon* (1. Jh. n.Chr., ↗ Prosimetrum, ↗ Satire), Apuleius' *Der goldene Esel* (2. Jh. n.Chr., ↗ Märchen), Elisabeths v. Nassau-Saarbrücken *Hug Schapler* (um 1430), der *Fortunatus* (1509, ↗ Volksbuch), J. Wickrams *Ritter Galmy* (1539, ↗ mythisches Analogon), Fr. Rabelais' *Gargantua et Pantagruel* (1532-64), M. de Cervantes' *Don Quijote* (1605/1616, ↗ Parodie), H. d'Urfés *L'Astrée* (1607-27, ↗ heroisch-galanter Roman), Chr. v. Grimmelshausens *Simplicissimus* (1668), R. Lesages *Gil Blas* (1715-35), D. Defoes *Robinson Crusoe* (1719), H. Fieldings *Tom Jones* (1749), L. Sternes *Tristram Shandy* (1756), J.J. Rousseaus *Nouvelle Héloïse* (1761), Chr.M. Wielands *Geschichte des Agathon* (1767/73/94), J.W. v. Goethes *Die Leiden des jungen Werthers* (1774), *Wilhem Meisters Lehrjahre* (1795/96, Bildungsroman), Jean Pauls *Flegeljahre* (1804/5), G. Kellers *Der grüne Heinrich* (1854/55, 1. Fass.), G. Flauberts *L'éducation sentimentale* (1869), F.M. Dostojewskijs *Schuld und Sühne* (1866), Th. Manns *Die Buddenbrooks* (1901), M. Prousts *À la recherche du temps perdu* (1913-27), Fr. Kafkas *Prozeß* (1914/15), J. Joyces *Ulysses* (1922,

↗ stream of consciousness), A. Döblins *Berlin Alexanderplatz* (1929,
↗ Montage), G. Grass' *Die Blechtrommel* (1959).
Lit.: M. Bauer: Romantheorie, 1997. – E. Lämmert (Hg.): Romantheorie,
²1984. – H. Koopmann (Hg.): Handbuch des dt. Romans, 1983. – I.
Watt: Der bürgerliche Roman, 1974. – V. Klotz (Hg.): Zur Poetik des Romans, ²1969. – H. James: The Future of the Novel, 1956. – G. Lukács:
Die Theorie des Romans, 1920. ↗ Erzähltheorie

Romantik [vom afrz. romanz, vgl. ↗ Roman], 1. allg.: Bez. für ein von Gefühl und Phantasie geleitetes, auch zügellos-wildes Verhalten oder eine
stimmungsvolle Umgebung bzw. Situation; 2. besonders: zunächst abschätzig gebrauchte Bez. für eine geistige, künstlerische, insbes. lit. Bewegung in
Europa zwischen 1790 und 1850, für die u.a. charakteristisch ist: die Hinwendung zur Lit. und Kunst des MA, der Rückgriff auf ↗ Mystik und
↗ Pietismus, ein gegen ↗ Aufklärung und ↗ Klassizismus gerichtetes Programm, der Versuch, die schöpferischen Kräfte des ›Volksgeistes‹ und des
Unbewußten zu wecken (↗ Volkslied), die Sehnsucht nach einer ursprünglichen Welt der Poesie (↗ Mythos), der Rückzug vor dem bürgerl. Alltag in
die Natur und die Geschichte (Anfänge der ↗ Germanistik), das Durchdringen der Außenwelt mit Gefühlen und Bedeutungen (›Verinnerungen‹),
die versuchte Verschmelzung der Künste bzw. der Künste und Wissenschaften, die Definition des Kunstwerks als Organismus, die sog. romantische
↗ Ironie, die Propagierung liberaler Lebensformen, auch der freien Liebe,
unter dem Eindruck der frz. Revolution. Von den sog. Romantikern nur als
Adj. ›romantisch‹ im Sinn von ›nicht-klassisch‹, ›romanhaft‹, ›modern‹ gebraucht. Bevorzugte lit. Formen: ↗ Ballade, ↗ Romanze, ↗ Verserzählung,
↗ Märchen, Volkslied, ↗ Roman, ↗ Novelle, ↗ Aphorismus. In Dtl. eingeteilt in a) die ältere Jenaer oder Früh-Romantik (um 1798, z.B. J.H. Wakkenroder, L. Tieck, Novalis, Fr./A.W. Schlegel, Fr. Schleiermacher), b) die
Heidelberger oder Hoch-Romantik (um 1805/9, z.B. A. v. Arnim, die
Geschwister Brentano, J. v. Eichendorff, die Brüder Grimm, in Berlin:
A. v. Chamisso, E.T.A. Hofmann), c) die schwäb Romantik (nach 1810,
z.B. L. Uhland, J. Kerner, W. Hauff), d) die Spät-Romantik (nach 1820,
z.B. N. Lenau, E. Mörike, z.T. H. Heine). In England: S.T. Coleridge,
W. Wordsworth, W. Scott, Lord Byron, P.B. Shelley, J. Keats, in Frkr.:
Fr.R. de Chateaubriand, Mme. de Staël, V. Hugo, G. Sand, in It.: A. Manzoni, G. Leopardi, in Rußland: A. Puschkin, M. Lermontov (↗ Pléiade)
u.a.
Lit.: M. Frank: Einführung in die frühromant. Ästhetik, 1989. – W. Menninghaus: Unendliche Verdopplung, 1987. – G. Schulz: Dt. Lit. zwischen
Revolution und Restauration, 2 Bde, 1983/89. – K. Peter (Hg.): Romantikforschung seit 1945, 1980.

Romanze [span. el romance = das in der roman. Volkssprache Geschriebene], kürzeres volkstüml., aus Spanien stammendes Erzähllied, das im Stil
der ↗ Ballade ursprünglich Stoffe der altspan. Sage und Geschichte gestaltet. Häufigste Versform: der reimlose trochäische 16-Silbler mit Mittelzäsur

und ↗ Assonanzen, in dt. Nachbildungen auch der assonanz- und reimlose trochäische 8-Silbler (Herder, *Cid*, 1805). Weitere dt. Bsp: Brentanos *Romanzen vom Rosenkranz* (1804-12), Immermanns *Tulifäntchen* (1830), Heines *Atta Troll* (1847, ↗ Verserzählung) u.a. Eine Sammlung von Romanzen wird als *Romanzero* bezeichnet.

Rondeau, n. [frz. m., zu rond = rund], dt. auch Rundgedicht, Rundreim u.ä.: ursprünglich ein zum Rundtanz gesungenes Tanzlied, das in seiner klassischen Form aus 13 meist zehnsilbigen Versen mit nur 2 Reimen besteht und sich durch die Wiederholung (=W) der Anfangsworte des 1. Verses (meist ein Ausruf, eine Sentenz o.ä.) nach der 8. und 13. Zeile in 3 Teile (sog. *couplets*) gliedert: aabba/aabW/aabbaW. In Frkr. ausgebildet und v.a. im 14./15. Jh. beliebt, in Dtl. insbes. im 16./17. Jh. nachgebildet, u.a. von G.R. Weckherlin und Ph. v. Zesen. ↗ Triolett

Rührender Reim, Gleichklang identischer Wörter: *ist : ist, staunen: staunen* (auch *identischer* Reim), oder von Wörtern gleicher Lautung (↗ Homonym): *ist : ißt, lehren : leeren* (auch *äquivoker* Reim). Im MA Stilprinzip (z.B. im Prolog von Gottfrieds *Tristan*), später oft als Formfehler eingestuft.

Rührstück, ursprünglich Bez. der ↗ Aufklärung für eine dramatische Gattung, umfaßt das ↗ weinerliche Lustspiel, das empfindsame Schauspiel und das ↗ bürgerliche Trauerspiel nicht nach Inhalt oder Bauform, sondern nach der beabsichtigten Wirkung auf das Publikum. In der Tradition der engl. *sentimental comedy* und der frz. ↗ comédie larmoyante insbes. für ›Hausvaterdramen‹ (z.B. von A.W. Iffland und A. v. Kotzebue) verwendet, die Scheinkonflikte zwischen bürgerl. Moral und lasterhaftem Lebenswandel inszenieren, um sie durch Demonstration unerschütterlicher Bürgertugenden (Gehorsam, Fleiß, Sparsamkeit usw.) in rührenden Versöhnungsszenen aufzuheben. Arbeitet mit charakteristischen Figurentypen (der väterliche Patriarch, die zärtliche Mutter, der treue Diener) und Situationsklischees (Abschied, Entsagung, Wiederfinden, Sündenfall, Reue, Versöhnung). Heute oft abwertend: ›Schnulze‹.

Russischer Formalismus ↗ Formalismus

Saga, Pl. sögur, dt. Sagas [altnord. das mündlich Ausgedrückte, Bericht, Erzählung, Geschichte, auch im Sinne von Historie], Sammelbez. für die altnord., insbes. isländ. Prosaerzählungen des MA (um 1200-1400), umfaßt Kurzgeschichten, umfangreiche Romane, histor. Biographien, Märchen u.a. Für die spätere Lit. wichtige Stoffquelle und formales Vorbild, zeichnet sich durch den sog. *Sagastil* aus, z.b. die Konzentration auf Handlungshöhepunkte, den Wechsel von Dialog und Bericht, die Abwesenheit einer Erzählerfigur, die Dominanz von Gegensatzpaaren und der Dreizahl. Bsp.: *Heimskringla* (von Snorri Sturluson), *Egils saga*, *Völsunga saga* (mit dem Nibelungen-Stoff) u.a.

Sage [von ahd., altnord. ↗ saga; seit den *Dt. Sagen* der Brüder Grimm (2 Bde, 1816-18) eingeengt], eine kurze, in mündlichem, volkstüml. Stil gehaltene Erzählung, die best. Örtlichkeiten, Personen, Ereignisse, (Natur-)Erscheinungen usw. meist mit magischen, numinosen oder mythischen Elementen verknüpft, ursprünglich um unheimliche, unerklärte Erscheinungen zu erklären (sog. *aitiologische* Sage: Ursprungssage). Wie das ↗ Märchen meist kollektiv, mündlich und anonym tradiert, schöpft aus demselben Stoff- und Motivbereich (Zwerge, Hexen, Drachen u.a.), unterscheidet sich aber von ihm durch genaue Lokalisierung und Datierung, d.h. durch einen höheren Realitätsanspruch und die strenge Scheidung von jenseitiger und diesseitiger Welt: »Das Märchen ist poetischer, die Sage historischer« (Vorrede zu den *Dt. Sagen* der Brüder Grimm). Geht oft allerdings auf schriftliche Quellen zurück und ahmt den Ton einer mündlichen Erzählung nur nach. Zählt zu den ↗ einfachen Formen.
Lit.: L. Petzoldt: Dämonenfurcht und Gottvertrauen, 1989. – K. Ranke: Welt der einfachen Formen, 1978. – W.-E. Peuckert (Hg.): Handwörterbuch der Sagen, 1961ff.

Salon [frz.], Bez. für das große Empfangszimmer einer Dame der Gesellschaft und zugleich für die darin regelmäßig stattfindenden gesellschaftl. Zusammenkünfte eines intellektuellen Zirkels (Künstler, Schriftsteller, Politiker, Gelehrte). Berühmte Salons in Paris vom 17.-20. Jh. (Mme de Scudéry, Marquise de Sévignée, Mme de La Fayette, N. de Lenclos, Mme Épinay, Mme Récamier, A.-E. Noailles), um 1800 in Jena (Karoline Schlegel, ↗ Romantik), Berlin (Henriette Herz, Rahel Varnhagen), Weimar (Johanna Schopenhauer), im 19. Jh. in Wien (Karoline Pichler) und Berlin (Fanny Lewald). In Varnhagens Salon z.B. trafen sich die Brüder Humboldt, Schleiermacher, Jean Paul, Tieck, B. Brentano, Heine, Hegel, v. Pückler-Muskau u.a.

Sammelhandschrift, Sammel- ↗ Codex, antike und ma. Überlieferungsform, bei der in einer ↗ Handschrift die Werke verschiedener Dichter gesammelt sind; oft auf best. Gattungen beschränkt, wie z.B. die Große Heidelberger ↗ Liederhandschrift (um 1300, mit Texten von rund 140 mhd. Dichtern) oder der St. Galler Codex Ms 857 (2. H. 13. Jh., mit dem *Nibelungenlied*, Strickers *Karl*, Wolframs *Parzival* und *Willehalm*).

Sapphische Strophe ↗ Odenmaße

Satire [vermutl. von lat. satura lanx = mit allerlei Früchten gefüllte Schüssel; oft auch vom antiken ↗ Satyrspiel hergeleitet, vgl. die v.a. bis ins 18. Jh. beliebte Schreibweise ›Satyre‹], 1. allg. Bez. für eine Kunstform, die normwidrige Erscheinungen der Wirklichkeit, z.B. moral. Verfehlungen, persönl. Eigenheiten, best. Sitten und Gebräuche nicht direkt, sondern indirekt – durch deren ästhetisch zugespitzte Nachahmung – bloßstellt und verspottet; oft mit didaktischer Absicht. Weder an ein best. Medium noch an eine best. Form gebunden (v.a. in ↗ Epigramm, ↗ Roman, ↗ Komödie, ↗ Schwank, ↗ Fabel, ↗ Fastnachtsspiel, heute meist in ↗ Kabarett, Cartoon und Film), reicht von einer ›lachenden‹, heiter-spött. Tonlage bis hin zu einer ›strafenden‹, aggressiv-düsteren (vgl. Schillers Zweiteilung in *Über naive und sentimental. Dichtung*, 1795/96); abhängig von der historisch und individuell unterschiedl. Perspektive des Künstlers, die jeweils definiert, was ›normwidrig‹ ist; mit nicht genau zu klärenden historischen Ursprüngen und Funktionen (vermutl. aus der Diatribe, einer witzig-volkstüml. Moralpredigt, und der Jambendichtung, ↗ Jambus, mit magisch-abwehrender Fkt., als Impuls zur Durchsetzung neuer Normen bzw. zur Sicherung der alten). Bsp.: im MA Heinrichs v. Glîchezaere *Reinhart Fuchs*, Hugos v. Trimberg *Renner*, Wittenwîlers *Ring*, Walthers ↗ Spruchdichtung, im 18. Jh. Lichtenbergs ↗ Aphorismen, Schillers/Goethes ↗ *Xenien*, im 19. Jh. Nestroys *Lumpazivagabundus* (↗ Volkstheater), im 20. Jh. Wedekinds *Frühlingserwachen*, Orwells *Animal Farm* u.a.; 2. besonders Bezeichnung für zwei in der Antike ausgebildete lit. Gattungen, die von einer satirischen Ausdruckshaltung bestimmt sind und ihrer äußeren Form nach genau unterschieden werden können in: a) die *lucilianische* Satire, die Verssatire, fast immer in ↗ Hexametern, mit ausgeprägtem Kunstanspruch und aggressiven Angriffen auf das gesellschaftl.-polit. Leben, von dem Römer Lucilius (2. Jh. v.Chr.) entwickelt, mit Höhepunkten bei Horaz (*Sermones*), Persius, Juvenal, Ende des 15. Jh.s bei S. Brant (*Narrenschiff*) u.a., b) die *menippeische* (auch varronische) Satire, die Prosasatire, die künstler. Formen gerade in satirischer Absicht benutzt, indem sie Verstexte kontrastierend in die Prosa einfügt (↗ Prosimetrum) und gleichsam mit beiden Ausdrucksformen spielt; von dem Griechen Menippos v. Gadara (3. Jh. v.Chr.) begründet; oft als ↗ Dialog angelegt bzw. als Lügengeschichte oder Bericht merkwürdiger Reisen mit romanhaften Zügen, z.B. Lukians *Toten-* und *Göttergespräche*, Petronius' *Satyricon*, Apuleius' *Goldener Esel* (↗ Roman), im 16./17. Jh. Fr. Rabelais' *Gargantua et Pantagruel*, Th. Morus' *Utopia* (↗ Utopie), der aus Apuleius' Roman entwickelte ↗ Schelmenroman (z.B. Chr. v. Grimmelshausens *Simplicissimus*), im 18. Jh. J. Swifts *Gulliver's Travels*, Voltaires *Candide*, Chr.M. Wielands *Die Abderiten*, im 19. Jh. H. Heines *Deutschland. Ein Wintermärchen* (↗ Verserzählung), im 20. Jh. H. Manns *Der Untertan*, K. Kraus' *Die letzten Tage der Menschheit*, auch J. Joyces *Ulysses* u.a.
Lit.: S. Trappen: Grimmelshausen und die menippeische Satire, 1994. – J. Brummack: Satirische Dichtung, 1979. – M. Bachtin: Probleme der Poetik Dostoevskijs, 1971.

Satyrspiel [zu gr. Satyr = ziegenfüßiger Waldgott der antiken Mythologie], in der gr. Antike: heiter-ausgelassenes, ironisch-kontrastierendes ⁊ Nachspiel der ⁊ Tragödien- ⁊ Trilogie, fester Bestandteil der klassischen ⁊ Tetralogie: die Schauspieler (ein Chor von Satyrn, ausgestattet mit Ziegenfell, Pferdeschweif, Phallus, Maske mit Stülpnase, Pferdeohren, runden Augen und Glatze, und ein bis drei Heroen bzw. Götter) stellen meist Themen der Heldensage auf komisch-groteske, obszöne Weise dar. ⁊ Dithyrambus, ⁊ Fastnachtsspiel

Schäferdichtung, auch Hirtendichtung, arkadische Poesie [von Arkadien: ideale Landschaft, der Mythologie nach in Griechenland oder auf Sizilien], Bukolik, bukolische Dichtung [von lat. bucolicus = zu den Hirten gehörig, ländlich]: Gattung der Lit., beschwört das Bild einer ursprünglichen, paradies.-glückl. Welt herauf, eines goldenen Zeitalters (vgl. Ovids ⁊ *Metamorphosen*), in dem es die Schrecken der Zivilisation (Krieg, Tod, Betrug und Verbrechen) noch nicht gibt. Nach dem Vorbild von Theokrits *Idyllen* (3. Jh. v.Chr.). Gegenentwurf zum Leben in der Stadt. Mit betont künstlichem Schauplatz, Personal, Handlung und Sprache; Schäfer und Hirten geben sich in einer anmutigen Landschaft (⁊ locus amoenus) dem Müßiggang hin, singen, musizieren, treffen sich zu Festen oder gehen ihren zahlreichen Liebeshändeln nach. In allen drei Hauptgattungen (⁊ Ekloge z.B. als lyrische, ⁊ Idylle als epische, Schäferspiel als dramatische Variante), mischt allerdings meist lyrische, dramatische und epische Elemente, z.T. auch ⁊ Vers und ⁊ Prosa (⁊ Prosimetrum, ⁊ Verserzählung). Bsp.: Vergils *Bucolica* (42-39 v.Chr.), Longos' *Daphnis und Chloé* (2./3. Jh. n.Chr.), J. Sannazaros *Arcadia* (1504), T. Tassos *Aminta* (1573), G.B. Guarinis *Il pastor fido* (1590), Ph. Sidneys *Arcadia* (1590), H. d'Urfés *L'Astrée* (1607-27, ⁊ heroisch-galanter Roman), M. Opitz' *Schäferey von der Nymfen Hercynia* (1630), G.Ph. Harsdörffers *Pegnesisches Schäfergedicht* (1641ff.), S. Geßners *Idyllen* (1756, ⁊ Anakreontik), J.W. v. Goethes *Die Laune des Verliebten* (1767), A. Holz' *Dafnis* (1903) u.a.

Schauerroman ⁊ gothic novel

Schauspiel, 1. allg. ⁊ Drama, 2. im Ggs. zum streng gebauten Drama der ⁊ geschlossenen Form das Drama der ⁊ offenen Form, z.B. das ma. ⁊ Mysterienspiel, das Drama des ⁊ Expressionismus, das ⁊ epische Theater, 3. ein Drama, das den tragischen Konflikt nicht zur Katastrophe kommen läßt, sondern im Charakter der Personen oder durch andere innere Umstände eine Lösung des Konflikts findet, z.B. Shakespeares *Maß für Maß*, Lessings *Nathan der Weise*, Schillers *Wilhelm Tell*, Kleists *Das Käthchen von Heilbronn*.

Schelmenroman, auch Picaroroman, pikaresker Roman: Variante des ⁊ Abenteuerromans, in Spanien (*Lazarillo de Tormes*, 1554 anonym veröffentl.) ausgebildet, seit dem 17. Jh. in Europa weitverbreitet; im Kontrast zum im 15./16. Jh. so beliebten ⁊ Ritterroman angelegt, meist in der Ich-

Form, als fiktive Autobiographie eines fahrenden Schelms, des Pikaro, erzählt: einer Figur von niederer sozialer Herkunft und zweideutigem Charakter, einfältig und weltklug zugleich, in die weite Welt getrieben von einer Laune des Schicksals, nicht – wie der Ritter – vom Wunsch nach Ruhm, Diener der verschiedensten Herren, schlägt sich durch List und unlautere Machenschaften, nicht durch Mut und Stärke durchs Leben, findet die Liebe im einmaligen sexuellen Abenteuer, nicht als ewiges, paradiesisches Glück, entlarvt von seiner radikal subjektiven Perspektive aus die Welt als eine Bühne der Eitelkeiten (nichts hält, was es verspricht, nichts meint, was es sagt), unterbricht das Prinzip der additiven Reihung durch zahlreiche Einschübe und ironische (Wort-)Spielereien; wichtiger als das eigentl. Geschehen: das listige Spiel des Erzählers mit seinen Mitmenschen und, v.a. im späteren Schelmenroman, mit den Lesern (Vorläufer des humoristischen Romans, ↗ Humor). Bsp.: M. Alemán, *Guzmán de Alfarache* (1599), R. Lesage, *Gil Blas* (1715-35), Chr. v. Grimmelshausen, *Simplicissimus* (1668), J. Beer, *Der Simplizianische Welt-Kucker* (1677), Chr. Reuter, *Schelmuffsky* (1696), D. Defoe, *Moll Flanders* (1722), H. Fielding, *Tom Jones* (1749), J.G. Schnabel, *Insel Felsenburg* (1731), M. Twain, *Huckleberry Finn* (1884), J. Hašek, *Schweijk* (1920/23), Th. Mann, *Die Bekenntnisse des Hochstaplers Felix Krull* (1954), G. Grass, *Die Blechtrommel* (1959), u.a. Vorformen in der chines., arab. und röm. Lit. (z.B. Apuleius, *Der goldene Esel*, ↗ Roman, ↗ Satire).
Lit.: M. Bauer: Der Schelmenroman, 1994. – G. Hoffmeister (Hg.): Der dt. Schelmenroman im europ. Kontext, 1987.

Schlagreim, Sonderform des ↗ Binnenreims: Gleichklang unmittelbar aufeinanderfolgender Wörter in einem Vers, z.B. *»quellende, schwellende* Nacht«* (Hebbel). Häufig v.a. im späten ↗ Minne- und ↗ Meistersang.

Schlesisches Kunstdrama, Typus des barocken Trauerspiels aus dem Kreis der sog. *zweiten schlesischen Dichterschule,* zu der die in Schlesien lebenden Dichter D.Chr. v. Lohenstein, Chr. Hofmann v. Hofmannswaldau, A. Gryphius, A.A. v. Haugwitz u.a. gerechnet werden; charakteristisch: paarweise gereimte ↗ Alexandriner, Gliederung in 5 ↗ Akte mit abschließenden ↗ reyen, Einsatz zahlreicher rhetorischer ↗ Figuren, ↗ Tropen, emblematische Anspielungen (↗ Emblem), komplizierter Satzbau, auf eine weiträumige ↗ Illusionsbühne berechnete Massenszenen (oft Greueltaten oder Geistererscheinungen). Bsp.: Gryphius, *Leo Armenius* (1646), *Carolus Stuardus* (1649/50), Lohenstein, *Agrippina* (1665), *Sophonisbe* (1666).

Scholien, n. Pl. [zu gr. scholion = schulmäßige, kurze, kommentierende Erklärung], v.a. in der antiken Lit.: stichwortartige Erläuterungen sprachl. schwieriger Wendungen oder historisch-faktische Kommentierung einzelner Textstellen; bieten mehr Informationen (zur Textkritik, Mythologie, Etymologie usw., z.T. ausführl. Interpretation) als die ↗ Glossen, die einzelne Wörter nur erklären oder übersetzen.

Schrift [zu lat. scribere = mit dem Griffel eingraben, schreiben], wichtige Voraussetzung für die Entwicklung heutiger Kulturformen und Denkweisen (z.B. Entstehung eines abstrakten Denkens, eines Bewußtseins von Individualität und histor. Distanz). Dient ursprünglich dem Kult, der Aufzeichnung von Poesie und der Verwaltung. Erste Versuche seit dem 4. Jtsd. v.Chr., Vorformen in Höhlenmalereien und Felsenritzungen (Petrographien, seit etwa 10 000 v.Chr.). Früheste Schriftsysteme: die mesopotam. *Keilschrift* und die ägypt. *Hieroglyphenschrift* (verbreitet von 3000 v.Chr. bis etwa 300 n.Chr.), auf der Basis von Wortbildzeichen (Logogramme), zu genaueren Sinnfixierung ergänzt durch Silbenzeichen (Logotypen), Einzellautzeichen (Phonogramme) und Determinative (markieren Genus und Bedeutungsklassen); am Wortschatz, nicht an der Lautung orientiert, daher in verschiedenen Dialekten und Sprachen verwendbar (wie heute noch die chines. Schrift). Im semit. Raum (Libanon) Entwicklung einer analytischen Lautschrift (Phonographie), die zunächst nur das konsonantische Sprachgerüst fixiert; von den Griechen um 1000 v.Chr. übernommen und zur ersten reinen Lautschrift weiterentwickelt (mit 24 Buchstaben, Grundlage der abendländ. Schriften).
Lit.: D. Jackson, The Story of Writing, 1981. – H. Lechner: Geschichte der modernen Typographie, 1981. ↗ oral poetry

Schriftlichkeit ↗ oral poetry

Schriftsinn, eigentl.: Lehre vom mehrfachen Schriftsinn: Form der ↗ Allegorese, in der der hinter dem Wortsinn liegende *sensus spiritualis* mehrfach nach Anwendungsbereichen oder Sinnbezügen aufgefächert wird; v.a. für die Bibel- ↗ Exegese wichtig, im MA auch auf die Deutung weltlicher, besonders antiker Dichtung übertragen; geht meist vom *vierfachen* Schriftsinn aus: 1. Wortsinn (*sensus litteralis*, z.B. Jerusalem: die histor. Stadt), 2. allegorischer Sinn (*sensus allegoricus*: Jerusalem als Kirche Christi; ↗ Typologie, ↗ Präfiguration), 3. moralischer, auf die praktische Unterweisung zielender Sinn (Jerusalem als menschl. Seele), 4. anagogischer, auf die Eschatologie (Lehre von den letzten Dingen) verweisender Sinn (Jerusalem als die himml. Stadt Gottes).

Schriftsteller [nach der Wendung ›eine Schrift stellen‹], 1. im 17. Jh. für den Verfasser einer Bitt- oder Rechtsschrift, 2. im 18. Jh. Verdt. von ›Skribent‹: Verfasser von Prosaschriften ohne poet. Anspruch, im Ggs. zum meist höher eingeschätzten Dichter (Poet), 3. heute überwiegend wertfrei: Lit.produzent aller Sparten, der Lyriker und Autor fiktionaler Lit. als auch der Verfasser von Essays, Sachbüchern, Zeitungsartikeln, Drehbüchern, Beiträgen zu Funk und Fernsehen usw.

Schüttelreim, Bildung einer neuen sinnvollen Wortfolge durch Austauschen der Anfangskonsonanten der am Reim beteiligten Wörter/Silben: »In Reimes Hut Geheimes ruht« (Konrad v. Würzburg).

Schuldrama, an den niederländ. und dt. Lateinschulen des 15.-17. Jh.s im Rahmen des ↗ Rhetorik-Unterrichts gepflegt, meist in Latein, soll die Schüler zu gewandtem Auftreten und zur eleganten Handhabung rhetorischer Mittel erziehen. An der Antike orientiert (↗ Humanistendrama), in der 1. H. des 16. Jh.s v.a. im Dienst der Reformation, in der 2. H. als ↗ Jesuitendrama mit gegenreformatorischer Tendenz, im 17. Jh. Höhepunkt durch das ↗ schlesische Kunstdrama.

Schwank [mhd. swanc = schwingende Bewegung, Schlag, Finte; ursprünglich Bez. der Fechtersprache, dann übertragen: derb-lustiger Streich und die Erzählung eines solchen], 1. kurze, witzig-pointierte, oft derb-obszöne Erzählung in Vers oder Prosa, zeigt wie ein Schlauer durch Streiche oder Listen einen Dummen austrickst, wobei meist der sozial Höherstehende der Unterlegene ist. Mit typisierten Figuren und Motiven (die Tücken des Alltags allg., besonders der Ehestreit und die Macht der Triebe), einsträngiger und chronologischer Handlungsführung, oft einer z.t. ironisch formulierten Lehre am Schluß (↗ epimythion). In vielen epischen Gattungen, u.a. als ↗ Anekdote, ↗ Fazetie, ↗ Märchen (*Das tapfere Schneiderlein*), ↗ Predigtmärlein (gesammelt z.B. in J. Paulis *Schimpf und Ernst*, 1522), ↗ märe (Bsp. vom Stricker, von Hans Folz, Hans Sachs) und ↗ Roman (meist eine Sammlung mehrerer chronologisch um eine zentrale Figur gruppierter, oft durch narrative Passagen verbundener Schwänke, z.B. Strickers *Pfaffe Amis*, um 1230, *Ein kurtzweilig Lesen von Dil Ulenspiegel*, 1515, *Das Lalebuch*, 1597, ↗ Volksbuch; setzt sich in *Münchhausiade*, Lügendichtung und ↗ Schelmenroman fort); auch als Einlage in anderen Werken (z.B. in den *Gesta Karoli*, ↗ gesta) oder in Sammlungen konzentriert (im 16. Jh. z.B. in J. Wickrams *Rollwagenbüchlein*, M. Montanus' *Wegkürtzer*, H.W. Kirchhofs *Wendunmuth*, im 17. Jh. in J.C. Suters *Historischem Lustgärtlein*, zu Beginn des 19. Jh.s in J.P. Hebels *Schatzkästlein des Rheinischen Hausfreundes* (↗ Kalendergeschichte); 2. seit dem 19. Jh. auch als Bez. für eine derblustige, v.a. der Unterhaltung dienende Form der ↗ Komödie, die wie ↗ Burleske, ↗ Farce, ↗ Posse besonders mit Situations- und Typenkomik arbeitet, z.B. *Der Raub der Sabinerinnen* von den Gebrüdern Schönthan, *Im weißen Rößl* von R. Benatzky/Kadelburg/Blumenthal u.a.
Lit.: W. Wunderlich (Hg.): Deutsche Schwanklit., 2 Bde, 1992. – N. Neumann: Vom Witz zum Schwank, 1986. – E. Straßner: Schwank, ²1978.

Schweifreim, aabccb. Die Variante aabaab wird auch als *Zwischenreim* bezeichnet.

Science Fiction, auch Sciencefiction [engl. Wissenschaft + Dichtung], Sammelbez. für Romane, Erzählungen, Filme, Hörspiele, Comics usw., die mögl. künftige Entwicklungen der Menschheit als Realität gestalten: Veränderungen der Lebensbedingungen in polit., sozialer, biolog., ökonom. und besonders in technolog. Hinsicht, z.B. Weltraumfahrten, Reisen in zukünftige (und vergangene) Zeiten, Entdeckung und Besiedlung ferner Himmelskörper, Invasionen durch extraterrestrische Wesen. Verbindet Elemente der

↗ gothic novel, des ↗ Abenteuer-, ↗ Kriminal-, Kriegs- und Liebesromans, oft in die Tradition der phantastischen, bis in die Antike zurückreichende Reiselit. (z.B. Homers *Odyssee*, ↗ Epos) und der ↗ Utopie gestellt. Begründer: Jules Verne (*Voyages au centre de la terre*, 1864) und H.G. Wells (*The Time Machine*, 1895), in Dt. K. Laßwitz (*Bilder aus der Zukunft*, 1878). Heute meist zur ↗ Triviallit. gerechnet; mitverantwortlich für den anhaltenden Erfolg: die quasi religiösen, auf Kontinuität berechneten, ein Gefühl der Zugehörigkeit erzeugenden Erscheinungs- und Rezeptionsformen (oft Fortsetzungsmagazine, z.B. die Heftserien *Der Luftpirat*, 1908-11, *Jan Mayen*, 1936-38, *Perry Rhodan*, seit 1961; mit Fanclub, Clubmagazin, Homepage im Internet u.ä.).
Lit.: H.-J. Alpers u.a.: Lexikon der Science Fiction Lit., 1988. – M. Nagl: Science Fiction, 1981.

Sekundenstil, dramaturg. Technik, die eine vollkommene Deckungsgleichheit von ↗ Erzählzeit und erzählter Zeit anstrebt, vergleichbar der filmischen Dauereinstellung ohne Raffung und Dehnung; erstmals im ↗ Naturalismus realisiert, dokumentiert Dialogpausen, Regieanweisungen, Geräusche, Lichtreflexe genauso wie das Fortschreiten der Handlung und die Gedanken der Figuren. Bsp.: A. Holz/J. Schlaf, *Papa Hamlet* (1889), P. Weiss, *Der Schatten des Körpers des Kutschers* (1960), u.a.

Selbstorganisation ↗ Autopoiesis

Selbstreferenz, Selbstreferentialität, Autoreferentialität [lat.], Selbstbezug, Selbstverweis. In der ↗ Hermeneutik wichtige Voraussetzung jeder Erkenntnis (Bezugnahme des Erkenntnissubjekts auf sich selbst); im ↗ Formalismus, ↗ Strukturalismus und ↗ Poststrukturalismus spezifisch poet. Funktion der Sprache (reflexiver Bezug auf die Strukturiertheit des Sprachzeichens, im Unterschied etwa zur referentiellen, auf eine außerlit. Gegebenheit bezogenen Funktion, ↗ Referenz); in der ↗ Systemtheorie N. Luhmanns (↗ Lit.soziologie) zentraler Begriff, geht davon aus, daß Systeme ihre Einheit im Prozeß einer auf sich selbst bezogenen Ausdifferenzierung (von grundlegenden Elementen, Operationen usw.) gewinnen. ↗ Autopoiesis

Semantik ↗ Semiotik

Semiotik [zu gr. sema = Zeichen], auch Semiologie: Theorie und Wissenschaft von den Zeichen(-systemen), untersucht die Struktur und das Funktionieren von sprachl. und nichtsprachl. Zeichen (z.B. Mode, Essen, Architektur, Musik, Gestik). Grundlagendisziplin für alle Wissenschaften, die sich in irgendeiner Weise mit den in der Kultur vorkommenden Kommunikationsformen beschäftigen, prägt die in der modernen Lit.wiss. benutzten Vokabeln und Methoden. Definiert ein *Zeichen* als kleinste eigenständige bedeutungstragende Einheit, die meist aus einem *Signifikanten* (dem materiellen Träger, z.B. einem graphischen Signal oder Lautfolgen wie ›Haus‹), dem *Signifikat* (der Vorstellung, die der Signifikant bedeutet, z.B. dem Begriff ›Haus‹) und dem *Referenten* besteht (dem Objekt bzw. der Klasse von Objekten, die das Signifikat bezeichnet, z.b. die konkreten Objekte, auf die sich ›Haus‹ anwenden läßt); unterscheidet *denotative* (lexikalische, stabile) und *konnotative* (kontext-, sprecher-, situationsabhängige, ↗ Konnotation) Signifikate und zerlegt sie in *semantische Merkmale* (z.B. ›Ritter‹ = menschl. + männl. + adelig +...), die zwischen den Zeichen Beziehungen des Gegensatzes oder der Ähnlichkeit herstellen (so werden auch Zeichen verbunden, die auf den ersten Blick nichts gemein haben, das Merkmal ›männl.‹ z.B. verbindet ›Ritter‹ und ›Rocker‹, oder Zeichen getrennt, die semantisch und klanglich zunächst ähnlich sind, das Merkmal ›beweglich‹ z.B. unterscheidet ›Wipfel‹ von ›Gipfel‹). Geht davon aus, daß die Zeichen in Zeichensysteme (↗ Code, z.B. die menschl. Sprache) eingebettet sind und beim Akt der Kommunikation aus den Teilsystemen dieser Codes, den *Paradigmen* (z.B. Flexionsklassen, lexikal. Klassen), ausgewählt und nach best. Regeln zu Systemen von Zeichen verknüpft werden (zu *syntagmatischen Folgen*, z.B. Sätzen), wobei auch Regeln anderer Systeme (z.B. Gattungssysteme, Moralsysteme) wichtig werden, zusätzl. Einschränkungen auferlegen oder Abweichungen zulassen können (lit. Texte z.B. können die Bedeutung sprachl. Zeichen ändern, indem sie Merkmale hinzufügen bzw. tilgen oder die semant. Relationen zwischen den Zeichen verändern; sie bringen damit einen eigenen Code hervor, der sich der natürlichen Sprache bedient, aber von ihr abweicht, vgl. ↗ Syntagma). Gliedert sich in 3 Teilbereiche: die ↗ *Semantik* untersucht die Bedeutungen der Zeichen(-folge), die *Syntax* die Anordnung und Verbindung der Zeichen untereinander, die ↗ *Pragmatik* (Grundlage der ↗ Diskursanalyse, Einfluß auf ↗ Rezeptionsästhetik, ↗ Konstruktivismus, ↗ New Historicism u.a.) die Beziehungen zwischen Sender, Nachricht und Empfänger, die Formen und Bedingungen mögl. oder realer Verständigungen; setzt voraus, daß Sprache durch das Wissen über ihren Gebrauch definiert ist, ein gemeinsames Weltbild notwendige Voraussetzung für das richtige Verständnis einer Äußerung ist und der ↗ Kontext (z.B. der ↗ Erwartungshorizont, ↗ Präsupposition) die Bedeutung von Zeichen entscheidend prägt. Begründer: Charles S. Peirce (1839-1914, *Semiotische Schriften*, 3 Bde, 1986-93) und Ferdinand de Saussure (1857-1913, ↗ Strukturalismus), wichtige Vertreter: C.W. Morris, M. Bense, L. Hjelmslev, A. Greimas, U. Eco, R. Barthes, M. Bachtin (↗ Dialogizität, ↗ chronotopos) u.a. Lit.: W. Nöth: Handbuch der Semiotik, [2]1999. – R. Posner (Hg.): Semiotik, Bd. 1, 1997. – H. Putnam: Pragmatism, 1995. – M. Müller/H. Sottong: Der symbolische Rausch und der Kode, 1993. – D. Wunderlich: Arbeitsbuch Semantik, [4]1991. – J. Trabant: Zeichen des Menschen, 1989. – U. Eco: Semiotik, 1987. – M. Titzmann: Strukturale Textanalyse, 1977. ↗ Erzähltheorie, ↗ Theater

Senar [von lat. senarius = sechsgliedrig], freiere lat. Nachbildung des gr. jambischen ↗ Trimeters, nicht nach ↗ Dipodien, sondern nach Versfüßen gewertet: ◡ – ◡ – ◡ | – ◡ | – ◡ – ◡ –.

Senkung [dt. Übersetzung von gr. thesis = setzen], in der Verslehre: die zwischen zwei ↗ Hebungen stehende, nicht oder schwächer betonte Silbe, schematisch meist durch x wiedergegeben. Meist ein- oder zweisilbig; drei- oder viersilbig v.a. im ↗ Knittelvers und in ↗ freien Rhythmen.

Sentenz [lat. Meinung, Urteil(sspruch), Gedanke], aus einem lit. Text aufgrund seiner Allgemeingültigkeit und geschlossenen, selbständigen Struktur herauslösbarer Satz: »Was sind Hoffnungen, was sind Entwürfe, / die der Mensch, der vergängliche, baut« (Schiller). Differenzierter als das zu pauschalisierenden Vereinfachungen neigende ↗ Sprichwort (»Träume sind Schäume«); leitet sich von den im lit. Text dargestellten Situationen, nicht von gedanklichen Analysen ab und ist formal (durch Versmaß oder Prosastil) deutl. mit dem ursprünglichen Kontext verbunden. Unabhängig von der tatsächlichen Rezeption: kann, aber muß nicht zum ↗ geflügelten Wort werden.

Sequenz [lat. Folge, Nachhall], in der kath. Messe: der an die letzte Silbe des *Halleluja* anknüpfende (Jubel-)Gesang und der diesem Gesang unterlegte Text. Durch kein Metrum geregelt, arbeitet v.a. mit Parallelismen und Wiederholungen, ursprünglich in ↗ Prosa (frz. *prose* als heute noch gängige Bez. für Sequenz), seit dem 11. Jh. durch Reime gebunden und rhythmisch gegliedert. Meist eine Folge von je zwei gleichlangen, auf dieselbe Melodie gesungenen Teilen (*Versikeln*). Bsp. bei Notker Balbulus (St. Gallen, 9. Jh., früheste dt. Sequenz), in den *Carmina Burana* (z.B. das *Frühlingslied*), die Mariensequenz aus St. Lambrecht (nach 1150), das *Dies irae* (für die Totenmesse, Thomas v. Celano, 13. Jh.), das *Stabat mater* (Jacopo da Todi, 13. Jh.) u.a.; Sonderform des ↗ Tropus.

Sermo [lat.], 1. in der röm. Antike: Rede, Gespräch, Umgangssprache, dann auch die der Umgangssprache nahe Versdichtung (z.B. Horaz, *Sermones*), 2. in der Lehre von den ↗ genera dicendi gleichbedeutend mit ›Stil‹, 3. Hauptform der christl. ↗ Predigt, 4. heute meist abwertend: ›langweiliges Geschwätz‹, ›Strafpredigt‹, ›Redeschwall‹.

Sermocinatio [lat. Rede, Gespräch, Dialog], ↗ rhetorische Figur: der Redner gibt vor, nicht seine eigene, sondern die Rede eines anderen (auch Verstorbenen) wiederzugeben oder einen Dialog mit einem anderen (dem Gegner, dem Publikum, einem Toten usw.) zu führen.

Sestine [it. sesto = der sechste], allg.: Strophe mit 6 Zeilen, besonders: eine von den provenzal. Trobadors (↗ Trobadorlyrik) ausgebildete Liedform aus 6 Strophen mit je 6 Zeilen, meist fünfhebigen Jamben (urspr. ↗ endecasillabo), und einer Schlußstrophe mit 3 Zeilen. Stellt kunstvoll dieselben Wörter in immer neue Sinnbezüge: Die Endwörter der ersten, in sich nicht gereimten Strophe werden in jeder Strophe so wiederholt, daß das Endwort der ersten Zeile einer Strophe mit dem Endwort der letzten Zeile der vorhergehenden Strophe übereinstimmt; in der dreizeiligen Schlußstrophe kehren dann zwei (meist mehr) der Schlußwörter in der Mitte und am Schluß der Zeile in der Ordnung der ersten Strophe wieder. Die schwere Variante: das letzte Reimwort der 1. Strophe wird zum 1. der 2. Strophe, das 1. zum 2., das 5. zum 3., das 2. zum 4. usw.: 123456 / 615243 / 364125 / 532614 / 451362 / 246531. Bsp. bei Dante, Petrarca, Michelangelo, L. de Vega (im Drama), Opitz (in der ↗ Schäferdichtung), Weckherlin, Gryphius, Eichendorff, Rückert, Uhland, Borchardt, Pound u.a.

Shakespearebühne, die Bühne des ↗ elisabethanischen Theaters, durch die in London seit 1576 nachweisbaren festen Theaterbauten (z.B. das *Globe-Theatre*, achteckig, nach oben offen) mit differenzierter Raumordnung: staffelt die an das Bühnenhaus angeschlossene Spielfläche (vermutl.) in eine höherstehende Haupt-, eine niedrigere Vorder-, eine in der 2. Galerie befindliche Ober- und eine durch einen Vorhang verschließbare Hinterbühne (v.a. zur Darstellung von Innenräumen). Verzichtet auf illusionistische Dekoration und Requisite, erlaubt den raschen Szenenwechsel.

Short story [engl.], amerikan., erweiterte Form der ↗ Kurzgeschichte; im 19. Jh. ausgebildet (W. Irving, *Sketch-Book*, 1819/20, J.K. Paulding, *Tales of the Good Woman*, 1836), bekannt v.a. durch E.A. Poe (*Tales of the Grotesque and Arabesque*, 1840), H. Melville, M. Twain, H. James, O. Henry, D.H. Lawrence, W. Faulkner, J. Steinbeck, K. Mansfield, E.M. Forster, E. Hemingway, G. Orwell, J.L. Borges u.a.. Rückwirkend auch auf ↗ Novellen von G. Boccaccio, H. v. Kleist, E.T.A. Hoffmann u.a. übertragen.

Sigle, Sigel [lat.], feststehendes Abkürzungszeichen für ein Wort (z.B. § = Paragraph), eine Silbe oder einen Begriff (bes. bei Handschriften und Drukken, z.B. C = Große Heidelberger Liederhandschrift).

Signifikant, Signifikat, signifiant, signifié ↗ Semiotik

Silbenzählendes Versprinzip, bestimmt die Länge eines Verses allein durch die Silbenzahl, im Unterschied zum ↗ akzentuierenden (durch Betonung) oder ↗ quantitierenden (durch Silbenlänge) Versprinzip. Grundlegend für die romanische Versdichtung (z.B. der für das frz. Heldenepos charakterist. zehnsilbige ↗ vers commun, der zwölfsilbige ↗ Alexandriner, der elfsilbige ital. ↗ endecasillabo), in Dtl. im ↗ Meistersang (↗ Knittelvers). In akzentuierenden Sprachen meist mit einem einfach alternierenden Rhythmus nachgebildet (dem Alexandriner etwa entspricht im Dt. der sechshebige Jambus).

Simulakrum [lat. simulacrum = Bild, Abbild, Nachbildung, auch Statue, Götterbild, Traumbild, Gespenst, Schatten], in der Medien- und Kulturtheorie: eine ›Kopie ohne Original‹, eine Darstellung, die sich auf ein reales Vorbild zu beziehen scheint, diese ↗ Referenz aber nur vortäuscht.

Simultanbühne [zu lat. simul = zugleich], Bühnenform, bei der mehrere Schauplätze gleichzeitig sichtbar sind; im MA v.a. im ↗ geistlichen Spiel, macht Szenenwechsel überflüssig, versammelt alle für die Handlung erforderlichen Aufbauten und Kulissen auf der Spielfläche (meist einem Podium auf dem Marktplatz) oder um sie herum, wobei die Schauspieler von einem Ort des Geschehens zum nächsten ziehen. Auch im modernen Theater, z.B. bei J. Nestroy (*Das Haus der Temperamente*, Wiener ↗ Volkstheater), A. Miller, T. Williams.

Simultantechnik [zu lat. simul = zugleich], Technik der lit. ↗ Moderne, erzeugt den Eindruck von Gleichzeitigkeit, indem sie das für die epische Dichtung an sich unumgängl. Gesetz der Sukzession (Darstellung von ›Leben‹ nur als Kette zeitl. nacheinander folgender Geschehnisse) durch Störungen der üblichen Leseerfahrung durchbricht, u.a. durch die ↗ Montage gleichzeitig ablaufender, aber disparater Wirklichkeitsausschnitte, kurzer Porträts oder Szenen, die ↗ Collage von Gesprächsfetzen, ↗ stream of consciousness-Passagen, Zitaten, Zeitungsausschnitten, Werbeslogans, Geräuschen u.ä. V.a. vom modernen Großstadt- ↗ Roman genutzt (J. Joyce, *Ulysses*, A. Döblin, *Berlin Alexanderplatz*, J. Dos Passos, *Manhattan Transfer*).

Singspiel, ursprünglich einfaches Schauspiel mit musikal. Einlagen, dann Zwischenform zwischen ↗ Oper und ↗ Schauspiel; Höhepunkt im 16. Jh. in Italien (↗ Intermezzo, ↗ Madrigal) und Engl., bindet die musikal. Einlagen v.a. an die ↗ lustige Person; in Dtl. v.a. im 18. Jh. beliebt (Chr.M. Wieland/A. Schweitzer, *Aurora*, J.W. v. Goethe/E.T.A. Hoffmann, *Claudine von Villa Bella*, E. Schickaneder/W.A. Mozart, *Die Zauberflöte*, C. Brentano/E.T.A. Hoffmann, *Die lustigen Musikanten*). Im 19. Jh. weiterentwickelt zur sog. *Spieloper* (Hauptvertreter als Textdichter und Komponist: A. Lortzing) oder zur Operette (z.B. von J. Offenbach, J. Strauß, Fr. v. Suppé; K. Millöcker).

Sinngedicht, dt. Bez. für ↗ Epigramm, v.a. im ↗ Barock üblich.

Sinnspruch, 1. ursprünglich die Überschrift (↗ Lemma, ↗ Motto) eines ↗ Emblems, dann allg.: kurzer, prägnanter Satz, ↗ Motto, ↗ Maxime, 2. besonders Inschrift auf Wappen, Waffen, Fahnen usw.; gewählt als ethisches oder politisches Programm, Devise, Wahlspruch.

Siziliane, aus Sizilien stammende Sonderform der ↗ Stanze mit nur 2 Reimklängen in der Form eines doppelten Kreuzreims: abab/abab. Dt. Nachbildungen besonders häufig bei D. v. Liliencron.

Skaldendichtung, lyr. Dichtung der Skalden, der am norweg. Königshof angestellten norweg. und isländ. Dichter des 9.-14. Jh.s. V.a. Preis- (Verherrlichung krieger. Taten, der Ahnen, ihrer Tapferkeit u.a.), Liebes- und Spottgedichte, ursprünglich gesprochen, nicht gesungen vorgetragen. Mit äußerst kunstvollen Formen (oft von ↗ Stab-, ↗ Binnen- und Endreimen dicht gefügte Strophenmaße), mit extremer Freiheit der Wortstellung, einem eigenen dichter. Vokabular (↗ Heiti) und oft dunklen, anspielungsreichen Umschreibungen und Bildern (↗ Kenning). Am berühmtesten: die sog. Jüngere oder Prosa-*Edda* von Snorri Sturluson (ca. 1178-1241).

Skaz, m. [russ. skazat = sagen, erzählen], fingierte Mündlichkeit; lit. Technik, stilisiert die lit. Sprache durch Wortwahl, Satzbau, Klang, Metaphern, Themen, Wahl der Perspektive, entsprechende Rahmung (z.B. als Augenzeugenbericht) usw. zu verschiedenen Formen des mündlichen, alltäglichen, ›natürlichen‹ Erzählens, wobei oft mehrere stilist. verschiedene, durch sozialen Stand, Beruf, Individualität u.a. geprägte Erzählmanieren kontrastiert werden. Oft auch als eigenständige Gattung der Erzählkunst bezeichnet. V.a. im russ. ↗ Formalismus von großer Bedeutung (↗ Dialogizität), besonders häufig mit der russ. erzählenden Dichtung des 19./20. Jh.s (z.B. Gogol, Leskov, Dostojewskij) verbunden.

Skene [gr. Zelt], im antiken Theater: das die Spielfläche (↗ orchestra, ↗ proskenion) nach hinten hin abschließende Bühnenhaus, häufig mit einer Palastfassade verkleidet; Spielhintergrund und Garderobe.

Skolion [gr. das Krumme], in der gr. Antike: beim ↗ Symposion von jedem Teilnehmer zur Lyra vorgetragenes Lied; entweder eigens zum Vortrag verfaßt, improvisiert oder zitiert; meist über polit. Ereignisse und Lebensweisheiten, oft ironisch oder satirisch; nicht gleichzusetzen mit ›Trinklied‹.

Skop, m. [von westgerman. scop, ahd. scof, scoph = Dichter, evtl. zur Wortsippe mit den Bedeutungen ›Hohn, Spott, scherzen‹, auch ›hüpfen, springen‹ gehörig], Bez. für den in der altengl. Dichtung (*Beowulf, Widsith* u.a.) geschilderten Hofdichter und berufsmäßigen Sänger von ↗ Helden- und ↗ Preisliedern.

Soccus [lat. Schuh] ↗ Kothurn

Sonett [it. sonetto, m.; frz. sonnet, m.; engl. sonnet; dt. Lehnübersetzung des 17. Jh.s: Klinggedicht], in der 1. H. des 12. Jh.s in Italien ausgebildete, dann weit verbreitete Gedichtform aus 14 Zeilen; eingeteilt in 2 Vierzeiler (Quartette) und 2 Dreizeiler (Terzette), die jeweils untereinander reimen und im strengen Sonett nicht durch ↗ Enjambements miteinander verbunden sein dürfen. Häufige Reimschemata: abab abab oder abba abba, cdc dcd, cde cde oder ccd ede. In der ital. Dichtung oft im ↗ endecasillabo, in frz. und dt. Nachbildungen im ↗ Alexandriner. Diese Zweiteiligkeit, das Prinzip von Ähnlichkeit und Ggs., Erwartung und Erfüllung, bestimmt häufig auch die Wortwahl (↗ Antithese, ↗ Oxymoron), Syntax (↗ Parallelismus, ↗ Chiasmus, ↗ Periode) und die gedanklich-logische Gliederung (↗ Dialektik). Vorbildhaft: Petrarcas ↗ *Canzoniere* (zentrales Thema: die hohe, da unerfüllte Liebe, ↗ Petrarkismus) und die Sonette des ↗ Barock (z.B. von A. Gryphius, Chr. Hofmann v. Hofmannswaldau, P. Fleming; zentral: die Vergänglichkeit alles Irdischen); thematisch trotzdem nicht gebunden (erotische, politische, lit.theoretische usw. Sonette, z.B. von J.W. v. Goethe, A.W. Schlegel, Fr. Rückert, Ch. Baudelaire, R.M. Rilke, G. Trakl, B. Brecht, R. Gernhardt). Häufig zum *Zyklus* verbunden, in vollendetste Gestalt zum *Sonettenkranz* (15 Sonette, von denen jeweils die Schlußzeile die Anfangszeile des folgenden ist, die Schlußzeile des 14. die Anfangszeile des 1. und das 15. aus den 14 Anfangszeilen zusammengesetzt wird). Eine Sonderform: das v.a. durch Shakespeare bekannte *englische* Sonett, aus fünfhebigen ↗ Jamben, mit 3 Vierzeilern und einem abschließenden (epigrammatisch-pointierenden) ↗ Reimpaar; Reimschema: abab cdcd efef gg.

Spel, gemeingerman.Wort für ›Erzählung‹, ›Sage‹, ›Fabel‹, in der got. Bibelübersetzung auch für gr. ›mythos‹; vgl. mhd. ↗ bîspel: die einem Text zur Belehrung beigefügte ›Geschichte‹.

Spenserstanze, von dem engl. Dichter E. Spenser in seinem Versepos *Faerie Queene* (1590ff.) geschaffene Strophenform mit 9 Zeilen: 8 fünfhebigen ↗ Jamben und einem abschließenden ↗ Alexandriner, Reimschema: ab ab bc bc c. Beliebt v.a. in der engl. ↗ Romantik (J. Keats, Lord Byron, P.B. Shelley, W. Scott u.a.).

Sperrung, dt. Bez. für die ↗ rhetorische Figur des ↗ Hyperbaton.

Sphragis, f. [gr. Siegel], ursprünglich vorletzter Teil der altgr. ↗ Hymnendichtung, in der sich der Sänger nennt, dann allg. Bezeichnung für persönl. Angaben (Name, Herkunft, Anlaß, Kunstauffassung u.ä.) des Autors im Werk, auch der diese enthaltende Teil (meist Schlußteil, letzte Strophe, letztes Gedicht eines Zyklus usw.).

Spielmannsdichtung, 1. allg. jede Art von mündlich tradierter Kleindichtung des MA (volkstüml. Lyrik, Balladen, ↗ Spruchdichtung), die man einem ›Spielmann‹, einem fahrenden Sänger zuschreiben zu können glaubt; 2. besonders: die *Spielmannsepik* – eine Gruppe von 5 anonymen, vermutl. in der 2. H. des 12. Jh.s entstandenen mhd. Epen (*König Rother, Herzog Ernst, Oswald, Orendel, Salman und Morolf*), die in der lit.wiss. Forschung aufgrund ihrer Gemeinsamkeiten (additiver Stil, unbekümmerte Verwendung von Sprache und Vers, starke Formelhaftigkeit, Freude am Vordergründig-Gegenständlichen, Hang zu Drastik und Komik, zentrales Motiv der Brautwerbung, Stoff aus dem Umkreis der Kreuzzugs- und Orienterfahrung des 12. Jh.s, Spiel mit mündlichen wie schriftlichen Formen der Dichtung) häufig als eigene Gattung verstanden werden. Heute (wie die Rolle und Funktion des Spielmanns auch) umstritten.

Spondeus [zu gr. sponde = Trankopfer], antiker Versfuß aus 2 langen Silben: – –. Erscheint selten durchgängig in einem Vers, fast immer als Platzhalter von ↗ Daktylus (so häufig im ↗ Hexameter) oder ↗ Anapäst, wobei eine lange Silbe dann zwei kurze ersetzt. Im Dt. nachzubilden versucht durch: a) die Verbindung zweier Wörter mit gleicher oder annähernd gleicher akzentueller Schwere: »des Zéus Rát, meinem Gehéíß tréu« xх́ (sog. *gleichgewogener* Spondeus), b) ein Wort aus zwei Silben, von denen sowohl die erste als auch die zweite den Ton tragen kann: »Stúrmnácht«, »Méerflút«, »Schönhéit«: xх́ oder xх́ (sog. *geschleifter Spondeus, schwebende Betonung*).

Sprachgesellschaften, gelehrte Vereinigungen des 17. Jh.s, nach ital. Vorbild (*Accademia della Crusca*, Florenz). Von großer Bedeutung für die Ausbildung der dt. Sprache als überregionale Schrift- und Lit.sprache: versuchten das Dt. von fremden syntakt. Elementen und Wörtern zu reinigen, Orthographie, Lexik und Grammatik in Lehrbüchern zu vereinheitl.; Einfluß auf Stil und Formensprache der dt. Dichtung (durch Übersetzung fremder Lit., Klärung stilist., vers- und reimtechn. usw. Fragen in ↗ Poetiken); wichtiges Forum fast aller bedeutenden Dichter und Dichtungstheoretiker der Zeit: M. Opitz, G.Ph. Harsdörffer, J.G. Schottel, Fr. v. Logau, Ph. v. Zesen, A. Gryphius z.B. waren Mitglieder der ersten dt. Sprachgesellschaft, der 1617 in Weimar gegründeten *Fruchtbringenden Gesellschaft* (auch *Palmenorden*, nach deren Emblem, einer Kokospalme); dem 1644 in Nürnberg gegründeten *Pegnesischen Blumenorden* gehörten G.Ph. Harsdörffer, J. Klaj, S. v. Birken, J.G. Schottel u.a. an.

Sprechakt, engl. speech act: in der Linguistik jede sprachl. Äußerung, bestehend aus a) dem *lokutionären* Akt (die phonetisch, morphologisch, syntaktisch bestimmte Äußerung), b) dem *illokutionären* Akt (bez. die mit der Äußerung des Satzes vollzogene Handlung, z.B. des Versprechens oder Verurteilens), c) dem *perlokutionären* Akt (der Wirkung auf die Umstände und Zuhörer).

Sprichwort, vom Volksmund überlieferter Satz, übersteht durch eine allgemeingültige, nicht an besondere histor. Ereignisse oder soziale Schichten gebundene Aussage und eine geschlossene syntakt. Form, vielfach auch durch sprachl. Charakteristika (Bildlichkeit, rhythmische Prägnanz, ↗ Reim/Assonanz, Parallelismus der Satzglieder u.a.) die Zeiten unverändert: »Morgenstund hat Gold im Mund«, »Wer andern eine Grube gräbt...«. Unterscheidet sich durch die Formulierung einer kollektiven Erfahrung vom individualisierenden ↗ Aphorismus, durch die syntakt. abgeschlossene, oft eine Kausalbeziehung herstellende Form von der Redensart, durch die Anonymität und den nicht mehr rekonstruierbaren Situationskontext seiner ersten Verwendung von der dichter. ↗ Sentenz (Zitat). Seit der Antike gesammelt, große Sprichwortsammlungen im ↗ Humanismus (Erasmus v. Rotterdam, *Adagia*) und im 19. Jh. (K.F.W. Wander, *Dt. Sprichwortlexikon*, 5 Bde, 1867-1880).
Lit.: H./A. Beyer: Sprichwörterlexikon, [4]1988. – L. Röhrich: Lexikon der sprichwörtl. Redensarten, 4 Bde, [4]1986.

Spruch ↗ Epigramm, ↗ Gnome, ↗ Spruchdichtung

Spruchdichtung, 1. Sammelbez. (eingeführt von K. Simrock, Walther-Ausgabe 1833) für Lieder und Gedichte des Hoch- und Spät-MA (spätes 12.-15. Jh.), die sich durch ihre Funktion, ihre Herkunft, ihre Themen und z.T. ihre Form vom eigentl. ↗ Minnesang absetzen: überwiegend didaktisch ausgerichtet, mit relig., polit., eth.-moral. Themen, oft in polemischem Ton, v.a. von fahrenden nichtadeligen Sängern verfaßt, die Dichtung als Broterwerb betrieben. Meist einstrophig, erst seit Mitte des 14. Jh.s (wie im ↗ Minnesang) auch mehrstrophig. Zu unterscheiden: der ursprünglich gesungen vorgetragene *Sangspruch* (Höhepunkt um 1200 durch Walther v.d. Vogelweide) und der *Reimspruch* (ein gesprochen vorgetragener vierhebiger ↗ Reimpaarvers, um 1230 bei Freidank ausgebildet). Weitere Spruchdichter: Reinmar v. Zweter, Bruder Wernher, Frauenlob, Hans Rosenplüt, Hans Folz u.a.; 2. Bez. für german. ↗ Gnomen (Lebensweisheiten, Rätsel, Zaubersprüche), mit formelhafter Verwendung von Sprache und ↗ Vers, meist mit ↗ Stabreim.
Lit.: H. Tervooren: Sangspruchdichtung, 1995. – H. Brunner, B. Wachinger (Hg.): Repertorium der Sangsprüche und Meisterlieder des 12. -18. Jh.s, 16 Bde, 1986ff.

Stabreim [Wortbildung des 19. Jh.s, zu altnord. stafr = Stab(reim)], besondere Ausprägung der ↗ Alliteration in der german. Versdichtung, an Wortakzent und best. Wortarten gebunden: *Staben* können nur die bedeutungstragenden Wörter (Nomen und Verben), deren Anlaut betont ist, wobei sich alle Vokale untereinander und die Lautgruppen sk, sp, st reimen. V.a. in altengl. (*Beowulf*, 8. Jh.), altnord. (*Edda*) und altsächs. (*Heliand*, 9. Jh.), vereinzelt auch in ahd. Dichtung (*Hildebrandslied*, *Muspilli*); Wiederbelebungsversuche im 19. Jh. (W. Jordan, R. Wagner).

Stabreimvers, german. Versform, durch ↗ Stabreim konstituiert; z.B. die german. ↗ Langzeile, in der 3 (oder auch nur 2) *Stäbe* die beiden Halbzeilen (An- und Abvers) miteinander verbinden: »W̲elaga nû, w̲altant got / w̲ewurt skihit« (»Wehe nun, waltender Gott, / Unheil geschieht«, *Hildebrandslied*).

Stammsilbenreim, im Unterschied zum Endsilbenreim v.a. von der Stammsilbe getragen: *singen : klingen.*

Ständeklausel, in ↗ Renaissance und ↗ Barock formuliertes, auf Aristoteles und Horaz zurückgeführtes Gesetz, daß in der ↗ Tragödie die Hauptpersonen nur von hohem, in der ↗ Komödie nur von niederem Stand sein dürfen; damit begründet, daß eine tragische Wirkung nur durch eine möglichst große ↗ Fallhöhe des Helden erzielt werden könne. ↗ genera dicendi

Stanze [von ital. stanza = Zimmer, Aufenthaltsort, Strophe], auch Oktave, ottava rima: in It. Ende des 13. Jh.s ausgebildete Strophenform aus 8 Elfsilblern (↗ endecasillabo), mit weibl. Reimen und Reimschema ab ab ab cc. Vorherrschende Strophenform der frühen ital. Epik (z.B. von Ariosts *Orlan-*

do furioso, Tassos *Gerusalemme liberata*), dann gesamteurop. auch in Drama und Lyrik übernommen. In Dt. oft mit Varianten in Hebungszahl, Reimstellung und Endung (vorbildlich: W. Heinses Anhang zur *Laidion*, 1774, mit weibl. a- und c-Reimen, männl. b-Reimen). Weitere Bsp: Goethes *Zueignung* zu *Faust I*, Wielands *Oberon* (freiere Umgestaltung), Liliencrons *Poggfred*, Rilkes *Winterliche Stanzen*. Sonderformen: ↗ Siziliane und *nonarime* (Anfügung eines 9. Verses, meist mit b-Reim: ab ab ab ccb).

Stasimon [gr. Aufstellung, zu stasimos = stehend], in der gr. ↗ Tragödie: das vom ↗ Chor von der ↗ Orchestra aus, von einem festen Platz aus gesungene Lied; im Ggs. zu ↗ parodos (Einzugs-) und ↗ exodos (Auszugslied). Trennt die Schauspieler- bzw. Schauspieler-/Chorpartien voneinander. I.d. Regel strophisch gegliedert, metrisch sehr variationsfähig.

Stationendrama, ↗ offene Form des Dramas: im Ggs. zum linear und final gebauten, meist in ↗ Akte gegliederten (aristotelischen) Drama eine lockere Reihung von Einzelszenen (*Stationen*), die das Interesse des Zuschauers weniger auf den Ausgang der Handlung als (aus immer neuer Perspektive) auf das Geschehen selbst lenkt. Typische Form des ↗ geistlichen Spiels im MA, des Dramas im ↗ Sturm und Drang und v.a. im ↗ Expressionismus (nach dem Vorbild von Büchners *Woyzeck* und Strindbergs *Nach Damaskus*: W. Hasenclever, *Der Sohn*, G. Kaiser, *Von Morgens bis Mitternacht*, E. Toller, *Die Wandlung*); weiterentwickelt im ↗ epischen Theater.

Stegreifdichtung [nach der Redensart ›aus dem Stegreif‹, also unvorbereitet, spontan etwas tun, zu ahd. stegareif = Seilschlinge oder Ring zum Aufsteigen aufs Pferd, deswegen ›Stegreif‹ – noch im Steigbügel stehend, ohne erst vom Pferd zu steigen – und nicht, wie oft falsch geschrieben, mit h, ›Stehgreif‹], Bez. für Dichtung, die ›aus dem Geist des Augenblicks‹ heraus, durch Improvisation entstanden ist. Merkmal v.a. von komischer Dichtung, insbes. von Formen des ↗ Dramas wie ↗ Mimus, ↗ Commedia dell'arte, Wiener ↗ Volkstheater, ↗ Posse u.ä. (Improvisation des Schauspielers nach vorgegebenem Thema oder Handlungsgerüst).

Stemma, Pl. Stemmata [gr. Stammbaum], Hilfsmittel der ↗ Textkritik: stammbaumartige Übersicht über die verschiedenen Textfassungen eines lit. Werks (gelegentl. auch eines ↗ Stoffs), verdeutlicht die Unterschiede und Abhängigkeitsverhältnisse zwischen den verschiedenen Überlieferungsträgern.

Stichisch, eigentl. mono-stichisch [gr. allein + Vers, Zeile], fortlaufende Aneinanderreihung von Versen des gleichen metrischen Schemas, am häufigsten bei ↗ Hexameter, ↗ Trimeter (Senar), ↗ Alexandriner, ↗ Blankvers. In der Antike v.a. für das ↗ Epos und die Sprechverse im Drama üblich, im Unterschied zur strophischen Ordnung (↗ Strophe, ↗ Odenmaße) der gesungenen Verse oder zur paarweisen Zusammenfassung gleicher oder verschieden gebauter Verse (↗ Distichon).

Stichometrie [gr. Vers + Maß], 1. in der Antike: Verszählung und damit Feststellung des Umfangs eines lit. Werks (Summe der Verse am Schluß der Papyrusrollen vermerkt); 2. in der Rhetorik: Bez. für antithetische Dialoge im Drama, eine Art inhaltl. Analogie zur formalen ↗ Stichomythie: »Den Admiralshut rißt ihr mir vom Haupt.«- »Ich komme, eine Krone draufzusetzen.« (Schiller, *Wallensteins Tod*).

Stichomythie [gr. Reihe, Vers, Zeile + Wort, Rede], Form des ↗ Dialogs im Versdrama: Rede und Gegenrede, jeweils nicht mehr als eine Verszeile lang, folgen über eine längere Strecke hinweg in raschem Wechsel aufeinander:

Ödipus: War es ein eignes oder fremdes Kind?
Hirte: Kein eignes. Fremde hatten es gebracht.
Ö: Von welchen Leuten und aus welchem Haus?
H: Bei allen Göttern, frage mich nicht mehr!
Ö: Du bist verloren, wenn du nicht bekennst.
H: Es war im Haus des Laios gezeugt.
Ö: Von Sklaven oder fürstlichen Geblüts?
H: Das Schlimmste tritt nun über meinen Mund.
Ö: Und an mein Ohr. Doch hören muß ich es.
H: Man sagt, es war des Herren eignes Kind;
    Die Königin weiß alles ganz genau.
Ö: Sie hat es dir gegeben?
H: Ja, mein Herr.
Ö: Mit welchem Auftrag?
H: Seines Untergangs.
Ö: Die eigne Mutter? (Sophokles, *König Oidipus*)

Stil [lat. stilus = Schreibstift, Schreibart], in der Lit.wiss.: Bez. für den unverwechselbaren Ton, den charakteristischen Gestus, das besondere Grundmuster einer sprachl. Ausdrucks- und Darstellungsweise. Bewußtes Mittel der künstler. Gestaltung, mit anderen Elementen des Textes in wechselweiser Beziehung: sowohl angemessener bzw. parodistisch-ironischer (↗ Travestie) Ausdruck best. Gedanken, Themen, Absichten usw. als auch der ›Vater‹ eines Gedankens, mit Einfluß auf die Wahl des Themas und der Gattung, auf Aufbau, Figurencharakter usw. Kann spezifisch sein für einen best. Text, einen best. Autor, eine best. ↗ Gattung, eine best. soziale Schicht, eine best. ↗ Epoche, Strömung (›Zeitgeist‹) usw., z.T. von der ↗ Poetik und ↗ Rhetorik genau definiert (↗ genera dicendi). Immer nur als Abweichung von einer (idealen) Normalsprache und im Kontrast zu anderen möglichen Ausdrucksweisen zu beschreiben (z.B. »Den andern Morgen erwachte Mariane nur zu neuer Betrübnis«, Goethe, *Wilhelm Meisters Lehrjahre*, I, 2, im Unterschied zu »Am nächsten Morgen wachte Mariane betrübt auf«, »Mariane fuhr im Morgenrot todtraurig aus dem Schlaf« usw.), wobei bei einer Analyse des Stils v.a. Fragen wichtig sind nach Abweichungen im Bereich: a) der *Lexik* (Wortwahl: Hochsprache, Dialekt oder Soziolekt? Hohe, mittlere oder niedere Stilebene? Nominal- oder Verbalstil, reich oder arm an Adjektiven, an ↗ Metaphern, an ↗ Metonymien,

an ↗ Archaismen oder ↗ Neologismen, an ↗ Deixis usw.?), b) der *Syntax* (Satzbau: auffällig häufige bzw. sparsame Verwendung von ↗ Parataxe, ↗ Hypotaxe, ↗ Asyndeton, ↗ Polysyndeton, ↗ Inversion usw.?), c) der *Lautung* (Satzmelodie, ↗ Rhythmus, Lautmalerei usw.?), d) der *Textgestalt* (Satzzeichen, Typographie des Erstdrucks usw.), e) der ↗ *Kohärenz* (Häufigkeit der Mittel, z.B. von Präpositionen, Konjunktionen, Hypotaxen usw., die einen verständlichen, zusammenhängenden Text erzeugen?) und *Homogenität* (Entsprechen die Abweichungen in einem Satz den anderen Stilmitteln, dem ganzen Text, dem gewählten Thema, der gewählten Gattung usw. oder gibt es auch innerhalb des Texts ↗ Stilbrüche?), f) der *Funktion* (didaktisch, auf Verständlichkeit berechnet, verrätselnd usw.? Spezifische, von der Kombination mit anderen lit. Elementen – ↗ Vers, ↗ Prosa, ↗ Stoff, ↗ plot, Gattung usw. – abhängige Funktion der einzelnen Stilmittel? Eine rhetorische Figur der Wiederholung etwa besitzt nicht zwangsläufig und in jedem Text eine die Aussage unterstreichende, intensivierende, kohärenzsteigernde Funktion, sie kann das Tempo verlangsamen, beschleunigen, den Sinn doppeldeutig erscheinen lassen, ihn verunklären, zur Nebensache erklären, den Leser beruhigen, aufwecken, einschläfern, ärgern; in einem Roman – von dem Entwicklung und Spannung erwartet wird – besitzt sie einen anderen Stellenwert als in der durch Elemente der Wiederholung wie Vers, Reim, Strophe, Refrain definierten Lyrik), g) der *Wirkung* (Vergleich der Reaktionen historischer Leser, mögliche Reaktionen des *idealen, impliziten* ↗ Lesers?). Zwangsläufig mit Wertungen und subjektiven Lesererfahrungen verbunden (als stilistisches Merkmal wird nur das bestimmt, was Bedeutung hat oder zu haben verspricht), die bei der Stilanalyse thematisiert und reflektiert werden müssen. ↗ Rhetorik
Lit.: G. Stickel (Hg.), Stilfragen, 1995. – H.U. Gumbrecht, K.L. Pfeiffer (Hg.): Stil, 1986. – B. Spillner (Hg.): Methoden der Stilanalyse, 1984. – E. Frey: Franz Kafkas Erzählstil, 1970. – A. Schöne: Zum Gebrauch des Konjunktivs bei Robert Musil, in: Euphorion 55 (1961). – R. Alewyn: Eine Landschaft Eichendorffs, in: Euphorion 51 (1957). ↗ Stilistik

Stilarten ↗ genera dicendi

Stilblüte, sprachl. Äußerung, durch Denkfehler oder Unachtsamkeit doppelsinnig, mit erheiternder Wirkung: »Stolz verließen des Professors weißseidne Beine die Rednertribüne« (W. v. Molo); oft durch Koppelung zweier nicht zusammenpassender Bildbereiche (↗ Katachrese): »der Dirigent, der die lodernde Rhythmik der Partitur mit ungewöhnlicher Schwungkraft herausmeißelte«.

Stilbruch, (ungewollter oder bewußter) plötzlicher Wechsel der Stilebenen, etwa durch Einmischung von Wörtern und Wendungen aus einer anderen, höheren oder tieferen Stilschicht (↗ genera dicendi) oder durch unpassende Bildlichkeit (↗ Stilblüte). Häufig in ↗ Komödie, ↗ Satire, ↗ Parodie.

Stilbühne, puristischer Bühnentypus, täuscht im Ggs. zur Illusionsbühne keinen realistischen Raum vor. Charakteristisch: monumentale Spielfelder, geometrische Formen wie Rundscheiben, Treppen oder Blöcke, ein leerer Horizont, wenige andeutende Requisiten (Säule, Spiegel, Wappen, Vorhang usw.), eine gezielte Lichtregie.

Stilfiguren ↗ rhetorische Figuren, ↗ Rhetorik

Stilgeschichte, 1. Darstellung der Geschichte verschiedener Epochenstile (↗ Stilistik), 2. in der 1. H. des 20. Jh.s analog zu ›Geistesgeschichte‹ gebildete Bez. für eine Forschungsrichtung, die in der Lit.geschichte v.a. Entwicklungen und Ausprägungen des Sprach- und Darstellungsstils verfolgt; methodisch kennzeichnend: die Übernahme kunstgeschichtl. Begriffe, besonders die Weiterbildung der von H. Wölfflin (*Kunstgeschichtliche Grundbegriffe*, 1912) geprägten Begriffspaare *linear – malerisch, flächenhaft – tiefenhaft, geschlossen – offen* (↗ geschlossene, offene Form), *einheitlich – vielheitlich, absolute – relative Klarheit*. Bsp. bei O. Walzel, Fr. Strich, L. Spitzer (*Stil-Studien*, 2 Bde, 1928) u.a.

Stilistik, Lehre vom ↗ Stil; unterschieden in a) Theorie des lit. Stils, z.B.: B. Sowinski, *Stilistik* (²1999), B. Sandig, *Stilistik* (1978), M. Riffaterre, *Strukturale Stilistik* (1973); b) analytisch-deskriptive Stilistik: analysiert und beschreibt Auswahl, Kombination und Funktion sprachl. (Stil-)Mittel, oft histor. ausgerichtet und an Epochen- oder Nationalstilen interessiert, z.B. W. Sanders, *Linguist. Stilistik* (1977), W. Beutin, *Sprachkritik, Stilkritik* (1976); c) normative Stilistik: Anleitung zu einem vorbildlichen (Schreib-)Stil, im Unterschied zur ↗ Rhetorik, der Kunst des vorbildlichen Rede(-Stils), z.B. L. Reiners, *Dt. Stilkunst* (³1969), R.M. Meyer, *Dt. Stilistik* (1906).

Stoff, die aus einem lit. Werk herauslösbare Handlung, die Ordnung der einzelnen Geschehenspartikel (z.B. Begegnung/Trennung/Wiederfinden) in ihrer logischen, chronologischen und psychologischen Abfolge: der Faust-Stoff, der Amphitryon-St., der Don-Juan-St., der Julius-Caesar-St. usw. Immer schon auf eine best. Weise geformt, nie Rohstoff, bloßer Stoff an sich; geht oft zurück auf sog. *Urstoffe*, in denen z.B. best. archetypische Handlungs- und Verhaltensmuster (wie die Ödipus-Konstellation, der Generationenkonflikt) oder Auseinandersetzungen zwischen unterschiedl. Weltauffassungen (Idealismus – Materialismus; Rationalismus – Irrationalismus u.a.) durch eine Erzählung mit konkretem Personal, einer auf best. Weise angeordneten Kette von Ereignissen, einer spezifischen Situationsangabe usw. verarbeitet werden. Wichtige Stoffquellen neben einzelnen lit. Texten: die Geschichte, die antike Mythologie und die Bibel. Herkunft, Entstehung und Veränderungen (Stilisierung, Trivialisierung usw.) eines vielfach überlieferten und lit. verarbeiteten Stoffs untersucht die *Stoffgeschichte*, die *Thematologie*. Im russ. ↗ Formalismus meist als ↗ Fabel (fabula), in der engl.-amerikan. Lit.wiss. als ↗ plot, in der frz. als histoire, in der Poetik des Aristoteles als ↗ mythos bezeichnet; vom jeweiligen lit. Werk meist in logisch, chronologisch und psychologisch anderer Abfolge arrangiert (↗ Sujet, ↗ story, ↗ Diskurs).

Lit.: E. Frenzel: Stoffe der Weltlit., [8]1992 – Dies.: Stoff-, Motiv- und Symbolforschung, [4]1978. – H. Vincon: Spuren des Wortes, 1988. – T. Ziolkowski: Varieties of Literary Thematics, 1983.

Stollen, 1. einer der beiden gleichgebauten, i.d. Regel durch Kreuzreim (abab) verbundenen und nach der gleichen Melodie zu singenden Teile, die den ↗ Aufgesang der ↗ Stollenstrophe (↗ Meistersangstrophe) bilden; in der einfachsten Form: 2 Verse (ab) mit gleicher oder unterschiedl. Länge, auch 3 und mehr Verse sind mögl.; 2. Bez. J. Grimms für die beiden Stäbe im Anvers der german. ↗ Langzeile (↗ Stabreimvers).

Stollenstrophe, auch Kanzonenstrophe: häufigste Strophenform der provenzal. ↗ Trobadorlyrik, der altfrz., ital. und mhd. Lyrik: zweiteilig, umfaßt etwa 6 bis 18 Zeilen, mit variabler Länge und metr. Gestaltung, gegliedert in ↗ Aufgesang (der meist aus 2 metrisch und musikal. gleichgebauten Hälften, ↗ Stollen, besteht) und einen metrisch und musikal. selbständigen ↗ Abgesang (provenzal. cauda, ital. coda): Grundformel A A/B. Auch in neuzeitl. Dichtung (z.B. Goethes *Hochzeitslied*); im Meistersang zur ↗ Meistersangstrophe erweitert.

Stream of consciousness [engl. Bewußtseinsstrom, als Bez. geprägt von W. James in bezug auf E. Dujardins Roman *Les lauriers sont coupés*, (1887)], auch zitierte Gedanken- ↗ Rede: Technik der erzählenden Lit., imitiert den ›wirklichen‹, durch das Durcheinander von Unterbewußtsein, Unbewußtem, äußeren Reizen und bewußten Wahrnehmungen bestimmten Denkvorgang: Empfindungen, Erinnerungen, sich überlagernde Reflexionen, subjektive Reaktionen auf Umwelteindrücke, abgelegene Assoziationen u.a. werden scheinbar ungeschieden und ungeordnet hintereinander hingeschrieben; als ↗ innerer Monolog dargestellt. Bekanntestes Bsp.: *Ulysses* (1922) von J. Joyce.

Strophe [gr. Wendung, in der Antike ursprünglich die Hinwendung des tanzenden Chors zum Altar und das dazu gesungene Lied, dem bei der Abkehr ein auf die gleiche Melodie gesungenes, gleich gebautes Lied entspricht; im MA auch als ›liet‹, ›gesätz‹, ›gebände‹, im protestant. Kirchenlied als ›Vers‹ bez.], Anordnung einer best. Anzahl von gleich oder ungleich langen Verszeilen zu einer in sich geschlossenen, thematisch mehr oder weniger selbständigen, in gleicher Form wiederkehrenden höheren metrischen Einheit. Im Unterschied zur ↗ stichischen, einfachen Reihung der Verse. Aus mindest. 2 Verszeilen, wobei die *Reimfolge* oder/und der *Umfang* und das *Metrum* (Zahl der Hebungen, der Silben, der Versfüße? Art der Versfüße? Vorhandensein einer festen ↗ Zäsur? Ort der Reime im Vers?) im voraus festgelegt sind. Besonders in modernen Verstexten (↗ freie Rhythmen) durch die graphische Gestaltung (Leerzeile) ersetzt. ↗ Distichon, ↗ Ghasel, ↗ Glosse, ↗ heroic couplet, ↗ Hildebrandston, ↗ chevy-chase-Strophe, ↗ Meistersangstrophe, ↗ Nibelungenstrophe, ↗ Stollenstrophe, ↗ Volksliedstrophe, ↗ Madrigal, ↗ Odenmaße, ↗ Ritornell, ↗ Rondeau, ↗ Sestine, ↗ Siziliane, ↗ Sonett, ↗ Spenserstanze, ↗ Stanze, ↗ Terzine, ↗ Triolett

Lit.: H.J. Frank: Handbuch der dt. Strophenformen, [2]1993. – J. Rettel-
bach: Variation – Derivation – Imitation, 1993. – O. Knörrich, Lexikon lyrischer Formen, 1992.

Struktur [lat. structura = Zusammenfügung, Ordnung, (Bau)werk], 1. oft
metaphorisch verstandene Bez. für Aufbau, Gefüge, Komposition; 2. im ↗
Strukturalismus programmatischer Leitbegriff, bezeichnet die einem Objekt
(z.B. einem psychischen, sozialen, ökonom., philosoph., wissenschaftl.,
sprachl. Sachverhalt, einem lit. Text, einer lit. ↗ Gattung oder der Lit. einer
↗ Epoche) zugrundeliegende Ordnung und definiert es damit als ein relativ
geschlossenes und autonomes Gebilde, als ein System, in dem jedes Element in einer bestimmten Beziehung, einer bestimmten *Relation*, zu den
anderen Elementen dieses Systems steht und eine für dieses System spezifische Funktion erfüllt. Ist so das abstrakte, theoretische Modell, das die Eigenschaften des konkreten Objekts im mathematischen Sinn abbildet, dessen Regelsystem und Funktionsgleichungen erfaßt. Erst durch die struktu-
rierende Tätigkeit des Lesers erzeugt. ↗ Formalismus, ↗ Semiotik

Strukturalismus, Richtung der Geistes- und Sozialwissenschaften (Psychologie, Soziologie, Ethnologie, Linguistik, Lit.wiss., Philosophie, Kultur-
und Medienwiss.), versucht an Zeichensystemen (z.B. einem Kunstwerk,
der menschl. Sprache usw.) die ↗ Struktur – die Ordnungen, Regel- und
Gesetzmäßigkeiten – zu beschreiben, durch die sie funktionieren; erfaßt die
einzelnen Elemente eines Gegenstands dabei nicht isoliert, sondern nur auf
dem Hintergrund und als Funktion der Systeme, denen sie angehören. In
der frz. Sprachwiss. von F. de Saussure (*Cours de linguistique générale*, 1916;
↗ binäre Opposition, ↗ langue, ↗ parole) entwickelt, von nachhaltigem
Einfluß auf die ↗ Lit.theorie, auf Vokabeln und Methoden der lit.wiss.
Textanalyse (↗ Architext, ↗ Erzählgrammatik, ↗ Erzähltheorie, ↗ Gattungen, ↗ Rhetorik, ↗ Stil, ↗ Vers), vertreten von G. Genette, R. Barthes,
T. Todorov (frz. Strukturalismus), J. Mukařovský und R. Jakobson (Prager
Strukturalismus), J. Lotman und B. Uspenski (sowjet. Strukturalismus); da-
neben wichtig für die Litwiss.: die Überlegungen v.a. von M. Foucault
(Philosophie, ↗ Diskursanalyse), C. Lévi-Strauss (Anthropologie, ↗ My-
thos) und J. Lacan (Psychoanalyse, ↗ feministische Lit.wiss., ↗ Subtext,
↗ Tropen, ↗ Überdetermination). Weiterentwicklungen durch Kybernetik,
↗ Systemtheorie, ↗ Semiotik, ↗ Poststrukturalismus, ↗ Dekonstruktivismus u.a., wobei v.a. die Grenzen zum ↗ Poststrukturalismus fließend sind.
Lit.: J. Culler: Structuralist Poetics, [3]1994. – J. Albrecht: Europ. Strukturalismus, 1988. – R. Jakobson: Poetik, [2]1982. – J.M. Lotman: Die Struktur
lit. Texte, [4]1993. – M. Titzmann: Strukturale Textanalyse, 1977. – G. Genette: Figures I-III, 3 Bde, 1966ff. – C. Lévi-Strauss: Strukturale Anthropologie, 1971.

Sturm und Drang [nach dem gleichnamigen Drama von F.M. Klinger,
1777], auch Geniezeit: Bez. für eine ausschließl. in der dt. Lit. erscheinende, v.a. von jungen, 20- bis 30jährigen Autoren getragene geistige Strö-

mung von etwa 1765 bis 1785; entwickelt das Gedankengut der ↗ Aufklärung konsequent weiter (Skepsis gegenüber deren Fortschrittsoptimismus, Revolte gegen deren ständische, in Konventionen erstarrte absolutistische Gesellschaftsordnung), formuliert zentrale (durchaus gesamteurop.) Ideen wie: Versöhnung von Verstand und Gefühl, von Vernunft und Natur, Autonomie des Individuums, Erneuerung der Kunst und Kultur durch Rückkehr zu den Ursprüngen der Völker und ihrer Dichtung, Erfahrung der Natur als Urquell alles Lebendigen und Schöpferischen, Kunst als genuiner Ort von Gefühl, Spontaneität, Leidenschaft und Phantasie. Politisch folgenlos, lit. bahnbrechend, von nachhaltigem Einfluß auf das moderne Lit.verständnis: feiert den Künstler als ein aus sich heraus schaffendes, weder an Regeln noch an Standes- oder Gattungsgrenzen (↗ Poetik) gebundenes Genie; definiert Dichtung als Ausdruck persönl. Erfahrungen, als sozialkrit.-polit. Mittel und als aus dem Augenblick heraus geschaffenes Werk, nicht als handwerkl. Konstrukt. Leitfiguren: Homer, Pindar, Shakespeare, der sagenhafte engl. Sänger Ossian, Klopstock und der junge Goethe, der nach seiner Begegnung mit Herder 1770 in Straßburg in allen 3 Hauptgattungen die initiierenden Werke des lit. Sturm und Drang schreibt: *Sesenheimer Lieder* (1771, ↗ Erlebnisdichtung), *Götz von Berlichingen* (1773), *Die Leiden des jungen Werthers* (1774). Im Drama (Schillers *Räuber, Fiesko, Kabale und Liebe*, J.M.R. Lenz' *Hofmeister*, H.L. Wagners *Die Kindermörderin*) bewußter Ggs. zur klassischen aristotelischen ↗ Tragödie: Auflösung der ↗ drei Einheiten durch häufige Ortswechsel und vielfältiges Handlungsgefüge, Verwendung von Prosa, Aufhebung der ↗ Ständeklausel usw. (↗ offene Form); in der erzählenden Lit. überwiegend psychologisierende, oft autobiographische Analysen (J.H. Jungs *Heinrich Stillings Jugend*, K.Ph. Moritz' *Anton Reiser*, W. Heinses *Ardinghello*); in der Lyrik v.a. tradierte bzw. neugeschöpfte, nachempfundene volksnahe Formen wie ↗ Lied und ↗ Ballade (Goethes *Mailied*, M. Claudius' *Der Mond ist aufgegangen*, G.A. Bürgers *Lenore*) oder Gedichte im Ton antiker ↗ Hymnen und ↗ Oden (Goethes *Prometheus*). Vorbereitet von ↗ Pietismus, ↗ Empfindsamkeit, der Kulturkritik J.J. Rousseaus, dem Genieverständnis E. Youngs (*Conjectures on Original Composition*, 1759), der Philosophie J.G. Hamanns (*Sokratische Denkwürdigkeiten*, 1759, *Kreuzzüge des Philologen*, 1762, hieraus besonders die *Aesthetica in nuce*), v.a. aber durch J.G. Herder (*Fragmente über die neuere dt. Literatur*, 1767, *Journal meiner Reise im Jahre 1769, Abhandlung über den Ursprung der Sprache*, 1770, die Aufsätze über Shakespeare und Ossian in den von ihm herausgegebenen Blättern *Von dt. Art und Kunst*, 1773).

Sturmkreis, Berliner Künstlerkreis um die von H. Walden herausgegebene Zeitschrift *Der Sturm* (1910-1932), dem wichtigsten Organ des ↗ Expressionismus neben der Zeitschrift *Die Aktion*. Bildet v.a. durch A. Stramm eine ›Wortkunst‹ aus, die Tendenzen des ↗ Futurismus verarbeitet und sich durch radikale Verkürzung auf sprachl. Elemente (Wortsinn, Wortklang, Worttonfall) und Abstraktion auszeichnet; von K. Schwitters in seiner *Merzdichtung* weiterentwickelt.

Sublimierung [zu lat. sublimis = erhaben, hochstrebend], von S. Freud in Anlehnung an die Theorien des ↗ Erhabenen geprägter Begriff: die Übertragung einer die Vorstellungs- und Darstellungskraft überschreitenden Idee in eine repräsentative Form allg.; in der Psychoanalyse besonders: die Übertragung, Verschiebung, Umlenkung sexueller Energien in künstlerische oder intellektuelle Energien mit dem Ziel, eine konkrete, direkte Befriedigung durch eine abstrakte zu ersetzen und den Sexualtrieb der Vernunft und dem Willen zu unterwerfen.

Subtext [zu lat. sub = darunterliegend, unter], im ↗ Poststrukturalismus geprägter Begriff: der implizite (stillschweigend, zwischen, unter den Worten anwesende) Text im Unterschied zum explizit formulierten Haupttext; das, über was der Text eigentl. spricht, indem er es verschweigt, sein ›Unbewußtes‹. In Analogie zu S. Freuds *Traumdeutung* (1900), wo zwischen ›manifestem Gehalt‹ und ›latentem‹, im Traum verborgenen, unbewußten Sinn unterschieden wird. Mitverantwortlich für den unumgänglichen Unterschied von Zeichen und Bedeutung (↗ différance).

Sujet [frz. Gegenstand, Stoff, von lat. subicere = darunterwerfen, zugrundelegen], besonders in der ↗ Erzähltheorie des russ. ↗ Formalismus gebräuchlich (auch als *szujet* bezeichnet): die sprachl.-künstler. Anordnung der einer Erzählung zugrundeliegenden Geschehenspartikel, i.d. Regel synonym mit ↗ story und ↗ narration. Kann durch Abweichungen von der logischen, chronologischen und psychologischen Ereignisfolge (↗ plot, ↗ Fabel: fabula, ↗ histoire) ›Sinn‹ erzeugen, d.h. auf die spezifisch lit. Motivation (Verweis auf andere Zusammenhänge, Umwertung best. Beziehungen, Neubewertung, Charakterisierung der Figur, Logik der gewählten Gattung, des gewählten Stils, des künstler. Plans, des ↗ mythischen Analogons usw.) dieser Abweichung verweisen.

Sujethaftigkeit ↗ Erzähltheorie

Surrealismus [frz. über, jenseits der Realität], Bez. für eine nach dem Ersten Weltkrieg in Paris entstandene avantgardistische Richtung der modernen Kunst und Lit., beeinflußt von der Psychoanalyse S. Freuds, sucht die eigentl. Wirklichkeit und letztendliche Einheit allen menschl. Seins in einem mit traditionellen Erkenntnismitteln nicht zu begreifenden, nichtrationalen Unbewußten. Erklärt Träume, wahnhafte Visionen, spontane Assoziationen, somnambule und hypnotische Mechanismen, rauschhafte, durch Drogen ausgelöste Bewußtseinszustände u.ä. zur Ausgangsbasis künstler. Produktion und sieht u.a. in einer magisch-verrätselten Sprache, kühnen Metaphern, dem überraschenden Perspektivenwechsel, der Doppelbödigkeit der Zeichen, dem Verzicht auf Logik, Syntax und ästhetische Gestaltung (↗ écriture automatique) die Mittel, die die von psychischen Mechanismen gesteuerten Bildsequenzen aus vorrationalen Tiefenschichten festhalten können. Vertreter: G. Apollinaire, L. Aragon, A. Breton (*Erstes Manifest des Surrealismus*, 1924), A. Artaud, R. Char, P. Éluard, G. Bataille, in der bild.

Kunst H. Arp, G. de Chirico, S. Dali, M. Ernst, P. Klee, R. Magritte, J. Miró, P. Picasso, M. Ray , im Film L. Buñuel, J. Cocteau u.a. In der dt. Lit. zeigen Texte von Fr. Kafka, H.H. Jahnn, A. Döblin, W. Benjamin, P. Celan, H. Hesse u.a. ein surrealistisches Gepräge.

Lit.: P. Bürger: Der frz. Surrealismus, ²1996.

Symbol [gr. Kennzeichen, von symballein = zusammenwerfen, zusammen-fügen], in der Antike ursprünglich konkretes Erkennungszeichen, z.B. die Hälfte eines Rings oder Stabs, die, mit dem Gegenstück zusammengepaßt, bei einer Wiederbegegnung, einer Vertragserneuerung, einer Nachrichten-übermittlung usw. als Beglaubigung dient, vergleichbar einem vereinbarten Losungswort; dann übertragen verwendet: ein bildhaftes Zeichen, das über sich hinaus auf höhere geistige Zusammenhänge weist, ein Sinn-Bild. Im Unterschied zur rational auflösbaren, einschichtigen, willkürl. gesetzten ⁊ Allegorie (›Frau Justitia‹ als Allegorie der Gerechtigkeit) oder zum klar definierten ⁊ Emblem mehrdeutig, oft von vager Bedeutsamkeit und in ei-nem naturhaften, durch zahlreiche Konnotationen unterstützten, intuitiv erkennbaren Verhältnis zum Gemeinten, z.B. die Waage in der Hand der Justitia als Symbol der Gerechtigkeit, das Kreuz als Symbol des Christen-tums, die Taube als Symbol des Friedens, die Figur des Mephisto als Sym-bol des Bösen, der Steinwall zwischen den verfeindeten Höfen in G. Kellers *Romeo und Julia auf dem Dorfe* als Symbol der Trennung oder (als sog. *sym-bolische Handlung*) das Sakrament der Taufe als Symbol der Aufnahme in die christl. Gemeinde, das Reichen der Hände als Symbol für das Schließen eines ewigen Bunds. Zielt auf tiefere Bewußtseinsschichten, reicht bis ins Unbewußte (⁊ Archetypus) und setzt geistige, weltanschauliche und kultu-relle Gemeinsamkeiten voraus, daher in verschiedenen Epochen oder Kul-turkreisen mit unterschiedl. Bedeutung (die Eule z.B. im Altertum als Sym-bol der Weisheit, im christl. MA als Symbol der Abkehr vom Christentum). Häufig Zentralbegriff in ⁊ Ästhetik und ⁊ Lit.wiss.; nachhaltig geprägt von: a) Goethe, der alle Dichtung, Kunst überhaupt als Symbol, als Erscheinung des (unanschaulichen) Allgemeinen im (anschaulichen) Besonderen versteht, b) Fr.Th. Vischer (*Das Symbol*, 1887, in: Kritische Gänge, Bd. 4, ²1922), der Symbole als ästhetisierte, unverbindl., auch ungefährlich gewordene rituelle Handlungen und Dinge definiert, deren Bedeutung wir nur unter der Vor-aussetzung akzeptieren, daß wir nicht an sie glauben: Ihre Form verweist nur dem Schein nach auf einen Sinn, während im rituellen Gegenstand Form und Bedeutung eins sind (für einen gläubigen Christen z.B. IST die Hostie der Leib Christi, nicht nur eine ⁊ Repräsentation), c) der ⁊ Semiotik von Ch.S. Peirce, dort im Unterschied zu ⁊ Ikon und ⁊ Index definiert

Lit.: G. Kurz, Metapher, Allegorie, Symbol, ³1993. – M. Lurker (Hg.): Wörterbuch der Symbole, ⁴1988. – E. Cassirer: Die Philosophie der sym-bolischen Formen, ⁸1988.

Symbolismus, von Frkr. ausgehende, zwischen etwa 1870 und 1920 ge-samteurop., insbes. in der Lyrik verbreitete Strömung, zeichnet sich durch den prinzipiellen Verzicht auf polit.-moral. oder sozialkrit. Funktionen und

konkrete, der Wirklichkeit nachgebildete ›Inhalte‹ (persönl. Empfindungen, Stimmungseindrücke usw.) aus, will unabhängig von den Sachbezügen, Raum- und Zeitkategorien autonome Welten der Schönheit erzeugen: Besonders der auffällige Einsatz von Kunstmitteln (↗ Reim, ↗ Assonanz, Lautmalerei, ↗ Synästhesie, Farb- und Lautsymbolik, ungewöhnliche syntakt. Fügungen) soll die Erinnerung des Lesers an außerlit. Gegenstände tilgen und die textimmanenten Bezüge vervielfachen, die zwischen den Dingen magisch-mystische Zusammenhänge erahnen lassen und jedes zum ›symbolischen‹, bedeutsamen, bedeutungsschwangeren Zeichen verklären. Bsp. bei St. Mallarmé, P. Verlaine, A. Rimbaud, Ch. Swinburne, O. Wilde, W.B. Yeats, T.S. Eliot, G. D'Annunzio, in Rußland bei A. Blok und A. Belyj, in Dtl. bei St. George (↗ Georgekreis), dem frühen Hofmannsthal, R.M. Rilke u.a. Für den Symbolismus vorbildhaft: Ch. Baudelaire und E.A. Poe (*The Poetic Principle*, 1849). ↗ Futurismus, ↗ Dadaismus, ↗ Surrealismus, ↗ Sturmkreis, ↗ abstrakte Dichtung, ↗ konkrete Dichtung
Lit.: P. Hoffmann: Symbolismus, 1987.

Symploke [gr. Verflechtung], Häufung von rhetorischen Figuren der Wiederholung: »Alles geben die Götter, die unendlichen / Ihren Lieblingen ganz, / Alle Freuden, die unendlichen, / Alle Schmerzen, die unendlichen, ganz« (Goethe, Verbindung von ↗ Anapher und ↗ Epipher).

Symposion [gr. Zusammentrinken], 1. in der Antike wichtiger Ort des philosoph. Gesprächs (↗ Dialog) und der Verbreitung von Dichtung (bes. von ↗ Lyrik, ↗ Rätsel, ↗ Skolion): das der (Haupt-)Mahlzeit am späten Nachmittag folgende gesellige Trinkgelage, mit Tänzern, Sängern, Gauklern und Rezitatoren zur Unterhaltung. Als fiktiver Rahmen erstmals bei Platon (*Symposion*, um 380 v.Chr.), dann bei Xenophon, Epikur, Plutarch u.a.; 2. Bez. für eine wissenschaftl. Tagung.

Synästhesie [gr. Zusammenempfindung], Vermischung von Reizen, die unterschiedl. Sinneswahrnehmungen oder -organen zugeordnet sind; in der Lit. v.a. durch die Wortwahl zu erfassen bzw. zu stimulieren versucht: »goldener Töne voll« (Hölderlin), »Durch die Nacht, die mich umfangen, / blickt zu mir der Töne Licht« (C. Brentano), auch ugs.: »duftige Farben«, »schreiendes Rot«, »heiße Rhythmen«.

synchron ↗ diachrone Analyse

Synekdoche [gr. Mitverstehen], Ersetzung des eigentl. Begriffs durch einen zu seinem Bedeutungsfeld gehörenden engeren oder weiteren Begriff; meist steht a) der Teil fürs Ganze (pars pro toto: ›Dach‹ für Haus) b) seltener: das Ganze für ein Teil (totum pro parte: ›ein Haus führen‹), c) die Gattung für die Art (›Brot‹ für Nahrung) und umgekehrt, d) der Rohstoff für das Produkt (›Eisen‹ für Schwert), e) der Singular für den Plural (›die Jugend‹ für die jungen Leute). Fließender Übergang zur verwandten, weitere Bezugsfelder umgreifenden ↗ Metonymie.

Synkope [gr. Verkürzung], metrisch oder artikulatorisch bedingte Ausstoßung eines kurzen Vokals im Wortinnern: ›ew'ger‹ statt ›ewiger‹.

Syntagma [gr. Zusammenstellung], 1. veraltete Bez. für die Zusammenstellung verschiedener Abhandlungen über ein Thema zu einem Sammelwerk; 2. in der ↗ Semiotik: Bez. für grammatisch und logisch eng verbundene Wortgruppen unterhalb der Satzebene, die phonetisch als ein Sprechtakt realisierbar sind. Im Unterschied zum ↗ Paradigma (↗ Semiotik) auf die realisierte Wortreihe, die Verbindung grammatisch und semantisch verschiedener Wörter bezogen, nicht auf die Auswahl eines Worts aus der Klasse der anderen Wörter, die dieselbe grammatische Funktion besitzen; auf einer waagrechten (syntagmatischen) Achse, nicht einer senkrechten (paradigmatischen) Achse zu denken. Im ↗ Strukturalismus (R. Jakobson) Gedankenmodell für die Beschreibung bestimmter rhetorischer ↗ Tropen (die ↗ Metapher z.B. ist durch Austausch auf der paradigmatischen Achse entstanden, die ↗ Metonymie setzt eine Verbindung auf der syntagmatischen Achse voraus) und spezifisch poet. Eigenheiten (der ↗ Vers z.B. stellt der sukzessiven, syntagmatischen Reihenfolge der Wörter ein System aus Wiederholungen entgegen, das paradigmatische Achsen zwischen grammatisch und semantisch unterschiedl. Elementen errichtet).

Systemtheorie ↗ Lit.soziologie, ↗ Autopoiesis, ↗ Selbstreferenz, ↗ Konstruktivismus

Szene [lat. scaena, scena, gr. ↗ skene = Zelt, Hütte, Bühne, Theater], 1. kleinste dramaturgische Einheit des ↗ Akte im ↗ Drama, durch einen Ortswechsel oder/und das Auftreten bzw. Abtreten einer oder mehrerer Personen markiert; z.T. auch Bez. für größere Handlungsabschnitte; 2. Kompositionselement der erzählenden Lit.: meist eine Passage, die eine ›dramatische‹ Krise, Wendung oder Entscheidung gestaltet, Bericht oder Beschreibung zugunsten des ↗ Dialogs stark zurückdrängt und fiktive und reale Zeit annähernd deckungsgleich behandelt (betrifft die *Erzählgeschwindigkeit*, die *Dauer*: ↗ Erzähltheorie); 3. Teil des antiken Theaters (↗ skene).

Tableau   203

Tableau [frz. Tafel, Gemälde, Schilderung], 1. malerisch arrangiertes Bühnenbild, besonders eine effektvolle Gruppierung der Figuren, meist am Beginn oder Schluß eines Dramas; im Drama des ↗ Barock häufig: die Herrscher-Apotheose (die Darstellung des Herrschers als Gott, besonders des Vorgangs dieser ›Gottwerdung‹). Als sog. *lebendes Bild* (*tableau vivant*) ein eigener, v.a. in der Renaissance und um 1800 gepflegter Kunstzweig: Lebende, aber stumm und bewegungslos verharrende Personen stellen bekannte Werke der bildenden Kunst oder eine Szene aus der Bibel, der Geschichte o.ä. dar (beschrieben z.B. in Goethes *Wahlverwandtschaften*); 2. Kompositionselement der erzählenden Lit.: breit angelegte personenreiche Schilderung, die als visuelle Einheit im Gedächtnis haften bleibt; bewegter und personenreicher als das ↗ Bild, im Ggs. zur ↗ Szene v.a. durch epische Beschreibung, weniger durch Dialog geprägt, Merkmal des klassischen ↗ Epos (Katalog).

Tabulatur [zu lat. tabula = Tafel], auf Tafeln oder in Büchern seit dem Ende des 15. Jh.s satzungsmäßig festgelegte Regeln des ↗ Meistersangs; regeln die Reimqualität, den Versbau, die Strophenformen, den grammatisch korrekten, mundartfreien und hinsichtl. Syntax und Aussage verständl. Sprachgebrauch, z.T. auch die mit best. Zeremonien verbundene Vortragspraxis.

Tagebuch, im Idealfall: eine von Tag zu Tag fortschreitende Darstellung des eigenen Lebens. Selten chronologisch vollständig und homogen, durch einen Wechsel der Stile, Formen und Gegenstände geprägt, spiegelt die Aufregungen und Veränderungen eines gelebten Lebens wieder; umfaßt Termineinträge, Gedichte, essayist. Überlegungen, Entwürfe zu lit. oder anderen Werken, psychologisierende Selbstanalysen genauso wie Zeichnungen, eingeklebte Fundstücke und leer gelassene Seiten. Meist weniger privat (Geständnis der intimsten Geheimnisse) als der Schreiber vorgibt, oft von vornherein auf eine spätere Veröffentlichung hin angelegt. Bekannte Tagebücher von M. de Montaigne, S. Pepys, J.G. Herder, G.Chr. Lichtenberg, J.W. v. Goethe, Novalis, J. v. Eichendorff, Fr. Grillparzer, G. Keller, R. Wagner, S. Kierkegaard, Fr. Nietzsche, A. Schnitzler, R.M. Rilke, Fr. Kafka, H. Hesse, Th. Mann, B. Brecht, V. Woolf, A. Nin, V. Klemperer u.a. Seit dem 18. Jh. – wie der ↗ Brief – auch als lit. Gattung, mit fingiertem Schreiber und fingierten Umständen, als Einlage im ↗ Roman (z.B. in Defoes *Robinson Crusoe*, 1719, Goethes *Wahlverwandtschaften*, 1809) oder als Kompositionsprinzip (wie in Raabes *Chronik der Sperlingsgasse*, 1857, Rilkes *Aufzeichnungen des Malte Laurids Brigge*, 1910, Frischs *Stiller*, 1954). ↗ Autobiographie, ↗ Memoiren
Lit.: W. Admoni: Die Tagebücher der Dichter in sprachl. Sicht, 1988. – R. Görner: Das Tagebuch, 1986.

Tagelied [mhd. tageliet, tagewîse], Gattung der mhd. Lyrik mit der zentralen Situation: Abschied der Liebenden – meist eines Ritters und einer Dame – am Morgen nach einer gemeinsam verbrachten Liebesnacht, ausge löst vom Tagesanbruch (Morgenstern, Sonnenaufgang, Gesang eines Vogels u.ä. als Signale). Spezifisch: der ↗ Dialog der Liebenden, Dreistrophigkeit, ein ↗ Refrain, der das Motiv des Tagesanbruchs aufgreift (z.B. »Dô tagete ez«, Heinrich v. Morungen), die Motive des Weckvorgangs (oft durch einen Wächter, der zum Aufbruch mahnt: *Wächterlied*), der Abschiedsklage und des *urloup* (mhd. Gewährung, im doppelten Sinn: letzte Hingabe an den Geliebten und Verabschiedung). Verhält sich zum hohen ↗ Minnesang (wo die monologische Rede des Verliebten voraussetzt, daß ihn die Geliebte noch nicht erhört hat) wie das Danach zum Davor (impliziert, daß der Geschlechtsakt unmittelbar zuvor stattgefunden hat). Bsp. bei Heinrich v. Morungen, Wolfram v. Eschenbach, Walther v.d. Vogelweide, Ulrich v. Lichtenstein, Johann Hadlaub, Oswald v. Wolkenstein u.a. Zahlreiche Variationen, im Spät-MA auch als *geistliches* Tagelied (Weck- und Mahnruf an die christl. Gemeinde). ↗ alba

Takt [lat. tactus = Berührung, später auch: Schlagen, z.B. des Takts], v.a. durch A. Heuslers *Dt. Versgeschichte* (3 Bde, 1925-29) aus der Musik in die Verslehre übernommen: Gliederungseinheit des ↗ akzentuierenden Verses, aus ↗ Hebung und darauffolgender ↗ Senkung(en). Umstritten, da eine Einteilung der Verse in Takte davon ausgeht, daß die Versfüße jeweils mit einer Hebung beginnen und die Zeitspannen zwischen zwei Hebungen jeweils gleich lang sind. Jambische, mit einer Senkung beginnende Verszeilen z.B. (etwa den Vierheber: x́xx́xx́) erkennt die Taktmetrik als trochäische Verse mit Auftakt.

Tanka ↗ Haiku

Tautologie [gr.], das Selbe durch Wörter gleicher Bedeutung und Wortart (Synonyma) mehrmals sagen, meist in einer ↗ Zwillingsformel: »ganz und gar«, »recht und billig«, »angst und bange«, »Art und Weise«, »Schloß und Riegel«. Nicht immer scharf vom eingliedrigen, attributiven ↗ Pleonasmus (»bereits schon«, »neu renoviert«) unterschieden.

Teichoskopie [gr. Mauerschau], bühnentechn. Kunstgriff: ›Life‹-Bericht eines Beobachters, der auf einem Turm, einer Mauer o.ä. steht oder aus dem Fenster blickt, um bestimmte, aus techn. Gründen auf der ↗ Bühne nicht darstellbare Szenen (z.B. Schlachten) zu vergegenwärtigen. Bezeichnet ursprünglich die Episode in Homers *Ilias* (III, V.121-244), in der Helena von der trojanischen Stadtmauer aus dem Priamos die Haupthelden der Achaier zeigt. ↗ Botenbericht

Terenzbühne, Bühnenform des ↗ Humanismus, als Rekonstruktion des röm.-antiken, besonders für Komödien typischen Bühnenaufbaus und im Ggs. zur ↗ Simultanbühne des MA gedacht: mit nur *einem* Schauplatz, meist eine Straße mit durch Vorhänge vorgestellten Hauseingängen, durch die die Spieler auf- und abtreten und die, geöffnet, evtl. einen zweiten Schauplatz (Inneres eines Hauses) abgeben (deswegen auch als *Badezellenbühne* bez.).

Terzett [aus ital. terzo, lat. tertius = der dritte] ↗ Quartett

Terzine [it. Dreizeiler, Dreireimer], in Dantes *Divina Comedia* (um 1292-1321, Erstdruck 1472) ausgebildete Strophenform: 3 Zeilen à 11 Silben (↗ endecasillabo, in frz. Nachbildungen: ↗ vers commun, im Dt. meist jambische Fünfheber), mit charakteristischer Reimverkettung (Schema: aba/bcb/cdc/ded/...), die die Strophen zu einem offensichtl. fortlaufenden, doch in sich geschlossenen Text fügt; am Ende meist abgeschlossen durch eine zusätzliche Verszeile nach der letzten Strophe, die deren Mittelreim aufgreift (...xyx/yzy-z). Klassische Strophenform der ital. ↗ Schäferdichtung (z.B. von J. Sannazaros *Arcadia*), der ↗ Elegie, auch der ↗ Satire, Äquivalent für das elegische ↗ Distichon der Antike. Dt. Bsp. bei Goethe (*Im ernsten Beinhaus wars*), Chamisso, Tieck, Rückert, George, Hofmannsthal (*Terzinen über die Vergänglichkeit*), Borchardt, Weinheber u.a. ↗ Ritornell.

Tetralogie [gr. vier + Wort, Geschehnis, Handlung], Folge von vier einzelnen Werken, die eine Einheit bilden; in der Antike ursprünglich für die vier an einem Festtag (↗ Dionysien u.a.) nacheinander aufgeführten, in Stoff oder Thematik zusammengehörenden Dramen (zunächst drei Tragödien und ein ↗ Satyrspiel, z.B. die 458 v.Chr. aufgeführte *Orestie* des Aischylos, dann vier Tragödien), später allg. für vierteilige Dramen- oder Romanzyklen (wie R. Wagners *Ring der Nibelungen*, G. Hauptmanns *Atriden-Tetralogie* oder Th. Manns *Joseph und seine Brüder*).

Tetrameter [gr.], neben dem jambischen ↗ Trimeter *der* Sprechvers des antiken ↗ Dramas: 4 meist trochäische Einheiten (↗ Dipodie), durch feste ↗ Diärese nach der 2. Einheit in 2 symmetr. Hälften gegliedert: –◡–◡̄–◡–◡̄ | –◡–◡̄–◡◡̄. Im Dt. selten, i.d. Regel als reimloser 8-Heber mit fester Mittelzäsur: »Réde núr! erzähl, erzähle, wás sich Wúnderlíchs begében!« (Goethe, *Faust II*).

Text [von lat. textus = Gewebe, Geflecht], allg. jede Folge von sprachl. Äußerungen, deren Zusammenhang thematisch, grammatisch, stilistisch, durch eine gemeinsame kommunikative Funktion usw. gegeben ist (↗ Textualität); im weiteren Sinn in gesprochener, im engeren Sinn in geschriebener Sprache. In der Lit.wiss. unterschiedlich gebraucht, meist um den eigentl. Wortlaut einer Schrift im Ggs. zu den ↗ Paratexten (↗ Apparat, ↗ Glossen, Kommentare, Register, Illustrationen usw.) zu bezeichnen; v.a. seit den 50er Jahren des 20. Jh.s als weitgehend wertungsfreier Alternativbegriff zu ›Werk‹, ›Dichtung‹, ›Literatur‹ (↗ werkimmanente Interpretation), soll die traditionelle Trennung von Sprach- und Lit.wiss., von außerlit. und lit. Texten aufheben (so auch allg. ↗ Textsorten statt ↗ Gattungen, ↗ Texttheorie statt Lit.theorie). Für ↗ Hermeneutik, ↗ Rezeptionsästhetik, ↗ Dekonstruktion u.a. kein fester, unveränderbarer Untersuchungsgegenstand, da er seine Bedeutungen erst im Akt des Lesens erhält und sich abhängig vom individuellen, fiktiven oder realen sozial-histor. Kontext des Lesers ändert. In der Editionswissenschaft und ↗ Textkritik: die Summe der verschiedenen ↗ Fassungen, wobei zwischen einem *unfesten* Text (ein in verschiedenen Variationen vorliegender, gar nie als originales, festes Werk geplanter Text; ↗ oral poetry) und einem *dynamischen* Text (ein in verschiedenen Entstehungsstufen entwickelter Text), zwischen dem *idealen* Text (der eigentl. gewollte, doch fehlerhaft überlieferte Text), dem *authentischen* Text (der urspr., doch verlorengegangene Text) und einem *historischen* Text (das überlieferte Dokument) unterschieden wird.

Lit.: A. Gellhaus (Hg.): Die Genese lit. Texte, 1994. – K. Brinker: Linguist. Textanalyse, [3]1992. – G. Martens: Was ist ein Text?, in: Poetica 21 (1989). – H.F. Plett: Textwiss. und Textanalyse, Semiotik, Linguistik, Rhetorik, [2]1979.

Textkritik, philologische Prüfung und Sicherung von Texten, deren Authentizität nicht gesichert ist, weil z.B. keine vom Autor beglaubigte endgültige ↗ Fassung vorliegt, mehrere handschriftliche Fassungen existieren, das Original nur durch Abschriften bekannt ist, Eingriffe früherer Herausgeber, Mißverständnisse beim Abschreiben, Lese- oder Druckfehler zu vermuten sind usw. Als Methode v.a. in den Geistes-, Rechts- und Religionswissenschaften üblich, wichtigste Voraussetzung für das lit.wiss. Arbeiten; besteht in der Regel aus folgenden Schritten: 1. *Heuristik*: Sammlung und krit. Bestandsaufnahme aller direkten und indirekten Textzeugnisse (Handschriften, Handschriftenfragmente, Drucke, auch Auszüge, Zitate in anderen Werken, bei antiken Texten zudem Übersetzungen); 2. *Kollation*: Vergleichen des Wortlautes, der Orthographie, um aufgrund von Gemeinsamkeiten (z.B. bestimmten Leitfehlern) und Unterschieden (z.B. Sonderfehlern) die gegenseitigen Verwandtschafts- und Abhängigkeitsverhältnisse der Zeugnisse und den Grad ihrer Autorennähe klarzustellen (unterschieden wird zwischen Leithandschriften und zweitrangigen Handschriften); 3. *Handschriften-Filiation*: Aufstellung eines ↗ Stemmas (Stammbaumes); 4. *Rezension* (auch *examinatio*): Rekonstruktion eines dem Original nahestehenden Textes (↗ Archetypus) oder einer vom Autor mutmaßl. intendierten Fassung – auf der Basis eines als Grund- oder Leithandschrift angesetzten Textzeugen, mit Hilfe der übrigen überlieferten Fassungen, unter Berücksichtigung von Untersuchungen zu Wortgebrauch, Metrik, Reimtechnik, Stil eines Autors u.a.; wobei oft die Vorstellung eines Archetyps oder Originals aufgegeben werden muß, insbes. für einen Großteil der zunächst mündlich überlieferten, in verschiedenen Fassungen verschriftlichten, nie als buchstäblich unveränderbares Werk geplanter Dichtung des MA (↗ oral poetry); 5. ↗ *Emendation*: Verbesserung von offenkundigen Fehlern, Beseitigung von ↗ Korruptelen (den vermuteten Sinn störenden Wörtern, syntaktischen oder formalen Ungereimtheiten) durch ↗ Konjekturen, Markierung nicht zu klärender Stellen (↗ Crux), Entfernung mutmaßl. späterer Ergänzungen (↗ Interpolation); 6. *Echtheitsdiagnose*; 7. *Edition* (↗ Editionstechnik): Herausgabe des Textes; abhängig von der Funktion der jeweiligen Ausgabe: eine für den einfachen Gebrauch bestimmte, der modernen Rechtschreibung angeglichene *Leseausgabe*, die auf einen textkrit. ↗ Apparat mit ↗ Lesarten und ↗ Varianten verzichten kann? Eine

kritische Ausgabe, die den Überlieferungsprozeß eines nicht im Original erhaltenen Textes und den Versuch einer annähernden Rekonstruktion aus den überlieferten Handschriften oder Drucken dokumentieren will? Oder eine *historisch-kritische Ausgabe*, die die verschiedenen authent. ↗ Fassungen eines Textes von den frühesten Entwürfen bis zur ↗ Ausgabe letzter Hand berücksichtigt und dadurch ein Bild der Entstehungsgeschichte liefert?
Lit.: T. Bein (Hg.): Altgermanist. Editionswiss., 1995. – K. Kanzog: Einführung in die Editionsphilologie der neueren dt. Lit., 1991.

Textsorten, auch Textarten: Bez. für alle Arten schriftlich fixierter ↗ Texte; von der Lit.wiss. in den 70er Jahren des 20. Jh.s als Gegenbegriff zu ›Gattung‹ eingeführt: Im Ggs. zu den lit. ↗ Gattungen, die v.a. nach formal-inhaltl. Aspekten bestimmt werden, sich an der Gattungstrias Epik, Dramatik, Lyrik orientieren und auf poet.-fiktionale Texte beschränken, werden Textsorten u.a. nach funktionalen oder sozialen Kriterien klassifiziert und erstrecken sich so auch auf vormals außerhalb des lit.wiss. Interesses liegende Texte (Schlager-, Werbetexte, Reportagen, jurist., naturwiss. Schriften usw.).
Lit.: L. Gobyn: Textsorten, 1984. – C.O. Conrady/T. Cramer/W. Bachofer (Hg.): Textsorten und lit. Gattungen, 1982. – W. Hinck (Hg.): Texsortenlehre – Gattungsgeschichte, 1977.

Texttheorie, a) Textlinguistik: beschäftigt sich mit der Analyse und Theorie satzübergreifender, also textbildender Strukturen (v.a. von H. Ihwe, T.A. van Dijk ausgebaut; ↗ Textualität); b) von M. Bense (*Theorie der Texte*, 1962) und der sog. Stuttgarter Schule gepflegtes Verfahren der Textanalyse und der (experimentellen) Textherstellung (↗ konkrete Dichtung).

Textualität, Gesamtheit der grammat., stilist., semant., pragmat., opt., akust. usw. Eigenschaften, die eine Sammlung von Zeichen zu einem ↗ Text machen. Unterschieden in ↗ Kohäsion (die durch Syntax, Wiederholungen, Umschreibungen, Pronomen, Konjunktionen usw. hergestellten Beziehungen) und ↗ Kohärenz (der themat., kompositionelle, graphische usw. Zusammenhang). Im ↗ Poststrukturalismus auch auf nichtsprachl. Äußerungen erweitert: auf bestimmte ↗ Diskurse und vorgeprägte Strukturen (z.B. Sehgewohnheiten), die eine gewisse Textualität besitzen und die Wahrnehmung der Wirklichkeit, das heißt in diesem Fall die Konstruktion (↗ Konstruktivismus) der Wirklichkeit, erst erlauben.

Theater [gr. theatron = Schaustätte, von theastai = schauen, eng verwandt mit theoria = Betrachtung, Untersuchung], 1. jede sichtbare Darstellung eines äußeren oder inneren Geschehens auf einer Bühne, sowohl mit Hilfe künstl. Figuren (↗ Puppenspiel, ↗ Schattenspiel) als auch durch Menschen. Umfaßt die wortlose Pantomime, das tableau vivant (↗ Tableau) und das Ballett wie das gesprochene ↗ Schauspiel oder die gesungene ↗ Oper; 2. Sammelbez. für alle Einrichtungen (Bauwerk, Bühne, Regie, Intendanz, Theaterwerkstätten, Fundus, Publikum, Kritik usw.), die diese Darstellung ermöglichen; 3. der Theaterbau. ↗ Drama, ↗ Tragödie, ↗ Komödie, ↗ Chor, ↗ Dithyrambus, ↗ geistliches Spiel, ↗ Commedia dell'arte, ↗ Schuldrama, ↗ elisabethanisches Drama, ↗ schlesisches Kunstdrama, ↗ Wanderbühne, ↗ bürgerliches Trauerspiel, ↗ Volksttheater, ↗ absurdes Theater, ↗ episches Theater

Lit.: H. Schramm: Karneval des Denkens, 1995. – E. Fischer-Lichte: Semiotik des Theaters, 3 Bde, ³1994. – R. Pavis: Semiotik der Theaterrezeption, 1988. – M. Banham (Hg.): The Cambridge Guide to World Theatre, 1988. – M. Brauneck (Hg.): Theaterlexikon, 1986. – A. Frenzel: Geschichte des Theaters, 1979. – H.D. Blume: Einführung in das antike Theaterwesen, 1978. – H. Kindermann: Theatergeschichte Europas, 10 Bde, 1957ff. ↗ Drama

Theater der Grausamkeit, von A. Artaud (*Manifeste du théâtre de la cruauté*, 1932, ↗ Surrealismus) geprägter Begriff: theatral. Darstellungsart, die durch Schockeffekte (Schreien, Heulen, disharmon. Musik, Licht- und Farbeffekte, Maskentänze, den Zuschauer einbeziehende Aktionen usw.) die ästhetische Distanz des Zuschauers zum Bühnengeschehen aufzuheben sucht, um ihn emotional zu involvieren und den Ursprung des Theaters im Ritus (↗ Katharsis) zu beleben. V.a. im ↗ absurden Theater eingesetzt, Rückgriff auf frühe Bsp. (wie Sophokles' *König Ödipus*, Shakespeares *King Lear*).

Theaterwissenschaft, zu Beginn des 20. Jh.s ausgebildete Wiss., beschäftigt sich mit der Theorie und der histor. Entwicklung des Theaters wie mit dessen Wirkung (auch Theaterkritik); je nach Forschungsschwerpunkt zwischen Ethnologie, Anthropologie, Religions-, ↗ Lit.-, Musik-, ↗ Kultur- und ↗ Medienwiss., Soziologie, Psychologie, Architektur, Technikgeschichte usw. angesiedelt.

Theatrum mundi [lat. Welttheater], seit der Antike formulierte, seit dem 12. Jh. zum lit. ↗ Topos gewordene Vorstellung, die Welt sei ein Theater, auf dem die Menschen (z.B. vor Gott) ihre Rollen spielen: je nach philosoph. oder theolog. Auffassung als Marionetten oder mit der Freiheit der Improvisation. Bei Calderón Gegenstand eines ganzen Dramas (*El gran teatro del mundo*, entstanden um 1635, gedruckt 1675); vgl. H. v. Hofmannsthal, *Das Salzburger große Welttheater* (1922).

Thema [gr. das Aufgestellte], häufig verwendeter, doch umstrittener Begriff der Lit.wiss., allg.: der Gesprächsstoff, der Gegenstand einer Rede oder eines schriftlichen Textes; stiftet zwischen den stofflichen und motivischen Einzelheiten einen Zusammenhang (↗ Textualität) und verbindet sie mit außerlit. Erfahrungs- und Vorstellungsbereichen; aber auch synonym mit ↗ Stoff bzw. ↗ Motiv.

Theogonie [gr. Gott + Geburt], Götterlehre, beschreibt und systematisiert mythische Vorstellungen von Herkunft und Wirken der Götter, z.B. Hesiods *Theogonie* (8./7. Jh. v.Chr.). ↗ Epos

Titel [lat. titulus = Aufschrift, Überschrift], Benennung eines Werks der Lit., Wiss., Kunst und Musik, eines Texts allg., zur Information, Klassifikation, Orientierung, leichten Zitierbarkeit, Einprägsamkeit usw. In Antike und MA unüblich (z.T. vergleichbar: ↗ incipit, ↗ explicit), in der Neuzeit wichtiger Bestandteil eines lit. Werks, bestimmt die ↗ Rezeption (Anwerbung, Erwartung und Einstimmung des Lesers, ↗ Erwartungshorizont) entscheidend mit (↗ Paratext).

Titurelstrophe, Strophenform des ma. höfischen Epos, in den *Titurel*-Fragmenten Wolframs v. Eschenbach (um 1220) ausgebildet: 2 gereimte Verspaare mit klingender ↗ Kadenz, mit 8 Hebungen im 1., 6 im 3. und 10 im 2. und 4. Vers, wobei der 1., 2. und 4. Vers meist eine Zäsur nach der 4. Hebung besitzt.

Tmesis [gr. Zerschneidung], Trennung eines zusammengesetzten Worts durch Dazwischenschieben anderer Satzglieder: »ob ich schon wanderte« (Psalm 23. 4) statt ›obschon ich wanderte‹. Form des grammatischen ↗ Metaplasmus.

Ton, mhd. dôn, in ↗ Minnesang, ↗ Sangspruchdichtung, ↗ Meistersang und strophischer Epik des MA: metrisch-musikal. ›Strophenmodell‹, regelt sowohl die *wîse* (den Verlauf der Melodie, ihre Gliederung und rhythm. Struktur) als auch das *wort* (die metrische Gestalt des vertonten Textes). Zum Großteil in der *Colmarer Liederhandschrift* (15. Jh.) überliefert, meist mit Melodie. Bei den Meistersängern mit eigentümlichen, oft wunderl. Namen (*abgeschiedne Vielfraßweis, Regenbogens langer dôn, kurze Affenweis*).

Tonbeugung, in der Verslehre: eine vom metr. Schema geforderte Betonung einer eigentl. unbetonten Silbe, häufig in alternierenden Versmaßen: »Venús die hát Junó nit vérmocht zú obsíegen« (Opitz).

Topos, Pl. Topoi [gr. Ort, Gemeinplatz, lat. locus communis], 1. in der antiken ↗ Rhetorik: Fragestellungen und Suchformeln, die das Finden von Argumenten erleichtern (z.B.: Zu was steht ein Sache im Ggs.? Wo gibt es Ähnliches? Was sind Ursachen, was Folgen?), 2. allg.: jedes traditionelle Denk- und Ausdrucksschema, besonders jedes Element des »lit. erfaßten und geformten Lebens« (E.R. Curtius), z.B. Zitate, stereotype Redewendungen, ↗ Formeln, ↗ Metaphern, ↗ Embleme, ↗ Motive (wie die Klage über die Schlechtigkeit der Welt, den Verfall der Bildung, das Lob des Goldenen Zeitalters, eine Trostformel), ↗ Stoffe, Beschreibungsmuster (von schönen/häßlichen Personen, Städten, Landschaften – ↗ locus amoenus –, Ereignissen usw.), Gliederungsschemata (Einleitung/Zusammenfassung, Eingangs- und Schlußformel im ↗ Brief usw.), lit. ↗ Gattungen. In der Funktion jeweils abhängig vom jeweiligen einzelnen Werk, von der Gattung, dem Zweck der Rede und vom spezifischen geschichtl. Zusammenhang. Bis ins 18. Jh. Bestandteil der sog. *Topik* (Lehre von den Topoi, ↗ Poetik), nach ↗ Gattungen und Stilhöhen (↗ genera dicendi) geordnet.

In der Moderne zumeist versteckt (z.B. der Topos von der Originalität des Künstlers).
Lit.: E.R. Curtius: Europ. Lit. und lat. MA, [10]1984. – D. Breuer/H. Schanze: Topik, 1981.

Tragische, das [zu gr. tragike (techne) = Kunst des Trauerspiels, Tragik], Grundbegriff der ↗ Ästhetik, wesentl. Gattungsmerkmal der ↗ Tragödie: das Unglückliche, Schicksalshafte, Traurige, Furchtbare, der Ggs. zum ↗ Komischen allg. Umstritten definiert, von Aristoteles als Verfehlung (hamartia) aus Unkenntnis (↗ hybris), von Euripides als für den Menschen sinnloses Spiel der Götter; in der Neuzeit v.a. gesehen als Mißverhältnis von moral. Schuld und ins Maßlose gesteigerter Sühne, als Resultat des unerbittlich waltenden ›Schicksals‹, als Konflikt von Individuum und Gesellschaft, Freiheit und Gesetz, Individualethik und Verantwortungsethik, Freiheit und Notwendigkeit usw.

Tragikomödie, Gattung des Dramas, die tragische und komische Elemente so vermischt, daß sie sich im Kontrast intensivieren oder abmildern; läßt z.b. ↗ lustige Personen ein tragisches Schicksal (Tod, Leid) erfahren, in tragischen Situationen komische Motive (körperl. Bedürfnisse usw.) auftauchen oder tragisch angelegte Konstellationen eine glückliche Lösung finden. In ihrer Wirkung vom jeweiligen Kontext abhängig, in ihrer Definition wesentl. von den jeweiligen Definitionen des ↗ Komischen und ↗ Tragischen. Als Begriff (*tragico-comoedia*) erstmals bei Plautus (*Amphitruo*), bezeichnet dort das gegen den Regelkanon der klassischen ↗ Tragödie verstoßende Nebeneinander von hohem und niederen Personal (↗ Ständeklausel), von tragischen und burlesken Elementen. Bsp.: G.B. Guarini, *Il pastor fido* (1590, ↗ Schäferdichtung), W. Shakespeare, *Troilus und Cressida* (1609), Molière, *Der Menschenfeind* (1667), L. Tieck, *Der gestiefelte Kater* (1797), H. v. Kleist, *Amphitryon* (1807), G. Büchner, *Leonce und Lena* (1836), E. Rostand, *Cyrano de Bergerac* (1897), A. Tschechow, *Der Kirschgarten* (1904), G. Hauptmann, *Die Ratten* (1911), Fr. Dürrenmatt, *Der Besuch der alten Dame* (1956), u.a. Zahlreiche Grenzformen: ↗ Groteske (Verzerrung des Komischen, Verbindung von Lächerlichem und Erhabenem, ↗ absurdes Theater), ↗ Rührstück, ↗ weinerliches Lustspiel (nur mäßige Komik und Tragik).
Lit.: R. Dutton: An Introduction to Modern Tragicomedy, 1986. – K.S. Guthke: Die moderne Tragikomödie, 1968. – F. Dürrenmatt: Theaterprobleme, 1955.

Tragödie [gr. tragodia = Bocksgesang], neben der ↗ Komödie Hauptgattung des europ. ↗ Dramas. Stofflich und formal v.a. durch die klassische gr. Tragödie des späten 6./5. Jh.s v.Chr. (Aischylos, Sophokles, Euripides) geprägt, für die u.a. charakteristisch sind: Stoffe aus der Heldensage (↗ Epos, ↗ Mythos), die Einheit von Ort, Zeit und Handlung, der sozial hohe Stand der Figuren, das Wechselspiel zwischen ↗ Chor und wenigen Einzelschauspielern, der Kontrast von gesprochenen, gespielten Szenen (epeisodia) in prosanahen Versmaßen (jambischer ↗ Trimeter, ↗ Tetrameter) und gesun-

genen, getanzten, in lyrischen Strophenmaßen gesetzten Chorliedern (nach dem Ort ihres Vortrags gegliedert in 1. Einzugslied, *parodos*, 2. das nach dem Auftritt der Schauspieler gesungene Standlied, *stasimon*, und 3. Auszugslied, *exodos*), der Kontrast von ↗ Dialog und ↗ Monolog, von längeren Redeabschnitten (z.B. ↗ Teichoskopie, ↗ Monodie) und kürzeren (z.B. ↗ Stychomythie, *amoibaion*: lyrischer Wechselgesang zwischen Chor und Schauspieler). Im Mittelpunkt: die unaufhaltsame Verwicklung des aus Unkenntnis, Verblendung, Selbstüberschätzung (↗ Hybris) oder im Affekt unschuldig schuldig gewordenen Helden in das ihm vorbestimmte, von einem bösen Dämon beeinflußte Schicksal, das Umschlagen der Unkenntnis in Einsicht (↗ Anagnorisis), die Wende vom Glück zum Unglück. Bsp. u.a. von Aischylos (*Orestie*, ↗ Tetralogie), Sophokles (*Antigone, Oidipus Tyrannos, Elektra*) und Euripides (*Alkestis, Medea, Iphigenie bei den Tauern*). Ursprünge vermutl. im prähistor. Kult (↗ Dionysien: Darstellung von Leben, Tod und Auferstehung des Dionysos durch als Böcke, *tragoi*, maskierte Chorsänger, ↗ Dithyrambus, ↗ Mimesis). Für die europ. Tragödie darüber hinaus folgenreich: die ↗ Poetik des Aristoteles (335 v.Chr., ↗ Katharsis) und die Tragödien Senecas (*Agamemnon, Medea, Phaedra*: erstmals Gliederung in 5 ↗ Akte), wiederaufgegriffen seit der ↗ Renaissance (in ↗ Humanistendrama, ↗ Schuldrama, ↗ elisabethanischem Drama, ↗ Jesuitendrama, ↗ haute tragédie, ↗ schlesischem Kunstdrama, ↗ Klassik) als Urbild eines verbindl. Regelkanons: Aktgliederung durch Chöre (ersetzbar durch ↗ Zwischenspiele, Zwischenaktmusiken, ↗ reyen), Einhaltung der ↗ Ständeklausel und der ↗ drei Einheiten, Verwendung des ↗ Verses (↗ Trimeter, ↗ Alexandriner, ↗ Blankvers). Seit dem 18. Jh. zunehmend aufgelöst (↗ bürgerl. Trauerspiel, ↗ Sturm und Drang, ↗ offene Form).
Lit.: H.-D. Gelfert: Die Tragödie, 1995. – B. Zimmermann: Die gr. Tragödie, 1986. – J. Söring: Tragödie, 1982. – W. Benjamin: Ursprung des dt. Trauerspiels, ²1982. ↗ Drama

Traktat [lat. Behandlung], Abhandlung über ein relig., moralisches oder wissenschaftl. Problem, z.B. Spinozas *Tractatus theologico-politicus* (1670), Voltaires *Traité sur la tolérance* (1763); in Dtl. häufig im Titel popular-theolog. ↗ Erbauungslit., daher bisweilen auch abschätzig für platt tendenziöse Schrift (›Traktätchen‹).

Transposition [lat. transponere = versetzen, umsetzen], allg.: eine Übertragung in einen anderen Bereich, z.B. in der Musik von einer Tonart in eine andere. Bei J. Kristeva (↗ Poststrukturalismus, ↗ Genotext) ein Vorgang in der Arbeit des (Text-)Unbewußten: der Übergang von einem Zeichensystem in ein anderes, z.B. durch ↗ Intertextualität.

Transzendentalpoesie [zu lat. transcendere = hinübersteigen, überschreiten], von Fr. Schlegel geprägter Zentralbegriff der romant. Poetik (↗ Romantik): ein Kunstwerk, das in sich selbst die Bedingungen seiner Möglichkeit in einem unabschließbaren Prozeß reflektiert.

Trauerspiel, dt. Bez. für ↗ Tragödie, 1641 von Phillip v. Zesen eingeführt. Meist synonym mit Tragödie, manchmal auch eingeengt auf dramatische Werke, deren Helden zwar leiden und untergehen, als Christen tragischen Konflikten aber entrückt sind, wie z.b. im barocken Märtyrerdrama (↗ schlesisches Kunstdrama) oder im ↗ bürgerl. Trauerspiel.

Travestie [von ital. travestire, frz. travestir = verkleiden], der ↗ Parodie verwandte Gattung, verspottet ein bestimmtes lit. Werk, indem sie dessen Stoff beibehält, die Stillage aber verändert. Überwiegend als Travestie eines erhabenen Stoffs durch die Wahl eines niederen Stils (↗ genera dicendi), wie z.B. P. Scarrons *Le Virgile travesti* (1648-53), Chr. Morgensterns *Horatius travestitus* (1897) oder J. Nestroys Hebbel-Travestie *Judith und Holofernes* (Wiener ↗ Volkstheater).

Triade [gr. trias = Dreiheit], in der gr. Verskunst: Gruppe aus 3 Strophen, die sich aus einer nach dem gleichen metrischen Schema gebauten Gegen- oder Antistrophe und einer im metrischen Schema abweichenden Abgesangsstrophe (↗ Epode) zusammensetzt (Schema AAB), z.B. die ↗ pindarische Ode aus mehreren nach diesem triadischen System gebauten Abschnitten (Perikopen). In der dt. Dichtung v.a. in der Lyrik des 17. Jh.s (bes. bei A. Gryphius).

Trilogie [gr. drei + Geschehnis, Handlung], ursprünglich die drei Tragödien in der gr. Dramen- ↗ Tetralogie, dann allg.: Folge von drei stoffl.-themat. zusammengehörigen Dramen im Rahmen eines Aufführungszyklus (an einem Tag oder an drei aufeinanderfolgenden Abenden), z.B. Klopstocks *Hermanns Schlacht*, O'Neills *Trauer muß Elektra tragen*. Auch für umfangreiche, aus technischen Gründen zweigeteilte, z.T. an zwei Abenden aufgeführte, mit einem einaktigen Vorspiel versehene Dramen (wie Schillers *Wallenstein*, Grillparzers *Das goldene Vlies*, Hebbels *Die Nibelungen*) oder übertragen auf dreiteilige Roman- oder Gedichtzyklen (wie Raabes *Der Hungerpastor*, *Abu Telfan*, *Der Schüderrump*, Goethes *Trilogie der Leidenschaft*).

Trimeter [gr.], in der Antike: jeder Vers aus 3 metr. Einheiten (↗ Dipodien), besonders der prosanahe *jambische* Trimeter mit Zäsur meist nach dem 5. halben Fuß: ◡¯◡¯◡ |¯◡¯◡¯◡◡ (Grundschema). Wichtigster Dramenvers der Antike, häufig auch in Schmähgedichten (↗ Jambus). In der röm Antike als sechshebiger ↗ Senar, im Dt. als sechshebiger alternierender Vers mit Eingangssenkung und männl. Versschluß nachgebildet, z.B. bei Schiller (*Jungfrau von Orleans*, II, 6-8), Mörike (*Auf eine Lampe*) oder im Helena-Akt von Goethes *Faust II*: »Bewúndert víel und víel geschólten, Hélená, / Vom Stránde kómm ich, wó wir érst gelándet sínd«. Als Dramenvers in Dtl. im 17. Jh. durch den ↗ Alexandriner, in der 2. H. des 18. Jh.s durch den ↗ Blankvers abgelöst.

Triolett, n. [frz. triolet, m.], seit dem 13. Jh. nachweisbarer frz. Typus des Rundgedichts (↗ Rondeau): aus 8 Versen, von denen der 1. als 4. und,

zusammen mit dem 2., am Schluß wiederholt wird (Schema: ABaA abAB).
Dt. Nachbildungen bei den ↗ Anakreontikern (z.B. Fr. Hagedorns *Der erste May*), bei A. v. Platen, Fr. Rückert u.a.

Trivialliteratur [von lat. trivialis = allbekannt, gewöhnlich, zu trivium = Kreuzung dreier Wege, allg. zugänglicher Platz], Sammelbez., hängt in der Definition davon ab, welche Maßstäbe jeweils für die sog. ›gehobene‹ oder ›hohe‹ Lit., für den lit. ↗ Kanon gültig sind; meist als inhaltlich und sprachlich-stilistisch ›minderwertig‹ definiert: unkritische, klischeehafte Abhandlung der immer selben Themen (Liebe, Abenteuer, Krieg, Verbrechen, Heimat, ↗ Science Fiction), die auf ›massenhafte‹ Verbreitung bzw. leicht verständl. Unterhaltung zielt. Von der Unterhaltungs- und Schundlit. nicht genau zu trennen, i.d. Regel wird die *Unterhaltungslit.* als reicher in der sprachlichen, thematischen und stofflichen Vielfalt begriffen, die *Schundlit.* dagegen als lit. anspruchsloser und v.a. als moralisch bedenklich. Insbes. seit den späten 60er Jahren des 20. Jh.s wichtiger Gegenstand der Lit.wiss. und Lit.geschichtsschreibung, wichtiger Anstoß zu neuen, v.a. soziolog. und rezeptionsästhet. orientierten Methoden, da die v.a. am Kanon einiger Klassiker entwickelte ↗ werkimmanente Interpretation an der Triviallit. scheitert.
Lit.: P. Nusser: Triviallit., 1991.

Trivium [lat. Dreiweg] ↗ artes

Trobadorlyrik, auch Troubadourlyrik [vermutl. von provenzal. trobar = finden, dichten und komponieren], Sammelbez. für die Lyrik der Trobadors, der südfrz., v.a. provenzal. Dichter-Komponisten und Sänger des 12./13. Jh.s. In manchem mit dem mhd. ↗ Minnesang vergleichbar: für den gesungenen Vortrag bestimmt, mit kunstvollem Einsatz von Reimschemata, Strophenformen und Stilmitteln, z.T. in allgemein verständl. Stil (*trobar leu*), z.T. absichtl. den Sinn verrätselnd und dunkel (*trobar clus*, ↗ geblümter Stil). Bildet wichtige neue Gattungen aus wie die *alba* (↗ Tagelied), die *pastorela* (↗ Pastorelle), die dem Gottes- und v.a. dem Frauenpreis geltende, in Motiven und Thematik dem hohen Minnesang entsprechende *canso* (↗ Kanzone, weiterentwickelt im ↗ dolce stil nuovo und im ↗ Petrarkismus) und das *sirventes* (ein polit.-gesellschaftskrit. Rüge-Gedicht, das v.a. die in den cansos gepriesene höfische Idealwelt angreift). Vermutlich der früheste Trobador: Wilhelm IX., Graf von Poitiers, Herzog v. Aquitanien (1071-1127); Höhepunkte u.a. bei Bertran de Born (vor 1180-1196), Jaufré Rudel (1. H. 12. Jh.), Macabru (dichtete um 1135-1150), Bernart de Ventadour (1150-1170) und Arnaut Daniel (1160-1210). In den Handschriften oft Gedichterläuterungen (*razos*) und stilisierte Lebensläufe (*vidas*), die die Lieder in ihre angebl. Entstehungssituation einordnen. ↗ trouvère
Lit.: D. Rieger (Hg.): Lieder der Troubadours, 1980. – E. Lommatzsch: Leben und Lieder der provenzal. Troubadours, 2 Bde, 1957/1959.

Trochäus, Pl. Trochäen [gr. Läufer], auch choreus [gr. Tänzer], antiker Versfuß aus einer langen und einer kurzen Silbe: $-\smile$. Im Dt., Engl. usw. als Folge von Hebung und Senkung nachgebildet: x́x (↗ akzentuierendes Versprinzip). Ggs. zum ↗ Jambus. Oft auch unabhängig vom Bezug zur gr.-röm. Verskunst als allg. Bezeichnung für die Versfüße in alternierenden Versen ohne Eingangssenkung verwendet. Grundelement u.a. a) des antiken ↗ Tetrameters (8 Trochäen), b) des in der dt. ↗ Anakreontik beliebten reimlosen Vierhebers, c) des für die span. ↗ Romanzen charakteristischen, meist zu vierzeiligen Strophen gefügten Vierhebers mit ↗ Assonanz (nachgebildet z.B. in Herders *Cid*:»Tráuernd tíef saß Dón Diégo«, d) der sog. *serbischen* Trochäen, stets reim- und zäsurlosen 5-Hebern, in die dt. Dichtung von Herder und Goethe als Nachbildung serbischer Volksballaden eingeführt:»Wás ist Wéißes dórt am grünen Wàlde?« (Goethe).

Trope, auch Tropus, m., Pl. Tropen [gr. Wendung, Richtung, Weise, Vertauschung], in der ↗ Rhetorik Bez. für Wörter oder Wendungen, die in einem übertragenen, bildl. Sinn gebraucht werden, z.B. *Blüte* für ›Jugend‹. Im Ggs. zu den ↗ rhetorischen Figuren mit semantischem Unterschied zwischen Gesagtem und Gemeintem, Bezeichnung und Bedeutung. Nach dem Grad der Begriffsverschiebung unterschieden in: a) *Grenzverschiebungs-Tropen*, mit sachl. Beziehung zwischen Gesagtem und Gemeintem, z.B. ↗ Periphrase (Umschreibung: *Höllenfürst* für ›Teufel‹), ↗ Antonomasie, ↗ Emphase, ↗ Hyperbel, ↗ Litotes, ↗ Metonymie, ↗ Synekdoche; b) *Sprung-Tropen*: der gemeinte Wortsinn ›springt‹ in einen anderen Vorstellungs- oder Bildbereich über, z.B. ↗ Metapher (*Löwe* für ›Krieger‹), ↗ Allegorie, ↗ Ironie, ↗ Katachrese. Besonders im ↗ Formalismus, ↗ Strukturalismus (R. Jakobson) und ↗ Poststrukturalismus (G. Genette, R. Barthes, P. de Man) wichtige Grundlage lit.theoret. Überlegungen (vgl. z.B. ↗ binäre Opposition, ↗ Erzählgrammatik, ↗ Syntagma, ↗ Verfremdung, ↗ Überdetermination).

Tropus [gr. Wendung, Richtung, Weise, Vertauschung], textlicher oder/ und musikal. Einschub in liturgische Gesänge des MA; meist zur Erklärung, Belebung oder Ausschmückung; stets mit der Ausgangsmelodie und dem Grundtext verbunden, im Ggs. zu den aus ihm sich entwickelnden, vom Text- und Melodieverbund abgelösten Formen (↗ Sequenz, ↗ geistliches Spiel). Ursprünglich in ↗ Prosa, dann auch versifiziert und gereimt (*leonischer* ↗ Hexameter). Blüte im 9. und 11. Jh., gesammelt in sog. *Troparien*.

Trouvère, m. [von frz. trouver = finden, nach trobar, ↗ Trobadorlyrik], 1. nordfrz. Entsprechung zum provenzal. *trobador*, z.B. Chrétien de Troyes (um 1150-1190, ↗ Artusdichtung), Conon de Béthune (um 1150-1220), Blondel de Nesle (2. H. 12. Jh.), Adam de la Halle (1238-1287), im Mittelpunkt von deren Lyrik v.a. Fragen der dialektischen Liebeskasuistik stehen (vgl. Andreas Capellanus' Traktat *De amore*, um 1185); 2. Bez. für einen Verfasser der ↗ chansons de geste.

Typologie [gr. Lehre vom ↗ Typus], 1. Methode der Bibel- ↗ Exegese
(↗ Allegorese), bezieht Gestalten, Geschehnisse und Sachverhalte des AT
und NT als Typus und Antitypus aufeinander (Adam als Antitypus, Vorausdeutung, ↗ Präfiguration von Christus, Eva als Antitypus von Maria, der
Dornenbusch als Antitypus des Kreuzes usw.); bezieht übertragen auch
bibl. Gestalten auf Heilige (der Hl. Georg als Antitypus zu Christus) bzw.
auf Gestalten der antiken Mythologie (Dionysos als Antitypus zu Christus,
↗ Dionysien). Von großem Einfluß auf das geistliche und weltliche Schrift-
tum und die Kunst des MA; 2. Lehre vom Typischen, vom Typus (Phäno-
typus, Idealtypus), von Grund- oder Urformen, von exemplarischen, abstra-
hierten Mustern. In der Philosophie durch Platon, in der Psychologie durch
C.G. Jung (↗ Archetypus), in der Geisteswiss. durch W. Dilthey (↗ geistesgeschichtliche Lit.wiss.) ausgebildet; 3. Klassifikation von Texten nach typischen Formen, Stofftraditionen und Aussageweisen (↗ Textsorten); an Stelle
der älteren Einteilung in ↗ Gattungen.

Typus [gr. typos = Schlag, Abbild, Muster], allg.: Grund-, Urform, exem-
plarisches Muster, Vorstellung von Personen oder Sachen, die sich aus konstanten, als wesensbestimmend angesehenen Merkmalen zusammensetzt. In
der Lit.wiss.: Gestalt ohne individuelle Prägung, meist auf eine für best.
Stände, Berufe oder Altersstufen charakterist. Eigenschaft reduziert, mit
feststehender Funktion, z.B. der Typus der kupplerischen Alten in der
↗ Komödie. Im Ggs. zum *Charakter*, der mit einer Vielzahl von Eigenschaften ausgestatteten unverwechselbaren, menschenähnlichen Figur.

Überdetermination [zu lat. determinare = vorbestimmen], von S. Freud (*Die Traumdeutung*, 1900) geprägter Begriff, bezeichnet die Vieldeutigkeit der Elemente des Trauminhalts. Geht auf die Tätigkeiten der Traumarbeit zurück, die durch das *Verschieben* einer Bedeutung in ein anderes Wort, in ein anderes Ding usw. und durch das *Verdichten*, das Ansammeln verschiedener Bedeutungen in einem Wort, einem Ding usw. die meisten Traumgedanken in mehrfache Beziehung zueinanderstellt. Von J. Lacan als Resultat rhetorischer Kunstgriffe (Verdichtung = ↗ Metapher, Verschiebung = ↗ Metonymie) bestimmt. Charakteristisches Merkmal auch poet. Texte (↗ Polyvalenz), verursacht nicht nur durch Anwendung rhetorischer Figuren und Tropen, sondern auch durch die Verwendung des ↗ Verses, durch den Bezug auf lit. Schemata wie ↗ Gattung und ↗ Topos, durch den spezifischen werkimmanenten Kontext usw. Wichtige Voraussetzung der dekonstruktivistischen Lektüre von lit. Texten und kulturellen Konstellationen (↗ Poststrukturalismus, ↗ différance).

Überlieferung, Gesamtheit der zu einem Werk überlieferten *Textzeugen*, von der ersten handschriftl. Niederschrift des Autors über die Erstausgabe (↗ editio princeps) bis hin zur historisch-kritischen Ausgabe (↗ Edition, ↗ Textkritik) und zu wörtl. Zitaten bei anderen Autoren. Zu unterscheiden: a) *authentische*, vom Verfasser eigenhändig geschriebene oder redigierte Textzeugen (Autograph), b) *autorisierte*, vom Autor für gültig erklärte Textzeugen, c) *nichtautorisierte* Textzeugen (z.B. Raub- oder Nachdrucke). Nach dem Modus der Überlieferung: a) *kritische* Überlieferung (z.B. die Tradierung antiker Lit. durch alexandrin. oder humanist. Gelehrte), b) *schulmäßige* Überlieferung (die Tradierung der antiken Lit. v.a. in ma. Klosterschulen usw.), c) *dilettantische* Überlieferung (Liebhaberabschriften, z.B. bei mhd. Dichtung), d) *gewerbliche* Überlieferung (durch berufsmäßige Schreiber bzw. in der Neuzeit Drucker und Verlage). Nach der materialen Beschaffenheit der Überlieferungsträger: a) handschriftliche Überlieferung (auf Papier, aber auch auf Gegenständen: ↗ Epigramm), b) gedruckte, c) mündliche, jedoch zum großen Teil nur aus schriftlichen Zeugnissen erschließbare Überlieferung (↗ oral poetry).

Übersetzung, schriftliche Wiedergabe eines Textes in einer anderen Sprache. Stellvertretend für das Original oder als Hilfsmittel für das Verständnis des (meist synoptisch dargebotenen, ↗ Synopse) Originals gedacht; wortgetreu (↗ Interlinearversion), sinngetreu (↗ Paraphrase) oder, v.a. bei poet. Texten, formgetreu. Oft unterschieden in: a) *Übersetzung*: möglichst wortgetreuer Anschluß ans Original, b) *Übertragung*: freiere sinnbetonte Wiedergabe unter voller Berücksichtigung der semantischen, idiomatischen und stilistischen Eigentümlichkeiten der Zielsprache, c) *Nachdichtung*: formbedachte und gehaltkonforme Nachschöpfung, besonders bei poet. Texten. Prinzipiell problematisch, da jede sprachl. Äußerung in einem mehrdeutigen Umfeld (sowohl textimmanent wie außerlit., kulturell, polit. usw.) steht, eine Übersetzung daher aus dem mehrschichtigen Bedeutungsspektrum (↗ Konnotation, ↗ Überdetermination) meist nur best. Sinnschichten herausgreifen kann, die dann, in die Zielsprache transponiert, wiederum Teil eines mehrschichtigen Kontextes werden, meist mit anderem Bedeutungsschwerpunkt. U.a. kaum übersetzbar: stilist. Feinheiten, Wortspiele, mundartl. Färbungen, Wörter ohne entsprechendes Äquivalent in anderen Sprachen (wie z.B. dt. ›Gemüt‹, ›Kultur‹, ›Geist‹).

Lit.: R. Stolze: Übersetzung, ²1997.

Umarmender Reim, auch umschlingender, umschließender Reim, Spiegelreim: abba.

Unbestimmtheit ↗ Leerstelle

Unreiner Reim, auch Halbreim, ungenauer Reim: unvollkommene vokal. oder konsonant. Übereinstimmung der Reimsilben: *blüht : flieht* (qualitativ unrein), *hat : Rat* (quantitativ unrein). Kann mundartl. rein sein, z.B. *neige: schmerzensreiche* (bei dem Frankfurter Goethe), *Menschen : Wünschen* (bei dem Schwaben Schiller) oder nur orthograph. unrein, z.B. *Geld : Welt, Gedränge : Menge*. In der Aussprache unrein: der ↗ Augenreim.

Unterbrochener Reim, regelmäßiger Wechsel zwischen reimlosen und reimenden Versen: xaya. Besonders häufig in ↗ Volkslied und Volks- ↗ Ballade.

Utopie [gr. Nicht-Ort, Nirgendwo; von Th. Morus in *Utopia* (1516) gebildetes Kunstwort aus gr. ou = nicht + topos = Ort, für die fiktive Insel seines Idealstaates unter König Utopos], Bez. für eine lit. Gattung, die eine ideale Welt entwirft und in einem räumlich oder/und zeitlich fernen Staat ansiedelt. Erlaubt dem Leser, sich auf diese ideale Welt einzulassen, an sie als Möglichkeit, nicht als Wirklichkeit zu glauben, schützt den Autor vor Zensur und kaschiert dessen Kritik an gegebenen gesellschaftl.-polit. Zuständen. Orientiert sich formal häufig an Morus' *Utopia*: Kontrastierung der idealen Welt mit negativen Erfahrungen, Verkleidung der Utopie als Reisebericht, Verwendung des Dialogs, ironische Distanz des Erzählers, satirische Züge; nutzt v.a. die Form des ↗ Essays und des ↗ Romans. Bsp.: T. Campanella, *Civitas solis* (1602), Fr. Bacon, *Nova Atlantis* (1627), C. de Bergerac, *L'autre monde ou les états et empires de la Lune* (1657), J. Swift, *Gullivers travels* (1726), J.G. Schnabel, *Insel Felsenburg* (1731/43), Fr.G. Klopstock, *Dt. Gelehrtenrepublik* (1774), A. Bogdanov, *Der rote Planet* (1907), A. Huxley, *Brave New World* (1932), H. Hesse, *Glasperlenspiel* (1943), G. Orwell, *1984* (1948), G. Grass, *Die Rättin* (1986) u.a. Oft auch für einen philosophischen Zukunftsentwurf allg. (wie Platons *Politeia*, 4. Jh. v.Chr., oder die Utopie vom Paradies bzw., als negative, erschreckende Utopie, von der Apokalypse in der Bibel), auch für ein Denkmuster, das durch das »Prinzip Hoffnung« (E. Bloch) und die Unzufriedenheit mit den gegebenen polit., sozialen usw. Zuständen bestimmt wird. V.a. im 19. Jh. und in der Umgangssprache oft abwertend verwendet (›utopisch‹ im Sinn von ›wirklichkeitsfremd, unerfüllbar‹). Als lit. Gattung im 20. Jh. z.T. von der ↗ Science Fiction abgelöst.

Lit.: W. Braungart: Die Kunst der Utopie, 1989. – W. Voßkamp (Hg.): Utopieforschung, 3 Bde, 1982. – K.L. Berghahn./H.U. Seeber: Lit. Utopien von Morus bis zur Gegenwart, 1982.

Ut pictura poesis [lat. wie ein Bild (sei) das Gedicht], von der Spätantike bis ins 18. Jh. zur programmatischen Formel erhobenes Zitat aus der *Ars poetica* des Horaz (V. 361); dient dort der Unterscheidung zwischen ›guter‹ und ›schlechterer‹ Dichtung: »Eine Dichtung ist wie ein Gemälde: es gibt solche, die dich, wenn du näher stehst, mehr fesseln, und solche, wenn du weiter entfernt stehst; dieses liebt das Dunkel, dies will bei Licht beschaut sein und fürchtet nicht den Scharfsinn des Richters; dieses hat einmal gefallen, doch dieses wird, noch zehnmal betrachtet, gefallen.« Meist als Forderung nach einer ›malenden‹, beschreibenden, auch bilderreichen Dichtkunst und einer ›sprechenden‹, erzählenden Malerei (↗ Allegorie) mißverstanden. ↗ Laokoon-Problem

Vagantendichtung, umstrittene Bez. für die weltliche lat. Dichtung v.a. des 12. und 13. Jh.s, besonders für mittellat. Lyrik verschiedenster Gattungen: Liebes-, Tanz-, Trink-, Spiel-, Buhl-, Bettel- und Scheltlieder, Parodien, Satiren und Schwänke; z.T. wohl verfaßt von den namengebenden *Vaganten* (lat. Umherschweifende), einer zwischenständischen Schicht ›fahrender‹, d.h. reisender, auch wohnsitzloser Studenten (Scholaren) und Studierter (Mönche, Geistliche). Als charakteristisch gelten eine jugendl. libertinistische Unbekümmertheit, der Lobpreis eines ungebundenen Lebensgenusses, der Liebes- und Sinnenfreude, ein witziger, scharfzüngiger, wortgewandter, an gelehrten Anspielungen reicher, gelegentl. auch Lat. und Dt., Lat. und Frz. mischender Stil und eine krit. Einstellung gegenüber etablierten Mächten, Formen und Regeln insbes. der Kirche. Neben ↗ Vagantenzeile und -strophe zahlreiche andere metrische und rhythmische Schemata; i.d. Regel gesungen vorgetragen. Zum Großteil in den sog. *Carmina burana* (13. Jh., nach dem Fundort, dem Kloster Benediktbeuren) gesammelt. Lebt weiter in den neuzeitl. Studentenliedern (z.B. in dem auf einen Text der Vagantendichtung zurückgehenden *Gaudeamus igitur*, gesammelt in den sog. *Kommersbüchern*).

Vagantenzeile, Langzeile der mhd. (↗ Vaganten-)Dichtung mit 7 Hebungen (einem vierhebigen Siebensilbler und einem dreihebigen Sechssilbler) und einer ↗ Diärese nach der 4. Hebung: »Méum ést propósitúm / ín tabérna móri« (Archipoeta); 4 durchgereimte Vagantenzeilen bilden eine *Vagantenstrophe*.

Variante [zu lat. varius = verschiedenartig, wechselnd], Bez. der ↗ Textkritik für eine Abweichung vom textkritisch erarbeiteten Haupttext (↗ Lesart) oder vom endgültig vom Autor autorisierten Text. Bei kritischen Ausgaben im Apparat aufgeführt: a) Autor- oder Entstehungs-Varianten, d.h. Verbesserungen, Änderungen eines Textes durch den Autor selbst, b) Überlieferungs- oder Fremd-Varianten, d.h. absichtl. oder zufällige Eingriffe von fremder Hand, z.B. vermeintl. Verbesserungen (etwa der Reime, der Wortwahl) durch Schreiber oder Redaktoren, Abschreibefehler und andere Versehen (Auslassungen von Wörtern, Zeilen); oft von möglichen Autor-Varianten nicht zu unterscheiden.

Verfremdung, 1. allg. jede Distanzierung der poet. Sprache von der Alltagssprache, der poet. Welt von der alltäglichen Welt. Entsteht z.B. durch eine von der ↗ Prosa unterschiedene Aussprache (z.B. die vom Metrum erzwungene Betonung der Endungsvokale in frz. Verstexten und Liedern, vgl. »Frère Jacques«), durch auffällige Schreibung, Lexik (↗ Archaismus, ↗ Neologismus), Syntax (↗ Inversion), Gliederung (↗ Alliteration, ↗ Reim, ↗ Vers u.a.), durch ↗ Redundanz, ↗ Polyvalenz, Wortspiel (↗ Witz), durch den Verzicht auf die psychologische Motivation von Handlungen (↗ mythisches Analogon), das Aussparen alltäglicher menschlicher Bedürfnisse, das verrät, daß die poetische Welt eine künstlich erzeugte ist (in vielen Romanen müssen die Figuren nicht auf die Toilette, an Heuschnupfen leidet kaum eine), usw.; 2. im russ. ⊅ Formalismus (V. Šklovskij, *Die Kunst als Verfahren, Die Auferweckung des Wortes*, beide 1916) als spezifische Funktion der Kunst erkannt: die ›Auferweckung‹ der alltäglichen, selbstverständlich gewordenen, automatisierten Sprache, das Bewußtmachen alltäglicher Situationen, Vorgänge, verblaßter Metaphern, künstler. Konventionen, lit. Gattungsschemata, bestimmter Lese- und Sehgewohnheiten (⊅ Erwartungshorizont) u.ä. durch die ›(Ver-)Störung‹ des Rezipienten, durch die Einordnung z.B. von verblaßten Metaphern in einen best. Kontext, der deren sonst nicht bemerkten Bildwert ›erweckt‹ (z.B. »ihm sank Ohr und Mut«, Wieland, ⊅ Zeugma), oder durch die befremdende Schilderung menschl. Umgangsformen aus der Sicht eines Pferdes. Lenkt zugleich das Interesse des Rezipienten immer auch auf die verfremdende ›künstler.‹ Form selbst. Für Gattungen wie ⊅ Witz, ⊅ Satire, ⊅ Parodie, ⊅ Travestie, ⊅ Groteske konstitutiv; v.a. in der modernen Lyrik, Roman- und Theaterlit. forciert (z.B. durch den Verzicht auf Reim und Vers in einem lyrischen Gedicht, den Verzicht auf eine zusammenhängende Geschichte in einem Roman, den Bruch mit den traditionellen, an der Chronologie der Handlung ausgerichteten Erzählverfahren, durch ⊅ Simultantechnik, ⊅ stream of consciousness usw.); 3. in B. Brechts Konzept des ⊅ epischen Theaters zentraler Begriff (›V-Effekt‹), bezeichnet die technischen Mittel zur Verfremdung (durch Dramenbau, Bühnenbau, Spielweise usw.); mit dem marxistischen Begriff der *Entfremdung* verbunden: Der Zuschauer soll durch die bewußt künstlich inszenierte Theaterwelt die geschichtliche Bedingtheit, Widersprüchlichkeit und Konstruiertheit der wirklichen Welt erkennen.

Vergleich, 1. allg.: jede Form, durch die zwei oder mehrere Phänomene miteinander in Beziehung gesetzt und aneinander gemessen werden; 2. ⊅ rhetorische Figur, bestimmt eine gemeinsame Eigenschaft (*tertium comparationis*) zwischen den miteinander verglichenen Phänomenen: »Haare (schwarz) wie Ebenholz, Wangen (weiß) wie Schnee und Lippen (rot) wie Blut«. Ohne den Vergleichspartikel ›wie‹ eine ⊅ Metapher: »Das Ebenholz ihrer Haare, der Schnee ihrer Wangen, das Blut ihrer Lippen.« Episch breiter ausgeführt im ⊅ Gleichnis oder in der ⊅ Parabel.

Verismus [von lat. verus = wahr], Bez. für die photographisch-dokumentarische Wiedergabe der ›nackten‹ und besonders auch der häßlichen, schokkierenden Wirklichkeit in Lit., Schauspiel, Oper, bild. Kunst, Photographie und Film. I.d. Regel mit sozialkritischer, anklagender Absicht. Definiert anders als der ⊅ Realismus ›Wirklichkeit‹ gerade als das Krasse, Perverse, Grausame und Grelle. Gezielt z.B. bei L. Tolstoij, H. Ibsen, im ⊅ Theater der Grausamkeit, in der bild. Kunst bei G. Grosz, O. Dix, im Film bei D. Lynch u.a.

Vers [lat. versus = Wendung (des Pflugs), im übertragenen Sinn: Furche, Zeile], 1. Zeile eines Verstextes, definiert durch eine von der normierten Alltagssprache und der ⊅ Prosa abweichende, über sie hinausreichende Ordnung; erzeugt durch die Wiederholung bestimmter Schemata, die die

Anordnung, Reihenfolge und rhythmisch-phonetische Beschaffenheit der Wörter sowohl innerhalb der Zeile wie innerhalb des Textes regeln. I.d. Regel aus metrischen Schemata zusammengesetzt: a) einer im voraus best. Silbenzahl (↗ silbenzählendes Versprinzip), b) einer best. Zahl der betonten Silben bei freier Umgebung (akzentzählendes Versprinzip) oder c) einer best. Zahl und Beschaffenheit der geregelt aufeinanderfolgenden qualitativ unterschiedenen Silbentypen (↗ akzentuierendes, ↗ quantitierendes Versprinzip), d) darüber hinaus z.T. auch durch die metrisch festgelegte Pause(n) innerhalb der Zeile (↗ Zäsur, ↗ Dihärese, oft zur Teilung des Verses in gegensätzl. profilierte rhythmische Einheiten – ↗ Kola – genutzt). Braucht zumindest ein Gegenstück, einen weiteren Vers (oder auch einen mit einer best. Form assoziierbaren Titel), der die Folie ist, vor der die schematische Wiederkehr dieser Merkmale erst erkannt werden kann. Häufig durch Elemente der Wiederholung auf phonet., semant. und grammat.-syntakt. Ebene unterstützt (↗ Alliteration, ↗ Stabreim, ↗ Epipher, ↗ Anapher, ↗ Gemination, ↗ Symploke, ↗ Antithese, ↗ Parallelismus, ↗ Chiasmus); z.T. in größere metrische Ordnungssysteme (↗ Strophe) eingebunden. Am Ende durch eine Pause markiert, angezeigt a) durch den typographischen Umbruch: das Weiß am Ende der Zeile, b) (v.a. in antiken und ma., für den mündlichen Vortrag bestimmten, bei der Niederschrift aus Gründen der Papierersparnis meist als fortlaufender Text angeordneten Versen) durch eine wiederkehrende rhythmische oder/und klangliche Formel (wie die unumstößliche Abfolge von ↗ Daktylus und ↗ Trochäus am Ende des klassischen ↗ Hexameters oder die obligatorische männl. ↗ Kadenz in der ↗ Nibelungenstrophe, wie ↗ Reim bzw. ↗ Assonanz); oft durch eine syntakt. Pause (Satzende, Ende des Satzteils, Satzzeichen) verstärkt oder durch Überschreitung (↗ Enjambement: z.B. durch Weiterführen des Satzes oder durch den gewaltsamen, der Sinn- und Satzstruktur zuwiderlaufenden Satzumbruch, die sog. *harte Fügung*, durch die rhythmische Verlagerung der Betonungen oder durch die ›Tarnung‹ der Reimwörter usw.) verwischt bzw. hervorgehoben. Durch die Aufgabe der metrischen Regulierung in der modernen ↗ Lyrik (↗ freie Rhythmen) häufig einziges notwendiges Merkmal des Verses. Der Vers gilt als Stimulation menschl. Bewegungs- und Artikulationsorgane und als Erfüllung eines menschl. Grundbedürfnisses nach Harmonie (Ordnung, Wiederkehr, Gleichmaß und Vertrautheit). Der russ. ↗ Formalismus hat ihn als bedeutsamkeitsstiftendes und störendes, die alltägliche Sprache verfremdendes Element beschrieben: Die Einschränkung des Sprachflusses auf best. Grundmuster durch den Vers greift in die Logik des Satzbaus, der Satz- und Wortakzente ein, verändert den Funktionszusammenhang von Form und Inhalt, zerstückt den Satz- und Sinnzusammenhang und hebt die natürliche, durch Tempo- und Betonungswechsel ausgedrückte Hierarchie der Sprachelemente auf: a) durch die gleichmäßige Verteilung sinnunterstützender Betonungen, b) durch die Gleichwertigkeit grammatikalisch wie semantisch unterschiedl. Wörter (als Realisation eines Trochäus z.B. nimmt eine Konjunktion denselben Stellenwert ein wie ein Substantiv oder Verb, ↗ Syntagma), c) durch die Steigerung, Verlangsamung und Überhöhung des Sprech- bzw. Leserhythmus (bedeutungsschwer, mit Nachdruck gesprochen ist jede Silbe, jeder Buchstabe, jede Pause eines Verstextes zu denken, am Versende stockt der Fluß der Sprache: Jede Überschreitung muß die Spannung zwischen Metrum, einem Prinzip der Wiederholung, und Syntax, einem Prinzip des Fortschreitens und der Melodie, aushalten), d) durch das Errichten einer Zone verschärfter Wahrnehmung, in der alle formalen Eigenschaften der Sprache potentiell Teile eines Ausdrucks- und Bedeutungssystems sind, e) durch den Traditionszusammenhang des jeweiligen Versmaßes, das wie andere lit. Elemente auch (↗ Gattung, ↗ Stoff, ↗ Motiv, ↗ rhetorische Figur, ↗ Trope, ↗ Topos, dramatische Formen wie ↗ Akt, ↗ Dialog, Bühnenform, erzähltechn. Verfahren wie ↗ auktoriales Erzählen, ↗ stream of consciousness usw.) ein vorgeprägtes, schon benutztes Muster ist, keine ›nackte‹ Form; durch den Kontext seiner Verwendung (in einem best. Werk, einer best. ↗ Gattung, einer best. Gesellschaft usw.) eine Ansammlung von Bedeutungen, eine Art des ↗ kulturellen Gedächtnisses, das von den jeweiligen Texten mehr oder weniger ausgebaut, verändert bzw. überlagert wird; 2. seit dem 17. Jh. in der Bed. ›Zeile‹ Ersatzwort für das mhd. rîm, das gr. stichos; 3. nach der Kirchensprache, wo ein vertonter Bibelvers einer Strophe entspricht: ›Vers‹ im Sinn von ↗ Strophe; 4. allg.: Synonym für die ↗ gebundene Rede und die mit ihr verbundenen Phänomene (oft gleichgesetzt mit der ›Poesie‹ allg.) im Ggs. zur ungebundenen Rede, zur ↗ Prosa.

Lit.: D. Breuer: Dt. Metrik und Versgeschichte, ³1994. – J.M. Lotman: Die Struktur lit. Texte, ⁴1993. – C. Wagenknecht: Dt. Metrik, ³1993. – A. Behrmann: Einführung in den neueren dt. Vers, 1989. – S.J. Schmidt/ A. Barsch: Generative Phonologie und Generative Metrik, 1981. – W. Hoffmann: Altdt. Metrik, ²1981. – A. Heusler: Dt. Versgeschichte, 3 Bde, 1925ff. ↗ antiker Vers

Verschränkter Reim, auch erweiterter Kreuzreim: abc(d) abc(d).

Vers commun [frz. gewöhnl., gemeiner Vers], jambisch alternierender 10Silbler (männl. Reim) oder 11Silbler (weibl. Reim), mit ↗ Zäsur nach der 4. Silbe:»Auff, aúff, mein Géist, / und dú mein gántzer Sínn, // Wirff alles das / was Welt ist von dir hin« (Opitz). In Frkr. neben dem ↗ Alexandriner beliebteste Versart; mit dem ital. ↗ endecasillabo und dem ungereimten engl. ↗ Blankvers vergleichbar, durch die regelmäßige Wiederkehr derselben Zäsur auf Dauer jedoch monotoner.

Versepistel ↗ Brief

Versepos, Bez. für das ↗ Epos, die v.a. seine Besonderheit als *Vers*dichtung im Unterschied zu Prosaformen der ↗ Epik, insbes. zum ↗ Roman hervorhebt.

Verserzählung, 1. allg. Bez. für jedes kürzere ↗ Epos in Versen, umfaßt das antike ↗ Epyllion, das altgerman. Heldenlied, die Verslegenden und Reimversschwänke, die ↗ bîspeln und ↗ mären des MA genauso wie die ↗ Fabeln, ↗ Idyllen, ↗ Novellen, ↗ Märchen usw. in Versen; mit fließenden Grenzen zum längeren Versroman (z.B. A. Puschkins *Eugen Onegin*, ↗ höf. Roman) und zu sangbaren Gattungen wie ↗ Romanze und ↗ Ballade; 2. besonders: Bez. für eine in Dtl. seit der Mitte des 18. Jh.s v.a. durch Chr.M. Wieland (*Moralische Erzählungen*, 1752, *Komische Erzählungen*, 1762/65), in Frkr. und England früher, v.a. durch Lafontaine (↗ Fabeln) und A. Pope (*The Rape of the Lock*, 1712) ausgebildete Gattung, die alle unter 1) angeführten Formen in sich aufnehmen kann, sich aber durch einen besonderen, ›tändelnd-leichtfüßigen‹ Erzählton und durch die kontrastierend genutzte, konsequent durchgeführte Mischung epischer, lyrischer und dramatischer Elemente auszeichnet: Im Mittelpunkt steht weniger die Handlung als die Gegenüberstellung verschiedener lit. Gattungen, die Gegenüberstellung von erzähltem Handlungsbericht, philosoph. Reflexion und lyrischer Einlage (Stimmungsbild, Träumerei u.a.), ironisch-scherzhaftem und emphatisch-ernsten Ton, prosanahem Stil (mit Hypotaxen, Enjambements, variablem Versmaß mit Füllungsfreiheit und freier Reimstellung wie ↗ Madrigalvers, ↗ vers libre, ↗ Blankvers) und liedhaft- fragmentarischen Passagen. Nähe zu ↗ Travestie, ↗ Burleske, ↗ Parodie: nimmt vom ↗ Epos z.T. Vers- und Stophenformen (↗ Hexameter, ↗ Terzine, ↗ Stanze), den mytholog. Stoff und Konventionen wie den Musenanruf (↗ invocatio), zeigt aber anders als dieses die menschl. Schwächen der Götter und Helden, konzentriert sich auf alltägliche, für die Figuren immer ohne schwere Folgen bleibende Belanglosigkeiten, erzählt vom immer selben Lauf der Welt und läßt den Erzähler in einem weltläufig-modernen Jargon mit den Lesern plaudern. Spielt formal wie inhaltlich (zentrales Ereignis: ein tabuisiertes Thema wie der Geschlechtsverkehr, ein gesellschaftlicher Skandal, oft auch die ›Schändung‹ einer Göttin oder die unernste Behandlung einer Legende) mit der ästhetischen Distanz des Lesers, setzt die verschiedenen Erzählverfahren und den Vers ausdrücklich als künstl. Systeme in Szene (↗ Dialogizität der Verssprache: auf andere Versmaße anspielender Rhythmuswechsel, holpernde Rhythmen, gesuchte, ›unpoet.‹ Reimwörter, ↗ Augenreime; Verfahren des humoristischen Romans wie Abschweifungen, ausdrückl. Verzicht auf die Motivation der Handlung ↗ Zeugma usw., ↗ Humor). Weitere Bsp.: W. Heinse, *Erzählungen für junge Damen und Dichter* (1775), J.J. Eschenburg, *Poetische Erzählungen* (1788), W. Scott, *The Lay of the Last Minstrel* (1805), J. Keats, *Endymion* (1817/18), Lord Byron, *Don Juan* (1819/23), H. Heine, *Deutschland. Ein Wintermärchen* (1844), N. Lenau, *Don Juan* (1851 erschienen), D. v. Liliencron, *Poggfred* (1891), P. Rühmkorf, *Über das Volksvermögen* (1967), u.a.

Versfuß, auch ↗ Metrum: kleinste Einheit einer Verszeile, feststehend in Zahl und Abfolge mehrerer, nach Dauer oder Gewicht unterschiedener Silben, z.B. der ↗ Daktylus (aus einer langen und zwei kurzen Silben: −∪∪. ↗ Dipodie, ↗ Takt.

Vers libre [frz. freier Vers], 1. auch vers mêlé: Bez. für den in der frz. Lit. des 17. Jh.s beliebten ↗ freien Vers: von beliebiger Länge, doch mit Reim und gleicher metrischer Füllung, meist verschieden lange jambische Zeilen; 2. Bez. für den im frz. ↗ Symbolismus entwickelten, theoret. fundierten und programmatisch eingesetzten freirhythmischen, reimlosen Vers; entspricht formal den sog. ↗ freien Rhythmen des 18. Jh.s.; aufgegriffen u.a. von W. Whitman, E. Pound , R.M. Rilke, E. Stadler; 3. z.T. auch für Verse verwendet, die die syntaktisch-logischen Bezüge der Sprache auflösen (Verse aus Einzelwörtern, Silben, Buchstaben).

Versifikation [lat. Verse machen], Umformung eines Prosatextes in Verse.

Vierheber, auch Viertakter: Vers mit 4 Hebungen oder 4 ↗ Takten, entweder mit freier Senkungsfüllung oder alternierendem Wechsel von ↗ Hebung und Senkung, mit freier oder vorbestimmter ↗ Kadenz, evtl. mit ↗ Auftakt. Basisvers der ↗ akzentuierenden Dichtung (↗ Knittelvers, ↗ Volksliedstrophe, ↗ Nibelungenstrophe).

Vierzeiler, Strophe aus 4 Verszeilen; Grundform metrischer Gruppenbildung, häufig v.a. in der volkstüml. Lyrik und Epik (↗ Nibelungenstrophe); aus gleich oder unterschiedlich langen Versen, reimlos oder mit Kreuzreim (abab)/Paarreim (aabb)/umschließendem Reim (abba) bzw. Durchreimung (aaaa) oder ↗ Assonanzen. Am häufigsten: a) der durch Kreuzreim verbundene Vierzeiler, mit vierhebigen bzw. achtsilbigen Zeilen (typ. Strophenform des ↗ Volkslieds, der ↗ Ballade, des Kirchenlieds und der volkstüml. Kunstlyrik, v.a. in der Romantik, ↗ Volksliedstrophe; vgl. die engl. Bez. *common metre*), b) die sog. ↗ chevy-chase-Strophe.

Vita, Pl. Viten [lat. Leben], Lebensbeschreibung, ↗ (Auto)biographie, vornehml. Abriß der äußeren, aktenmäßigen Lebensdaten (*curriculum vitae*). Bsp.: G. Boccaccio, *Vita di Dante* (um 1360), G. Vasari, *Vite de' piu eccellenti architetti, pittori et sculptori italiani* ... (1550/58), u.a.

Volksbuch, von J. Görres (*Die teutschen Volksbücher*, 1807) geprägte Bezeichnung: die populären, in »gemeiner prosaischer Form« verfaßten Druckwerke des späten 15./16./17. Jh.s (auch volksmedizin. Schriften, Wetterprophezeiungen, Kalender usw.), die sich v.a. durch einen jahrhundertelang fortwährenden Gebrauch und immer wieder neue, fortwährend sich verändernde Bearbeitungen auszeichnen, z.B. *Die schöne Magelone, Melusine, Faust, Eulenspiegel, Gregorius*; im 20. Jh. eingeengt: die fiktionale Erzähllit. dieser Zeit, insbesondere der frühnhd. Prosaroman. In der dt. Romantik als Buch aus dem Volk und für das Volk verklärt, jedoch ursprünglich v.a. für einen adeligen Rezipientenkreis bestimmt, von meist adeligen Verfassern, z.B. Elisabeth v. Nassau, Eleonore v. Österreich); quellen- und stoffgeschichtl. v.a. dem MA und der Antike verpflichtet (z.B. ↗ Prosaauflösung höfischer Epen, Übersetzung antiker, z.T. auch oriental. Dichtungen, Vereinigung von Geschichten unterschiedl. Herkunft unter einem eine lose Einheit stiftenden neuen Namen wie z.B. beim *Eulenspiegel*). Wichtiges Zeugnis des beginnenden Gutenbergzeitalters (Übergang von der Münd-

lichkeit zur Schriftlichkeit: ↗ oral poetry). Charakteristisch: der paratakti-
sche, z.T. derbe, insgesamt aber bewußt unindividuelle, neutral anmutende
Stil, der Verzicht auf die gerade in der späten antiken und ma. Versdichtung so kunstvoll eingesetzten rhetorischen Kunstmittel, Perspektivenwechsel und Erzählerkommentare, die allmähliche Herausbildung von für uns
heute ›realistischen‹ Erzählverfahren (Zersetzung des ↗ mythischen Analogons, z.b. durch die psychologische Motivation der Handlung, den Aufbau
von Spannung, einen zentralen, die verschiedenen Ereignisse von seiner
Perspektive aus betrachtenden Erzähler oder Helden). Zahlreiche Nachahmungen, Fortsetzungen (die *Schildbürger*, 1598, als Fortsetzung des *Lale-
buchs*) und Neuverarbeitungen (bei Goethe, Tieck u.a.)
Lit.: X. v. Ertzdorff: Romane und Novellen des 15. u.16. Jh. in Dtl., 1989.
– H.J. Kreutzer: Der Mythos vom Volksbuch, 1977.

Volkslied [von J.G. Herder 1773 dem engl. ›popular song‹ nachgebildet],
↗ Lied von einem meist unbekannten Verfasser, scheint dem »Volk aus der
Seele« zu sprechen und aus »uralten Zeiten« (meist aus dem 14.-19. Jh.)
überliefert, definiert sich durch seine kollektive und mündliche Rezeption:
von breiten Volksschichten gesungen, auch ›zer-sungen‹ (d.h. in Wortlaut,
Versform, Strophenfolge, Aussage, Melodie usw. verändert). Einprägsam in
Inhalt (im Mittelpunkt: Liebe und Tod), Form (meist ↗ Vierzeiler) und
Melodie, reich an metrischen und rhythmischen Entsprechungen und Wie-
derholungsfiguren (↗ Reim, ↗ Alliteration usw.), mischt widersprüchl. Stil-
elemente (Pathos und Trivialität, Bericht und Gefühlsausdruck, Heiterkeit
und Traurigkeit usw.), vernachlässigt Logik, Informationsgenauigkeit und
grammat. Richtigkeit. V.a. seit der engl. und dt. ↗ Romantik (Herder,
Th. Percy, J. Grimm, J.W. v. Goethe, A. v. Arnim, C. Brentano) von bekannten Dichtern nachgeahmt und eigentl. erst ›erfunden‹, z.T. bewußt als
Volkslied, als fremdes, nur gehörtes Lied ausgegeben.
Lit.: W. Suppan: Volkslied, ²1978. – F.K. v. Erlach: Die Volkslieder der Dt.,
5 Bde, 1834-37. – A. v. Arnim/C. Brentano: Des Knaben Wunderhorn,
3 Bde, 1806-8.

Volksliedstrophe, besonders oft in volkstüml. und romant. Lyrik (z.B. Heines *Buch der Lieder*) anzutreffen: 4 sog. Volksliedzeilen mit 4 bzw. 3 Hebungen und Füllungsfreiheit, mit Reimschema abab, meist mit abwechselnd weibl. und männl. Ausgang. Vermutl. durch die Abspaltung von
2 Langzeilen aus der ↗ Nibelungenstrophe entwickelt.

Volkstheater, 1. als Synonym von *Volksstück* [seit der 2. H. des 18. Jh.s be-
legter Begriff]: jedes Bühnenstück über das Volk und für das Volk, besonders das von professionellen Schauspieltruppen (oder Laienorganisationen)
für ein breites Publikum teils auf ↗ Wanderbühnen, teils an den festen Vor-
stadtbühnen großer Städte gespielte volkstüml. Theaterstück. Charakteristisch: die komödiantisch-virtuose Darbietung, oft mit musikalischen (Ge-
sangsnummern), pantomimischen und tänzerischen Einlagen, und die kari-
kierende Zeichnung der Charaktere, best. Gesellschaftsformen und Rede-

weisen. Zeigt meist eine »alltägliche, kleine Welt, in die die große Außenwelt eher bedrohlich, oft auch lächerlich hineinwirkt« (K. Zeyringer). Lit.historisch herausragend: das *Wiener Volkstheater*, von J.A. Stranitzky (um 1676-1726) und P. Hafner (1735-1764) angeregt, mit heute noch bespielten Theaterbauten (Kärntnertor-, Leopoldstädter-, Josefsstädter Theater, Theater an der Wien); meist heitere oder satirische (Lokal-) ↗ Possen, ↗ Zauberstücke und ↗ Singspiele, die auf spezifische Weise Gesellschaftskritik mit Sentiment und Skurrilles mit Phantastisch-Märchenhaftem mischen; führt die Tradition der ↗ Commedia dell'arte (↗ Stegreifdichtung, Typen wie ↗ Hanswurst, Kasperl, Staberl, Gesangs- und Tanzeinlagen) und der barocken ↗ Haupt- und Staatsaktion (üppige Ausstattung, Ballette, Theatermaschinerie) fort. Die bekanntesten Wiener Volkstheaterdichter: F. Raimund (z.B. *Der Alpenkönig und der Menschenfeind*, 1828) und J. Nestroy (z.B. *Der Talisman*, 1840); auch Mozarts *Zauberflöte* (1791) wurde an einem Wiener Volkstheater uraufgeführt. Großen Einfluß auf so unterschiedl. Autoren wie G. Hauptmann (↗ Naturalismus), H. v. Hofmannsthal, B. Brecht, C. Zuckmayer, Ö. v. Horváth, Fr.X. Kroetz, P. Turrini u.a.; 2. Bez. für ein Theaterunternehmen, das im Ggs. zum Hof- und Bürgertheater inhaltlich und finanziell von allen Schichten getragen wird; so erstmals von Goethe im Ggs. zu *Hoftheater* gebraucht.
Lit.: S.T. Schmitz: Das Volksstück, 1990. – H. Aust/P. Haida/J. Hein: Volkstheater, 1989.

Vormärz, neben ↗ Jungem Deutschland und ↗ Biedermeier häufig gebrauchter, zeitl. jedoch nicht genau definierter Begriff für die lit.geschichtliche Phase vor der dt. Märzrevolution 1848 (Scheitern der v.a. mit der Julirevolution 1830 begonnenen Emanzipations-, Nationalisierungs- und Demokratisierungsversuche des Bürgertums), i.d. Regel auf die Zeitspanne 1830-1848 festgelegt (z.T. erweitert: vom Wiener Kongreß, von 1815 an, oder eingeengt: vom Beginn der ein starkes Nationalgefühl auslösenden Rheinkrise, von 1840 an). Besonders zur Bez. der polit. progressiven Spielart des (mehr konservativen) ↗ Biedermeier verwendet, zu der H. Heine (*Neue Gedichte*, 1844), G. Herwegh (*Gedichte eines Lebendigen*, 1841/43), H. Hoffmann v. Fallersleben (*Unpolitische Lieder*, 1841), F. Freiligrath (*Ça ira*, 1846), G. Weerth, L. Pfau, z.T. auch G. Keller, G.G. Gervinus (↗ Lit.geschichte) und politisch linke Schriftsteller wie K. Marx und Fr. Engels gerechnet werden, die fast alle für kurze oder längere Zeit ins Exil (Zürich, Brüssel, Paris, London) gehen mußten (↗ Exilliteratur) und ihren Texten oft einen Programm-, Bekenntnis-, Aufruf- oder Pamphletcharakter verliehen haben.
Lit.: W. Labuhn: Lit. und Öffentlichkeit im Vormärz, 1980. – H.-W. Jäger: Polit. Metaphorik im Jakobinismus und im Vormärz, 1971. – J. Hermand: Der dt. Vormärz, 1967.

Vorspiel, Szene, Szenenfolge oder Einakter, der einem längeren Drama (Oper, Film etc.) vorangeht; im Ggs. zum ↗ Zwischen- und ↗ Nachspiel thematisch und funktional eng mit dem Hauptstück verbunden, dient der

Einstimmung des Zuschauers, enthält die Vorgeschichte des dramatischen Geschehens (in Wagners *Rheingold*), eine Charakterisierung des Milieus (in Brechts/Weils *Dreigroschenoper*) oder des Haupthelden (in Schillers *Wallensteins Lager*), die Bedingungen der Haupthandlung (Goethes *Faust*) oder eine Rahmenhandlung.

Wagenbühne, auch Prozessionsbühne: in MA, ↗ Renaissance und ↗ Barock weitverbreit, Bühnenform des ↗ geistlichen, z.T. auch weltlichen Spiels (z.B. ↗ Fastnachtsspiel); in England im Rahmen der theatral. gestalteten Fronleichnamsprozessionen (fahrbare Altäre) im 13. Jh. ausgebildet (engl. *pageant*): Durch die Straßen geführte, zumeist doppelstöckige Wagen mit aufgebauter Spielszene (oft ↗ tableaux vivants, ↗ Allegorien), die an vorbestimmten Stellen hielten und aktiv bespielt wurden.

Waise [Bez. aus der Meistersingerterminologie], reimlose Zeile innerhalb einer gereimten Strophe. Reimen zwei Waisen verschiedener Strophen miteinander, so spricht man von *Korn(reim)*.

Wanderbühne, auch Wander-, Straßentheater: Bez. für reisende Berufsschauspieler ohne festes Theater. Für das dt. Drama (↗ Haupt- und Staatsaktion) des ↗ Barock wichtig: die reisenden *engl. Komödianten* mit einem relativ vom Text unabhängigen Aktionstheater im Ggs. zum Deklamationstheater des humanist.-protestant. ↗ Schuldramas, mit szenischem Realismus anstelle symbolischer Stilisierung, mit der Alltagsrede nahen Prosasprache anstelle der Verssprache, der Figur des ↗ Hanswursts und mit ↗ Stegreifeinlagen. Im 18. Jh. bedeutend: die Wanderbühnen um J. und C. Neuber, J.Fr. Schönemann, K. Ackermann und A.W. Iffland; aktiv an den Versuchen einer ↗ Nationaltheater-Gründung (z.B. in Hamburg, Mannheim) beteiligt, mit regelmäß. Aufführungen an Hoftheatern, schließl. fest in höfisch oder bürgerl. geführte Theater integriert. Im 19./20. Jh. Fortführung im Tournee- und Straßentheater.

Wechsel, Liedgattung des ↗ Minnesangs: Kombination einer Frauen- und einer Männerstrophe, wobei die Rollenfiguren nicht miteinander (dialogisch), sondern übereinander sprechen und ihre Gefühle und Gedanken monologisch äußern. Z.T. durch zusätzl. Strophen erweitert, eventuell von einer dritten Person, z.B. einem Boten (Botenstrophe). Besonders in der 2. H. des 12. Jh.s (Kürenberg, Reinmar d. Alte, Walther v.d. Vogelweide) verwendet. Vom allg. ↗ Wechselgesang zu unterscheiden.

Wechselgesang, Gattung der ↗ Lyrik: i.d. Regel nicht unmittelbar aufeinander bezogene Äußerungen zweier oder mehrerer (z.T. außerhalb des poet. Textes bezeichneter) Personen zu einem best. Thema (Liebe, Natur), meist metrisch oder strophisch gleichgeordnet; nicht immer scharf zu trennen vom oft mit epischen Verbindungsstücken versehenen Dialoggedicht, das bisweilen auch als Wechselgesang bez. wird. Bsp. u.a. im AT (Hohes Lied), in der gr. Chorlyrik und ↗ Tragödie (Amoibaion), in den ↗ Idyllen Theokrits und Vergils, der ↗ Schäferdichtung des 17./18. Jh.s, im ↗ Volkslied und geistlichen Lied, weiter bei Goethe (*Buch Suleika*, Schluß des *Faust*), Mörike (*Gesang zu zweien in der Nacht*) und George (*Brand des Tempels*).

Weiblicher Reim, zweisilbiger, aus einer Hebungs- und einer Senkungssilbe bestehender Reim: *klingen : singen*. Im Unterschied zum auf eine Hebung endenden männl. Reim: *Tanz : Kranz*.

Weimarer Klassik ↗ Klassik

Weinerliches Lustspiel, auch rührendes Lustspiel: nach dem Vorbild der frz. ↗ comédie larmoyante entstandener Komödientyp der dt. ↗ Aufklärung, oft als ›Komödie ohne Komik‹ bezeichnet: drängt die komischen Elemente der traditionellen ↗ Komödie (überzeichnete Demonstration menschl. Schwächen, Laster und Makel) zurück und will – anders z.b. als die von Gottsched (↗ Poetik) geforderte ›Verlach-Komödie‹, die die Spottlust des Zuschauer ausnutzt und an seine rationale Einsicht appelliert – v.a. das ›Herz‹ ansprechen, um den Zuschauer moralisch zu bessern (↗ Empfindsamkeit); im Mittelpunkt daher: Situationen, in denen die Figuren Tugenden wie Treue, Freundschaft, Großmut, Mitleid, Opferbereitschaft unter Beweis stellen können. Bsp.: Chr.F. Gellert, *Die Betschwester* (1745), J.E. Schlegel, *Der Triumph der guten Frauen* (1748), Chr.Fr. Weiße, *Amalia* (1765). Von Lessing mit *Miß Sara Sampson* (1755) zum ↗ bürgerlichen Trauerspiel weiterentwickelt.

Werkimmanente Interpretation, auch textimmanente Interpretation [immanent aus lat. in + manere = darinbleiben], in der dt. ↗ Lit.wiss. besonders nach 1945 verbreitete, bis etwa 1968 dominante Methode der Text- ↗ Interpretation, konzentriert sich im Ggs. zu der bis dahin tonangebenden ↗ geistesgeschichtlichen und ↗ positivistischen Lit.wiss. auf das lit. Werk an sich (v.a. das der ›Klassiker‹ wie Goethe und Kleist) und seine besondere ästhetische Qualität (Werkästhetik); versucht, es aus sich selbst heraus zu verstehen und als quasi organische Einheit zu beschreiben: durch Aufdecken von Leitmotiven, versteckten Beziehungen, Erklären spezifisch ästhetischer Eigenheiten, Untersuchung von ↗ Vers, ↗ Stil, Raumbeschreibungen usw. Vertreten v.a. von O. Walzel, E. Staiger, W. Kayser, E. Trunz, R. Alewyn, in Ansätzen schon vor dem Zweiten Weltkrieg (z.B. M. Kommerell) und um 1800 (z.B. Fr. Schlegel). Problematisch, wenn sich der Erkenntnisradius auf den Wortlaut beschränkt, ohne die von Werk zu Werk jeweils neu zu bestimmenden lit.- und kulturgeschichtlichen Umstände (z.B. den histor. ↗ Erwartungshorizont, die histor. Wortbedeutung usw.) zu berücksichtigen. Von der marxistischen Bewegung nach 68 (↗ Lit.soziologie) radikal abgelehnt und durch histor.-soziolog. Fragestellungen ersetzt. In manchem dem russ. ↗ Formalismus (R. Jakobson, V. Šklovskij) und dem ↗ New Criticism (close reading: I.A. Richards, T.S. Eliot) vergleichbar.

Widerspiegelungstheorie, auch Abbildtheorie: von G. Lukács (*Die Theorie des Romans*, 1916, *Geschichte und Klassenbewußtsein*, 1923) nachhaltig geprägter Begriff einer v.a. an den Schriften von Marx und Lenin orientierten ↗ Ästhetik: die abstrahierende, selektierende, systematisierende Reflexion histor. und sozialer Situationen durch die Lit.; oft im Sinn einer einfachen Abbildung der Wirklichkeit mißverstanden.

Wiegendruck, dt. Bez. für ↗ Inkunabel.

Wiener Moderne, auch Jung-Wien, Junges Österreich: avantgardist. Dichterkreis um H. Bahr in Wien (Treffpunkt: Café Griensteidl), 1890-1900, mit Dichtern wie H. v. Hofmannsthal, A. Schnitzler, R. Beer-Hofmann, P. Altenberg, zunächst auch K. Kraus. Greift die antinaturalist. Lit.strömungen der Zeit auf (↗ Symbolismus, ↗ Impressionismus, ↗ Jugendstil, ↗ décadence).

Wirkungsästhetik, 1. allg. jeder kunst- oder lit.theoret. Ansatz, der Kunstwerke unter dem Aspekt ihrer a) beabsichtigten wie b) ihrer faktisch vollzogenen (historischen) und c) ihrer sich vollziehenden Wirkung erforscht, z.B. Aristoteles' *Poetik* (↗ Katharsis) oder Brechts Theorie des ↗ epischen Theaters; im Ggs. zur Produktionsästhetik, die v.a. die Voraussetzungen und historischen Umstände des künstler. Schaffens untersucht; 2. eine v.a. von W. Iser (*Die Appellstruktur der Texte*, 1970) ausgebildete Lit.theorie: geht davon aus, daß sich die ›Mitteilungsrealität‹ des Kunstwerks aus den in ihm verankerten Wirkungsabsichten und -signalen erschließen, möglicherweise sogar vorhersagen läßt; versteht das Werk als spezifische Form sozialen Handelns, das den realen ↗ Leser in einen kontinuierlich reflektierten Dialog mit dem *impliziten* Leser (mit der dem Text eingeschriebenen Leserrolle) bringt, ihm bestimmte ↗ Leerstellen anbietet, bestimmte Deutungsansätze und Wahrnehmungsformen vorschlägt und auch wieder verwirft, wobei fast immer die von einem bekannten Horizont abweichende Intention des Textes als dessen ›Sinn‹, als dessen ›Mitteilungsrealität‹ bestimt wird. Durch die Konzentration auf den Leseakt an sich von der von H.R. Jauß initiierten, eng verwandten ↗ Rezeptionsästhetik unterschieden, die sich v.a. für die Veränderlichkeit des Kunstwerkes durch seine Verschmelzung mit jeweils histor. anders definierten Bewußtseinsprägungen und ↗ Erwartungshorizonten interessiert. Im ↗ Poststrukturalismus konsequent weitergedacht (das lit. Werk an sich ist nicht poetischer und besonderer als die Alltagssprache, der Leser macht es erst dazu). Lit.: S. Fish: Is There a Text in This Class?, [3]1995. – H. Turk: Wirkungsästhetik, 1976. ↗ Rezeptionsästhetik

Witz, 1. ursprünglich (ahd. wizzi, altengl. wit): Wissen, Verstand, Klugheit, so noch in *Mutterwitz*, *Vorwitz*, *Witzbold*, auch *Wahnwitz* (mangelnde Klugheit), *Aberwitz* (Unverstand), *Treppenwitz* (verspäteter, erst auf der Treppe sich einstellender kluger Einfall); im 17. Jh. dann als Übersetzung von frz. ésprit im Sinn von ›Witz, Talent zum geistreichen Formulieren haben‹ verwendet; 2. seit dem 18. Jh. v.a. in der Bedeutung ›Scherz‹: spezifisch sprachl. Form des ↗ Komischen, eine der ↗ einfachen Formen: knappe Erzählung (oft ein zitierter Dialog), die einem Sachverhalt oder einem Wort durch eine unvermutete, scheinbar unbeabsichtigte Verbindung mit einem abliegenden Gebiet einen Doppelsinn verleiht, der blitzartig die herkömml. Wertewelt (Normen, Sitten, Institutionen usw.) in Frage stellt, pervertiert, ihren geheimen Wesenskern entlarvt. Von wichtiger sozialer und psychischer Bedeutung (Abbau von Aggression, Formulierung von Kritik, Abbau aufgestauter Triebe, Ersparnis der Triebhemmung, Ausdruck des Un-

bewußten). Fließende Grenzen zu ↗ Aphorismus, ↗ Apophthegma, ↗ An-
ekdote, ↗ Rätsel.
Lit.: O.F. Best: Der Witz als Erkenntniskraft und Formprinzip, 1989. – N.
Neumann: Vom Schwank zum Witz, 1986. – L. Röhrich: Der Witz, 1977.
– S. Freud: Der Witz und seine Beziehung zum Unbewußten, 1905.

Wortkunst, von den Autoren und Theoretikern des ↗ Sturmkreises geprägte Bez. für Dichtung allg., besonders aber für ihre eigenen, auf dem Wort
und seinen Elementen aufbauenden Arbeiten.

Wortspiel, Spiel mit der Vieldeutigkeit und Klangvielfalt der Sprache, häufig a) mit der wörtl. Bedeutung einer metaphorischen Ausdrucksweise (»wir
haben alle braune Haar' g'habt, lauter dunkle Köpf', kein lichter Kopf zu
finden«. Nestroy), b) mit Wörtern desselben Stammes (»wer sich auf den
verläßt, ist verlassen«), gleichen oder ähnl. Klangs (»Alter macht weiß, aber
nicht weise«, ↗ Paronomasie, c) mit Bedeutungsnuancen, -spaltungen,
-wandlungen, Silben- und Buchstabenverwechslungen (»der Punsch war der
Vater des Gedankens«; ↗ Schüttelreime), d) mit Wortzerlegungen (»Eifersucht ist eine Leidenschaft, die mit Eifer sucht, was Leiden schafft«, Schleiermacher), künstl. Worttrennungen (»medi-zynisch«, Nietzsche) und durch
leichte Entstellungen (»abgeliebte Dame«, Heine), Wortzusammenziehun-
gen usw. Grundbestandteil best. Kleinformen wie ↗ Witz, ↗ Echogedicht,
↗ Anekdote, ↗ Sprichwort, ↗ Aphorismus, ↗ Rätsel usw. (in J. Joyces *Fin-
negans Wake*, 1939, konstitutives Prinzip eines ganzen Romans); kann ko-
misch-witzig (Einsatz von Wortwitz) wie geistvoll-beziehungsreich (also
auch unkomisch!) sein. Ein nur um des witzigen Effektes willen konstruier-
tes Wortspiel wird positiv als *Bonmot*, abwertend als *Kalauer* bezeichnet.

Xenien, n. Pl. [gr. xenion = Gastgeschenk], in der Antike: Begleitverse zu freundschaftl. Geschenken (vgl. Martials *Xenia*, 84/85 n.Chr.); von Goethe und Schiller ironisch verwendet für ihre gemeinsam verfaßten, gegen lit. Gegner usw. polemisierenden ↗ Epigramme (↗ Distichon), daher oft im Sinn von ›lit.kritischer Spottvers‹ gebraucht.

Zäsur [lat. caedere, caesus = hauen, einschneiden], 1. in der Verslehre: ein durch ein Wortende markierter syntaktischer oder metrischer Einschnitt, meist in längeren Versen oder Perioden. Zu unterscheiden: a) verskonstituierende Zäsuren: im voraus festgelegt, entweder auf eine oder mehrere Stellen (z.B. im ⁊ Alexandriner, ⁊ vers commun) oder relativ variabel (z.B. im ⁊ Trimeter, ⁊ endecasillabo, ⁊ Hexameter); b) frei bewegl. Zäsuren (z.B. im ⁊ Blankvers, ⁊ vers libre). In der gr.-röm. Metrik zu unterscheiden: die durch eine Wortgrenze markierte Zäsur innerhalb eines ⁊ Versfußes oder einer ⁊ Dipodie und die ⁊ Diärese, bei der Wortende und Versfuß-(Dipodie-)Ende zusammenfallen (z.B. im ⁊ Pentameter); 2. allg.: gedankl. Einschnitt, Einschnitt in einem Lebenslauf, einer Entwicklung usw.

Zäsurreim, Reim an metrischen Einschnitten: a) im Versinnern zwischen Wörtern vor den Zäsuren eines Verses (⁊ Binnenreim) oder zwischen Wörtern vor den Zäsuren zweier Verse, z.B. in der 1. Strophe des *Nibelungenlieds*: »Uns ist in alten *maeren* (/) wunders vil geseit / von helden lobe*baeren*, (/) von grôzer arebeit«; b) zwischen dem Wort vor der Zäsur eines Verses und dem Versende (Inreim, Mittenreim).

Zeilensprung, dt. Bez. für ⁊ Enjambement.

Zeilenstil, Übereinstimmung von syntaktischer und metrischer Gliederung, wobei sich Satz- und Versende meist erst nach zwei oder mehreren Zeilen decken. Kennzeichnend besonders für archaische Dichtung (v.a. die germanische ⁊ Stabreimdichtung). Fällt der Satzschluß in die Mitte eines Folgeverses, so spricht man von *Haken-* oder *Bogenstil*.

Zensur [lat. censura = Prüfung, Beurteilung; nach dem Amt des ›censors‹, der das staatsbürgerl. und sittl. Verhalten der röm. Bürger überwachte], staatl. und kirchl. Kontrolle aller Veröffentlichungen in Wort und Bild, um polit. nonkonforme oder nicht genehme sozialkrit. Äußerungen zu unterdrücken (so wurde 1835 eine ganze lit. Richtung, ⁊ das Junge Deutschland, unter Zensur gestellt); im MA v.a. von der kath. Kirche, seit 1569 durch Einrichtung einer kaiserl. Bücherkommission, die für die Einhaltung der Zensurbestimmungen auf der Frankfurter Buchmesse sorgen sollte, auch vom Staat. Heute Zensurverbot im Grundgesetz der BRD: »Eine Zensur findet nicht statt« (Art. 5, Absatz 1, Satz 3 GG).

Zeugma [gr. Joch, Zusammengefügtes, auch syllepsis, gr. Zusammenfassung], ⁊ rhetorische Figur der Worteinsparung, Sonderform der ⁊ Ellipse: Zuordnung eines Satzglieds zu zwei (oder mehr) syntakt. oder semant. verschiedenen Satzteilen; unterschieden in: a) *syntaktisches* Zeugma: ein Satzglied wird auf zwei (oder mehr) Satzteile bezogen, obwohl es in Genus, Numerus oder Kasus nur zu einem paßt und eigentl. neu gesetzt werden müßte: »Entzahnte Kiefern schnattern und das schlotternde Gebein« (Goethe, *An Schwager Kronos*), »Ich gehe meinen Weg, ihr [geht] den euren«; b) *semantisches* Zeugma: ein Satzglied wird auf zwei Wörter oder Satzteile bezogen, die entweder verschiedenen Sinnsphären angehören oder das eine Mal in eigentlicher, das andere Mal in metaphorischer Bedeutung verstanden werden müssen: »Er saß ganze Nächte und Sessel durch« (Jean Paul), »Er warf die Zigarre in den Aschenbecher und einen Blick aus dem Fenster«.

Zitat [zu lat. citare = auf-, herbei-, anrufen], wörtl. Übernahme einer Wendung, eines Satzes, Verses oder längeren Abschnitts aus einem anderen Text, von einem anderen Autor, auch aus der mündlichen Rede eines anderen. Mit Nennung des Verfassers, oft auch der Quelle, hervorgehoben durch besondere Hinweise: Fußnote, Anmerkung, graphische Auszeichnung (Anführungszeichen, Kursivdruck usw.). U.a. zur Bestätigung und Erläuterung eigener Aussagen, als Ausgangspunkt für eine Widerlegung der durch das Zitat repräsentierten Thesen, als Bildungsnachweis, Reminiszenz, zur rhetorischen Ausschmückung, als Element des formalen Aufbaus (z.B. am Anfang oder Ende einer Rede) oder, aus dem Zusammenhang gerissen, als Mittel polemischer oder humoristisch-satirischer Absichten. Bei ↗ geflügelten Worten kann die Verfasserangabe fehlen; unterbleibt sie bei unbekannteren Zitaten, besteht der Verdacht des Plagiats. Ein Grenzfall: die indirekte, sinngemäße Wiedergabe von Zitaten (↗ Paraphrase, ↗ Allusion).
Lit.: H. Meyer: Das Zitat in der Erzählkunst, ²1967.

Zwillingsformel, umgangssprachl. Redewendung (↗ Formel) aus zwei Wörtern derselben, meist nominalen Wortart, durch Konjunktion oder Präposition verbunden: »Katz und Maus«, »Knall auf Fall«; oft zusätzl. durch klangl. Mittel wie ↗ Alliteration (»Kind und Kegel«), ↗ Reim (»Weg und Steg«), vielfach auch durch das rhythm. Modell der wachsenden Silbenzahl (»Kopf und Kragen«). Seltener: Drillingsformeln (»Feld, Wald und Wiese«).

Zwischenspiel, auch Intermezzo, entr'acte, interlude: szenisch-dramatische, tänzerische oder musikalische Einlage zwischen der eigentl. Theaterdarbietung, auch davor oder danach. Zur Abwechslung oder Überbrückung techn. Schwierigkeiten (Kulissen- und Kostümwechsel). Im ↗ geistlichen Spiel des MA z.B. die ↗ Posse oder ↗ Farce (Füllsel), im ital. Renaissancetheater das ↗ Intermezzo, in England der schwankhafte gesungene und getanzte *Jig*. Im übertragenen Sinn: heitere, episodische Dramen-, Opern-, Ballett- oder Filmschöpfung.

Zyklus [gr. kyklos = Kreis], Korpus von Werken, die als selbständige Einzeltexte zugleich Glieder eines größeren Ganzen bilden. Im weiteren Sinn: jede Sammlung von Gedichten, Erzählungen u.a., die über eine nur zufällige oder nach rein äußerl. Gesichtspunkten zusammengestellte Folge hinaus eine vom thematischen Zusammenhang her motivierte Struktur aufweist; im strengeren Sinn: ein um ein bestimmtes Grundthema zentriertes, dieses unter jeweils neuem Ansatz entfaltendes, es gleichsam ›kreisförmig‹ abschreitendes Werk, z.B. Goethes *Chinesisch-dt. Jahres- und Tageszeiten*, Novalis' *Hymnen an die Nacht*, Heines *Buch der Lieder*, Georges *Siebenter Ring*, Rilkes *Duineser Elegien* (Lyrik), Kellers *Die Leute von Seldwyla* (Novellen) oder Schnitzlers *Reigen* (Drama).

Die wichtigsten Grundbegriffe der Literaturwissenschaft im systematischen Überblick

Stil

allg.: amplificatio, Anachronismus, decorum, Denotation, Dialogizität, écriture automatique, écriture féminine, Figur, geblümter Stil, genera dicendi, Konnotation, Kunstprosa, ornatus, oratio, Pastiche, Parodie, Poetik, Prosa, Rede, Rhetorik, rhetorische Figuren, skaz, sponaneous prose (beat generation), Stil, Stilistik, Topos, Travestie, Tropen

rhetorische Figuren: accumulatio, Alliteration, amplificatio, Anadiplose, Anakoluth, Anapher, Antithese, Apokoinou, Apokope, Aporie (dubitatio), Aposiopese, Apostrophe, Asyndeton, Chiasmus, correctio, cursus, Digression, Elision, Ellipse, Enallage, Epanalepse, Epipher, Epizeuxis, exclamatio, figura etymologica, Gemination, Hendiadyoin, Homoioteleuton, Hyperbaton, hysteron proteron, Interjektion, Inversion, invocatio, Klausel, Klimax, Kyklos, oppositio, Oxymoron, Paralipse, Parallelismus, Paronomasie, Parenthese, Polyptoton, Polysyndeton, Prolepse, Prosopopoie, Reim, Onomatopoie, sermocinatio, Sperrung, Symploke, Tautologie, Tmesis, Zeugma

Tropen: Allegorie, Antonomasie, Emphase, Euphemismus, Hypostase, Hyperbel, Ironie, Katachrese, Litotes, Metonymie, Metapher, Metonomasie, Metalepse, pars pro toto, Periphrase, Synekdoche

weitere Stilmittel: Akrostichon, Akroteleuton, Allusion, Ambiguität, Ambivalenz, Anagramm, Camouflage, Epitheton, Homonyme, Hypotaxe, Isokolon, Kolon, Komma, Palindrom, Paradoxon, Parataxe, Pathos, Periode, Pleonasmus, Stilblüte, Stilbruch, Synästhesie, Wortspiel

Vers

allg.: akatalektisch, akzentuierendes Versprinzip, antiker Vers, Antilabe, Antithese, Äquivalenz, Apokope, binäre Opposition, Brechung, Chorlied, Elision, Hakenstil, hyperkatalektisch, isometrisch, katalektisch, Kunstprosa, Langzeile, Metrik, Metrum, Paradigma, Prosa, Prosarhythmus, Prosodie, quantitierendes Versprinzip, silbenzählendes Versprinzip, stichisch, Stichometrie, Sytagma, Verfremdung, Vers, Zeilenstil

Elemente: Akzent, Auftakt, Diärese, Dipodie, Enjambement, Hebung, Kadenz, Reim, Rhythmus, Senkung, Strophe, Takt, Versfuß, Zäsur

Versmaße: Adoneus, alternierende Versmaße, Amphibrachys, Anapäst, Choljambus, Chorjambus, Daktylus, Jambus, Kretikus, Spondeus, Stabreimvers, Trochäus

Versformen: Alexandriner, Blankvers, endecasillabo, freie Rhythmen, freie Verse, heroic verse, Hexameter, Knittelvers, Langvers, Madrigalvers, Pentameter, Senar, Tetrameter, Trimeter, Vagantenzeile, vers commun, vers libre, Vierheber

Versgruppen: Abgesang/Aufgesang, Epode, Quartett, Refrain, Stollen, Terzett, Terzine, Vierzeiler

Strophenformen: bar, chevy-chase-Strophe, couplet, Distichon, Dezime, heroic couplet, Hildebrandston, Huitain, Kanzonenstrophe, laisse, Meistersangstrophe, Nibelungenstrophe, Odenmaße, Spenserstanze, Stanze, Stollenstrophe, Ton, Volksliedstrophe

Reim: Alliteration, Assonanz, Augenreim, Binnenreim, Endsilbenreim, gebrochener Reim, grammatischer Reim, Kettenreim, Kreuzreim, männlicher/weiblicher Reim, Mittelreim, Mittenreim, Paarreim, reicher Reim, Reim, Reimhäufung, Reimpaar, rührender Reim, Schlagreim, Schüttelreim, Schweifreim, Stabreim, Terzinenreim, umarmender Reim, unreiner Reim, Waise, Zäsurreim

Gattungen

allg.: Architext, Ästhetik, decorum, Dokumentarliteratur, Drama, einfache Formen, engagierte Literatur, Epik, Erlebnisdichtung, Gattungen, Gebrauchsliteratur, Gelegenheitsdichtung, höfische Dichtung, Intertextualität, Lehrdichtung, Lyrik, Parodie, Pastiche, Persiflage, Petrarkismus, Poetik, Rhetorik, Satire, Schäferdichtung, Textsorten, Topos, Travestie, Trivialliteratur, Utopie

Drama

allg.: Agon, Dionysien, Drama, dramatisch, Dramaturgie, Katharsis, Mythos, offene/geschlossene Form, Poetik, Theater, Theaterwissenschaft, Wanderbühne

Elemente: Alexandriner, Antagonist, Antilabe, ad spectatores, Akt, Anagnorisis, Aufzug, Blankvers, Botenbericht, Charge, Chorlied, deus ex machina,

Dialog, dramatis personae, drei Einheiten, Emblem, Emblematik, Epilog, Episode, erregendes Moment, exodium, exodos, Exposition, Fallhöhe, Guckkastenbühne, hamartia, Hybris, katastasis, Katastrophe, Kothurn, krisis, lustige Person, Illusionsbühne, Monolog, Nachspiel, orchestra, Pathos, Peripetie, Prolog, Prosa, proskenion, Protagonist, protasis, retardierendes Moment, reyen, rhesis, Shakespeare-Bühne, skene, Ständeklausel, stasimon, Stichometrie, Stichomythie, Stilbühne, Simultanbühne, Szene, Terenzbühne, Tetrameter, Trimeter, Tableau, Teichoskopie, Vers, Vorspiel, Wagenbühne, Zwischenspiel

Gattungen: absurdes Theater, Agitprop-Theater, bürgerliches Trauerspiel, comedie larmoyante, comedy of humours, comedy of manners, Commedia dell'arte, Dithyrambus, elisabethanische Literatur, episches Theater, Farce, Fastnachtsspiel, geistliches Spiel, Haupt- und Staatsaktion, haute tragédie, Humanistendrama, Jesuitendrama (Jesuitendichtung), Kabuki, Komödie, lyrisches Drama, Melodram, Melodrama, Monodrama, Musiktheater, Mysterienspiel, Nô, Oper, Posse, Puppenspiel, Rührstück, Satyrspiel, schlesisches Kunstdrama, Schuldrama, Schwank, Singspiel, Tragikomödie, Tragödie, Volkstheater, weinerliches Lustspiel

Epik

allg.: episch, Erzählung, Erzählgrammatik, Erzähltheorie, Kohärenz, Leser, Metamorphose, Mythos, Narrativik, oral poetry, Prosa, Textualität, Typologie

Elemente und Verfahren: Anachronie, Antizipation, Appellfunktion, auktoriales Erzählen, binäre Opposition, Binnenerzählung, Dialogiziät, Diegese, diegetisch, epische Integration, Episches Präteritum, erlebte Rede, Erzähler, Erzählfunktion, Erzählsituation, Erzählzeit, Fabel, Fokalisierung, Frequenz, Handlung, histoire, historisches Präteritum, Ich-Form, innerer Monolog, Leitmotiv, Metafiktion, Metalepse, Metatext, Metonymie, Modus, Motiv, mythisches Analogon, narration, Perspektive, plot, Prolepse, Rahmenerzählung, Rede, Stoff, story, stream of consciousness, Sujet, skaz, Topos, Zitat

Gattungen: Abenteuerroman, Anekdote, Amadisroman, Apophthegma, Artusdichtung, âventiure, Ballade, Bildungsroman, bîspel, Briefroman, Burleske, Bylinen, chanson de geste, conte, Detektivroman, Ekloge, Epos, Epyllion, Exempel, Fabel, fabliau, Fantasy, Fazetie, gothic novel, Heldenlied, Heldensage, heroisch-galanter Roman, höfisches Epos, höfischer Roman, historischer Roman, humoristischer Roman (Humor), Idylle, Kasus, komisches Epos, Kriminalroman, Kurzgeschichte, Legende, Memorabile, märe, Mythe, Novelle, nouveau roman, phantastische Literatur, Predigtmärlein, Prosimetrum, Roman, Romanze, Saga, Sage, Science Fiction, Schelmenroman, Schwank, short story, Verserzählung

Lyrik

allg.: Allegorie, Antithese, Äquivalenz, Apostrophe, binäre Opposition, Chiffre, Emblem, Lyrik, lyrisch, Metapher, Mythos, Paradigma, Prosopopoie, Refrain, Reim, Rollenlyrik, Symbol, Titel, Topos, Verfremdung, Vers, Überdetermination

Gattungen und Formen: alba, Ballade, Bänkelsang, carmen, carmen figuratum, chanson, Chorlied, Computertext, Dinggedicht, dörperliche Dichtung, Ekloge, Elegie, Epigramm, Ghasel, Glosse, Haiku, Hymne, Kanzone, Kirchenlied, konkrete Poesie, Lautgedicht, Leich, leis, Lied, Madrigal, Minnesang, Meistersang, Ode, Päan, Panegyrik, Pastorelle, Petrarkismus, pindarische Ode, Priapea, Prosagedicht, Psalm, Romanze, Rondeau, Ritornell, Sequenz, Sestine, skolion, Sonett, Tagelied, Tanka, Triolett, Tropus, Troubadourlyrik, Wechsel, Wechselgesang, Vagantendichtung, Volkslied

weitere Textsorten: Annalen, Autobiographie, Aphorismus, Biographie, Brief, Chronik, Comics, confessiones, Emblem, Epigramm, Epistel, Essay, Feature, Fernsehspiel, Feuilleton, Gesta, Gnome, Hörspiel, Maxime, Memoiren, Paratext, Predigt, Rede, Reportage, Sentenz, Sprichwort, Tagebuch, Witz, Xenien

Textkritik

Asteriskus, Bibliographie, Crux, Editionstechnik, editio princeps, Einblattdruck, Emendation, Errata, Fassung, Glosse, Handschrift, incipit, Inkunabel, Interlinearversion, Interpolation, Konjektur, Kontamination, Korruptel, Lemma, Lesart, Quelle, Scholien, Sigle, Stemma, Textkritik, Titel, Überlieferung, Übersetzung, Variante

Literaturgeschichte

allg.: Buchdruck, Epoche, Gattungen, geistesgeschichtl. Literaturwissenschaft, Kanon, literarische Wertung, literarischer Geschmack, ideengeschichtl. Literaturwissenschaft, Literaturgeschichte, Literatursoziologie, Mentalitätsgeschichte, oral poetry, Rezeptionsgeschichte, Schrift, Stilgeschichte

Epochen und Strömungen: Antike, Hellenismus, (staufische) Klassik, Humanismus, Mystik, Renaissance, elisabethanische Literatur, Manierismus, Barock, querelle des anciens et des modernes, Aufklärung, Anakreontik, Rokoko, Empfindsamkeit, Pietismus, Geniezeit, Sturm und Drang, (Weimarer) Klassik, Romantik, Klassizismus, Byronismus, Biedermeier, Junges

Deutschland, Vormärz, Realismus, poetischer Realismus, Historismus, Gründerzeit, Impressionismus, Symbolismus, Naturalismus, Ästhetizismus, fin de siècle, décadence, Jugendstil, Moderne, Expressionismus, Neue Sachlichkeit, Verismus, Futurismus, Dadaismus, Surrealismus, Avantgarde, Postmoderne

Dichterkreise: Pléiade, Sprachgesellschaften, Göttinger Hain, Hallescher Dichterkreis, Georgekreis, Wiener Moderne, Sturmkreis, Bloomsbury group, Gruppe 47, beat generation

Richtungen der Literatur- und Kulturwissenschaften

allg.: Ästhetik, Cultural Materialism, cultural studies, Dekonstruktion, Diskursanalyse, Editionstheorie, Erzähltheorie, feministische Literaturwissenschaft, Formalismus, empirische Literaturwissenschaft, geistesgeschichtl. Literaturwissenschaft, gender studies, Germanistik, Hermeneutik, Ideengeschichte, Ikonographie, Ikonologie, Interpretation, Komparatistik, Konstruktivismus, literarische Anthropologie, Literaturgeschichte, Literaturkritik, Literaturpsychologie, Literatursoziologie, Literaturtheorie, Literaturwissenschaft, Medienwissenschaft, Mentalitätsgeschichte, New Criticism, New Historicism, oral poetry, Phänomenologie, Philologie, Positivismus, Poststrukturalismus, Produktionsästhetik, Rezeptionsästhetik, Semiotik, Strukturalismus, Systemtheorie, Textkritik, werkimmanente Interpretation, Wirkungsästhetik

zentrale Begriffe: absolute Dichtung, Analogie, Appellfunktion, Äquivalenz, Arbitrarität, Architext, autonome Kunst, Autopoiese, binäre Opposition, Code, Dialektik, Dialogizität, Différance, Diskurs, das Erhabene, Fiktion, Gattungen, Handlung, Homologie, Humor, Identifikation, Ikon, das Imaginäre, Index, Interpretation, Intertextualität, Kanon, Katharsis, Kohärenz, das Komische, kulturelles Gedächtnis, Laokoon-Problem, Leerstelle, Leser, literarischer Geschmack, literarische Wertung, Metapher, Metatext, Mimesis, Mündlichkeit/Schriftlichkeit, mythisches Analogon, naive und sentimentalische Dichtung, Naturformen der Dichtung, Paradigma, Paradigmenwechsel, Performanz, Poetik, Polyvalenz, prodesse et delectare, Realismus, Redundanz, Referentialität, Repräsentation, Rezeption, Rhetorik, Selbstreferenz, Signifikat/Signifikant (Semiotik), Struktur, Textualität, Textsorten, Topos, das Tragische, Transzendentalpoesie, Überdetermination, ut pictura poesis, Verfremdung, Widerspiegelungstheorie

Sammlung Metzler